rororo

Über die Verfasser

Klaus-Jürgen Tillmann, geb. 1944, promovierte 1974 an der PH Dortmund zum Dr. paed. Er war Professor für Schulpädagogik an der Universität Hamburg (1979–1990) und Gründungsdirektor des «Pädagogischen Landesinstituts Brandenburg» (1991/92). Von 1993 bis zu seiner Emeritierung 2008 arbeitete er als Professor für Schulpädagogik und Wissenschaftlicher Leiter der «Laborschule» an der Universität Bielefeld. Arbeits- und Forschungsschwerpunkte: Schulreformentwicklung, Sozialisation in Schule und Jugend, Schul- und Unterrichtstheorien.
Veröffentlichungen (Auswahl): Bildung für das Jahr 2000 (mit K. Klemm und H. G. Rolff), Reinbek 1985/Jugend weiblich – Jugend männlich, Opladen 1992/Schülergewalt als Schulproblem (mit H. G. Holtappels, U. Popp u. a.), Weinheim 1999/PISA 2000. Basiskompetenzen von Schülerinnen und Schülern im internationalen Vergleich (mit J. Baumert u. a.), Opladen 2001/ Die Laborschule im Spiegel ihrer PISA-Ergebnisse (mit R. Watermann u. a.), Weinheim 2005/PISA als bildungspolitisches Ereignis (mit K. Dedering u. a.), Wiesbaden 2008.

Michael Lenz (Mitautor von Kap. 2.1), geb. 1972, ist Doktorand an der Fakultät für Erziehungswissenschaft der Universität Bielefeld.
Veröffentlichungen: Geschlechtersozialisation aus biologischer Sicht, Stuttgart 1999/Die Diskussion über Anlage und Umwelt in der bundesdeutschen Erziehungswissenschaft aus diskursanalytischer Perspektive (in ZSE 4/2005).

Ulrike Popp (Mitautorin von Kap. 5), geb. 1959, Diplom-Soziologin, Dr. phil. habil., ist Professorin für Schulpädagogik an der Alpen-Adria-Universität in Klagenfurt. Arbeits- und Forschungsschwerpunkte: schulische Sozialisation, Jugendsoziologie, Geschlechterverhältnisse im Bildungsbereich, Ganztagsschulentwicklung in Österreich, Schulversagen.
Veröffentlichungen (Auswahl): Geteilte Zukunft – Lebensentwürfe von deutschen und türkischen Schülerinnen und Schülern, Opladen 1994/Schülergewalt als Schulproblem (mit K. J. Tillmann, H. G. Holtappels u. a.), Weinheim 1999/Geschlechtersozialisation und schulische Gewalt, Weinheim 2002/Schule forschend entwickeln (mit S. Reh), Weinheim 2004/Fördern und Fordern an Schulen (mit K. Tischler), München/Wien 2007/Lehrkräfte in schulischer Tagesbetreuung, Klagenfurt 2008.

Klaus-Jürgen Tillmann

Sozialisationstheorien

Eine Einführung in den Zusammenhang von Gesellschaft, Institution und Subjektwerdung

rowohlts enzyklopädie
im Rowohlt Taschenbuch Verlag

rowohlts enzyklopädie
Herausgegeben von Burghard König

Für Marianne

Vollständig überarbeitete und erweiterte Neuausgabe Dezember 2010

Originalausgabe
Veröffentlicht im Rowohlt Taschenbuch Verlag,
Reinbek bei Hamburg, Februar 1989

Umschlaggestaltung any.way, Walter Hellmann
Satz Proforma, TheSans (InDesign)
bei Pinkuin Satz und Datentechnik, Berlin
Druck und Bindung CPI – Clausen & Bosse, Leck
Printed in Germany
ISBN 978 3 499 55707 1

Inhalt

Vorwort zur Neuausgabe (16. Auflage)

Dieses Buch ist erstmals im Februar 1989 erschienen und hat inzwischen eine Gesamtauflage von nahezu 60 000 Exemplaren erreicht. Daran wird deutlich, dass es sich als wissenschaftliches Standardwerk etabliert hat. Dieser ungewöhnliche Erfolg für ein erziehungs- und sozialwissenschaftliches Fachbuch erfüllt mich mit Freude und auch mit ein wenig Stolz. Er zeigt, dass es richtig war, dieses Buch von Anfang an als eine Theorie*einführung* zu konzipieren: Es soll für Studierende, auch für Anfangssemester lesbar, verständlich und anregend sein; dies macht eine exemplarische Auswahl von Problemen erforderlich, verlangt einen behutsamen Umgang mit der Fachsprache und erzwingt gelegentlich eine Reduktion von theoretischer Komplexität. Auf der anderen Seite darf die Einführung nicht hinter den Diskussionsstand der Disziplin zurückfallen, dürfen Theorien nicht durch Didaktisierung simplifiziert werden, muss der Text auch den kritischen Blicken der Fachkollegen standhalten können. Der anhaltende Erfolg des Buchs macht deutlich, dass es diejenigen erreicht hat, für die es vor allem geschrieben wurde: die Studentinnen und Studenten, die sich in Seminaren (oder auch im Selbststudium) mit sozialisationstheoretischen Fragen befassen. Aber auch Lehrer(innen) und Schüler(innen), die sich in Oberstufenkursen in das Sozialisationsthema einarbeiten, greifen recht häufig zu diesem Band.

Allerdings ist der sozialisationstheoretische Diskurs seit Erscheinen dieses Buchs nicht stehen geblieben, vielmehr haben sich Forschung und Theorie munter weiterentwickelt. Dies macht zum dritten Mal eine eingehende Überarbeitung erforderlich. Nachdem in der 4. Auflage (1993) eine Aktualisierung und inhaltliche Erweiterung (Individualisierungstheorie, feministische Psychoanalyse) vorgenommen wurde, erfolgte die nächste Überarbeitung zur 10. Auflage (2000). Damals wurde Kapitel 2.1 zu Geschlecht und Geschlechterkonstruktion (in Koautorenschaft mit *Michael Lenz*) völlig neu gefasst. Bei der jetzigen Überarbeitung erfolgte zum einen der Einbezug neuer Forschungsergebnisse und Theorievarianten in die bestehenden Kapitel. Für die Hilfestellung, die ich dabei von *Melanie Rauh* und *Martin Goecke* erfahren habe, bedanke ich mich herzlich. Zum Zweiten enthält dieser Band ein neues Schlusskapitel. Es reagiert auf den Sachverhalt, dass in den letzten Jahren das sozialwissenschaftliche Konzept «Sozialisation» zunehmend kritisiert worden ist, dass einige Sozialwissenschaftler(innen) sogar seine Abschaffung forderten. Mein besonderer Dank gilt dabei meiner Kollegin *Ulrike Popp*, mit der ich dieses abschließende Kapitel gemeinsam verfasst habe. Sie hat ihre Fachkenntnisse aus Kindheitssoziologie und Geschlechterdiskurs in eine Argumentation einfließen lassen, mit der wir begründen, warum wir das Sozialisationskonzept überhaupt nicht als überholt ansehen – sondern als ein entwicklungsfähiges Modell für die künftige Theorie- und Forschungsarbeit.

Bielefeld/Berlin, im Juli 2010 *Klaus-Jürgen Tillmann*

1 Einführung

Als im Jahr 1969 die Ergebnisse der angloamerikanischen Sozialisationsforschung für den deutschsprachigen Bereich aufgearbeitet wurden, musste der Autor seinen pädagogischen Fachkollegen zunächst erläutern, dass es ihm hier keineswegs um ‹Sozialisierung› im Sinne der Überführung von Produktionsmitteln in Gemeineigentum gehe, sondern um eine interdisziplinäre Betrachtung menschlicher Entwicklung (vgl. Fend 1969, S. 12). Dies erscheint uns heute als eine erstaunliche Anekdote; denn der Begriff ‹Sozialisation› hat sich seit den 1970er Jahren nicht nur in der Erziehungs- und Sozialwissenschaft etabliert, er ist in gewissem Grad auch bereits in die Alltagssprache eingedrungen: Wenn auf Party-Gesprächen von einer ‹kleinbürgerlichen Sozialisation› oder von ‹Sozialisationsdefiziten› gesprochen wird, wird dabei meist ein grob richtiges Begriffsverständnis unterlegt: Sozialisation meint in dieser Verwendung die Gesamtheit der gesellschaftlichen Einflüsse auf die Persönlichkeitsentwicklung eines Menschen. Ein solches Alltagsverständnis verweist auf zwei Aspekte, die sich auch in sozialwissenschaftlichen Definitionen finden: Zum einen geht es um die soziale Integration der Subjekte, zum anderen um die Fähigkeit zur selbständigen Lebensführung (vgl. Grundmann 2006, S. 17). Mit diesem alltäglichen Begriffsverständnis ist der Gegenstandsbereich zunächst umrissen.

Dieses Buch beschäftigt sich mit Theorien zu diesem Gegenstandsbereich, also mit Sozialisationstheorien. Es will eine Einführung bieten in ein interdisziplinäres wissenschaftliches Arbeitsfeld, zu dem Soziologen, Psychologen und Erziehungswissenschaftler in den letzten Jahrzehnten umfangreiche theoretische und empirische Beiträge geliefert haben. Inzwischen liegt eine kaum noch überschaubare Forschungsliteratur vor, die sich längst nicht mehr allein aus angloamerikanischen Quellen speist; denn seit Beginn der 1970er Jahre wird in zunehmendem Umfang und mit beachtlichem Erfolg Sozialisationsforschung auch in der Bundesrepublik betrieben.

Dieses Buch will Schneisen in ein kompliziertes Theorie- und Forschungsdickicht schlagen: Es stellt die wichtigsten Basistheorien vor, die entweder aus der Psychologie (Psychoanalyse, Lerntheorie, Kognitionspsychologie) oder aus der Soziologie (struktur-funktionale, materialistische, interaktionistische Konzepte) stammen und die seit den 1970er Jahren vor allem innerhalb der Erziehungswissenschaft diskutiert und weiterentwickelt wurden. Auf der Grundlage dieser theoretischen Ansätze werden wichtige Bereiche des Sozialisationsprozesses analysiert: Geschlechtsspezifische Sozialisation, schulische Sozialisation und Sozialisation im Jugendalter werden auf diese exemplarische Weise zum Thema. Am Anfang steht allerdings eine weiter gehende Klärung des Sozialisationsbegriffs, um vom skizzierten Alltagsverständnis zu einer brauchbaren Arbeitsdefinition vorzudringen.

1.1 Sozialisation

Mit Sozialisation ist ein bestimmter Bereich der sozialen Realität angesprochen. Ähnlich wie ‹soziale Schichtung› oder ‹Lernmotivation› ist der damit gemeinte Sachverhalt weder sinnlich direkt fassbar noch dinglich greifbar, er ist dennoch existent. In einer wissenschaftlichen Definition geht es zunächst darum, diesen Bereich der sozialen Realität so präzise wie möglich zu bezeichnen, sodass weitgehend einvernehmlich geklärt werden kann, welche Ereignisse, Faktoren und Prozesse dazugehören – und welche nicht. Im «Handbuch der Sozialisationsforschung» (1980) ist hierzu eine abgrenzende Formulierung gefunden worden, die auch heute noch als Konsens in der Sozialisationsforschung gelten kann: Sozialisation ist begrifflich zu fassen «als der Prozeß der Entstehung und Entwicklung der Persönlichkeit in wechselseitiger Abhängigkeit von der gesellschaftlich vermittelten sozialen und materiellen Umwelt. Vorrangig thematisch ist dabei ..., wie sich der Mensch zu einem gesellschaftlich handlungsfähigen Subjekt bildet» (Geulen/Hurrelmann 1980, S. 51). Diese Definition ist in der Folgezeit zwar von verschiedenen Autoren modifiziert und variiert worden (vgl. z. B. Hurrelmann 2008, S. 24 f.), im Grundsatz kann sie jedoch als weitgehend akzeptiert gelten.

Sie hebt zunächst einmal hervor, dass die *Gesamtheit aller Umweltbedingungen*, die auf die Subjektentwicklung Einfluss nehmen, zum Gegenstandsbereich gehören. Danach werden die Anforderungen am Arbeitsplatz ebenso als Bedingungen des Sozialisationsprozesses gesehen wie die Wohnsituation, der Fernsehkonsum oder das elterliche Sprachverhalten. Der Begriff der «gesellschaftlich vermittelten sozialen und materiellen Umwelt» signalisiert dabei, dass sämtliche Umweltfaktoren gesellschaftlich durchdrungen bzw. beeinflusst sind. Dies ist unmittelbar einsichtig für die sozialen Bedingungen des Aufwachsens: Dass der elterliche Erziehungsstil, die Lernprozesse in der Schule, die Kommunikation am Arbeitsplatz abhängig sind von der jeweiligen gesellschaftlichen Einbindung, lässt sich leicht nachweisen. Weniger auffällig, aber ebenso zutreffend gilt dies für die *physisch materiellen Bedingungen* der Umwelt (vom Spielzeug über die Wohnhäuser bis hin zum städtischen Park); denn die materielle Umwelt befindet sich nirgendwo mehr in einem natürlichen Urzustand, sondern kommt immer nur in gesellschaftlicher Bearbeitung vor: Spielzeug wurde von Fabrikanten erdacht und produziert, Wohnumwelten unter ökonomischen Gesichtspunkten geplant, selbst der Stadtpark und seine Anlagen sind das Ergebnis gesellschaftlicher Gestaltung. Alle sozialen und materiellen Umweltfaktoren sind somit gesellschaftlich beeinflusst, sie alle können als Bedingungen des Sozialisationsprozesses Bedeutung erlangen. Zugleich wird einschränkend definiert, dass diese Gesamtheit der Umweltbedingungen nur unter einem spezifischen Blickwinkel betrachtet wird. So interessiert der Fernsehkonsum in seinen Auswirkungen auf kindliche Wahrnehmungsmuster, nicht jedoch in seiner Bedeutung für die Werbewirtschaft; die Arbeitsplatzsituation interessiert in ihrer Auswirkung auf die Verhaltensweisen und Charakterstrukturen der Beschäftigten, nicht jedoch in ihrer tarifrechtlichen Relevanz. Die Baustruktur des Stadtviertels wird in ihrer Auswirkung auf kindliche Aktivitäten, nicht jedoch unter dem Aspekt der Sanierungspolitik betrachtet. Es geht also um die Gesamtheit der gesellschaftlich vermittelten Umwelt in ihrer spezifischen Bedeutung für die Entwicklung der Persönlichkeit. Eine solche Begriffsdefinition nimmt jedoch nicht nur eine Abgrenzung des Gegenstandsbereichs vor, sondern enthält zugleich Grundannahmen über Charakter und Struktur des Sozialisationsprozesses.

1.1.1 Persönlichkeit und Umwelt: Zum Charakter des Sozialisationsprozesses

Im Zentrum des Sozialisationsprozesses steht die Entwicklung und Veränderung der menschlichen Persönlichkeit. Daraus ergibt sich zunächst, dass sich ‹Sozialisation› nur definieren lässt, wenn der Persönlichkeitsbegriff einbezogen wird. Ohne bereits einzelne psychologische Theorien heranzuziehen, lässt sich Persönlichkeit bezeichnen als das spezifische Gefüge von Merkmalen, Eigenschaften, Einstellungen und Handlungskompetenzen, das einen einzelnen Menschen kennzeichnet. Entstanden ist dieses organisierte Gefüge auf der biologischen Lebensgrundlage des Menschen durch die Erfahrungen, die der Einzelne im Laufe seiner Lebensgeschichte gemacht hat (vgl. Neyer/Lehnart 2008). Eine solche Definition verweist darauf, dass sich mit dem Begriff ‹Persönlichkeit› Vorstellungen über ein Gefüge von psychischen Strukturen und Merkmalen bei einem Individuum verbinden. Es geht somit nicht nur um von außen beobachtbare Verhaltensweisen, sondern auch um innerpsychische Prozesse und Zustände; Gefühle und Motivationen gehören ebenso dazu wie Wissen, Sprache und Werthaltungen. Sozialisationsforschung und -theorie hat aufzuzeigen, in welchem Verhältnis diese Aspekte der inneren Realität zu den Bedingungen der äußeren Realität stehen. Ein solches Verständnis von Persönlichkeit verweist zum Zweiten darauf, dass bei den einzelnen Menschen sehr unterschiedliche Ausprägungen des psychischen Gefüges anzutreffen sind. Das spezifische Gefüge des Einzelnen wird als ‹Individualität› bezeichnet (vgl. Abels 2006, S. 43). Zur Persönlichkeit gehört diese Individualität (die den Einzelnen von allen anderen unterscheidet) ebenso wie der Sozialcharakter, den die Mitglieder einer Gesellschaft miteinander teilen (vgl. Rolff 1967, S. 22 ff.; Veith 2008, S. 37 f.). Darunter wird der Teil der Persönlichkeit verstanden, «der signifikanten sozialen Gruppen gemeinsam ist und der ... das Produkt der Erfahrung dieser Gruppen darstellt. Der so verstandene Begriff des sozialen Charakters erlaubt es uns, ... von dem Charakter von Klassen, Gruppen, Völkern und Nationen zu sprechen» (Riesman 1958, S. 20). Eine solche Definition erlaubt es auch, zwischen unterschiedlichen Sozialcharaktern in *einer* Gesellschaft zu unterscheiden: So gibt es bei ethnischen Minderheiten andere ‹Selbstverständlichkeiten› im Rollenverhalten zwischen Mann und Frau, bei den Essgewohnheiten, bei alltäglichen Höflichkeitsformen als in der deutschen ‹Mehrheitskultur›. In jedem Fall aber erwirbt ein heranwachsender Mensch die ‹Selbstverständlichkeiten› seiner Gruppe – und damit die entsprechenden Anteile des Sozialcharakters. Daraus wiederum folgt, dass die Genese der Persönlichkeit im Sozialisationsprozess zugleich auf Vergesellschaftung und Individuierung hinausläuft. An eine Sozialisationstheorie ist der Anspruch zu stellen, dass diese beiden Dimensionen der Persönlichkeitsentwicklung systematisch gefasst werden.

In den hier angesprochenen Sozialisationsbegriff fließen jedoch nicht nur Annahmen über die innerpsychischen Strukturen ein, sondern es werden auch Grundaussagen über das Verhältnis des Individuums zu den Bedingungen seiner Umwelt getroffen. Die gewählten Formulierungen lassen erkennen, dass von einem heranwachsenden Menschen ausgegangen wird, der auf seine Lebens- und Lernprozesse einen aktiv gestaltenden Einfluss nimmt. Menschen sind nicht Opfer ihrer Sozialisation, sondern sie wirken auf sich und ihre Umwelt immer auch selber ein und entwickeln sich auf diese Weise zum handlungsfähigen Wesen, zu einem *Subjekt* (vgl. Grundmann 2006, S. 23 f.). Damit erfolgt bereits in den Definitionen von ‹Sozialisation› und ‹Persönlichkeit› eine deutliche Absetzung von allen sozialdeterministischen Vorstellungen, in denen Sozialisation als einseitige Prägung missverstanden wird. Sozialisation ist nicht einfach die (freiwillige oder erzwungene) Übernahme gesellschaftlicher Erwartungen in psychische Strukturen, sondern ein Prozess der aktiven Aneignung von Umweltbedingungen durch den Menschen. Die prinzipielle Möglichkeit des Menschen, sich zu seiner Umwelt aktiv, individuell und situativ verschieden zu verhalten, steht in einem Spannungsverhältnis zu den gesellschaftlichen Anforderungen, die auf Anpassung und Normierung ausgerichtet sind. Damit dieses Spannungsverhältnis auch theoretisch begriffen wird, dürfen Sozialisationstheorien nicht von einem passiv erleidenden Individuum ausgehen, sondern müssen die aktive Gestaltungsfähigkeit des Subjekts in Rechnung stellen. Hier hat Klaus Hurrelmann das Konzept des «produktiv realitätsverarbeitenden Subjekts» (1986) entwickelt, das inzwischen auch von weiteren Theorieströmungen aufgenommen wurde (vgl. Hurrelmann/Grundmann/Walper 2008; Böhnisch/Lenz/Schröer 2009, S. 16 f.).

Mit dem hier verwendeten Sozialisationsbegriff verbindet sich somit eine Grundvorstellung vom sozialisierenden Subjekt und seinem Verhältnis zur Umwelt. Dieses Grundverständnis kann inzwischen als Konsens zwischen Sozialisationsforschern unterschiedlicher theoretischer Ausrichtung betrachtet werden. Ein solcher sozialisationstheoretischer Konsens ‹nach innen› bedeutet zugleich, dass hierzu im Widerspruch stehende Positionen, die ‹von außen› – also von anderen Wissenschaftsrichtungen – über den Charakter menschlicher Entwicklung vorgetragen werden, von Sozialisationsforschern nicht akzeptiert werden; vielmehr wird ihnen gemeinsam argumentativ entgegengetreten. Dies gilt insbesondere für Konzepte (a) einer biologistisch argumentierenden Humanwissenschaft, (b) einer idealistisch überzogenen Philosophie und (c) einer verkürzt analysierenden Pädagogik. Was sich hinter diesen konkurrierenden Konzepten verbirgt, wird im Folgenden erläutert. Indem dazu jeweils die sozialisationstheoretischen Gegenargumente angeführt werden, wird der angesprochene Konsens in der Gemeinschaft der Sozialisationsforscher präzisiert.

(a) Die Implikationen des Sozialisationsbegriffs wenden sich entschieden gegen alle *biologistischen* Auffassungen, die die Persönlichkeitsentwicklung allein oder weit überwiegend auf genetisch fixierte ‹Anlage›-Faktoren und ihre ‹Reifung› zurückführen wollen. In einer solchen Sichtweise sind individuelle Unterschiede in Leistungsfähigkeit und Charaktereigenschaften bereits vor der Geburt weitgehend festgelegt, die Umwelt hat dann allenfalls noch die Funktion eines gärtnerischen Nährbodens. Solche Vorstellungen haben bis in die 1960er Jahre hinein die bundesdeutsche Pädagogik beherrscht (vgl. z. B. K. V. Müller 1956). In den 1970er Jahren wurden sie in öffentlichkeitswirksamer Weise von dem amerikanischen Psychologen Jensen (1973) vertreten, in den 1990er Jahren wurden sie von «Verhaltensbiologen» aufgefrischt (vgl. Promp 1990, S. 118). Gegenüber solchen Thesen haben Sozialisationsforscher stets betont, dass sich die Persönlichkeit in Auseinandersetzung mit der jeweiligen Umwelt entwickelt und dass eine genetische Fixierung von Charaktereigenschaften eine wissenschaftlich durch nichts belegte

Spekulation ist. Diese Ablehnung biologistischer Positionen schließt aber ein, dass Sozialisationstheorien die biologische Basis aller menschlichen Erkenntnis- und Handlungsfähigkeit berücksichtigen. Es geht also nicht darum, die organischen Voraussetzungen der menschlichen Entwicklung (z. B. genetische Vorgaben, körperliches Wachstum, Triebbedürfnisse, physiologische Gehirnaktivitäten) zu leugnen, sondern die Wechselwirkungen zwischen diesen Bedingungen und den Einflüssen der Umwelt zu analysieren. Hierzu sind in den letzten Jahren aus biologischer Perspektive differenzierte Konzepte vorgelegt worden, mit denen sich die «alte» Konfrontation überwinden lässt (vgl. Asendorpf 2008, vgl. auch Kap. 2.1).

(b) Der Sozialisationsbegriff wendet sich gegen eine *idealistische* Auffassung, die in der abendländischen Philosophie eine lange Tradition hat (vgl. Geulen 1980, S. 24): die Vorstellung, dass die Subjektwerdung des Menschen einer erfahrungswissenschaftlichen Analyse nicht zugänglich und auch nicht auf gesellschaftliche Bedingungen zurückführbar sei. Eine solche Position wurde im ausgehenden 19. Jahrhundert von Wilhelm Dilthey in einer Weise vertreten, die die Entwicklung von Pädagogik und Psychologie bis weit in das 20. Jahrhundert stark beeinflusst hat. Dilthey geht davon aus, dass die Genese der Persönlichkeit vor allem ein immanenter Prozess der psychischen Entfaltung sei, der sich allenfalls geisteswissenschaftlich-verstehend beschreiben, keinesfalls aber empirisch analysieren lasse (vgl. Dilthey 1957, S. 218 ff.). Geulen, der diese Position ausführlich dargestellt und kritisiert hat (vgl. 1989, S. 29 ff.), bezeichnet sie als einen «idealistischen Individualismus» und betont demgegenüber die Grundposition des sozialisationstheoretischen Herangehens: dass es darauf ankommt, die Entwicklung der Persönlichkeit als Interaktion zwischen Subjekt und Umwelt zu untersuchen, und dass dieser Prozess erfahrungswissenschaftlichen Methoden genauso zugänglich ist wie die allermeisten anderen Bereiche des menschlichen Lebens. Damit ist die Sozialisationsforschung darauf ausgerichtet, soziale Regelhaftigkeiten im Prozess der Persönlichkeitsentwicklung auszumachen. Die Ablehnung idealistischer Positionen schließt aber durchaus ein, die in der philosophischen Tradition formulierten Ansprüche an ein entwickeltes Subjektverständnis zu akzeptieren und aufzunehmen.

Dass Menschen zur Selbstreflexion fähig sind, sich zur Individualität entwickeln und auf diesen Entwicklungsprozess einen aktiv gestaltenden Einfluss nehmen, ist in dem dort entwickelten Begriff vom Subjekt enthalten. Die Akzeptanz dieser Erkenntnisse bedeutet, dass sozialisationstheoretische Entwürfe sich vor jeder Form des Milieudeterminismus hüten müssen, sie aber dennoch die Entwicklung der Persönlichkeit im Kontext der jeweiligen Umweltbedingungen zu erklären haben.

(c) Der Sozialisationsbegriff wendet sich gegen *eine pädagogisch reduzierte* Perspektive, die in der Erziehungswissenschaft lange Zeit vorgeherrscht hat. Betrachtet wurde dort vor allem der «pädagogische Bezug» (Nohl) und damit die bewusste erzieherische Interaktion eines Erwachsenen gegenüber dem Heranwachsenden. Im Mittelpunkt der Pädagogik stand daher vor allem die intentionale Bildung und Erziehung in der Schule. Alle anderen Einflussfelder – von den Auswirkungen institutioneller Strukturen über die Massenmedien bis hin zu den ‹peergroups› – blieben hingegen am Rande der Erörterung. Dies hat Bernfeld bereits 1925 massiv kritisiert; die bis in die 1960er Jahre vorherrschende «geisteswissenschaftliche Pädagogik» hat diese Verkürzung jedoch nicht überwinden können (vgl. die Analyse bei Klafki u. a. 1970, S. 55–74). Wer hingegen den Sozialisationsbegriff gebraucht, weigert sich, die Analyse auf bewusste erzieherische Akte zu reduzieren. Er betont vielmehr, dass die Gesamtheit aller Lebensumstände für die Subjektentwicklung von Bedeutung ist. Der Einfluss des erzieherischen Handelns wird damit nicht geleugnet, sondern systematisch eingeordnet: ‹Erziehung› als bewusste und geplante Beeinflussung der Heranwachsenden durch Erwachsene wird als Teil (als Unterkategorie) des Sozialisationsprozesses gesehen und entsprechend gewürdigt.

Die bisher referierte Begriffsbestimmung verbindet eine definitorische Abgrenzung des Gegenstandsbereichs mit der Festlegung von Prämissen über den Charakter des Austauschs zwischen Person und Umwelt. Darüber hinaus enthält diese Definition weitere Annahmen über die Grundstrukturen des Sozialisationsprozesses, die im Folgenden verdeutlicht werden sollen.

1.1.2 Ebenen und Phasen: Zur Struktur des Sozialisationsprozesses

Aus der Bestimmung, dass die Persönlichkeitsentwicklung ein Austauschprozess zwischen dem Subjekt und seiner gesellschaftlich vermittelten Umwelt ist, ergibt sich eine Gliederung des Sozialisationsfeldes in gesellschaftliche *Ebenen*: Es ist begrifflich zu fassen, über welche Zwischenstufen eine Vermittlung zwischen ‹Persönlichkeit› und ‹Gesamtgesellschaft› vorstellbar ist. Aus der weiteren Bestimmung, dass dies ein individueller Entwicklungsprozess hin zur Handlungsfähigkeit ist, ergibt sich eine biographische Gliederung des Sozialisationsprozesses in *Phasen*: Es ist darzulegen, in welchen Altersabschnitten typischerweise welche Entwicklungsaufgaben zu bewältigen sind. Beide Dimensionen sind in der weiter vorn zitierten Definition bereits angesprochen, sie sollen hier verdeutlicht werden.

Ebenen des Sozialisationsprozesses

Bisher wurde in eher globaler Weise die ‹Persönlichkeit› der ‹gesellschaftlich vermittelten Umwelt› gegenübergestellt. Nun tritt im Sozialisationsprozess dem Einzelnen ‹die› Gesellschaft aber nie in ihrer Totalität und Komplexität gegenüber, sondern das Individuum bewegt sich in konkreten sozialen Umwelten, die wiederum in größere Zusammenhänge eingebunden sind. Daraus ergibt sich ein Gefüge von Abhängigkeiten, das an einem Beispiel erläutert werden kann.

Die Erziehungspraktiken der Eltern lassen sich als unmittelbare Bedingungen der vorschulischen Sozialisation ansehen. Sie werden vor allem bestimmt von den Persönlichkeitsmerkmalen der Eltern, die wiederum vielfältig beeinflusst sind. Die Erfahrungen am Arbeitsplatz spielen dabei ebenso eine Rolle wie die gegenwärtigen Belastungen in der Familie. Nicht weniger bedeutsam sind die Entlastungen, die durch gesellschaftliche Erziehungseinrichtungen (z. B. Kinderkrippen, Kindergärten) geboten werden. Damit wird deutlich, dass Sozialisationsprozesse in Kleingruppen (Familie) und Institutionen (Betrieb, Kindergarten) eingebunden sind und davon auch beeinflusst werden. Diese wiederum sind Bestandteil eines umfassenden gesellschaftlichen Gefüges, sie werden durch gesamtgesellschaftliche Prozesse (etwa Flexibilisierung der Arbeitszeit) verändert, die wiederum in längerfristige historische Entwicklungen eingegliedert sind (Veränderung des Systems gesellschaftlicher Arbeit). Dies bedeutet: Die gesellschaftlichen und institutionellen Bedingungen der Subjektentwicklung sind nicht stabil, sondern ändern sich im historischen Prozess; dies gilt für den Wandel der Familie ebenso wie für die Veränderungen der Schule und für den Wandel der Medienwelt (vgl. Ecarius/Fuchs/Wahl 2008). Auf diese Weise wirken gesellschaftliche Strukturveränderungen z. B. auf die Interaktion zwischen Eltern und Kindern in der Familie und damit auf die Persönlichkeitsentwicklung des Kindes. An diesem Beispiel wird zum einen deutlich, dass soziale und ökonomische Grundstrukturen einer Gesellschaft (System der Arbeitsteilung, soziale Schichtung etc.) den Sozialisationsprozess beeinflussen; zugleich wird gezeigt, dass diese Grundstrukturen nicht direkt auf Heranwachsende einwirken, sondern einer Vermittlung z. B. über familiale Lebensbedingungen, über elterliches Handeln oder auch über spielerisches Lernen im Kindergarten bedürfen. Zwar sind all die genannten Faktoren als Sozialisations*bedingungen* zu bezeichnen, weil sie von der gesellschaftlichen Seite her den Sozialisationsprozess beeinflussen. Doch diese Bedingungen – von ‹Sozialschicht› bis ‹mütterliche Zuwendung› – haben höchst unterschiedliche Konkretheitsgrade, ihr Verhältnis zueinander ist zunächst ungeklärt.

Um hier zu einer ersten groben Ordnung zu kommen, ist ein «Strukturmodell der Sozialisationsbedingungen» (Geulen/Hurrelmann 1980, S. 64) erforderlich. Ein solches Modell soll darstellen, in welchen systematischen Beziehungen die verschiedenen Faktoren stehen und in welcher Weise sie – direkt oder indirekt – auf die Persönlichkeitsentwicklung wirken. Vorarbeiten zu einem solchen Modell sind von verschiedenen Autoren geleistet worden (vgl. z. B. Rolff 1967, S. 18 f.; Bronfenbrenner 1976, S. 203 f.). Geulen und Hurrelmann (1980) führen diese Arbeiten fort, indem sie vier Ebenen des Sozialisationsprozesses unterscheiden und diesen Ebenen systematisch bestimmte Komponenten zuordnen. Ein solcher Modellentwurf ist als eine Art ‹Vorsortierung› der wichtigsten Faktoren des Sozialisationsprozesses zu verstehen. Er ist selbst noch keine Sozialisationstheorie, sondern ein «pragmatisches Raster für die weitere Theoriebildung» (ebd., S. 64). Abbildung 1 zeigt in vereinfachter und modifizierter Form dieses pragmatische Raster.

Dabei werden die verschiedenen gesellschaftlichen Komponenten nach ihrer Nähe bzw. Ferne zum unmittelbaren Sozialisationsprozess (zur Subjektwerdung) geordnet:

Die *erste Ebene* wurde schon mehrfach als zentrale Betrachtungsperspektive benannt. Es geht um die Entwicklung der Individuen, um die Herausbildung von Persönlichkeitsmerkmalen und damit um Erfahrungsmuster und Einstellungen, um Wissen und um emotionale Strukturen. All diese Fähigkeiten leisten einen Beitrag, um das Subjekt handlungsfähig zu machen. Der Erwerb dieser Fähigkeiten vollzieht sich im gesellschaftlichen Austausch; denn der sich entwickelnde Mensch steht in Interaktion mit anderen Menschen und betreibt zugleich die handelnde Aneignung und Umgestaltung der dinglichen Umwelt (zunächst im Spiel, später auch in der Arbeit). Die *zweite Ebene* der unmittelbaren sozialisatorischen Umwelt lässt sich daher mit den Begriffen «Interaktionen und Tätigkeiten» fassen. In unserer Gesellschaft sind solche sozialisatorischen Umwelten überwiegend in Institutionen wie Kindergarten, Schule und Betrieb eingebettet *(dritte Ebene).* Bestimmte Institutionen sind ausschließlich zum Zweck der Sozialisation eingerichtet

Ebene	*Komponenten* (beispielhaft)
(4) Gesamtgesellschaft	ökonomische, soziale, politische, kulturelle Struktur
↕	↕
(3) Institutionen	Betriebe, Massenmedien, Schulen, Universitäten, Militär, Kirchen
↕	↕
(2) Interaktionen und Tätigkeiten	Eltern-Kind-Beziehungen; schulischer Unterricht; Kommunikation zwischen Gleichaltrigen, Freunden, Verwandten
↕	↕
(1) Subjekt	Erfahrungsmuster, Einstellungen, Wissen, emotionale Strukturen, kognitive Fähigkeiten

Abb. 1: Struktur der Sozialisationsbedingungen

worden (z. B. die Schule), andere Institutionen haben andere Hauptaufgaben und erledigen die Sozialisation überwiegend ‹nebenbei› mit (etwa der Betrieb). Das Ganze wiederum ist Teil eines gesamtgesellschaftlichen Systems *(vierte Ebene)*, in deren Zusammenhang sich Veränderungen institutioneller Strukturen und Bedeutungen vollziehen.[1]

Diese Skizzierung hat verdeutlicht, dass die Bedingungsebenen, die auf die Subjektentwicklung Einfluss nehmen, in einem hierarchischen Verhältnis zueinander stehen. Die jeweils höhere setzt die Rahmenbedingungen für die Strukturen und Abläufe in der nächst niedrigeren. Dass damit kein deterministisches Verhältnis gemeint ist, deuten die doppelseitigen Pfeile an: Strukturen und Abläufe der unteren Ebene wirken immer auch auf die nächsthöhere zurück und können dort Veränderungen bewirken. Auf diese Weise sind Prozesse der gesellschaftlichen *Makroebene* (gesamtgesellschaftliche Strukturen, Institutionen) mit Prozessen der *Mikroebene* (Interaktion, Subjektentwicklung) verknüpft. Es ist Aufgabe der Sozialisationsforschung, diese Verknüpfungen unter dem Aspekt ihrer Bedeutung für die Subjektentwicklung zu analysieren.

Die Gliederung in Ebenen strukturiert den Gegenstandsbereich und ist damit vorklärend für Forschung und Theoriebildung. Mit diesem Ebenenmodell wird zugleich der Anspruch verdeutlicht, dem sich eine umfassende Sozialisationstheorie stellen muss: Sie hat zum einen die eher psychologische Frage aufzuklären, wie sich Subjekte ihre unmittelbare soziale Umwelt aneignen und dabei ihre Persönlichkeitsstrukturen ausbilden. Zum anderen hat sie das eher soziologische Problem zu behandeln, welche Zusammenhänge zwischen diesen Umweltbedingungen und umfassenderen gesamtgesellschaftlichen Strukturen bestehen. Aufgabe einer Sozialisationstheorie ist es somit, dieses Strukturmodell zu ‹füllen› und dabei den Zusammenhang zwischen den Ebenen zu beschreiben. Ein solches Ebenen-Modell der Sozialisationsbedingungen ist gelegentlich als zu mechanistisch, zu stark vereinfachend kritisiert worden (vgl. z. B. Dausien 2002, S. 47 f.). Doch darf dabei nicht übersehen werden, dass damit lediglich eine erste ordnende Absicht verbunden ist: «Der Ertrag … liegt in der Bereitstellung eines gestaltgebenden Rahmens, dessen inhaltliche Füllung und empirische Anwendung vom jeweiligen Erkenntnisinteresse her zu systematisieren bleibt» (Dippelhofer-Stiem

2008, S. 121). Dabei ist diese Aufgabenstellung stets auf das Problem der Persönlichkeitsentwicklung zu zentrieren; denn die Sozialisationstheorie hat nicht die generelle Beziehung zwischen der Gesamtgesellschaft und ihren Institutionen zu behandeln (das ist vielmehr Aufgabe der allgemeinen Soziologie), sondern sie sollte diesem Verhältnis nur in dem Maße nachgehen, in dem sich daraus Erklärungen für die psychische Entwicklung von Individuen gewinnen lassen. Im weiteren Verlauf wird zu zeigen sein, dass dieses Vier-Ebenen-Modell sozialisationstheoretisch mit ganz unterschiedlichen und zum Teil höchst kontroversen Entwürfen gefüllt wird. Mit diesem Ebenen-Modell wird jedoch keine Präferenz für den einen oder anderen Theorieansatz ausgesprochen, sondern an jeden Theorieansatz ein Anspruch formuliert, der sich aus der Grundstruktur des Sozialisationsprozesses ergibt: dass Persönlichkeitsentwicklung in gesellschaftlich umfassender Weise aufzuklären ist.

Phasen des Sozialisationsprozesses

Eine Analyse des gesellschaftlichen Gefüges führt somit dazu, das Sozialisationsfeld in Ebenen zu strukturieren. Die nicht weniger wichtige Betrachtung von Lebenslauf und Lebenszeit führt dazu, eine weitere grundsätzliche Strukturierung des Sozialisationsprozesses in Phasen vorzunehmen. Eine solche Strukturierung beginnt bei der Feststellung, dass die *Ontogenese* – also die Entwicklung des Einzelnen im Zuge des Älterwerdens – im Zentrum der Sozialisationsforschung steht. Dabei lassen sich vergangene Erfahrungen nicht ausradieren, sondern bilden den Horizont, vor dem neue Erfahrungen ihre Bedeutung gewinnen (vgl. Kohli 1991). Auch dies lässt sich an dem weiter vorn bereits angesprochenen Beispiel verdeutlichen: Verhaltensweisen von Eltern gegenüber einem Kleinkind sind einerseits erklärbar auf der Folie der strukturellen Einbindung dieser Familie in das gesellschaftliche System. Ebenso wichtig ist es aber, sie vor dem Hintergrund der bisherigen Lebenserfahrungen der Eltern zu sehen: Welche Erlebnisse der eigenen Kindheit, welche Bildungswege, welche Erfahrungen in der eigenen Ehe haben ihre Persönlichkeiten beeinflusst und finden nun ihren Niederschlag in ihrem Interaktionsverhalten gegenüber dem eigenen Kind? Diese Frage verdeutlicht, dass die ontogenetische Dimension des Lebenslaufs und das mit ihr verbundene Ineinandergreifen von früheren und späteren Erfahrungen für die Sozialisationstheorie eine zentrale Bedeutung besitzen (vgl. Faltermaier 2008).

Eine erste Berücksichtigung hat dieser Sachverhalt in der Unterscheidung von ‹primärer› und ‹sekundärer› Sozialisation gefunden. Dabei wird die frühe Sozialisation allein in der Familie (primär) von der nachfolgenden Sozialisation in Familie, Schule und Altersgruppe (sekundär) unterschieden. Dementsprechend wird für die Sozialisation im Erwachsenenalter gelegentlich der Begriff ‹tertiär› benutzt. Eine solche Unterscheidung erweist sich aber als viel zu grob; zur Konzipierung der Sozialisationsforschung sind hier differenziertere Modelle erforderlich. Diese setzen bei der Feststellung an, dass in jeder Gesellschaft Lebensläufe sozial vorstrukturiert sind. Dabei gibt es nur sehr wenige Sequenzen, die interkulturell stabil sind (z. B. die Unterscheidung zwischen Kind und Erwachsenem). Bereits die uns völlig selbstverständliche Altersphase ‹Jugend› ist genauso ein Produkt gesellschaftlicher Entwicklungen (vgl. Kap. 4.1) wie die Lebenssituation des ‹Rentners›. Über zeitliche Phasen des Sozialisationsprozesses lässt sich somit nicht anthropologisch-allgemein, sondern nur historisch-konkret sprechen. Dabei gilt für differenzierte Gesellschaften (wie die unsrige), dass Lebensläufe in hohem Maß institutionell vorgeprägt werden: Wer einen Facharbeiterberuf ausüben will, muss vorher eine berufliche Lehre durchlaufen haben. Wer Arzt werden will, muss vorher die Universität besuchen und Medizin studieren. Wer das 6. Lebensjahr erreicht hat, muss die allgemeinbildende Schule besuchen und darf sie nicht vor dem 15. Lebensjahr verlassen. Mit diesen gesellschaftlich-institutionellen Sequenzsetzungen sind biologische Prozesse des Älterwerdens verknüpft. Von phasenbestimmender Bedeutung sind diese jedoch nur in sehr frühen und sehr späten Lebensjahren; so sind die verschiedenen Etappen der kindlichen Entwicklung (Säuglingsalter, Krabbelalter etc.) stark durch biologische Reifungen bedingt, andererseits setzt im hohen Alter ein körperlich bedingter Abbau von Fähigkeiten ein. Doch auch hier werden körperliche Entwicklungen von institutionellen Phasierungen begleitet oder gar überlagert; denn Kinderkrippe, Kindergarten und Altersheim sind institutionelle Formen, mit denen in unserer Gesellschaft die Lebensweisen in bestimmten

Altersabschnitten organisiert und damit auch die Erfahrungsinhalte vorbestimmt werden. Dabei werden die Übergänge zwischen den verschiedenen Sequenzen als besonders bedeutsam für die Persönlichkeitsentwicklung angesehen, weil sie häufig zu einer Veränderung von Einstellungen, zur Aneignung neuer Normen und damit zum Aufbau einer geänderten Identität führen (vgl. Faltermaier u. a. 2002).

Vor dem Hintergrund dieser grundlegenden Einsichten haben Friedrichs/Kamp (1978, S. 178) versucht, auf empirischem Weg ein soziologisches Modell der Phasierung des Lebenslaufs zu entwerfen. Auf der Grundlage der amtlichen Bevölkerungsstatistik von 1976 stellen sie fest: 99 Prozent der bundesrepublikanischen Menschen erleben im 6. Lebensjahr die Einschulung und zwischen dem 15. und 19. Lebensjahr die Schulentlassung, die meisten von ihnen treten dann in eine berufliche Ausbildung ein. Wie sich der Zeitpunkt und das Ausmaß des Eintritts in eine Berufsausbildung als Teil einer «Normalbiographie» seit Ende des Zweiten Weltkriegs verschoben hat, hat Blossfeld (1989, S. 70ff.) in einer Kohortenanalyse aufgezeigt. 90 Prozent verlassen zwischen dem 18. und dem 20. Lebensjahr das Elternhaus, 80 Prozent heiraten, das durchschnittliche Alter bei der ersten Eheschließung liegt bei etwa 25 Jahren. Damit sind bereits die Lebenssituationen gekennzeichnet, die von (fast) allen Mitgliedern dieser Gesellschaft durchlaufen werden. Andere Phasen und Ereignisse (z. B. Geburt des eigenen Kindes) kommen zwar in den meisten, aber längst nicht in allen Lebensläufen vor. Schließlich gibt es wichtige biographische Einschnitte (z. B. Aufnahme eines Studiums, eigene Ehescheidung), die nur von einer Minderheit der Bevölkerung selbst erlebt wird. Dabei verzweigen sich mit zunehmendem Alter Lebensläufe immer häufiger: Während alle 13-Jährigen einheitlich als Schüler anzusprechen sind, gibt es für eine 40-Jährige sehr unterschiedliche Lebenssituationen. Sie kann als Hausfrau und Mutter, aber auch als ledige Berufstätige ohne Kinder leben. Sie kann in zweiter Ehe verheiratet, sie kann aber auch bereits Witwe sein. Kurz: Mit zunehmendem Alter ist die sequenzielle Reihung von Lebensereignissen weniger eng vorbestimmt, sodass die Skizzierung einer ‹Normalbiographie› immer schwieriger wird (vgl. Kohli 1991, S. 313). Es kommt hinzu, dass in den letzten Jahrzehnten die Abfolge der Rollen und Ereignisse im Lebenslauf zunehmend flexibler wurden: Die «Altersnormen wurden weniger verbindlich, sie wirken jedoch durchaus weiter» (Faltermaier 2008, S. 164).

Einen anderen Zugang zur Untergliederung des Lebenslaufs bietet die Entwicklungspsychologie. Sie hat sich in ihrer langen Forschungstradition immer wieder mit der Frage befasst, welche Altersabschnitte aufgrund einer gemeinsamen Lebensthematik sinnvoll zu Phasen zusammengefasst werden können. Dabei hat sie zunehmend die Einsicht übernommen, dass Lebensphasen immer auch durch gesellschaftliche Bedingungen definiert werden (vgl. z. B. Elder 2000). Insofern hat hier eine Angleichung psychologischer und soziologischer Betrachtungsperspektiven stattgefunden. Legt man das wichtige Lehrbuch zur Psychologie (Zimbardo/Gerring 2004, S. 439) zugrunde, so findet sich dort eine Unterscheidung zwischen Säugling (1. Lebensjahr), früher Kindheit (2. bis 6. Lebensjahr) und später Kindheit (6. bis 13. Lebensjahr). Daran schließt sich die Jugendphase an, deren Beginn etwa mit dem 13. Lebensjahr angesetzt wird. Fasst man diese entwicklungspsychologischen Ein-

Phase	*Alter ca.*	*Übergänge*
Säugling ↓	0–1	
frühe Kindheit ↓	2–4	Eintritt in den Kindergarten
Kindheit ↓	5–12	Schuleintritt
Jugend ↓	13–?	Geschlechtsreife, Schulentlassung, evtl. Eintritt in Berufsbildung
Erwachsenenalter ↓	?–65	Eintritt in Berufstätigkeit, Gründung eines eigenen Haushalts (evtl. eigene Familie), evtl. Auszug der eigenen Kinder
Alter	65–?	Pensionierung

Abb. 2: Phasen des Sozialisierungsprozesses

ordnungen mit der zuvor zitierten soziologischen Forschung zum Lebenslauf zusammen und fügt dem die Erkenntnisse über die Bedeutung unterschiedlicher Institutionen in unterschiedlichen Lebensphasen hinzu, so ist es auch hier möglich, das Sozialisationsfeld durch ein heuristisches Modell vorläufig zu strukturieren.

Für dieses Phasenmodell gilt die gleiche Einordnung, wie sie zuvor für das Strukturmodell vorgenommen wurde: Die Reihung der verschiedenen Lebensphasen, der Verweis auf ihre wechselseitigen Abhängigkeiten und ihre individuelle biographische Verknüpfung beschreiben einen Grundsachverhalt des Sozialisationsprozesses. Damit wird keine spezifische Sozialisationstheorie entworfen, sondern auf einen unhintergehbaren Grundsachverhalt hingewiesen, der sich aus dem Älterwerden von Menschen in dieser Gesellschaft ergibt. Es ist Aufgabe der Sozialisationsforschung, die damit verbundenen Zusammenhänge und Abhängigkeiten aufzuklären. An sozialisationstheoretische Entwürfe ist damit die grundsätzliche Anforderung zu stellen, dass sie auch darzustellen haben, wie sich Kompetenzen und Persönlichkeitsstrukturen in der Genese der verschiedenen Phasen verändern und wie dabei die Erfahrungen der einen Phase die der nächsten beeinflussen.

1.2 Sozialisationstheorie

In dem vorangegangenen Abschnitt wurde der Gegenstandsbereich ‹Sozialisation› so abgegrenzt und strukturiert, dass er wissenschaftlich bearbeitbar erscheint. Darüber hinaus wurde verdeutlicht, welche Implikationen über das Subjekt-Umwelt-Verhältnis sich mit dem Sozialisationsbegriff verbinden. Aufgrund dieser Überlegungen konnten bereits Anforderungen an eine Sozialisationstheorie formuliert werden: Sie habe das Verhältnis zwischen den verschiedenen gesellschaftlichen Ebenen zu erklären, müsse systematisch die ontogenetische Dimension des Lebenslaufs berücksichtigen und soll von einem aktiv aneignenden Subjekt ausgehen. Nun sind solche Anforderungen an eine Sozialisationstheorie im Grunde zu früh gestellt; denn zunächst muss erläutert werden, was denn unter einer Theorie verstanden werden soll, wie sie erstellt werden kann, was sie leisten soll. Mit anderen Worten: Nachdem erläutert wurde, was unter Sozialisation zu verstehen ist, gilt es nun, in ähnlicher Weise den Theoriebegriff zu klären. Das Zusammenfügen beider Überlegungen soll dann zu einem hinreichenden Vorverständnis darüber führen, was Sozialisationstheorien sind und was sie leisten können.

Auf die Frage, was denn eine Sozialisationstheorie ist, lässt sich eine erste und nur sehr vorläufige Antwort formulieren: Weil Sozialisation weder unmittelbar sinnlich fassbar noch dinglich greifbar ist, kann man darüber nur nachdenken und reden, wenn man sich begriffliche Vorstellungen macht, die zugleich bildhaft und abstrakt sind (vgl. Hurrelmann 2002, S. 155). Solche Vorstellungen lassen sich als Modelle bezeichnen; sie gehen von Erfahrungen aus und formulieren in verallgemeinernden Begriffen Erkenntnisse, die sich auf die gesellschaftliche Beeinflussung der Persönlichkeitsentwicklung beziehen. Jedem von uns sind alltagssprachliche Aussagen bekannt, in denen solche modellhaften Vorstellungen auftauchen: «Die Jugend heute will sich nicht mehr anstrengen.» – «Zu viel Fernsehen schadet der Konzentrationsfähigkeit.» Derartige Aussagen von Alltagserfahrungen sind nicht gemeint, wenn von einer Theorie gesprochen wird. Zwar sind solche Verallgemeinerungen nie ganz falsch, aber immer willkürlich und beliebig, oft einseitig und daher kurzschlüssig. Im Kontrast dazu ist an wissenschaftliche Theorien der Anspruch zu stellen, dass dort die Begriffs- und Modellbildung in systematischer, kritischer und nachvollziehbarer Weise erfolgt. In einer ersten Annäherung lässt sich somit eine Theorie als ein nach wissenschaftlichen Prinzipien erstelltes Aussagesystem bezeichnen. Eine Sozialisationstheorie ist demnach ein wissenschaftliches Aussagesystem, das sich mit dem (zuvor definierten) Gegenstandsbereich Sozialisation befasst.

Mit dieser Formulierung ist das angesprochene Problem aber keinesfalls gelöst, sondern lediglich verschoben; denn erst jetzt stellt sich die Frage, wann ein Aussagesystem als ‹wissenschaftlich› gelten kann und daher als Theorie bezeichnet werden darf. Indem wir in solche Überlegungen eintreten, wird die Theorie zum Gegenstand des Nachdenkens gemacht: Wir denken nicht mehr über einen Ausschnitt der sozialen Realität (Sozialisation) nach, sondern reflektieren jetzt über Theorien über soziale Realität. Ein solches Denken wird als *metatheoretisch* bezeichnet.

Es ist an dieser Stelle hilfreich, die verschiedenen Ebenen des Theoretisierens präzise auseinanderzuhalten. Wir haben es mit einer Objektebene zu tun, den real ablaufenden Sozialisationsprozessen. Darüber gelagert ist die Ebene der *Objekttheorie*: ein strukturiertes Gefüge von Aussagen über den Gegenstandsbereich, das als Sozialisationstheorie bezeichnet wird. Welche Kriterien eine solche Objekttheorie erfüllen muss, ist ein Problem der *Metatheorie*.

Ebenen der Theoriebildung

Anforderungen an eine Sozialisationstheorie	Metatheorie (Wissenschaftstheorie)
Sozialisationstheorie	Objekttheorie
real ablaufende Sozialisationsprozesse	Objekt (Gegenstandsbereich)

Die Frage nach den wissenschaftlichen Regeln und den damit verbundenen Ansprüchen an eine Theorie ist ein metatheoretisches Problem. Wir betreten das Gebiet der Wissenschaftstheorie, in dem über logische und methodische Grundlagen von wissenschaftlichen Theorien und Vorgehensweisen nachgedacht wird. Der Ort unserer Frage lässt sich somit genau bestimmen, die Antwort dagegen ist äußerst schwierig zu geben; denn im Unterschied etwa zur Physik[2] gibt es in den Erziehungs- und Sozialwissenschaften keine Einigkeit über ein gemeinsames wissenschaftstheoretisches Grundkonzept. Im Gegenteil, unterschiedliche Wissenschaftsauffassungen konkurrieren miteinander oder bekämpfen sich sogar. Die Vorgehensweise bei der Theoriebildung, die der eine Wissenschaftler für richtig und einzig sinnvoll hält, kann von einem anderen als völlig falsch, nutzlos oder gar schädlich angesehen werden. Dieser Streit ist kein aktueller, sondern begleitet Psychologie, Soziologie und Pädagogik (und damit auch die Sozialisationstheorie) seit Beginn des 20. Jahrhunderts. Er ist eng verknüpft mit der Entstehung bestimmter theoretischer Grundparadigmen (Psychoanalyse, Behaviorismus, Marxismus etc.), die jeweils ihre eigenen metatheoretischen ‹Überzeugungen› und damit ihre spezielle Vorstellung von Aufbau und Funktion einer Theorie haben. Metatheoretisch strittig sind dabei vor allem die folgenden Fragen:

- Wie lassen sich Erkenntnisse über soziale Wirklichkeit gewinnen? Was wird als ‹Datengrundlage› akzeptiert, was nicht?
- Wie lassen sich Verallgemeinerungen vollziehen? Wann gilt eine theoretische Aussage als hinreichend abgesichert?
- Ist es notwendig, ist es erlaubt, Wertungen und normative Setzungen in den Forschungs- und Theoriebildungsprozess einzubringen?
- Welches Erkenntnisinteresse fließt in Forschung und Theoriebildung ein, welches gesellschaftliche Interesse soll (darf) damit verfolgt werden?

Es ist an dieser Stelle nicht möglich, auch nur annähernd auf diese wissenschaftstheoretischen Probleme im Einzelnen einzugehen (vgl. dazu Geulen/Veith 2004). Hier soll lediglich an einem Beispiel verdeutlicht werden, wie unterschiedlich die angesprochenen Fragen beantwortet werden können.

1.2.1 Zur Theoriediskussion in den Sozialwissenschaften

Eine der bekanntesten – und nach wie vor bedeutsamsten – metatheoretischen Auseinandersetzungen um die Anforderungen an sozialwissenschaftliche Theoriebildung ist der «Positivismusstreit in der deutschen Soziologie» (vgl. Adorno u.a. 1972). Die eine Position in diesem Streit wird von den Sozialwissenschaftlern eingenommen, die sich dem positivistischen Wissenschaftsprogramm des Kritischen Rationalismus verpflichtet fühlen (vor allem Popper, Albert). Dieses metatheoretische Konzept ist auch für die Sozialisationsforschung von erheblicher Bedeutung (vgl. Beer/Bittlingmayer 2008, S. 63 f.), weil einige der noch zu behandelnden Basistheorien (behavioristische Lerntheorie, struktur-funktionale Rollentheorie) sich eng daran orientieren. Die andere Position im Positivismusstreit wird von den Vertretern der Kritischen Theorie (vor allem Horkheimer, Adorno, Habermas) eingenommen. Auch dieses metatheoretische Konzept ist von erheblicher Bedeutung, weil es vor allem in interaktionistische und materialistische Sozialisationskonzepte Eingang gefunden hat.

Im Kritischen Rationalismus ist die Forschung vor allem auf die Ermittlung und Analyse von beobachtbaren Fakten, Ereignissen und Sachverhalten angelegt. Eine solche wissenschaftstheoretische Grundhaltung, die davon ausgeht, die Quelle aller Erkenntnis seien allein die durch Beobachtung des Gegebenen gewonnenen ‹positiven› Tatsachen, wird seit Comte (1798–1857) als Positivismus bezeichnet (vgl. Klaus/Buhr 1971, S. 856 f.). Positivistische Forschung der Gegenwart ist im strengen Sinn empirisch-statistisch angelegt, sie beginnt bei der Operationalisierung von Begriffen und der Formulierung von Hypothesen. Mit kontrollierten Messverfahren (z. B. Fragebogen, Verhaltensbeobachtungen) werden solche Hypothesen auf ihre Übereinstimmung mit der beobachtbaren Wirklichkeit getestet. Auf diese Weise entstehen als gesichert geltende Teilerkenntnisse, die auch als empirische Gesetze bezeichnet werden. Davon ausgehend wird als Theorie eine Menge von Gesetzen bezeichnet, die durch logische Ableitbarkeitsbeziehungen miteinander verbunden sind (vgl. Friedrichs 1983, S. 60 ff.). Ein solches empirisches Gesetz – und damit die Teilaussage einer positivistischen Sozialisationstheorie – könnte z. B. lauten: «Je größer der Alkoholkonsum in einer Familie ist, desto häufiger treten bei den Kindern Verhaltensstörungen auf.» Und weiter: «Je länger bei Erwachsenen Arbeitslosigkeit andauert, desto größer ist der Alkoholkonsum.» In diesem Sinn besteht eine Theorie aus einer Vielzahl von Sätzen, die ständig durch Forschung an der Erfahrung geprüft, d. h. entweder vorläufig angenommen oder aber falsifiziert (als falsch zurückgewiesen) werden. Diese Forschungs- und Theoriearbeit zielt darauf ab, mit der Zeit immer mehr empirische Gesetze zusammenzufügen und damit immer größere Bereiche der sozialen Realität abzubilden. Die Erarbeitung einer allgemeinen Theorie der Sozialisation scheint auf diesem Wege möglich. Ihre wissenschaftliche Erstellung ist an das Postulat der Werturteilsfreiheit geknüpft: Über den Gegenstandsbereich sind nur beschreibende oder analysierende, keinesfalls jedoch normative Aussagen gestattet. Über pädagogische Normen und ihre Wirkungen darf zwar geforscht werden, die Bejahung (oder Ablehnung) bestimmter Erziehungsziele ist im Rahmen der wissenschaftlichen Theorie jedoch nicht zulässig. Aufgabe einer so entwickelten Theorie ist die Erklärung (vergangener Ereignisse), die Prognose (künftiger Ereignisse) und der

Hinweis auf Technologien (pädagogische Maßnahmen), um erwünschte Ereignisse herbeiführen und unerwünschte verhindern zu können. In diesem technologischen Verständnis hat eine Sozialisationstheorie Mittel zu liefern, um Subjekte möglichst wirksam und effektiv in eine vorgedachte Richtung (die wissenschaftlich aber nicht bewertet werden darf) beeinflussen zu können.

Im Gegensatz zu diesem positivistischen Verständnis einer angeblich wertfreien Forschung und Theoriebildung beginnt für die Vertreter der Kritischen Theorie der wissenschaftliche Prozess mit der grundsätzlichen Kritik der bestehenden Verhältnisse: Während die ‹traditionelle› (positivistische) Theorie lediglich die gesellschaftlichen Erscheinungen abbildet, ist es Aufgabe der Kritischen Theorie, hinter diesen Erscheinungen das ‹Wesen› der Gesellschaft zu erkennen. Während die traditionelle Theorie die «herrschenden Denkgewohnheiten (stützt), die zum Fortbestehen der Vergangenheit beitragen und die Geschäfte der überholten Ordnung besorgen» (Horkheimer 1968, S. 37), zielt die Kritische Theorie auf eine Kritik dieser herrschenden Verhältnisse und der mit ihr verbundenen Ideologien. Die Kritische Theorie ist damit dem emanzipatorischen Erkenntnisinteresse verpflichtet: Wissenschaft orientiert sich am

> «Interesse des Menschen an der Erweiterung und Erhaltung der Verfügung über sich selbst ... Es zielt auf die Aufhebung und Abwehr irrationaler Herrschaft, auf die Befreiung von Zwängen aller Art. Zwingend wirkt nicht nur materielle Gewalt, sondern auch die Befangenheit in Vorurteilen und Ideologien. Diese Befangenheit läßt sich wenn nicht völlig lösen, so doch vermindern, durch die Analyse ihrer Genese, durch Kritik und Selbstreflexion» (Lempert 1971, S. 318).

Den Vertretern der Kritischen Theorie geht es also nicht um ‹wertfreie› Ergebnisse, sondern um Erkenntnisse, die auf Aufklärung über die herrschenden, unterdrückenden Verhältnisse zielen und dabei die Perspektive einer besseren, in Vernunft geordneten Gesellschaft wissenschaftlich mitreflektieren. Den Positivisten und ihrem Wissenschaftsverständnis wird vor allem vorgeworfen, zu einem solchen Prozess der Aufklärung nichts beizutragen, sondern – im Gegenteil – die bestehenden Verhältnisse zu stabilisieren. Diese Kritik lässt sich vor allem in vier Punkten konkretisieren (vgl. Keckeisen 1983, S. 125 f.):

Positivistische Wissenschaft tut so, als sei die naturwissenschaftliche Unterscheidung zwischen dem erkennenden Subjekt (dem Forscher) und dem zu erforschenden Gegenstand umstandslos auf die soziale Wirklichkeit zu übertragen. Auf diese Weise wird jedoch verhindert, dass der Entstehungs- und Wirkungszusammenhang der Wissenschaft selbst zum Gegenstand der Reflexion wird.
Positivistische Wissenschaft erhebt den Anspruch, zu einer rationalen Wirklichkeitserkenntnis zu gelangen. Sie hat metatheoretisch jedoch schon vorentschieden, was sie als Wirklichkeit akzeptiert: mess- und beobachtbare Faktoren, die sich in Wenn-dann-Beziehungen bringen lassen. Wirklichkeit erscheint wissenschaftlich allein in dieser Form, alle anderen, häufig tiefer liegenden Formen der Realität werden ausgeklammert.
Die Praxis wird von Positivisten ausschließlich als Beherrschung von (natürlichen, psychischen oder sozialen) Prozessen gedacht; die Theorie hat für diese Beherrschung die richtigen Mittel bereitzustellen. Pädagogisches Handeln wird damit als eine möglichst effektive Fremdbestimmung von Heranwachsenden definiert, deren Subjekthaftigkeit taucht in einem solchen technologischen Verständnis nicht mehr auf. Das positivistische Postulat der Werturteilsfreiheit schließt aus, dass mit wissenschaftlichem Anspruch über künftige Zustände (der Gesellschaft, des Einzelnen) nachgedacht werden darf. Damit wird das Denken auf das Reale, das Machbare, das Bewährte festgelegt. Zugleich wird gleichsam unter der Hand das effektive Verfahren, die funktionierende Technologie, als Wertorientierung eingeführt.

Während die Kritische Theorie eine differenzierte Kritik des Positivismus vorgelegt hat, ist das Wissenschaftsprogramm, das sie selbst verfolgt, methodisch weit weniger klar ausgearbeitet. Keckeisen beschreibt die hierzu in der Kritischen Theorie entwickelten Ansätze als erfahrungswissenschaftlich verfahrende Ideologiekritik (vgl. 1983, S. 128) und skizziert, in welcher Weise sich danach Forschung und Theoriebildung ausrichten lassen. Dieses Wissenschaftsprogramm knüpft bei dem emanzipatorischen Erkenntnisinteresse an und beginnt mit einer metatheoretischen Vorstrukturierung des Gegenstandsbereichs: Auf der einen Seite wird die gesellschaftliche Objektivität (gesellschaftliche Klassen, Institutionen, Herrschaftsstrukturen) gesehen: Die Bedingungen des Sozialisationsprozesses werden «den erkennenden und handelnden Menschen als ein Ensemble *äußerlicher* Faktoren» gegenübergestellt. Diese gesellschaftlichen Bedingungen, so wird unterstellt, wirken «als Restriktionen, Barrieren oder Unterdrückungsmechanismen auf die Menschen» ein, sodass sie in ihrer «Subjektivität und Möglichkeit» eingeschränkt, behindert und benachteiligt werden (Keckeisen 1983, S. 127). In einem solchen Verständnis hat Sozialisationsforschung die Aufgabe, den Prozess der Subjektwerdung unter den geschilderten entfremdeten und unterdrückenden Bedingungen zu rekonstruieren. Wie und wo werden Subjekte deformiert, wie und wo übernehmen sie dabei die herrschenden Ideologien? Eine solche Forschung kann sich nicht darauf beschränken, in positivistischer Manier Lebensäußerungen einfach abzubilden (und statistisch zu verrechnen). Vielmehr gilt es, in verstehender und interpretierender Weise hinter die «Fassade» ideologisch gefärbter Lebensäußerungen zu schauen und sie «als Momente des gesellschaftlichen Arbeits- und Gewaltzusammenhangs» (ebd.) sichtbar zu machen. Als Material für eine solche Forschung eignen sich vor allem umfassende Lebensäußerungen von Subjekten (narrative Interviews, biographische Materialien etc.), als Methode werden seit einiger Zeit dafür unterschiedliche hermeneutisch-interpretative Verfahren entwickelt (vgl. z. B. Friebertshäuser/Prengel 1997).

Somit ist auch die Forschung auf dem Boden der Kritischen Theorie zu nicht unerheblichen Teilen ein empirisches Vorgehen: Zur Ermittlung der äußeren Bedingungen der Sozialisation lassen sich neben anderen auch empirisch-statistische Verfahren einsetzen, für die Erforschung von Subjektivität wird hingegen ein eigenes Methodenrepertoire entwickelt, das sich deutlich von positivistischen Methoden absetzt. Als Sozialisations*theorie* im Rahmen dieses Wissenschaftsprogramms lässt sich damit ein Aussagesystem bezeichnen, das grundsätzlich von entfremdeten gesellschaftlichen Verhältnissen ausgeht und dabei in dialektischer Weise aufzeigt, wie einerseits diese entfremdeten Verhältnisse die Entwicklung von Subjektivität behindern oder gar zerstören, das andererseits aber deutlich macht, wie und wo Subjekte widerständig sind und wie sie die bewusste Verfügung über ihr Leben erweitern. Ein solches Aussagesystem ist in der Sicht der Kritischen Theorie gehaltvoll, weil es im emanzipatorischen Sinne dazu beitragen kann, die Aufhebung von Abhängigkeit und überflüssiger Herrschaft zu befördern. Ein Vertreter des Kritischen Rationalismus würde jedoch entgegnen, dass hier politische Wertungen und wissenschaftliche Aussagen in völlig unzulässiger

Weise vermischt werden. Er würde darauf verweisen, dass die Grundthese von den ‹entfremdeten gesellschaftlichen Verhältnissen› weder empirisch bewiesen noch jemals beweisbar ist, sodass es sich um nichts anderes als um eine politische Behauptung handele. Dem Interesse der Kritischen Theorie an der Aufhebung von Abhängigkeiten schließlich würde (bzw. wird) entgegengehalten: «Wer Wissenschaft betreibt, will Erkenntnisse gewinnen, nicht die Welt gestalten oder Menschen beeinflussen. Er verhält sich theoretisch, nicht praktisch» (Brezinka 1972, S. 21). Kurz, die metatheoretische Kritik zwischen Kritischem Rationalismus und Kritischer Theorie ist wechselseitig, jede Seite hält bestimmte Grundprinzipien der anderen Seite für grundfalsch und verteidigt zugleich das eigene Vorgehen.

Nun ist der Positivismusstreit wohl der bekannteste, aber keineswegs der einzige wissenschaftstheoretische Streit in den Sozialwissenschaften. In ähnlicher Weise ließe sich über prinzipielle metatheoretische Dispute zwischen Marxisten (vgl. Kap. 3.4) und Interaktionisten (vgl. Kap. 3.3) oder zwischen Behaviorismus (vgl. Kap. 2.3) und Psychoanalyse (vgl. Kap. 2.2) berichten. Schließlich haben seit den 1990er Jahren Konzepte einer konstruktivistischen Sozialisationstheorie erhebliche (meta)theoretische Debatten ausgelöst (vgl. Grundmann 1999). Die Frage nach den Ansprüchen an eine Theorie ist somit ein weites, komplexes und äußerst strittiges Feld, das hier nur in Ansätzen angesprochen werden konnte. Der beispielhafte Bericht über den Positivismusstreit hat gezeigt, wie solche Streitlinien verlaufen können, welche wissenschaftstheoretischen Probleme dabei angesprochen und welch unterschiedliche Theoriebegriffe dabei vertreten werden.

1.2.2 Anforderungen an eine Sozialisationstheorie

In einem einführenden Buch kann es nicht darum gehen, zwischen solchen Streitpositionen entscheiden zu wollen: Solange die sozialisationstheoretische Diskussion von konkurrierenden Konzepten bestimmt wird (vgl. Veith 2008), muss das hier gewählte Verständnis von Theorie so umfassend sein, dass keiner dieser Ansätze über metatheoretische Vorentscheidungen ausgeschlossen wird. Gleichzeitig bedarf es einer eingrenzenden Begriffsbestimmung, damit alltägliche Meinungsbekundungen begründet von einer Theorie unterschieden werden können. Dabei ist das von Th. Schulze vorgeschlagene Verfahren hilfreich. Er fragt nicht nach den Unterschieden zwischen den verschiedenen metatheoretischen Ansprüchen an eine Theorie, sondern – im Gegenteil – nach Gemeinsamkeiten eines wissenschaftlichen Vorgehens. In mehreren Punkten formuliert er grundlegende Merkmale einer wissenschaftlichen Theorie im sozialen Feld. Es handelt sich damit um eine Art Miminalkatalog von Anforderungen, jede wissenschaftstheoretische Richtung wird darüber hinaus ihre spezifischen Ansprüche erheben. Die Formulierungen von Schulze helfen, die Behandlung eines äußerst komplexen Problems in einer vorläufigen Weise abzuschließen. Im Rahmen dieses Buchs wollen wir als wissenschaftliche Aussagesysteme – als Theorien – solche Konzepte akzeptieren, die die meisten der folgenden Kriterien erfüllen:

(1) «*Daten:* Sie berufen sich nicht allein auf persönliche Eindrücke und Erfahrungen. Sie versuchen, ihre Annahmen und Aussagen auf systematisch gesammelte, empirische Daten zu stützen.»

(2) «*Konzepte:* Sie versuchen, für den Gegenstandsbereich ein umfassendes Konzept zu entwerfen, ein Modell zu konstruieren, das einen logischen Zusammenhang herstellt zwischen den einzelnen Erscheinungen und in vernünftiger Weise erklärt, was in diesem Bereich geschieht. Sie geben darüber hinaus zu verstehen, daß solche Konzepte nur Konstruktionen der Wirklichkeit sind und nicht diese Wirklichkeit selbst.»

(3) «*Reflexion:* Sie suchen die einzelnen Schritte, die zu der Konstruktion geführt haben, zu kontrollieren und für andere nachvollziehbar zu machen. Sie enthalten Reflexionen über das methodische Vorgehen, über die Voraussetzungen, auf denen sie beruhen und über die Reichweite und Geltung der gemachten Annahmen und Aussagen.»

(4) «*Diskussionen:* Sie setzen ihre Annahmen und Aussagen Einwänden und widersprechenden Tatsachen und Erfahrungen aus. Sie bringen sie in einen Diskussionszusammenhang ein, beziehen sich auf vorausgegangene Untersuchungen und Überlegungen.»

(5) «*Fragen und Kritik:* Sie gehen von einer Fragestellung aus, wollen etwas herausfinden, zu neuen Erkenntnissen gelangen, die ihrerseits neue Handlungsmöglichkeiten eröffnen oder gewohnte Handlungsweisen besser verstehbar machen. Sie betrachten ihren Gegenstand kritisch, aber im Sinne einer neugierigen,

konstruktiven Kritik, die noch offen und auf eine Erweiterung unserer Vorstellungen und Pläne gerichtet ist» (Schulze 1980, S. 40).

Vor diesem Hintergrund lässt sich nun auch festlegen, was unter einer Sozialisationstheorie verstanden werden soll: ein nach solchen wissenschaftlichen Kriterien erstelltes Gefüge von Begriffen, Annahmen und Aussagen, das sich auf den Gegenstandsbereich Sozialisation (wie er zuvor definiert wurde) bezieht. Eine solche Sozialisationstheorie muss in verallgemeinernder und modellhafter Weise die real ablaufenden Sozialisationsprozesse beschreiben und ihre Wirkzusammenhänge erklären.

Diese allgemeinen Anforderungen an eine sozialwissenschaftliche Theoriebildung sind zu ergänzen durch die spezifischen Ansprüche, die sich aus dem Gegenstandsbereich Sozialisation und aus dem damit verbundenen Verständnis des Sozialisationsprozesses ergeben. Diese Ansprüche an eine Sozialisationstheorie wurden weiter vorn bereits begründet; sie sollen hier noch einmal zusammenfassend aufgeführt werden, weil sie für die Bewertung der in den folgenden Kapiteln vorzustellenden Theoriekonzepte von erheblicher Bedeutung sind:

(1) Eine Sozialisationstheorie muss von einem umfassenden Verständnis von ‹Persönlichkeit› ausgehen und in modellhafter Weise auch innerpsychische Prozesse beschreiben können. Sozialisationstheoretische Konzepte dürfen nicht hinter die Erkenntnisse zurückfallen, die dazu in der Psychologie erarbeitet wurden.

(2) Eine Sozialisationstheorie muss von einem aktiv handelnden Subjekt ausgehen, das von den Umständen nicht einfach ‹geprägt› oder überwältigt wird, sondern sich seine Umwelt aneignet und sich dabei selbst verändert.

(3) Eine Sozialisationstheorie muss erklären können, wie die aktive Auseinandersetzung mit der Umwelt auf die innerpsychischen Persönlichkeitsmerkmale wirkt – und wie Persönlichkeitsmerkmale das aktive Handeln beeinflussen.

(4) Eine Sozialisationstheorie hat zu berücksichtigen, dass Sozialisation als Prozess zugleich zur Vergesellschaftung und Individuierung führt. Dies vollzieht sich in Phasen und Sequenzen, die in biographischer Abhängigkeit zueinander stehen. Aufgabe der Theorie ist es, diese Abhängigkeiten aufzuklären.

(5) Eine Sozialisationstheorie hat zu erklären, wie die verschiedenen Bedingungen der sozialen Umwelt den Prozess der Persönlichkeitsentwicklung beeinflussen. Dazu ist es erforderlich, das Bedingungsgefüge zu strukturieren und die Abhängigkeit der verschiedenen Ebenen voneinander zu erklären.

Mit diesen fünf Punkten haben wir die Ansprüche formuliert, die gegenwärtig an sozialisationstheoretische Konzepte gerichtet werden: Wir haben damit den ‹entwickelten› Stand der sozialisationstheoretischen Diskussionen referiert, der sich von früheren Phasen durchaus unterscheidet.[3] Diese Ansprüche werden in der Gemeinschaft der Sozialisationsforscher relativ konsenshaft vertreten, ohne dass damit bereits ein bestimmter Theorieentwurf präferiert wird; vielmehr handelt es sich um metatheoretische Anforderungen, der sich alle theoretischen Entwürfe zu stellen haben. Weil diese Anforderungen äußerst anspruchsvoll formuliert sind, liegt gegenwärtig kein Theorieentwurf vor, der all diese Kriterien erfüllt. Allerdings wird mit diesen Kriterien die Richtung angegeben, in die sich die künftige Theoriearbeit bewegen muss, um zu der angestrebten umfassenden Sozialisationstheorie zu gelangen.

1.2.3 Zur Methodendiskussion in der Sozialisationsforschung

Mit dieser Beschreibung der Anforderungen an eine Sozialisationstheorie wird zugleich auch deutlich, welche Rolle der Sozialisationsforschung zufällt: Sie ist als ein geregeltes methodisches Verfahren zu verstehen, durch das die soziale Wirklichkeit so analysiert wird, dass die unmittelbar nicht sichtbaren Sozialisationsvorgänge aufgedeckt und in ihren Zusammenhängen erkennbar werden. Sozialisationstheorie und Sozialisationsforschung stehen dabei in einem dauerhaften Wechselverhältnis: Im Kontext der theoretischen Modellvorstellungen werden Fragestellungen entwickelt, die zu einer methodisch angeleiteten Analyse ausgewählter Sozialisationsvorgänge führen. Die Forschungsergebnisse wiederum sollen dazu beitragen, dass Modellvorstellungen präzisiert, modifiziert, erweitert oder auch verworfen werden, um dann wieder den Ausgangspunkt für den nächsten Forschungsschritt zu bilden. Dabei ergeben sich aus dem zuvor entwickelten Verständnis von Sozialisation grundsätzlich Anforderungen an das methodische Vorgehen: Die Bedingungen der äußeren Realität (Umwelt) und die psychischen Zustände der inneren Realität (Persönlichkeit) müssen in ihren Veränderungsprozessen so erfasst werden, dass eine Analyse des Wechselspiels zwischen diesen beiden Größen möglich wird (vgl. Boehnke/Hadjar 2008).

Inzwischen haben sich wissenschaftshistorisch sehr unterschiedliche methodische Konzepte zur Erfassung der empirischen Realität herausgebildet: Mit welchen Methoden/Instrumenten/Verfahrensweisen kann man Zugang zur inneren Realität der Menschen finden? Wie lassen sich Veränderungen von Persönlichkeitsstrukturen erfassen? Welche Methoden ermöglichen es, die Interaktion zwischen Subjekten und ihren Umweltbedingungen zu analysieren? Die Antworten hierauf können sehr unterschiedlich ausfallen, und auch sie sind stark von wissenschaftstheoretischen Grundpositionen abhängig; denn der Positivismusstreit schlägt sich in der Methodendiskussion mindestens genauso stark nieder wie in der Diskussion um die ‹bessere› Theoriebildung. Daher findet sich in der Sozialisationsforschung gegenwärtig auf der einen Seite eine Methodenkonzeption, die sich stark an positivistischen Vorgaben orientiert und die ihre Untersuchungen vor allem als standardisierte Erhebung und quantitativ-statistische Datenanalyse durchführt (vgl. z.B. Schneider 1994). Den Gegenpol bildet eine Methodenkonzeption, die sich an hermeneutisch-sinnverstehenden Vorgaben orientiert und die ihre Forschung vor allem in Form der ausführlichen Gespräche und deren anschließender systematischer Interpretation vornimmt (vgl. z.B. Böhme 2008). Beide methodischen Konzeptionen sollen an einem Beispiel verdeutlicht werden: Wir unterstellen, zwei Sozialisationsforscherinnen würden sich für die Frage interessieren, wie sich zwischen dem 10. und dem 14. Lebensjahr das Selbstvertrauen der Heranwachsenden entwickelt und welchen Einfluss darauf unterschiedliche schulische Erfahrungen nehmen. Während Forscherin *A* diese Frage mit dem quantitativ-statistischen Methoden-Set bearbeiten will, fühlt sich Forscherin *B* dem interpretativ-hermeneutischen Ansatz verpflichtet. Was dies bedeutet, soll im Folgenden idealtypisch beschrieben werden:

Forscherin *A* ermittelt zunächst, ob es eingeführte psychologische Instrumente zur ‹Messung› von Selbstvertrauen gibt. Daraus stellt sie für ihre Untersuchung ein Erhebungsinstrument zusammen: einen Fragenkatalog, der von Schulkindern durch ‹Ankreuzen› zu beantworten ist. Auf gleiche Weise wird nach der jeweiligen schulischen Situation (z.B. Schulform, Zeugnisnoten, Hausaufgabenbelastung etc.) gefragt. Dann sucht Forscherin *A* in einem systematischen Verfahren die Schülerinnen und Schüler aus, die befragt werden sollen; weil darunter Jungen und Mädchen, Stadt- und Landkinder, Hauptschüler, Realschüler, Gymnasiasten etc. sein sollen, wird dies eine große Zahl – mindestens mehrere hundert – sein müssen. Die in dieser Weise ausgewählte ‹Stichprobe› stellt in ihrer Zusammensetzung ein verkleinertes Abbild der Schulkinder eines Bundeslandes (z. B. Bayern) dar. Nun führt Forscherin *A* in vielen Schulklassen des Landes ihre Befragungen durch – und zwar als Längsschnittstudie in Jahresabständen viermal hintereinander: Die ausgewählten Schulkinder der Stichprobe füllen den Fragebogen zum ersten Mal im Alter von zehn Jahren aus, die Befragung wird dann bei den gleichen Kindern jährlich wiederholt. Auf diese Weise ist es möglich, den Zuwachs, aber auch den Rückgang des Selbstvertrauens sowohl bei Einzelnen wie auch in bestimmten Gruppen (z. B. bei Hauptschülern) zu messen. Nach Abschluss der letzten Befragung werden die Daten mit komplizierten (multivariaten) statistischen Verfahren im Computer ausgewertet. Im Ergebnis könnte sich z. B. zeigen, dass in dieser Altersphase bei Jungen das Selbstvertrauen im Durchschnitt stärker zunimmt als bei Mädchen. Ob auf diesen Prozess die Schulnoten, das ‹Sitzenbleiben› oder auch die Sozialschichtzugehörigkeit einwirkt, lässt sich ebenfalls statistisch ermitteln. Am Ende der Forschung stehen quantitativ abgesicherte Aussagen über den Zusammenhang zwischen Faktoren, die für eine angebbare Grundgesamtheit (alle Schulkinder in Bayern) verallgemeinerbar sind.

Sozialisationsforscherin *B* geht die Sache methodisch ganz anders an: Sie bemüht sich zunächst, in Kontakt zu etwa 20 Schülerinnen und Schülern im Alter von etwa 14 Jahren zu gelangen. Im Einzelnen erläutert sie ihr Forschungsvorhaben und erklärt ihnen, was sie warum von ihnen wissen will. Wenn auf diese Weise ein Vertrauensverhältnis hergestellt werden konnte, erfolgt die Verabredung zu einem ausführlichen Gespräch, das die Forscherin als biographisches bzw. narratives Interview versteht. Dazu hat sie sich vorher Gedanken gemacht: Wie kann ein 14-Jähriger über seine Schulerfahrungen, wie kann er über sein Selbstvertrauen Auskunft geben? Welche Situationen sollte sie ansprechen, welche Stichworte könnten helfen? So vorbereitet geht die Forscherin in jedes Gespräch. In diesen Gesprächen, die bis zu drei Stunden dauern können und die auf Tonbänder aufgezeichnet werden, berichten die jungen Menschen über ihre bisherigen Erfahrungen in und mit der Schule, über selbstvertrauensbedeutsame Situationen, auch über Ängste und Selbstzweifel. Diese Gespräche werden später transkribiert, sodass der Forscherin als Grundlage ihrer anschließenden Analyse 20 Texte von jeweils etwa 20 bis 50 Seiten zur Verfügung stehen. Die Auswertung erfolgt nicht quantitativ (durch Computer), sondern qualitativ in Form einer systematischen Interpretation durch die lesende, systematisierende, ergebniskonstruierende Forscherin. Eine solche interpretierende Arbeit, die in der Regel diskutierend in einem Forschungsteam vorgenommen wird, konzentriert sich darauf, «die subjektiven Deutungen der befragten und beobachteten Personen zu rekonstruieren, um den Zusammenhängen zwischen Handlungen und ihrem sozialen Kontext auf die Spur zu kommen» (Hurrelmann 2006, S. 41). Im Ergebnis stehen z. B. typologische Beschreibungen über die (unterschiedlichen) Verarbeitungen von Schulerfahrungen, über Herangehensweisen von ‹guten› und ‹schlechten› Schülern, über unterschiedliche Inhalte des Selbstvertrauens bei Jungen und Mädchen.

Mit diesen idealtypischen Beschreibungen wurden gleichsam die Extrempole des methodischen Vorgehens skizziert, wie sie gegenwärtig in der Sozialisationsforschung vorzufinden sind. Über viele Jahre hinweg haben sich die Vertreter beider methodischer Konzeptionen scharfe Auseinandersetzungen geliefert, sodass zeitweise der Eindruck entstehen konnte, man käme entweder nur mit dem einen oder nur mit dem anderen Ansatz der empirischen Realität näher. Während auf der einen Seite wie selbstverständlich mit ‹Forschungsmethoden› allein ein quantitativ-statistisches Vorgehen bezeichnet wurde, ohne qualitativ-biographische Methoden auch nur zu erwähnen (vgl. z. B. Wottawa 1977), wurden auf der anderen Seite quantitative Verfahren prinzipiell abgelehnt, weil ihre Anwendung «eine Rückkehr zu dem auf theoretischer Ebene längst überwundenen Prägungs- und Trichterkonzept von Sozialisation» bedeute (Köckeis-Stangl 1980, S. 343). Die Kontroverse zwischen diesen beiden Positionen hat in den letzten Jahren in dem Maße nachgelassen, in dem deutlich wurde, dass jedes Verfahren, einseitig angewandt, sehr bald an seine Erkenntnisgrenzen stößt.

Die Konsequenz, die sich aus dieser Situation aufdrängt, ist in den letzten Jahren von vielen Sozialisationsforschern gezogen worden: Fragestellungen werden nicht entweder mit dem einen oder dem anderen Methoden-Set bearbeitet, sondern es werden Kombinationen aus beiden Bereichen gewählt (vgl. Hurrelmann 2006, S. 41 ff.). So hat es sich als erkenntnisträchtig erwiesen, zunächst eine quantitative Übersichtsstudie durchzuführen, um auf dieser Basis Gesprächspartner für qualitative Interviews auszuwählen (vgl. z. B. Tillmann u. a. 1999). Nicht weniger interessant ist der Ansatz, einen Problembereich zugleich in einer standardisierten Stichprobenbefragung und in qualitativen Fallstudien zu untersuchen und die Ergebnisse dann wechselseitig aufeinander zu beziehen (vgl. z. B. Wischer 2003).

Mit dieser Skizzierung ist die Methodendiskussion der Sozialisationsforschung lediglich angerissen worden. Sie wird im Verlauf des Buchs immer dann wieder aufgenommen, wenn bestimmte Theoriekonzepte eng mit bestimmten Methoden-Sets verknüpft sind, sodass methodische Probleme als Theorieprobleme auftauchen. Dies gilt z. B. für die experimentelle Forschung im Rahmen der Lerntheorie, aber auch für Interaktionsanalysen im Rahmen des Symbolischen Interaktionismus. Diese eher sporadische Thematisierung ersetzt jedoch keine systematische Behandlung, für die hier nur auf Spezialliteratur zur Methoden- und Methodologieproblematik verwiesen werden kann (vgl. Friebertshäuser/Prengel 1997; Boehnke/Hadjar 2008).

Nachdem wir auf diese Weise über den aktuellen Stand der sozialisationstheoretischen Diskussion informiert haben, wird im Folgenden knapp auf die bisherige Geschichte von Sozialisationstheorie und -forschung eingegangen. Dabei soll zumindest in Umrissen erkennbar werden, aus welch unterschiedlichen geistes- und sozialwissenschaftlichen Quellen sich die gegenwärtige Diskussion speist.

1.3 Zur Geschichte der Sozialisationstheorie

Die Beschäftigung mit der Frage, wie Menschen sich entwickeln und welchen Einfluss darauf die Umwelt hat, ist so alt wie die Wissenschaftsgeschichte selbst. Insofern lässt sich fast die gesamte Ahnengalerie der abendländischen Geistesgeschichte zu den Vordenkern der Sozialisationsproblematik rechnen (vgl. Geulen 2005, S. 15 ff.). Der Begriff Sozialisation wird in wissenschaftlichen Abhandlungen erstmals im beginnenden 19. Jahrhundert benutzt. In dem Oxford Dictionary von 1828 meint er «to make fit for living in society» (zit. nach Grundmann 2006, S. 17), und 1896 beschreibt der amerikanische Soziologe E. A. Ross in einem Aufsatz über «soziale Kontrolle» die Sozialisation als einen Mechanismus, durch den die Gesellschaft die schwierige Aufgabe bewältigt, «die Gefühle und Wünsche der Individuen so zu formen, daß sie den Bedürfnissen der Gruppe entsprechen» (zit. nach Geulen 1991, S. 22). Von herausragender Bedeutung für die frühe Entwicklung des Sozialisationskonzepts ist der französische Soziologe Émile Durkheim (1858–1917). Bei seiner Untersuchung des Übergangs von einfachen («segmentären») Gesellschaften zu arbeitsteilig organisierten Großgesellschaften beschäftigt er sich u. a. mit der Frage, wie auch unter so geänderten Bedingungen soziale Integration immer wieder hergestellt werden kann. In seinen Analysen weist er der Sozialisation dabei eine hohe Bedeutung zu: Die Individuen müssen die Normen und Zwangsmechanismen, die die Gesellschaft ermöglichen und sichern, *verinnerlichen*: «Da die Gesellschaft nur in und durch die individuellen Gewissen existieren kann, muß sie in uns eindringen und sich in uns organisieren; sie wird so zum integralen Bestandteil unseres Wesens» (Durkheim 1912, S. 299). Diese gesellschaftlichen Normen stoßen auf ein Individuum, das als triebhaft, egoistisch und asozial angesehen wird und erst durch den Prozess der Sozialisation gesellschaftsfähig wird. Damit hat Durkheim erstmals den für jede Sozialisationstheorie grundlegenden Sachverhalt der Verinnerlichung gesellschaftlicher Normen beschrieben. Durkheim hat außerdem Sozialisation und Erziehung systematisch in Beziehung zueinander gesetzt, indem er Erziehung als «methodische Sozialisation» und als wichtigstes Instrument der Normenverinnerlichung bezeichnet hat (vgl. 1923, S. 50). Sicher wirkt in heutiger Sicht dieses Konzept als soziologisch verkürzt, weil es allein auf die Unterwerfung der Individuen unter gesellschaftliche Anforderungen abhebt; doch zu Beginn des Jahrhunderts wurde auf diese Weise Sozialisation erstmals systematisch als Zusammenhang von gesellschaftlichen

Strukturen, gesellschaftlichen Normen und Persönlichkeitsprägung dargestellt (vgl. Geulen 2005, S. 39 ff.).

Die weitere Entwicklung der Sozialisationstheorie ist eng verflochten mit der allgemeinen Entwicklung von Psychologie und Soziologie (vgl. Veith 2001, 2008). Am Ende des 19. Jahrhunderts begannen sich die verschiedenen Schulen der Psychologie herauszuschälen und ihre Person-Umwelt-Modelle zu entwickeln: Freud (1856–1939) entwarf sein Persönlichkeitsmodell von Es, Ich und Über-Ich und beschrieb die kindliche Entwicklung als Teil der Beziehungsdramatik in der Familie. Die radikale Gegenposition bezogen mit Pawlow (1849–1936) und Watson (1878–1950) die Lerntheoretiker; an die Stelle eines Persönlichkeitsmodells setzten die Behavioristen die «black box», Lernmechanismen wurden über Reiz und Reaktion in streng positivistischer Weise erforscht. In den 1920er Jahren trat Piaget (1896–1980) mit dem Ansatz der kognitiven Psychologie in die wissenschaftliche Diskussion ein; die Persönlichkeit wird bei ihm in «kognitiven Strukturen» beschrieben, die sich in der Interaktion des handelnden Subjekts mit der Umwelt entwickeln. Obwohl diese drei psychologischen Konzepte nicht als Sozialisationstheorien entworfen wurden, haben sie die weitere Entwicklung der Sozialisationstheorie entscheidend beeinflusst. Weil mit ihnen das Verhältnis der kindlichen Persönlichkeit zu seiner unmittelbaren (sozialen oder dinglichen) Umwelt erfasst wird, erwiesen sie sich als sozialisationstheoretisch adaptierbar.

Was hier für die psychologischen Schulen des ausgehenden 19. und beginnenden 20. Jahrhunderts beschrieben wird, gilt in vergleichbarer Weise für die sich damals entwickelnden Grundkonzepte der Soziologie und Gesellschaftstheorie: Marx (1818–1883) und Engels (1820–1895) schrieben ihre fundamentale Kritik der kapitalistischen Gesellschaftsformation, in der auch Bewusstseins- und Bildungsprobleme angesprochen wurden. Damit wurde eine historisch-materialistische Theorie gesellschaftlicher Entwicklung formuliert, in der jedoch die Ausführungen zur Persönlichkeitsentwicklung eher blass bleiben. Eine mit Marx/Engels konkurrierende soziologische Theorie entstand in einer elaborierten Weise erst viele Jahre später. In der Traditionslinie der frühen Soziologen Durkheim (1858–1917), Radcliffe-Brown (1881–1955) und

Max Weber (1864–1920) entwickelte Parsons (1902–1979) in den 1940er Jahren seine struktur-funktionale Theorie gesellschaftlicher Prozesse; jedes gesellschaftliche Einzelproblem (so auch das der Sozialisation) wird dabei in funktionale Beziehung gebracht zur Stabilität des gesellschaftlichen Gesamtsystems. Im Unterschied zu Marx/Engels hat sich Parsons der Sozialisationsproblematik intensiv zugewandt und sein eher soziologisches Konzept durch eine Adaption psychoanalytischer Vorstellungen erweitert. Insofern hat Parsons erstmals einen theoretischen Entwurf vorgelegt, in dem alle vier Ebenen des Sozialisationsprozesses (Subjekt, Interaktion, Institution, Gesamtgesellschaft) thematisiert und systematisch aufeinander bezogen werden.

Ebenfalls in einer soziologischen Traditionslinie, doch mit deutlich anderem Schwerpunkt, stehen die Arbeiten von G. H. Mead (1863–1931), der sich als Soziologe dem Mikrobereich der Interaktion und der Persönlichkeitsstruktur zugewandt hat. Er entwickelt keine gesamtgesellschaftliche Theorie, sondern stellt in differenzierter Weise den Zusammenhang zwischen Sprache, kommunikativem Handeln und der Identitätsbildung dar. Diese Grundüberlegungen sind in den 1970er Jahren von englischen und deutschsprachigen Sozialwissenschaftlern aufgegriffen (vgl. z.B. Goffman 1967; Strauss 1968; Krappmann 1971) und als Symbolischer Interaktionismus auch sozialisationstheoretisch weiterentwickelt worden.

Für alle hier angesprochenen wissenschaftlichen Grundrichtungen und ihre prominenten Autoren (Parsons ausgenommen) gilt, dass sie zwar psychologische und soziologische Konzepte entwickelt haben, ihrem Anspruch nach jedoch nicht als Sozialisationstheoretiker aufgetreten sind (vgl. Veith 1996, S. 93). Diese und andere Ansätze sind erst später als «Ansätze zu einer Sozialisationstheorie identifiziert und in einen Diskussionszusammenhang gebracht worden» (Geulen 1991, S. 24). Für die Gegenwart gilt, dass diese Grundansätze aus Psychologie und Soziologie, die im Folgenden als Basistheorien bezeichnet werden, nach wie vor die sozialisationstheoretische Diskussion bestimmen (vgl. Krappmann 2000). Die Suche nach einer umfassenden Sozialisationstheorie wird vor allem als ein Problem der Koppelung und inhaltlichen Ergänzung dieser verschiedenen Ansätze gesehen (vgl. Kap. 4).

Sozialisationsforschung, die sich bewusst als solche versteht, gibt es etwa seit den 1930er Jahren in den USA. Sie war zunächst vor allem kulturanthropologisch und psychoanalytisch geprägt und mit Namen wie Margaret Mead oder Erik H. Erikson verknüpft. Nach dem Zweiten Weltkrieg trat diese Dominanz allmählich zurück; stattdessen wurden vor allem empirisch-statistische Arbeiten etwa zur Geschlechterrolle, zur Aggressivität und zur Leistungsmotivation durchgeführt. Seit den 1950er Jahren wurden zunehmend institutionelle Sozialisationskontexte wie Schule und Peergroup erforscht; dabei gewann die strukturell-funktionale Theorie Parsons' als Interpretationsfolie stark an Bedeutung. Zugleich interessierten sich soziologisch orientierte Forscher für den Einfluss der Sozialschicht auf den Sozialisationsprozess. Insbesondere der Spracherwerb, der Schulerfolg und die Internalisierung von Werthaltungen wurden unter schichtenspezifischem Aspekt analysiert. Vor allem zu Beginn der 1960er Jahre wurde eine Vielzahl solcher Arbeiten durchgeführt.

Eine Rezeption dieser Forschungs- und Theorieansätze in der Bundesrepublik erfolgte nur zögernd (vgl. Veith 1996, S. 24ff.). Erste deutschsprachige Veröffentlichungen, in denen die US-amerikanische Diskussion aufgearbeitet wurde (vgl. Claessens 1962), blieben nicht nur in der Pädagogik, sondern auch in Soziologie und Psychologie weitgehend unbeachtet. Doch zwischen 1963 und 1969 änderte sich in der Bundesrepublik das Rezeptionsklima grundlegend: Die Studentenbewegung thematisierte in vielen öffentlichen Aktionen den Zusammenhang zwischen Bildungsprivilegien und sozialer Ungleichheit, in den dann einsetzenden Reformdebatten wurden Konzepte für ein geändertes Bildungswesen entworfen. Damit erhielt insbesondere die Forschung zur schichtenspezifischen Sozialisation eine hohe Aktualität. Hans-G. Rolffs Diplomarbeit über «Sozialisation und Auslese durch die Schule» (1967) stieß vor diesem Hintergrund auf ebenso große Resonanz wie Helmut Fends Dissertation über «Sozialisierung und Erziehung» (1969). Die Rezeption der angloamerikanischen Sozialisationsforschung fiel zeitlich in etwa zusammen mit dem Prozess, in dem sich die geisteswissenschaftlich dominierte «Pädagogik» gegenüber sozialwissenschaftlichen Theorien und empirischen Methoden öffnete und auf diese Weise zur

«Erziehungswissenschaft» wandelte. Sozialisationstheoretische Konzepte, die bis dahin vor allem in Kooperation zwischen Soziologie und Psychologie entwickelt wurden, haben seit Anfang der 1970er Jahre einen festen Platz in der Erziehungswissenschaft und damit auch in der Lehrerbildung gefunden (vgl. Klafki u. a. 1970, S. 257 ff.). Seit dieser Zeit werden Sozialisationstheorie und -forschung in der Bundesrepublik vor allem unter dem weiten Dach der Erziehungswissenschaft betrieben.

1.4 Zielsetzung und Aufbau des Buchs

Aus dem historischen Abriss ist deutlich geworden, dass es in diesem Feld theoretische Entwürfe aus sehr unterschiedlichen Quellen gibt: In der Psychologie wurden seit Ende des 19. Jahrhunderts unterschiedliche Konzepte zur Erfassung und Erforschung der Subjekt-Umwelt-Problematik entwickelt; zu nennen sind hier vor allem die Psychoanalyse, die (behavioristische) Lerntheorie und die kognitive Psychologie. Sie alle wurden später sozialisationstheoretisch interpretiert und gelten inzwischen als wichtige Basistheorien zur Sozialisation. Da die Psychologie sich vor allem mit der Erforschung der Persönlichkeit beschäftigt, wird in diesen Basistheorien besonders der Mikrobereich der Sozialisation (das Subjekt und seine unmittelbare Umgebung) thematisiert. In den sich etablierenden Gesellschaftswissenschaften wurden im 19. und 20. Jahrhundert unterschiedliche Konzepte entwickelt, in denen jeweils Strukturen und Erscheinungen der Gesellschaft in Beziehung gesetzt werden zu den Handlungsweisen der Individuen. Zu nennen sind hier vor allem die materialistische Gesellschaftstheorie, die struktur-funktionale Soziologie und der Symbolische Interaktionismus. Da die Soziologie sich weniger mit der Psyche einzelner Menschen, sondern mehr mit Gruppen, Institutionen und gesamtgesellschaftlichen Entwicklungen beschäftigt, wird in diesen soziologischen Basistheorien vor allem der Makrobereich der Sozialisation (die Gesamtgesellschaft und ihre Institutionen in ihren Anforderungen an die Subjekte) behandelt.

In diese Basistheorien psychologischer und soziologischer Herkunft einzuführen bedeutet nicht, dass in allen Fällen das gesamte Theoriegebäude dargestellt werden muss; vielmehr gilt es, die sozialisationstheoretische Zuspitzung herauszuarbeiten. An der materialistischen Gesellschaftstheorie z. B. interessiert nicht der ‹tendenzielle Fall der Profitrate›, sondern der Aussagekomplex über die Prägung von Charakterstrukturen im Kapitalismus. An der Psychoanalyse interessieren nicht die Heilmethoden für psychisch Kranke, sondern die Annahmen über die Dynamik der kindlichen Entwicklung. Über die Einführung in diese einzelnen Basistheorien hinaus sollen Theorieansätze dargestellt werden, die durch eine Verbindung von psychologischen und soziologischen Konzepten zu einer umfassenden Theoriebildung vordringen wollen. Dieses Buch führt somit vor allem in (sechs) Basistheorien der Sozialisationsforschung (und in integrative Ansätze ihrer Verkoppelung) ein. Damit ist keinesfalls ein abgeschlossener Katalog von Theorien definiert, sondern zum gegenwärtigen Zeitpunkt der wissenschaftlichen Diskussion eine begründete Auswahl getroffen. Aufgrund der skizzierten wissenschaftsgeschichtlichen Entwicklung dürfte es unstrittig sein, dass diese sechs Ansätze hier zu behandeln sind. Strittig bleibt aber, ob nicht noch weitere hätten hinzugenommen werden sollen. Zu nennen sind hier insbesondere die systemtheoretischen Arbeiten von Luhmann/Schorr (1979, 1982), das Habitus-Konzept des französischen Soziologen Bourdieu (1982) und das Konzept der «gesellschaftlichen Handlungsfähigkeit» aus der Schule der Kritischen Psychologie (Holzkamp 1983). Da es sich jedoch in allen drei Fällen um die Weiterentwicklung anderer, hier ausführlich zu behandelnder Ansätze handelt, erscheint es vertretbar, auf eine gesonderte Darstellung zu verzichten: Die Arbeiten von Luhmann/Schorr stehen in der struktur-funktionalen Denktradition Parsons'scher Prägung (vgl. Kap. 3.2), und Bourdieu und Holzkamp entwerfen ihre Theorien auf dem Boden des historischen Materialismus (vgl. Kap. 3.4).

Eine Theorieeinführung wird verständlicher und fassbarer, wenn der Bezug zur Realität möglichst unmittelbar hergestellt wird. Deshalb wird im Folgenden nicht nur von verschiedenen theoretischen Konzepten, sondern auch von konkreten Bereichen der Sozialisation gesprochen:

- Am Beispiel der geschlechtsspezifischen Sozialisation im vorschulischen Alter führen wir in die psychologischen Basistheorien ein;

- am Beispiel der schulischen Sozialisation stellen wir die soziologischen Basistheorien dar;
- am Beispiel der Sozialisation im Jugendalter zeigen wir auf, wie verschiedene Theorien so miteinander verbunden werden können, dass integrierende Ansätze entstehen.

Wir haben damit drei Felder des Sozialisationsprozesses ausgewählt, um verschiedene Theoriekonzepte, ihre Reichweiten und ihre Grenzen exemplarisch darstellen und vergleichen zu können. Nun ist es keineswegs zwingend, gerade diese drei Bereiche zu wählen; man hätte sich auch für die familiäre Sozialisation, die Erwachsenensozialisation und die Sozialisation abweichenden Verhaltens entscheiden können; denn diese Bereiche sind in ihrer theoretischen wie praktischen Bedeutung keinesfalls geringer einzuschätzen. Ausschlaggebend für die Auswahl waren jedoch nicht solche Kriterien, sondern vor allem die in Vorlesungen und Seminaren gemachte Erfahrung, dass die hier gewählten Felder sich besonders gut eignen, um mit praktischem Bezug in komplexe theoretische Probleme einzuführen.

2 Sozialisation und Geschlecht – zugleich eine Einführung in psychologische Basistheorien

Wenn hier die Geschlechtersozialisation als Beispielfeld für die Theorieeinführung ausgesucht wurde, muss man nach Gründen für diese Auswahl nicht lange suchen; denn die Geschlechtszugehörigkeit ist für unser Alltagsleben von fundamentaler Bedeutung – keine andere Zuordnung hat so grundsätzliche Auswirkungen auf Erleben und Verhalten, auf gesellschaftliche Chancen und soziale Erwartungen. Und: Bei anderen sozialen Zugehörigkeiten (Nationalität, Schicht, Berufsgruppe etc.) können Menschen im Laufe des Lebens zwischen verschiedenen Gruppen wechseln, die Geschlechtszugehörigkeit ist hingegen (wie die Hautfarbe) lebenslang festgelegt – sie ist gleichsam unentrinnbar.[4] Die fundamentale Bedeutung der Geschlechtszugehörigkeit hat dazu geführt, dass sich die Sozialisationsforschung seit langem mit der Frage beschäftigt, auf welche Weise sich die Heranwachsenden die Eigenschaften und Verhaltensweisen aneignen, die als passend für das jeweilige Geschlecht angesehen werden. Die Arbeiten hierzu stammen größtenteils aus der Psychologie, die damit wichtige Beiträge zur interdisziplinären Sozialisationsforschung geleistet hat. Deshalb ist die Beschäftigung mit der geschlechtsspezifischen Sozialisation besonders gut geeignet, um in die psychologischen Basistheorien einzuführen: Psychoanalyse, Lerntheorie und Kognitionspsychologie sind vor allem zu nennen. Alle drei haben zu diesem Gegenstandsbereich einen eigenen Theorieentwurf entwickelt, sind jedoch weit darüber hinaus von grundsätzlicher Bedeutung. Bevor diese psychologischen Basistheorien im Einzelnen behandelt werden, ist jedoch ein grundsätzlicher Blick auf die Kategorie «Geschlecht» erforderlich: Wovon reden wir eigentlich, wenn wir – wie selbstverständlich – von «Männern» und «Frauen», von «Geschlechtszugehörigkeit» oder gar von «Geschlechterrolle» sprechen? Weil die Rede darüber in biologischen wie in soziokulturellen Begriffen geführt wird, wollen wir uns zunächst mit dem Verhältnis dieser beiden Aspekte befassen (vgl. Bublitz 2006).

2.1 Geschlecht als biologische oder als soziokulturelle Kategorie?

Im Alltag begegnen uns die Mitmenschen fortwährend und ausschließlich als Frauen oder Männer, als Mädchen oder Jungen. Und auch wir selbst ordnen uns eindeutig zu, indem wir z.B. unsere Körperinszenierung (Kleidung, Haartracht) entsprechend ausrichten. Zum Alltagsverständnis von Geschlecht gehört es auch, dass häufig bestimmte Verhaltensweisen als «typisch weiblich», andere wiederum als «typisch männlich» angesehen werden. So wird die Beschäftigung mit Kindern und die damit verbundene Fürsorglichkeit oft mit «Weiblichkeit» assoziiert, während Durchsetzungs- und Konkurrenzverhalten eher als «männlich» gelten. Von solchen Typisierungen hin zu der Vorstellung, dass es bestimmte Charaktereigenschaften gibt, die (fast) allen Männern bzw. (fast) allen Frauen eigen sind, ist es dann nicht mehr weit. Nicht selten wird die Meinung vertreten, dies habe biologische – und damit gleichsam unveränderliche – Ursachen: Aus Schwangerschaft und Geburt ergebe sich der Mutterinstinkt und damit die besondere Liebe zu den Kindern; der Mann hingegen sei schon immer auf Aktivität und Konkurrenz, auf Eroberung der Welt angelegt. Nun bleiben inzwischen auch in alltäglichen Diskussionen solche Meinungen nicht mehr unwidersprochen. Als Entgegnung wird häufig darauf verwiesen, dass in dieser Welt die Männer herrschen und dass deshalb den Frauen vielfältige Entwicklungsmöglichkeiten vorenthalten werden. Nicht biologische Dispositionen, sondern gesellschaftliche Zwänge würden die Frauen immer wieder auf Küche und Kinderaufzucht festlegen – und dies werde dann mit der Rede von der «natürlichen Mutterliebe» geschickt kaschiert.

Das damit angesprochene Problem – die relative Bedeutung biologischer und sozio-kultureller Faktoren bei der Subjektentwicklung von Mann und Frau – wird nicht nur in Alltagsdiskussionen, sondern auch in der Wissenschaft kontrovers behandelt. Dabei ist vor allem zwischen Biologie und Sozialwissenschaften strittig, welche relative Bedeutung beide Faktorenkomplexe für die Ausbildung der in unserer Gesellschaft bekannten Formen von «Männlichkeit» und «Weiblichkeit» besitzen. Wenn man dieses Problem *sozialisationstheoretisch* einordnet, so stellt sich die Frage wie folgt: Wie laufen die Prozesse der Entwicklung, des Lernens, vielleicht auch der Einengung und Unterdrückung ab, die dazu führen, dass die Subjekte in dieser Gesellschaft zu Männern *oder* Frauen werden und eine entsprechende Geschlechtsidentität herausbilden – und dass sie in ihrem alltäglichen Verhalten diese Geschlechtsidentität klar erkennen lassen? Damit verknüpft sich die Frage, ob neben körperlichen auch psychische Geschlechtsunterschiede existieren: Gibt es Identitätsmuster, Persönlichkeitseigenschaften, Verhaltensweisen, in denen sich weibliche und männliche Individuen «typischerweise» unterscheiden? Und wenn es so etwas gibt: In welchen Anteilen lässt sich dies auf den biologischen oder auf den gesellschaftlich-kulturellen Teil von «Geschlecht» zurückführen?

Wer die Frage nach der geschlechtsspezifischen Sozialisation (und ihren zumindest denkbaren biologischen Grenzen) so formuliert, steht bereits mitten auf einem «Kampfplatz» unterschiedlicher wissenschaftlicher und politischer Positionen: Zunächst einmal argumentieren Sozialwissenschaftler(innen) und Naturwissenschaftler(innen) hier höchst unterschiedlich; dabei werfen sie sich wechselseitig gern Ignoranz und Dogmatismus vor. Doch auch innerhalb der Sozialwissenschaften gehen die Meinungen weit auseinander: Während die einen die biologische Ausgangsbasis von «Geschlecht» für evident halten (vgl. z. B. Trautner 1994), erklären andere sämtliche biologischen Faktoren für irrelevant (vgl. z. B. Butler 1991). Und schließlich: Dies alles ist eingebunden in die feministische Theoriebildung der letzten Jahrzehnte und steht somit in engem Zusammenhang mit den politischen Aktivitäten der jüngeren Frauenbewegung. Insofern sind Antworten auf die Frage «Was ist Geschlecht?» immer auch Teil eines Diskurses über Benachteiligung und Unterdrückung im Geschlechterverhältnis (vgl. Faulstich-Wieland 2008).

Dies alles bedeutet: Wir haben es hier mit einem höchst spannenden Problemfeld zu tun, in dem es seit längerem eine muntere und vielfältig kontroverse Debatte gibt. Im Folgenden wird versucht, einen Einblick in diese Debatte zu geben, indem wir die Positionen präsentieren, die gemeinhin als besonders weit auseinanderliegend angesehen werden: eine biologische Sicht der Geschlechterdifferenz und eine sozialwissenschaftlich-feministische Sicht der Geschlechterverhältnisse. Bei einer solchen Gegenüberstellung gehen wir davon aus, dass eine interdisziplinäre

Sozialisationsforschung auch die Ergebnisse der Humanbiologie ernst nehmen sollte. Die unter Erziehungs- und Sozialwissenschaftlern nicht selten geübte Praxis, biologische Erkenntnisse ohne weitere Prüfung als «*biologistisch*» (das bedeutet: wissenschaftlich unhaltbar, ideologisch und politisch gefährlich) zu bezeichnen, wollen wir hier nicht fortsetzen. Vielmehr sollen im Folgenden die biologischen Kernaussagen zur menschlichen Geschlechterdifferenzierung (und deren soziale Bedeutung) auf dem aktuellen Stand der Forschung zusammengefasst werden (vgl. Bischof-Köhler 2002). Nach der Kontrastierung dieser biologischen Position mit einer konstruktivistisch-feministischen Sichtweise wird dann erneut versucht, die Frage «Was ist Geschlecht?» zu beantworten.

2.1.1 Zweigeschlechtlichkeit als Naturtatsache – die biologische Sicht

In biologischen Definitionen wird das Geschlecht an der bipolar unterschiedlichen Ausprägung der Keimzellen festgemacht (vgl. Herder Lexikon der Biologie 1994, S. 43). Lebewesen, die Spermien produzieren, werden demnach als männlich und bei Produktion von Eizellen als weiblich definiert. Dieses biologische «Konzept» Geschlecht ist bereits sehr früh in der Evolution aufgetreten: Sexuelle Reproduktion lässt sich bereits auf der Ebene von Einzellern nachweisen (vgl. z. B. Wickler/Seibt 1998). Die Form der sexuellen Reproduktion ist somit phylogenetisch viel älter als die menschliche Spezies – auch älter als das Auftreten von Säugetieren und Wirbeltieren. Dass sich Menschen auf sexuellem Weg fortpflanzen, dürfte wohl kaum angezweifelt werden. Strittig ist hingegen, welche Bedeutung die evolutionären Faktoren, die in Zusammenhang mit der sexuellen Reproduktion stehen, für das Leben der heutigen Menschen tatsächlich besitzen. Werden diesbezüglich körperliche Merkmale wie z. B. die primären und sekundären Geschlechtsmerkmale betrachtet, so steht ihre biologische Verankerung außer Zweifel: Es gibt sichtbare Unterschiede zwischen den Geschlechtern im Körperbau und in der Anatomie der Geschlechtsorgane sowie Mittelwertunterschiede bezüglich körperlicher Merkmale (z. B. Körpergröße). Psychologische Forschung hat darauf verwiesen, dass es auch einige wenige psychische Merkmale gibt (z. B. Aggressivität, räumliches Orientierungs- und Erinnerungsvermögen, verbale Fähigkeiten, Partnerwahlpräferenzen etc.), bei denen zwischen den Geschlechtern – auch in verschiedenen Kulturen – regelhaft Mittelwertunterschiede auftreten (vgl. z. B. Chasiotis/Voland 1998; Scheunpflug 2000; kritisch: Rendtorff 1999, S. 71 ff.). Inwieweit solche psychischen Geschlechtsunterschiede eine biologische Verankerung haben, ist eine immer wieder heftig und kontrovers diskutierte Frage. Zugespitzt: Gibt es einen biologisch angelegten Geschlechtscharakter? Und wenn ja – wie lässt er sich inhaltlich beschreiben? Um zu dieser Frage aus *biologischer Sicht* Stellung zu nehmen, wird zunächst aus human- und verhaltensgenetischer Perspektive das Zusammenspiel von Anlage- und Umweltfaktoren bei der Entstehung menschlicher Verhaltensmerkmale und Persönlichkeitseigenschaften diskutiert. Sodann wird beschrieben, welche Faktoren am Prozess der menschlichen Geschlechterdifferenzierung beteiligt sind und welche Wirkungen diese entfalten.[5]

Die Rolle der Gene im Spannungsfeld zwischen Anlage und Umwelt

Um die biologische Verankerung menschlicher Merkmale verstehen zu können, sind zunächst einige Grundinformationen über menschliche Gene erforderlich: Das menschliche Genom besteht aus einer großen Anzahl von Genen (ca. 20 000; vgl. Kegel 2009, S. 52 f.). Es ist (mit Ausnahme der Keimzellen) in jeder Körperzelle des gesamten Organismus – und somit millionenfach in einem Menschen – komplett vorhanden und bleibt (mit Ausnahme vereinzelt auftretender Mutationen einzelner Zellen) zeitlebens konstant. Durch frühe ontogenetische Entwicklungs- und Differenzierungsprozesse erfolgen im Rahmen von Zellteilungen Spezialisierungen einzelner Zellen zu spezifischen Geweben und Organen. Jedes Gen kann dabei in unterschiedlichen Varianten bzw. Ausprägungen, so genannten *Allelen*, auftreten (z. B. für verschiedene Augenfarben, Blutgruppen, etc.), die von Mensch zu Mensch variieren können, sodass letztendlich fast alle Menschen die gleichen Gene – jedoch in unterschiedlichen Ausprägungen – besitzen (vgl. Asendorpf 2007, S. 337 ff.).

An dieser Stelle wird die wichtige begriffliche Unterscheidung zwischen dem *Genotyp* als Gesamtheit aller Gene (und damit aller Entwicklungs-

möglichkeiten) und dem *Phänotyp* als dem tatsächlich realisierten Erscheinungsbild deutlich. Durch zufällig und selten auftretende Mutationen und insbesondere durch die Neukombinationen von Genen im Rahmen der Fortpflanzung (wobei jedes Kind vereinfacht ausgedrückt im Schnitt die Hälfte seiner Allele von der Mutter, die andere Hälfte vom Vater bekommt) wird ein breites Variationsspektrum von Allelkombinationen in einer Population gewährleistet. Damit wird zugleich das Risiko von Gendefekten verringert. Zwischen Verwandtschaftsgrad und geteilten Genen besteht ein Zusammenhang (z.B. im Schnitt 100 Prozent bei eineiigen Zwillingen, 50 Prozent bei Geschwistern sowie Eltern – Kind etc.). Dieser Zusammenhang wird von Populations- bzw. Verhaltensgenetikern genutzt, um mit Hilfe von Zwillings- und Adoptionsstudien den Einfluss genetischer Merkmale und Umweltbedingungen auf die Ausprägung eines Persönlichkeitsmerkmals abzuschätzen (vgl. Plomin u.a. 1999; Rowe 1997; Asendorpf 2008, S. 72 ff.). Gene wirken dabei *nicht direkt* auf die Persönlichkeit eines Subjekts ein, sondern produzieren ausschließlich in der sie umgebenden Zelle unterschiedliche Proteine, die wiederum – z.B. in Form von Hormonen – Einfluss auf den Stoffwechsel benachbarter oder weiter entfernter Zellen bzw. Gewebe ausüben können. Zwischen Genotyp und Phänotyp liegen somit zahlreiche Zwischenschritte, z.B. die Vermittlung über eine spezifische neuronale Aktivität. Gene können zu ganz unterschiedlichen Zeitpunkten im Leben eines Menschen aktiviert werden, wodurch ein Einfluss von Genen auf das Verhalten über die Umgestaltung neuronaler Verbindungen oder die Aktivierung hormoneller Mechanismen in jedem Lebensabschnitt erfolgen kann. Der Zeitpunkt der Aktivierung eines bestimmten Gens kann dabei höchst variabel sein und auch in späteren Lebensabschnitten die Entwicklung eines Individuums beeinflussen, wobei diese Aktivierung immer in Wechselwirkung mit der bisherigen «Geschichte» der Genaktivität sowie spezifischen Umwelteinflüssen steht (vgl. Asendorpf 1998, S. 99 ff.). Der folgende Vergleich mit einem abzulesenden Text soll deutlich machen, dass auch aus biologischer Sicht Gene nicht einfach Verhalten determinieren, sondern dass hier ein komplexes Wechselverhältnis zwischen Anlage und Umwelt unterstellt wird:

«Adäquater ist der Vergleich des Genoms mit einem Text, aus dem im Verlauf des Lebens immer wieder kleine Teile abgelesen werden. Der Text begrenzt das, was abgelesen werden kann, legt aber keineswegs fest, was überhaupt oder gar zu einem bestimmten Zeitpunkt abgelesen wird. Was zu einem bestimmten Zeitpunkt abgelesen wird, hängt davon ab, was vorher gelesen wurde und welche Wirkungen dies hatte, eingeschlossen Rückkoppelungseffekte auf das Leseverhalten» (Asendorpf 1996, S. 263).

Aus diesen Gründen gibt es keine genetischen Wirkungen, die losgelöst von Umwelteinflüssen wirken können und ebenso wenig Umweltfaktoren, die sich nicht auf genetische Rahmenbedingungen beziehen. Das grundlegende Verständnis der Beziehung zwischen Anlage und Umwelt lässt sich somit wie folgt definieren:

«Es hängt also von den Allelen ab, welchen Einfluß bestimmte Umweltunterschiede auf Persönlichkeitsunterschiede haben, bzw. es hängt von den Umweltbedingungen ab, welchen Einfluß bestimmte Allele auf Persönlichkeitsunterschiede haben» (ebd., S. 259).

Neben dieser Anlage-Umwelt-Interaktion treten zudem spezielle Formen der sog. Anlage-Umwelt-Kovarianz auf, die besagt, «daß verschiedene Genotypen unterschiedlichen Umwelten ausgesetzt sind bzw. diese aktiv aufsuchen» (Asendorpf 1994, S. 116). So können Kinder mit einer spezifischen genetischen Disposition für eine Verhaltensweise (z. B. musikalische Begabung oder aggressive Verhaltenstendenz) aktiv Umwelten aufsuchen, in denen sie diese Verhaltensweisen besonders gut ausleben können oder in denen diese besonders gefördert werden. In diesem komplexen «Wechselwirkungs-Dschungel» ist es höchst schwierig, überhaupt kausale Beziehungen ausfindig zu machen. Dabei wird die gezielte Suche nach einem einzelnen Gen, das an der Entstehung einer bestimmten Verhaltensweise beteiligt sein soll, durch die große Anzahl von Genen im menschlichen Genom erschwert. Verschärfend kommt hinzu, dass auch mehrere Gene an der Ausbildung eines einzigen Merkmals beteiligt sein können (Polygenie) sowie ein einziges Gen Wirkungen auf mehrere Merkmale ausüben kann (Pleiotropie) (vgl. Knußmann 1996, S. 60). Mit Ausnahme weniger pathologischer Erscheinungsformen (z. B.

Bluterkrankheit oder Rot-Grün-Farbenblindheit) wird jedoch die überwiegende Zahl menschlicher Persönlichkeitsmerkmale durch das Zusammenspiel vieler Gene beeinflusst.

Mit Hilfe von Zwillings- und Adoptionsstudien wird versucht, einen Teil der Varianzunterschiede von Persönlichkeitsmerkmalen durch genetischen Einfluss zu erklären. Solche Untersuchungen kommen zu dem Ergebnis, dass die Unterschiede bezüglich des Intelligenzquotienten von Individuen zu annähernd 50 Prozent auf genetische Unterschiede zurückzuführen sind (vgl. Asendorpf 2008, S. 74 f.). Für andere sozio-emotionale Persönlichkeitsmerkmale (z. B. Extraversion, Gewissenhaftigkeit etc.) wurden niedrigere genetische Varianzanteile gefunden. Diese Ergebnisse sind jedoch sowohl alters- als auch kulturabhängig und erklären nur die Unterschiede in einer untersuchten Population – nicht aber den genetisch bedingten Anteil eines bestimmten Merkmals bei *einem* bestimmten Individuum.[6]

Insgesamt zeigen verhaltensgenetische Studien somit einerseits, dass genetische Faktoren durchaus eine Rolle bezüglich der Entwicklung von menschlichen Persönlichkeitseigenschaften spielen. Auf der anderen Seite dürfen diese genetischen Faktoren niemals losgelöst von Umwelteinflüssen betrachtet werden (vgl. Grundmann 2006, S. 65). Aus einer solchen Perspektive ist ein biologisch angelegter Geschlechtscharakter *möglich.* Um eine solche Annahme zu belegen, müsste aufgezeigt werden können, dass die genetischen oder auch die hormonellen Differenzen zwischen Männern und Frauen einen nachweisbaren Einfluss auf Psyche und Verhalten der Individuen haben. Sollte dieser Nachweis gelingen, so wäre zugleich aber klar: Ein solcher Einfluss ist eingebunden in die komplexen Wechselwirkungen zwischen Anlage- und Umwelteinflüssen. Wir kommen darauf zurück, stellen jetzt aber zunächst einmal dar, wie der biologische Prozess der Geschlechterdifferenzierung bei der Entwicklung eines einzelnen Menschen abläuft.

Der Prozess der Geschlechtsdifferenzierung

Alle Menschen – unabhängig vom Geschlecht – weisen zunächst (etwa ab der 6. Schwangerschaftswoche) gleiche anatomische Merkmale auf: undifferenzierte Keimdrüsen sowie doppelt angelegte männliche

(Wolff'sche) und weibliche (Müller'sche) Geschlechtsgänge (vgl. Pinel 1997, S. 290). Etwa ab der 7. Schwangerschaftswoche setzt jedoch eine nach Geschlecht unterschiedliche Entwicklung ein, an der in erster Linie die Geschlechtschromosomen sowie die Hormone beteiligt sind: Der Grundplan der Geschlechtsdifferenzierung ist weiblich angelegt, wobei sich aus den indifferenten Keimdrüsen Ovarien entwickeln und die Müller'schen Gänge zu weiblichen inneren Genitalien umgebildet werden (vgl. Ewert 1998, S. 125 f.). Da sich weibliche und männliche Embryonen nach der Befruchtung nur durch die Beschaffenheit ihrer Geschlechtschromosomen unterscheiden (zwei X-Chromosomen beim weiblichen Geschlecht versus ein X- und ein Y-Chromosom beim männlichen), wird die männliche Differenzierung durch ein einziges Gen, das auf dem Y-Chromosom lokalisiert ist, in Gang gesetzt (chromosomales Geschlecht). Es bewirkt, dass in der 8. Schwangerschaftswoche aus indifferenten Keimdrüsen die Hoden entstehen. Die Hoden wiederum setzen zwei Hormone frei (hormonelles Geschlecht): Das Anti-Müller-Hormon verhindert die Entwicklung der Müller'schen Gänge zu weiblichen inneren Geschlechtsorganen. Als zweites von den Hoden gebildetes Hormon besitzt Testosteron dreierlei Wirkungen bei der Geschlechtsdifferenzierung des Embryos: Zum einen führt es zur Ausbildung der inneren männlichen Genitalien durch Umbildung der Wolff'schen Gänge (genitales Geschlecht). Zum Zweiten wird dadurch die Ausdifferenzierung des (bei beiden Geschlechtern vorhandenen) Vorläuferorgans zu den äußeren männlichen Geschlechtsorganen eingeleitet (vgl. Pinel 1997, S. 290 f.). Am interessantesten bezüglich der Frage nach einem angelegten Geschlechtscharakter ist die dritte Wirkung des Testosterons: Es ruft eine Differenzierung des Gehirns nach männlichen Mustern hervor. Wie sich diese Ausdifferenzierung des Gehirns nach geschlechtsspezifischen Mustern vollzieht und äußert, ist zum derzeitigen Forschungsstand allerdings noch nicht endgültig geklärt. Obwohl sich diese Befunde größtenteils auf Untersuchungen an Tieren (insbesondere Nagetieren) stützen, deuten eine Reihe von Forschungsergebnissen darauf hin, dass beim Menschen ähnliche Zusammenhänge zwischen Sexualhormonen und Gehirnentwicklung existieren (vgl. z. B. Kimura 1996; Springer/Deutsch 1998). Zudem wurden geringfügige Unterschiede im Bauplan des Gehirns zwischen Männern und Frauen gefunden, z. B. eine unterschiedlich starke Lateralisierung der Gehirnhälften, wonach die für sprachliche Fähigkeiten bedeutende linke Gehirnhälfte und die für das räumliche Vorstellungsvermögen wesentliche rechte Gehirnhälfte bei Frauen enger miteinander verknüpft sind als bei Männern (vgl. z. B. Kimura 1996, S. 110 f.; Pinel 1997, S. 291). In der Folge bauen auf diesen Rahmenbedingungen der Geschlechtsdifferenzierung weitere Entwicklungsvorgänge auf, die letztendlich zum psychischen bzw. sozialen Geschlecht führen. Eine zweite Phase der Geschlechtsdifferenzierung wird mit dem Eintritt in die Pubertät erreicht, wobei auf der Grundlage hormoneller Wirkungen die Ausbildung der sekundären Geschlechtsmerkmale erfolgt (vgl. Kap. 4.1).

Bezüglich des Prozesses der Geschlechtsdifferenzierung ist jedoch auf eine weitere Besonderheit hinzuweisen: Während es beim chromosomalen Geschlecht nur zwei alternative Möglichkeiten der Geschlechtsbestimmung gibt (Chromosomen entweder XX oder XY mit Ausnahme ganz seltener Abweichungen), überlappen sich männliche und weibliche Phänotypen immer stärker, je näher man sich dem psychologischen Geschlecht annähert: Bereits bezüglich des hormonellen Geschlechts lassen sich männliche und weibliche Individuen nicht mehr anhand ihrer Hormonwerte klar voneinander trennen. Auf der Ebene physischer Merkmale sind diese Überlappungen noch deutlicher ausgeprägt: So täuschen die statistischen Mittelwerte nur allzu leicht darüber hinweg, dass es nicht wenige Frauen gibt, die größer und stärker sind als die Mehrheit der Männer. Noch erheblicher fallen diese Überlappungen im Bereich psychischer Merkmale aus, die zudem schwerer zu messen sind als körperliche Merkmale. Gerade dieser Zusammenhang wird oft übersehen, da in unseren alltagstheoretischen Vorstellungen in Form von Geschlechterstereotypen diese Überlappungen häufig unberücksichtigt bleiben. Unterschiede zwischen den Geschlechtern werden deshalb größer eingeschätzt, als sie sich tatsächlich messen lassen.

Fazit aus biologischer Sicht

Aus biologischer Sicht ist zunächst zu betonen, dass die Ausdifferenzierung der Menschen in zwei Geschlechter, dass somit die Existenz von

Männern und Frauen Ergebnis eines biologischen Bauplans ist, der als solcher gesellschaftlich nicht beeinflussbar ist. Das wiederum bedeutet:

«Es kann kein drittes biologisches Geschlecht geben ... Diese Aussage ist aber nicht nur durch die Theorie gestützt, sondern wird ganz offensichtlich von den vorhandenen Lebewesen unserer Erde bestätigt. Es gibt, wohin man auch blickt, nur zwei Geschlechter. Die Theorie sagt, dies sei eine Naturnotwendigkeit, der Erfahrung nach ist es eine Naturgegebenheit. Aus beidem folgt, daß es sich um ein Naturgesetz handelt» (Wickler/Seibt 1998, S. 76).

Nun zeigt die Betrachtung biologischer Forschungsergebnisse, dass es wichtige biologische Rahmenbedingungen gibt, z. B. die vorgeburtliche Differenzierung des Gehirns nach geschlechtsspezifischen Mustern sowie hormonelle Einflüsse im Rahmen der pubertären Entwicklung, die sich nicht nur auf die körperliche Entwicklung, sondern auch auf die menschliche Psyche auswirken (können). So gesehen geht die aktuelle humanbiologische Literatur (vgl. z. B. Chasiotis/Voland 1998; Kimura 1996) davon aus, dass etliche Geschlechtsunterschiede (Mittelwerte) in Persönlichkeit und Verhalten, die sich bei psychometrischen Messungen immer wieder bestätigt haben, eine biologische Verankerung (genetisch oder hormonell) besitzen:

Während Frauen im Schnitt ein besseres räumliches Erinnerungsvermögen, stärker ausgeprägte verbale Fähigkeiten und ein ausgeprägteres Fürsorgeverhalten im Umgang mit Säuglingen zeigen, besitzen Männer ein besseres räumliches Orientierungsvermögen. Zudem zeigen sich eindeutige geschlechtsspezifische Unterschiede bei aggressivem Verhalten (vgl. z. B. Daly/ Wilson 1988). An dieser Stelle wird aus biologischer Sicht argumentiert: Wenn derartige Geschlechterunterschiede ausschließlich oder überwiegend durch Sozialisationseinflüsse bedingt wären, so wäre kaum erklärbar, dass sie in so vielen unterschiedlichen Kulturen unter zweifellos äußerst unterschiedlichen Umwelteinflüssen in derart konstanter Weise auftreten.

Aus biologischer Sicht ist somit die Annahme eines biologisch angelegten Geschlechtscharakters *nicht auszuschließen.* Eine Vielzahl von Indizien und Befunden, die allerdings an manchen Stellen – wie der vorgeburtlichen Gehirndifferenzierung nach geschlechtsspezifischen

Mustern – noch hypothetischen Charakter aufweisen, spricht dafür, dass genetische und hormonelle Faktoren einen bedeutsamen Einfluss auf die Entwicklung von Unterschieden zwischen den Geschlechtern besitzen. In dieser Hinsicht ist die Annahme eines biologisch angelegten Geschlechtscharakters plausibel, solange dabei nicht in biologistischer Weise «biologisch angelegt» mit «unveränderlich» bzw. «unbeeinflussbar» gleichgesetzt wird oder sozialen Faktoren ihre Bedeutung gänzlich abgesprochen wird.

2.1.2 Zweigeschlechtlichkeit im Patriarchat – die feministische Sicht

Die relativ differenzierte Sichtweise der Geschlechterthematik, wie wir sie für die gegenwärtige biologische Wissenschaft dargestellt haben, hat es dort keineswegs immer gegeben. Vielmehr herrschte über lange Zeit eine Position vor, die aus den körperlichen Unterschieden zwischen Mann und Frau sowohl die Existenz von typischen Geschlechtseigenschaften wie die Legitimierung der geschlechtsspezifischen Arbeitsteilung herleitete. Derartige Argumentationen basieren z. B. auf einer Überzeichnung der Bedeutung anatomischer und physiologischer Unterschiede, schließen aus der Existenz dieser Unterschiede auf deren Unveränderlichkeit und gipfeln in einer Wertung, die zumeist die Dominanz des Mannes und die Unterlegenheit der Frau zu begründen sucht (vgl. Lewontin/Rose/Kamin 1988). So schloss der Biologe Topinard bereits vor über 100 Jahren aus den Größenunterschieden prähistorischer Schädel:

> «Der Mann, der für zwei oder mehr im Daseinskampf fechten muß, der die gesamte Verantwortung und die Sorgen für den nächsten Tag trägt, der ständig im Kampf mit der Umwelt und menschlichen Rivalen liegt, braucht mehr Hirn als das Weib, das er schützen und nähren muß» (Topinard 1888, S. 22; zit. nach Gould 1994, S. 108).

Durch solche Argumentationen, die bis weit in das 20. Jahrhundert hinein nicht nur in der Biologie, sondern auch in den Geisteswissenschaften gang und gäbe waren, wurden Frauen auf ihre angebliche Naturbestimmung festgelegt. Auf diese Weise wurde mit der biologischen Geschlechterdifferenz gleichzeitig die gesellschaftliche Geschlechterhierarchie legitimiert. So wird in einem entwicklungspsychologischen Werk, das bis weit in die 1970er Jahre hinein für die Lehrerausbildung große Bedeutung hatte, der «weibliche Typus» wie folgt beschrieben: Er kennzeichne sich durch eine

«stärkere Verwurzelung in den tiefen Schichten des Gefühls, die sich aus der biologischen Bestimmung ableiten läßt. Daraus ergibt sich in der Seele selbst ein höherer Grad von Integration ihrer Funktionen (Harmonie) ... Viele Einzelzüge lassen sich hieraus zwanglos folgern: ... Hingabe- und Liebesfähigkeit, Einfühlungsvermögen, Empfindsamkeit, Lebensnähe, Naturverbundenheit, ... Gefühlsabhängigkeit und Anschaulichkeit des Denkens ..., Anpassungsfähigkeit, ... Geduld im Ertragen und Erleiden, Gefahr der Enge» (Remplein 1966, S. 535).

Im Kontrast dazu kennzeichne sich der «männliche Typus» – wiederum ausgehend von seiner «biologischen Bestimmung» – durch «Verstandsbezogenheit, Abstraktheit und logische Folgerichtigkeit», während die Gefühlsorientierung deutlich zurücktritt (vgl. ebd.). Dass aus solchen Beschreibungen des Geschlechtscharakters dann die Eignung bzw. Nichteignung für unterschiedliche Berufe abgeleitet wird, liegt auf der Hand.

Kurz: Nicht nur im Alltagsbewusstsein, sondern durchaus auch wissenschaftlich weit verbreitet herrschte bis in die 1960er Jahre eine «Natur-der-Frau»-Argumentation vor, in der die soziale Nachrangigkeit von Frauen als Effekt natürlicher Unterschiede dargestellt wurde. Seit den 1970er Jahren wird solchen – als «biologistisch» bezeichneten – Positionen einiges entgegengesetzt. Insbesondere feministisch argumentierende Sozialwissenschaftlerinnen haben hier Forschung und Theoriebildung entschieden vorangetrieben: Sie betrachten die herrschende Sichtweise von der «Natur» der Frau als Mythos, als Ideologie, um damit die Herrschaftsverhältnisse in der patriarchalischen Gesellschaft weiter abzusichern. Dementsprechend wird Geschlecht

«immer als historische und soziale Kategorie verstanden. Natürliche Geschlechterdifferenzen werden demnach, soweit sie überhaupt in einem ursächlichen Zusammenhang mit gesellschaftlicher, geschlechtsspezifischer Arbeitsteilung und geschlechtsspezifischen Rollen(vorbildern) stehen, als überwiegend sozial ge- und überformte und interpretierte verstanden, die, jeweils in gesellschaftliche Herrschafts- und Machtstrukturen eingebunden, bestimmte gesellschaftliche Funktionen übernehmen» (Bublitz 1995, S. 68).

Aus einer solchen Sichtweise folgt die Notwendigkeit, den *gesellschaftlichen* Anteil an der Geschlechterdifferenz deutlich hervorzuheben. Dies geschah zuerst durch eine scharfe Unterscheidung zwischen «sex» und «gender».

Die Unterscheidung zwischen «sex» und «gender»

Hier wird auf eine begriffliche Differenz zurückgegriffen, die im angloamerikanischen Sprachraum weit verbreitet ist. Geschlecht lässt sich dort sowohl mit «sex» als auch mit «gender» übersetzen. «Sex» als biologische Kategorie (bestimmt durch Anatomie, Morphologie, Physiologie und Hormone) wird deutlich abgegrenzt von soziokulturellen Inhalten («gender»), die mit einer Geschlechtszugehörigkeit verbunden sind – und die meist mit Begriffen wie «Geschlechtsidentität» oder «Geschlechterrolle» bezeichnet werden (vgl. Gildemeister/Wetterer 1995, S. 105 ff.). Merz hat diese Position prägnant und knapp formuliert: «Die Natur bestimmt, ob wir männlich oder weiblich sind, die Kultur legt fest, was es bedeutet, männlich oder weiblich zu sein.» (Merz 1979, S. 9).

Während «Sex» vorgegeben ist, wird «gender» im Sozialisationsprozess individuell angeeignet – und zwar innerhalb einer patriarchalisch strukturierten Gesellschaft (vgl. Faulstich-Wieland 2008, S. 245 f.). Die Forschung nach dem «Sex-Gender»-Modell war und ist darauf ausgerichtet, den biologischen Geschlechtscharakter zu entmythologisieren und die Bedeutung der sozialen Prozesse («doing gender») herauszuarbeiten. Dabei gilt es als umstritten, ob dem biologischen Faktor in einigen eng begrenzten Teilbereichen (z. B. Aggressivität) ein direkter Einfluss auf geschlechtsspezifische Verhaltensformen eingeräumt werden kann (vgl. Hagemann-White 2005).

Im Kern geht es bei der Sex-Gender-Debatte jedoch darum, die These von der «Naturhaftigkeit» der vorfindlichen Geschlechterrollen (und damit die Benachteiligung von Frauen) zurückzuweisen und als Ergebnis von Geschichte und Gesellschaft zu entlarven. Das Sex-Gender-Konzept ist somit ideologiekritisch ausgerichtet, weil auf diese Weise die Unterdrückung und die Nachrangigkeit von Frauen als Ergebnis des «doing gender» – und damit als Produkt gesellschaftlicher Prozesse – ausgewiesen werden.

Geschlecht als soziale Konstruktion

Allerdings: Das Sex-Gender-Modell akzeptiert, dass ein eigenständiger biologischer Faktor existent ist, dass ein Teil der Geschlechtsunterschiede der Natur zuzuordnen ist, dass es einen natürlichen Ausgangspunkt für das System der Zweigeschlechtlichkeit gibt. Genau diese Prämissen werden aber von einigen feministischen Ansätzen bestritten. Sie treten mit Aussagen auf, die unseren Alltagserfahrungen massiv zuwiderlaufen und deshalb zunächst einmal höchst erstaunlich klingen. So formuliert Hagemann-White (1988, S. 230) als feministische «Null-Hypothese»: Es gibt keine

> «notwendige, naturhaft vorgeschriebene Zweigeschlechtlichkeit …, sondern nur verschiedene kulturelle Konstruktionen von Geschlecht. Wissen wir doch, daß die Entdifferenzierung und Plastizität der Menschheit groß genug ist, um eventuell vorhandene hormonelle oder in der Körperbeschaffenheit liegende Gegebenheiten zu überspielen».

Gildemeister/Wetterer (1995, S. 207 ff.) treiben diesen Gedanken weiter, indem sie das Sex-Gender-Modell radikal kritisieren: Es enthalte einen «latenten Biologismus», weil das kulturelle Geschlecht als kausales Resultat des biologischen Geschlechts gelte und weil auf diese Weise behauptet werde, es gebe aus natürlichen Gründen zwei – und nur zwei – Geschlechter. Die Autorinnen sehen dies als einen «Trugschluß» (S. 210) an, der allerdings nur schwer durchschaubar sei. Zur Begründung dieser These verweisen sie auf Ergebnisse der Ethnologie und der Kulturanthropologie:

> «Es hat Kulturen gegeben, die ein drittes Geschlecht anerkannten. Es hat Kulturen gegeben, die bestimmten Menschen zugestanden, ihr Geschlecht zu wechseln … Und es hat Kulturen gegeben, bei denen die Geschlechtszugehörigkeit … unter Umständen unabhängig von den Körpermerkmalen erfolgte» (S. 208).

Die Autorinnen folgern daraus, dass man in der Theoriebildung die «Diskontinuität zwischen den sexuell bestimmten Körpern (sex) und den kulturell bedingten Geschlechtsidentitäten (gender)» (S. 207) zumindest als Denkmöglichkeit ins Auge fassen müsse. Es gäbe dann keinen Grund mehr anzunehmen, dass das Konstrukt «Männer» ausschließlich in einem männlichen Körper vorkomme – und das Konstrukt «Frauen» nur in einem weiblichen. Und es gäbe keinen Grund mehr anzunehmen, dass «Geschlecht» prinzipiell und immer binär (also in zwei Ausprägungen) vorkommen müsse. Ein solches Denken wird jetzt zwar theoretisch möglich, zugleich ist unsere gesellschaftliche Wirklichkeit aber eindeutig und rigide zweigeschlechtlich organisiert. Damit wird jedoch offensichtlich, dass dieses System der Zweigeschlechtlichkeit nicht biologisch vorgegeben, sondern gesellschaftlich geschaffen («konstruiert») wurde:

«Die Vorstellung einer ‹Natur der Zweigeschlechtlichkeit› als unmittelbar erlebbare, körperliche und/oder biologisch begründete und nicht weiter zu hinterfragende ‹objektive Realität› ist ein (kulturell produziertes) Missverständnis. … Die ‹Natur der Zweigeschlechtlichkeit› stellt eine *soziale* Konstruktion dar, ein *generatives* Muster der Herstellung sozialer Ordnung. Angesprochen ist damit die grundlegende Ebene der *interaktiven Herstellung der sozialen Wirklichkeit*» (S. 230).

Anders formuliert: Das System der Zweigeschlechtlichkeit existiert, aber nicht etwa aus biologisch-natürlichen Gründen. Es ist Realität, weil eine bestimmte (und für weite Teile des Lebens irrelevante) biologische Differenz zum Ausgangspunkt mächtiger, dominanter, allumfassender gesellschaftlicher Kategorisierungen gemacht wird (vgl. Bourdieu 2005, S. 29). Und im Alltag wird durch das Verhalten der Menschen dieses System der Zweigeschlechtlichkeit immer wieder bestätigt, immer wieder neu konstruiert.[7] Eine solche «Mikrotheorie» der Geschlechterverhältnisse versteht sich selbst als radikal, weil sie «nicht einmal so etwas ‹Natürliches› wie die Geschlechtszugehörigkeit als natürlich gelten läßt» (Treibel 1995, S. 133). Hier knüpft die feministisch-konstruktivistische Forschung zu den Geschlechterverhältnissen in Kindheit und Jugend an (vgl. Hagemann-White 2002).

Um diesen Ansatz besser verstehen zu können, sollen im Folgenden die Prozesse genauer betrachtet werden, die als alltägliche soziale Konstruktion von Zweigeschlechtlichkeit verstanden werden. Dabei gehen wir von der Feststellung Garfinkels (1967) aus, der die Geschlechterkategorie als «omnirelevant» bezeichnet hat. Das bedeutet,

> «daß es keine Situation gibt, in der die Zuordnung einer Person zu ‹Frau› oder ‹Mann› unwichtig würde. Die meisten sozialen Interaktionen kommen erst dann in Gang, wenn wir uns sicher sind, wen wir ‹vor uns haben›» (Treibel 1995, S. 139).

Alltägliche Interaktionsvorgänge sind somit darauf ausgerichtet, die Geschlechterfrage stets klar zu beantworten. Deshalb verhalten sich die Akteure in aller Regel so, dass eine Zuordnung stets eindeutig vorgenommen werden kann. West/Zimmerman (1991) haben unterschiedliche Schritte bei dieser Konstruktion von Differenz voneinander unterschieden. In einem ersten Schritt wird das

> «körperliche Geschlecht ... durch die Anwendung sozial vereinbarter biologischer Kriterien festgelegt, welche eine Unterscheidung in weibliche und männliche Personen erlauben. Klassifikationskriterien können dabei die Genitalien zum Zeitpunkt der Geburt ... sein» (S. 14).

Wichtig ist hier, dass die Autorinnen von «sozial vereinbarten» biologischen Merkmalen sprechen – und damit keineswegs eine Naturnotwendigkeit unterstellen. Während diese erste Klassifikation bei der Geburt ein einmaliger Vorgang ist, erfolgt später im Alltag die Zuordnung zu einer Geschlechtergruppe («social membership») nicht aufgrund der (meist verdeckten) Genitalien, sondern aufgrund von Verhalten und Inszenierungen (Kleidung, Haartracht, Bewegungen), die der Mitwelt eine solche Zuordnung ermöglicht. So gesehen kann man sagen, dass bei der sozialen Zuordnung das Vorhandensein entsprechender Genitalien unterstellt wird. Dass im Alltag stets und ständig zwischen weiblichen und männlichen Individuen unterschieden wird, dass diese durch ihr Verhalten ununterbrochen ihre «social membership» darstellen (müssen), ist keineswegs «natürlich», sondern vielmehr Teil eines gesellschaftlichen Regelsystems. Dieses verlangt den Akteuren ein komplexes geschlechtsspezifisches Verhaltensrepertoire ab, um durch Körperinszenierungen und Körperbewegungen, durch Stimme, Gestik und Mimik das eigene Geschlecht darzustellen (vgl. Goffman 1994, S. 137 ff.). Zugleich müssen alle Akteure die Fähigkeit entwickeln, solche zum Teil äußerst subtilen Signale als «männlich» oder «weiblich» zu entschlüsseln und somit ihre Umwelt zweigeschlechtlich zu ordnen: Dass der eigene «zweigeschlechtliche Erkennungsdienst» (Tyrell 1986, S. 463) ständig am Werk ist, fällt nur auf, wenn er einmal keine eindeutigen Ergebnisse liefert: Wenn wir nicht sicher sind, ob unser Gegenüber männlich oder weiblich ist, stellen sich ganz leicht Unsicherheit und Peinlichkeit ein.

Nun zeigt das Beispiel von Transsexuellen, dass sich körperliches Geschlecht und soziale Geschlechtszugehörigkeit auch unterscheiden können (vgl. z. B. Hertzer 1999; Hirschauer 1993). Das bedeutet dann, dass ein Akteur ein Geschlecht beansprucht, zu dem ihm die körperlichen Merkmale fehlen. In solchen Fällen wird besonders augenfällig, wie der (sonst wenig bewusste) Prozess der interaktiven Herstellung von Geschlecht abläuft. Garfinkels differenzierte Analysen – etwa im Fall «Agnes» – zeigen, wie voraussetzungsvoll und aufwendig das angemessene Verhalten innerhalb einer Geschlechterkategorie ist (vgl. Garfinkel 1967, S. 137).

Während im «normalen» Sozialisationsprozess die subtilen geschlechtsspezifischen Verhaltensformen gleichsam «nebenbei» erworben werden, müssen diese von Transsexuellen bewusst angeeignet und eingesetzt werden. West/Zimmerman (1991) folgern aus diesen und anderen Analysen, dass das soziale Geschlecht nicht als ein Bündel von Eigenschaften, sondern als ein ganz spezifisches «Handeln» verstanden werden muss:

> «Es ist die Handhabung situationsgerechten Verhaltens im Lichte normativer Vorgaben und unter Berücksichtigung der Tätigkeiten, welche der eigenen Geschlechterkategorie angemessen sind» (S. 15).

Anders formuliert: «Geschlecht» unter unseren gesellschaftlich-kulturellen Bedingungen ist eine erlernte Handlungsweise, durch die eine bestimmte Differenz immer wieder betont wird. Dabei ist es eine gesellschaftliche Konvention (und kein biologischer Zwang), dass die Geschlechterklasse an die Unterschiede in den Fortpflanzungsorganen geknüpft wird. Das soziale System der Zweigeschlechtlichkeit existiert aufgrund dieser Konvention; und es muss immer wieder dadurch reproduziert werden, dass die Akteure durch ihr Handeln sich und anderen ihre Geschlechtszugehörigkeit bestätigen. Ein solches kulturelles System könnte auch funktionieren, wenn es einen anderen (biologischen) Ausgangspunkt für Differenzen wählen würde – etwa die Augenfarbe oder die Blutgruppe. Dann gäbe es freilich mehr als zwei Geschlechter, die im alltäglichen Verhalten konstruiert und entschlüsselt werden müssten.

2.1.3 Fazit und Forschungsperspektive

Nach dieser Sichtung biologischer und feministisch-konstruktivistischer Argumentationen kommen wir auf unseren sozialisationstheoretischen Ausgangspunkt zurück: Gibt es – so lautete unsere Frage – einen biologisch vorbestimmten Geschlechtscharakter? Diese Frage ist für die Einschätzung der «Reichweite» von Sozialisationstheorien von zentraler Bedeutung. Denn würde man sie ungebrochen mit «ja» beantworten, so wäre damit der Einfluss der Sozialisationsprozesse als massiv reduziert oder gar als unbedeutend anzusetzen. Biologische Faktoren würden dann einen weitgehenden Einfluss auf die Persönlichkeitsentwicklung nehmen – und zwar nach geschlechtsspezifischem Muster. Die Biologie wäre dann das unüberwindbare Schicksal. Es verwundert nicht, dass Sozialisationsforscher(innen) eher mit einer Gegenposition sympathisieren, die den Umwelteinfluss sehr hoch ansetzt; in ihrer radikalen Form erklärt sie den biologischen Einfluss sogar für völlig unbedeutend oder gar als nicht existent. In den 1930er Jahren ist eine solche Position z. B. von der bedeutenden Kulturanthropologin Margaret Mead vertreten worden. Aufgrund ihrer vergleichenden Forschung bei vormodernen Völkern kam sie zu dem Ergebnis, dass Eigenschaften, «die als maskulin oder feminin zu gelten pflegen, ... mit dem Geschlecht ebenso lose verbunden zu sein (scheinen) wie Kleidung» (Mead 1970, Bd. 3, S. 250). In der aktuellen Debatte lassen sich die feministisch-konstruktivistischen Positionen auf diesem Extrempol ansiedeln. In einer solchen Sichtweise sind es ausschließlich sozial eingebundene Lernprozesse (und die dahinter stehenden gesellschaftlichen Strukturen), die

die Geschlechterrollen und das damit verbundene geschlechtstypische Verhalten prägen.

Der Verweis auf Margaret Mead macht deutlich, dass wir es hier mit einer Diskussion zu tun haben, die eine lange Tradition hat. Es handelt sich um die Anlage-Umwelt-Debatte, die in den modernen Humanwissenschaften seit weit mehr als 100 Jahren geführt wird, ohne dass sie zu einem Abschluss gekommen ist (vgl. Scheunpflug 2003). Unsere Frage nach der biologischen Basis von psychischen Geschlechtsdifferenzen ist ein Teilaspekt dieser Debatte. Indem wir dazu die neuere biologische Forschung und aktuelle sozialwissenschaftliche Ansätze präsentiert haben, haben wir die Spannbreite der gegenwärtigen Diskussion aufgezeigt. Leicht vereinfacht lässt sich die zuvor präsentierte Diskussion zu vier unterschiedlichen Positionen zusammenfassen (vgl. Lenz 2005):

1. Anlageorientierte Position: Biologische Faktoren (insbesondere genetische und hormonelle Einflüsse) spielen bei der Entstehung von Verhaltensunterschieden zwischen den Geschlechtern zwar keine ausschließliche Rolle, sie stellen aber bedeutsame Einflussgrößen dar. Geschlechtsspezifische Sozialisationsprozesse haben einen eigenständigen Stellenwert, werden aber durch diese biologischen Einflussgrößen begrenzt. Der Ursprung vieler geschlechtsspezifischer Verhaltensweisen kann im Rahmen der phylogenetischen Entwicklung des Menschen nachgezeichnet werden – als jahrtausendelanger Prozess der Anpassung an bestimmte Umwelten. Eine solche Position wird von vielen Evolutions- und Soziobiologen vertreten.

2. Interaktions-Position: Biologische und kulturelle Faktoren stehen in einem interaktionellen Wechselverhältnis zueinander. Dabei geben die Gene und andere biologische Faktoren vor, was überhaupt entwickelt werden kann. Es hängt jedoch entscheidend von Umweltfaktoren ab, welche Entwicklungen zu welchen Zeiten überhaupt realisiert werden können. Zwischen Anlage, Umwelt und Verhalten finden so komplexe Austauschprozesse statt, dass es unmöglich ist, einzelne Einflüsse auf geschlechtsspezifische Differenzen zu isolieren. Diese Position wird seit den 1990er Jahren von vielen kritischen Biologen vertreten.

3. Umweltorientierte Position: Biologische Faktoren (z.B. Leiblichkeit, Hormoneinflüsse) werden zwar gesehen, ihnen wird jedoch keine eigenständige Bedeutung zugesprochen; vielmehr werden sie stets durch kulturelle Faktoren überformt. Geschlechtsspezifische Verhaltensunterschiede werden daher primär als Ausdruck unterschiedlicher Erfahrungen im Rahmen der Sozialisation verstanden. Ein biologisch angelegter oder gar determinierter Geschlechtscharakter wird ausgeschlossen, da dieser die menschliche Verhaltensplastizität negiere. Eine solche Position wird z. B. von all den Sozialwissenschaftler(innen) vertreten, die mit dem Sex-Gender-Modell argumentieren.

4. *Sozial-konstruktivistische Position:* Die eigenständige Existenz biologischer Sachverhalte wird bestritten oder für bedeutungslos erklärt. Geschlechterdifferenzen erscheinen als Teil des gesellschaftlichen Systems der Zweigeschlechtlichkeit, in der diese Differenzen durch die Akteure einerseits gelernt, andererseits immer wieder neu konstruiert werden. Die Existenz von zwei bipolar angelegten Geschlechtern wird nicht als biologische Tatsache, sondern ebenfalls als soziale Konstruktion (zu der auch Alternativen denkbar sind) angesehen. Die sozialwissenschaftliche Richtung, die diese Position vertritt, haben wir ausführlich vorgestellt.

Die Position (2) wird derzeit von einigen ideologiekritisch orientierten, aber längst nicht von allen Biologen vertreten, wie die Position (1) bereits vermuten lässt; die Positionen (3) und (4) markieren den gegenwärtigen Streit in den Sozialwissenschaften; unter Sozialisationsforschern wird mehrheitlich wohl die Position (3) vertreten. Nun soll es an dieser Stelle nicht darum gehen festzustellen, welche Position die «richtige» ist. Vielmehr soll hier über die Konsequenzen dieser unterschiedlichen Positionen für die Sozialisationsforschung und -theorie nachgedacht werden. Und dazu ist es zunächst wichtig festzustellen, dass in der aktuellen Diskussion eine bestimmte Position – nämlich eine *biologisch-deterministische* – überhaupt *nicht* vertreten wird. Eine solche Position würde die Existenz eines biologisch angelegten Geschlechtscharakters behaupten und daraus ein breites Repertoire an geschlechtsspezifischen Verhaltens- und Charaktereigenschaften ableiten (vgl. Remplein 1966). Soziokulturelle Einflüsse könnten dann nur im Rahmen eines eng vorgeprägten Geschlechtstypus wirksam werden. Dass solche Positionen bis in die 1960er Jahre (nicht nur von Biologen) vertreten wurden, ist genauso richtig wie die Feststellung, dass sie in moderneren biologischen Ansätzen nicht mehr vorkommen. Allerdings gibt es in der Biologie Vertreter(innen) einer anlage-orientierten Position (1). Diese argumentieren vor allem evolutionsbiologisch und verweisen auf stammesgeschichtliche Vorprogrammierungen und interkulturell universelle Geschlechterdifferenzen (vgl. z. B. Eibl-Eibesfeldt 1995). Sie betonen die Bedeutung biologischer Faktoren für die Geschlechterdifferenz, verstehen sich selbst aber keinesfalls als deterministisch; denn auch bei ihnen haben gesellschaftliche Lernprozesse einen eigenständigen Platz (vgl. Wickler/Seibt 1998, S. 245). Allerdings ist in dieser Sichtweise der Einfluss von Sozialisationsprozessen massiv eingeschränkt.

Lenz spitzt hier polemisch zu, wenn er feststellt, dass eine biologisch-*deterministische* Position nicht etwa in der Biologie, sondern nur noch «in den Köpfen von Sozialisationstheoretikern existiert» (1999, S. 92) – und zwar als eine Art ‹Feindbild›: Biologische Konzepte werden ohne näheres Hinsehen mit dem Etikett «biologistisch» versehen und bekämpft. Es spricht einiges dafür, dass solche unfruchtbaren Polarisierungen und die mit ihnen verbundenen Feindbilder inzwischen bröckeln. Denn Biologinnen und Biologen, die von einem komplexen Interaktionsverhältnis zwischen biologischen und kulturellen Faktoren ausgehen, vertreten prinzipiell keine andere Sichtweise als Sozialwissenschaftler(innen), die den Erwerb der Geschlechterrolle im Rahmen des Sex-Gender-Modells analysieren. Und eine weitere Feststellung ist wichtig: Alle Positionen, die in der aktuellen Debatte vertreten werden (auch Pos. 1), lehnen die These von einem biologisch fixierten Geschlechtscharakter ab. Das bedeutet zugleich, dass sie alle Umwelteinflüsse in Ansatz bringen, wenn es um den Erwerb geschlechtsspezifischer Verhaltensweisen und Identitätsmuster geht. So gesehen rechnen sie alle mit geschlechtsspezifischen Sozialisationsprozessen, gestehen diesen (in Relation zu biologischen Faktoren) aber eine unterschiedlich große Einflussreichweite zu.

Insgesamt bedeutet dies: Auch wenn man die jüngeren biologischen Ansätze und Erkenntnisse in die Überlegungen einbezieht, kommt man zu dem Ergebnis, dass vor allem gesellschaftliche und kulturelle Faktoren die Inhalte und Ausprägungen von Geschlechtsidentität und Geschlechterrolle bestimmen. Inwieweit biologische Sachverhalte dabei Voraussetzungen bilden oder auch Grenzen setzen, ist hingegen strittig. Ohne diese Kontroverse auflösen zu wollen, lässt sich jedoch folgern: Sozialisationsprozesse sind hier auf jeden Fall so bedeutungsvoll, dass Sozialisationstheorien, die die Entstehung von Geschlechterdifferenzen erklären, dringend benötigt werden. Genau solche Theorien – und zwar die «klassischen» – wollen wir im Folgenden präsentieren: Lerntheorie, Psychoanalyse, Kognitionspsychologie. Dabei konzentrieren wir uns auf die frühkindliche Sozialisation – auf die ersten sechs Lebensjahre. Auch dies ist eine exemplarische Auswahl; denn Geschlechtersozialisation ließe sich auch für andere Altersstufen (etwa für das Jugendalter) thematisieren, dabei ließen sich auch andere Theorieansätze (etwa Interaktionstheorien) heranziehen (vgl. z. B. Popp 2004). Doch wir konzentrieren uns im Rahmen dieser Einführung zunächst auf die drei angesprochenen psychologischen Theorien. Ob diese Theorien selbst das Verhältnis von biologischen und soziokulturellen Sachverhalten thematisieren, werden wir im Einzelnen sehen.

2.2 Der Erwerb der Geschlechtsidentität in psychoanalytischer Sicht

Die Psychoanalyse, von Sigmund Freud (1856–1939) um die Jahrhundertwende begründet, wurde nicht als Sozialisationstheorie entworfen, sondern aus der Medizin heraus als Heilmethode für psychische Erkrankungen entwickelt. Weil die Entwicklung dieser Therapieform eng verknüpft ist mit dem Entwurf einer Vorstellung von der Psyche des Menschen, hat die Psychoanalyse einen eigentümlichen Doppelcharakter: Sie ist zugleich eine wissenschaftliche Subjekttheorie und eine Heilmethode.

Unter sozialisationstheoretischem Aspekt interessiert die Therapie nur am Rande; die Vorstellungen von der Struktur des Subjekts und seiner Entwicklungsdynamik sind hingegen von zentraler Bedeutung. Freud hat sich zwar zu pädagogischen Problemen nicht systematisch geäußert, im Rahmen seiner analytischen Arbeit hat er sich jedoch intensiv mit der psychischen Entwicklung in den ersten sechs Lebensjahren beschäftigt. Dabei interessierte er sich vor allem für die Frage, ob sich die neurotischen Symptome seiner erwachsenen Patienten auf traumatische Erlebnisse in der frühen Kindheit zurückführen lassen. Die sich daraus ergebende Rekonstruktion der Kindheitserfahrungen ließ erkennen, in welchen Interaktionsprozessen zwischen Kind, Eltern und Umwelt sich die psychischen Strukturen herausbilden. Insofern ist Freuds Konzept, mit dem er vor allem für seine therapeutische Arbeit eine subjekttheoretische Basis gelegt hat, auch für die Entwicklung von ‹normalen› Kindern – und damit für eine allgemeine Sozialisationstheorie – bedeutsam. Dabei ist die Auffassung der Psychoanalyse vom Erwerb der frühen Geschlechtsidentität eingebettet in ein komplexes Theoriegebäude, das die Ausbildung der Subjektstrukturen im Zuge der kindlichen Entwicklung beschreibt. Diese psychoanalytischen Grundvorstellungen, die zunächst erläutert werden, sind innerhalb der sozialisationstheoretischen Diskussionen breit rezipiert und von vielen späteren Sozialisationstheoretikern – von Parsons (1951) über Habermas (1971) bis Hopf (2005) – adaptiert worden. Wie aus psychoanalytischer Sicht die Geschlechtsidentität erworben wird und welche psychischen Unterschiede zwischen Jungen und Mädchen sich daraus ableiten, wird anschließend dargestellt. Dabei beziehen wir uns vor allem auf das Werk von Sigmund Freud – also auf die ‹orthodoxe› Psychoanalyse. Auf die vielfältigen Theorieentwürfe in den von Freud ‹abgefallenen› Schulen (Jung, Adler) können wir hier ebenso wenig eingehen wie auf viele weitere Arbeiten innerhalb der Freud-Schule selbst (vgl. dazu Mertens 1991; Mitscherlich/Rohde-Dachser 1996). Differenziert eingehen werden wir allerdings auf Weiterentwicklungen, die im Rahmen der feministischen Diskussionen seit den 1980er Jahren entstanden sind.

2.2.1 Grundannahmen und zentrale Begriffe

Die Psychoanalyse kann als ein System von Hypothesen über die Funktionsweise der menschlichen Psyche angesehen werden. Dabei unterscheidet sie sich von anderen psychologischen Theoriebildungen vor allem dadurch, dass sie die Existenz *unbewusster* psychischer Prozesse annimmt. Ein bedeutender Teil des Seelenlebens – so die These – dringe nicht in das Bewusstsein der Menschen, sei aber real. Dass Menschen im Traum sprechen oder in hypnotische Zustände versetzt werden können, wird als augenfälliger Beleg für die Existenz unbewusster psychischer Aktivitäten betrachtet (vgl. Brenner 1976, S. 16 ff.). Aufgabe der Psychoanalyse als Wissenschaft ist es, gerade diesen unbewussten Teil des Seelenlebens aufzuklären. Damit ist die «Unterscheidung des Psychischen in Bewußtes und Unbewußtes ... die Grundvoraussetzung der Psychoanalyse» (FGW XIII, S. 239). Weil das Unbewusste weder direkt beobachtbar noch einfach abfragbar ist, hat die Psychoanalyse eine eigene Methode entwickelt, um zu solchen Prozessen vorzudringen: Assoziative, nicht bewusst kontrollierte Äußerungen des Patienten werden vom Analytiker gedeutet, um auf diese Weise das Unbewusste ‹ans Licht› zu bringen. Dabei geht es insbesondere darum, dass erwachsene Patienten sich an Szenen aus der frühen Kindheit erinnern. Wenn im Folgenden die Grundzüge der psychoanalytischen Theorie erläutert werden, so sind dabei zwei Grundvoraussetzungen mitzudenken: dass die empirische Basis dieser Theorie vor allem aus tiefenhermeneutischem Fallmaterial aus solchen therapeutischen Sitzungen besteht und dass es sich bei den beschriebenen Prozessen zum erheblichen Teil um unbewusste Abläufe im Seelenleben handelt. Dass theoretische wie methodische Probleme entstehen, wenn es darum geht, aufgrund solcher Erkenntnisse eine allgemeine Entwicklungspsychologie zu erarbeiten, wird auch von psychoanalytisch orientierten Forschern gesehen (vgl. z. B. Kampfhammer 1995). Kurz vor seinem Tod (1939) hat Freud in einem knappen Text («Abriß der Psychoanalyse») seine Theorie zusammengefasst. Er erläutert zunächst den psychischen Apparat, stellt dann seine Trieblehre dar und beschreibt danach die Phasen der psychosexuellen Entwicklung (vgl. Freud 1972). Bei der folgenden Einführung halten wir uns an diese von Freud selbst vorgegebene Gliederung.

Die psychischen Instanzen: Es, Ich, Über-Ich

Um seine Modellvorstellungen von der menschlichen Psyche zu erläutern, wählt Freud einen Vergleich mit der Mechanik:

> «Wir nehmen an, daß das Seelenleben die Funktion eines Apparats ist, dem wir räumliche Ausdehnung und Zusammensetzung aus mehreren Stücken zuschreiben, den wir uns also ähnlich vorstellen wie ein Fernrohr, ein Mikroskop u. dgl. ... Zur Kenntnis dieses psychischen Apparats sind wir durch das Studium der individuellen Entwicklung des menschlichen Wesens gekommen» (Freud 1972, S. 9).

Dieser «Apparat» besteht aus drei Instanzen, die sich im Laufe der ersten sechs Lebensjahre herausbilden (vgl. Abb. 3).

Das Kind wird als ein Wesen geboren, das noch kein Verständnis von sich selbst hat, das auch noch nichts von Werten und Normen dieser Gesellschaft weiß. Dieser Säugling ist vielmehr ein Bündel von Trieben, das aus einer einzigen psychischen Instanz besteht – aus dem *Es.* Dieses Es ist die älteste psychische «Provinz», sein «Inhalt ist alles, was ererbt, bei Geburt mitgebracht, konstitutionell festgelegt ist, vor allem also die aus der Körperorganisation stammenden Triebe» (Freud 1972, S. 9). Im Es sind vor allem die körperlichen Bedürfnisse, sind sexuelle und aggressive Impulse verankert. Das Es bleibt während des ganzen Lebens der Teil des psychischen Apparats, der auf Lustgewinn und Bedürfnisbefriedigung drängt. Als nächste psychische Instanz wird aus dem Es heraus das *Ich* gebildet. Im Ich sind vor allem Wahrnehmung und Willensbildung angesiedelt; es hat gegenüber dem Es die Herrschaft über die Triebansprüche zu gewinnen, indem das Ich darüber entscheidet, «ob sie zur Befriedigung zugelassen werden sollen, diese Befriedigung auf die in der Außenwelt günstigen Zeiten und Umstände verschiebt oder ihre Erregungen überhaupt unterdrückt» (1972, S. 10). Das Ich ist somit dem Lustprinzip verpflichtet, muss sich aber zugleich am Realitätsprinzip orientieren: Dabei gleicht das Ich im Verhältnis zum Es «dem Reiter, der die überlegene Kraft des Pferdes zügeln soll ... Wie dem Reiter ... oft nichts anderes übrig bleibt, als es dahin zu führen, wo es gehen will, so pflegt auch das Ich den Willen des Es in Handlungen umzusetzen, als ob es der eigene wäre» (Freud 1960, S. 181 f.).

In einem ontogenetisch äußerst bedeutsamen Moment – in der ödipalen Situation – wird dann etwa im 6. Lebensjahr die dritte psychische Instanz, das *Über-Ich,* errichtet. Während das Kind bis dahin durch Gebote und Verbote gleichsam von außen gesteuert wurde, übernimmt es nun die elterlichen Normen und Verhaltensregeln in die eigene Psyche. Im Ich des Kindes bildet sich «eine besondere Instanz heraus, in der sich dieser elterliche Einfluß fortsetzt. Sie hat den Namen des *Über-Ichs* erhalten» (1972, S. 10). Das Kind, das an dieser Stelle die elterlichen Wertvorstellungen internalisiert, übernimmt damit nicht nur die persönlichen Ansichten der Eltern, sondern auch den «durch sie fortgepflanzte(n) Einfluß von Familien-, Rassen- und Volkstradition sowie die von ihnen vertretenen Anforderungen des ... sozialen Milieus» (Freud 1972, S. 11).

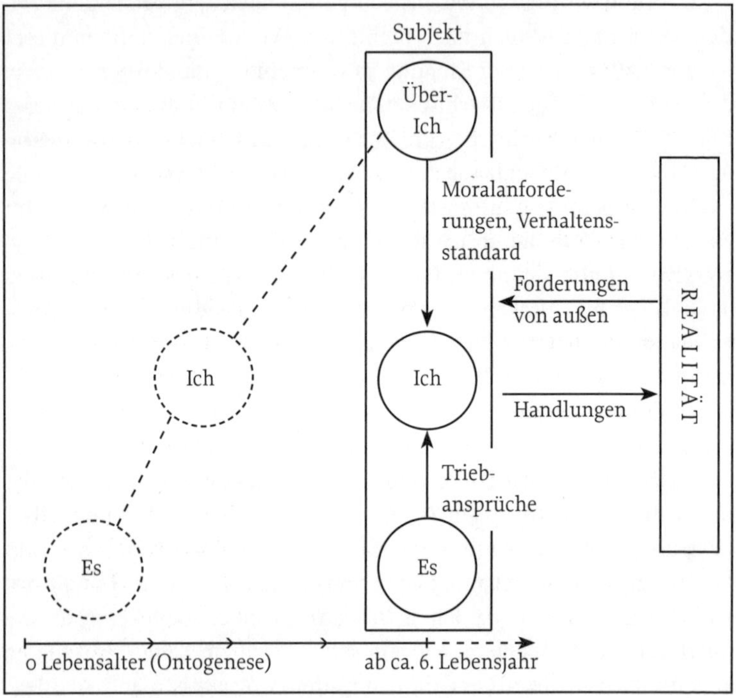

Abb. 3: Herausbildung des psychischen Apparats nach Freud

Die Errichtung des Über-Ichs erweist sich als Einfallstor für gesellschaftliche Werte und Normen in die kindliche Psyche. Mit dieser Über-Ich-Errichtung wird außerdem dem Ich eine weitere Aufgabe zugewiesen. Es muss von nun an nicht nur zwischen Es-Trieben und den Anforderungen der Realität, sondern auch zwischen dem Es und den Geboten des Über-Ichs vermitteln. Von nun an ist eine Handlung des Ichs «dann korrekt, wenn sie gleichzeitig den Anforderungen des Es, des Über-Ichs und der Realität genügt, also deren Ansprüche miteinander zu versöhnen weiß» (Freud 1972, S. 10). Damit ist in knappen Umrissen das psychoanalytische Instanzenmodell der Persönlichkeit als ein funktionales Zusammenspiel zwischen Es, Ich und Über-Ich beschrieben. Für den Erwerb der Geschlechtsidentität ist das Über-Ich und seine Aufrichtung etwa im fünften oder sechsten Lebensjahr von zentraler Bedeutung.

Die Trieblehre

Freud sieht in den organisch verankerten Bedürfnisspannungen die letzten Ursachen jeder menschlichen Aktivität; denn die «Macht des Es drückt die eigentliche Lebensabsicht des Einzelwesens aus. Sie besteht darin, seine mitgebrachten Bedürfnisse zu befriedigen. ... Die Kräfte, die wir hinter den Bedürfnisspannungen des Es annehmen, heißen wir *Triebe.* Sie repräsentieren die körperlichen Anforderungen an das Seelenleben» (Freud 1972, S. 11). In der letzten Fassung seiner Triebtheorie unterscheidet Freud zwischen dem Lebens- bzw. Sexualtrieb auf der einen und dem Todes- bzw. Aggressionstrieb auf der anderen Seite (vgl. ebd., S. 11 ff.). Für den Zusammenhang, der hier von Interesse ist, können wir uns auf eine Betrachtung des Lebens- bzw. Sexualtriebs (Libido) konzentrieren.

Triebe sind biologisch verankerte Komponenten des Seelenlebens: Aufgrund physiologischer Prozesse (z. B. Hormonhaushalt) treten Spannungen auf, die vom Individuum als Erregung erlebt werden. Damit wird das Individuum zu Aktivitäten angetrieben, die auf den Abbau dieser Spannungen und damit auf eine lustvolle Triebbefriedigung ausgerichtet sind. Es tritt dann ein Zustand der Entspannung ein, der jedoch nicht dauerhaft ist; der Spannungszustand baut sich physiologisch wieder auf, der Prozess beginnt erneut. Allgemein werden Triebspannungen, die ein Individuum empfindet, nach dem «Lustprinzip» aufgelöst. Das Bedürfnis des Menschen ist auf möglichst unmittelbare Triebbefriedigung ausgerichtet, das Ich hat entsprechende Aktivitäten einzuleiten: «Das Ich strebt nach Lust, will der Unlust ausweichen» (Freud 1972, S. 10). Dieses Lustprinzip gerät aber sehr leicht in Widerspruch zum Realitätsprinzip; denn die umgebende Kultur lässt häufig nicht zu, dass Triebansprüche unmittelbar befriedigt werden. Kultur und Gesellschaft erscheinen hier also in der Funktion der Triebunterdrückung, mit der das Ich kalkulierend umgehen muss. Nach Freud ist es unumgänglich, dass ein erheblicher Teil der sexuellen Triebenergie nicht direkt befriedigt, sondern als Motor für andere Aktivitäten umgeleitet wird: Durch eine «solche Ablenkung sexueller Triebkräfte von sexuellen Zielen und Hinlenkung auf neue Ziele, ein Prozeß, der den Namen Sublimierung verdient, werden mächtige Komponenten für alle kulturellen Leistungen gewonnen» (FGW V, S. 78 f.). Die Unterdrückung von Trieben und die Umleitung ihrer Energie auf andere, gleichsam ‹höhere› Tätigkeiten (Lernen, Arbeiten etc.) ist also notwendig zur Schaffung und Erhaltung der menschlichen Kultur.

«Dabei benimmt sich die Kultur gegen die Sexualität wie ein Volksstamm oder eine Schicht der Bevölkerung, die eine andere ihrer Ausbeutung unterworfen hat. Die Angst vor dem Aufstand der Unterdrückten treibt zu strengen Vorsichtsmaßregeln. Einen Höhepunkt solcher Entwicklung zeigt unsere westeuropäische Kultur» (Freud 1972, S. 97).

Die Kultur, die Gesellschaft, wird von Freud somit als eine von außen auf den Menschen einwirkende Gegebenheit gesehen, die vor allem Triebunterdrückung produziert. Auf diese Weise stehen sich Gesellschaftlichkeit («Kultur») und biologische Natur des Menschen («Triebe») unversöhnlich gegenüber. Triebrepression gilt damit als eine notwendige Voraussetzung für jede Gesellschaft. Das Über-Ich ist dabei die verinnerlichte Instanz dieser Triebrepression.

Phasen der psycho-sexuellen Entwicklung

Freud geht davon aus, dass bereits das Kleinstkind von libidinösen Trieben bestimmt wird. Dementsprechend beschreibt er die frühkindliche Entwicklung in psycho-sexuellen Phasen, in die zugleich die Entfaltung des psychischen Apparats integriert ist (vgl. vor allem 1981, S. 47–78). Diese Phasen werden nach den Körperorganen, die jeweils im Mittelpunkt des autoerotischen Lustgewinns beim Kinde stehen, als oral, anal und phallisch beschrieben.

Weil beim Neugeborenen der Mund die dominante erogene Zone ist, bezeichnet Freud die erste Entwicklungssequenz als *orale* Phase. Lustgewinn zieht das Kind in dieser Phase vor allem aus dem Saugen. Dabei sind nicht nur die Nahrungsaufnahme, sondern auch die Betätigung des Mundes und die Reizung der Schleimhäute triebbefriedigend. In dieser

Psycho-sexuelle Entwicklung des Kindes

Phasen	*Psychische Instanzen*
1. orale Phase (1. Lebensjahr) erogene Zone: Mund Befriedigung: Saugen Objektbeziehung zur Mutter	ES
2. anale Phase (2.–3. Lebensjahr) erogene Zone: After Befriedigung: Festhalten, Loslassen	ES, ICH
3. phallische Phase (2.–5. Lebensjahr) erogene Zone: Penis bzw. Klitoris Befriedigung: Masturbation wird beendet durch die	ES, ICH
ödipale Situation Identifikation mit dem gleichgeschlechtlichen Elternteil, damit psychische Geschlechtsdifferenzierung	ES, ICH, ÜBER-ICH
4. weitere Phasen: Mit dem Austritt aus der ödipalen Situation tritt das Kind in die sexuelle Latenzphase ein, die durch den Eintritt in die Pubertät (ca. 13. Lebensjahr) beendet wird.	

oralen Phase wird die frühe ‹Objektbeziehung› des Kindes zur Mutter aufgebaut. Dies gilt für Knaben wie für Mädchen und wird besonders wichtig in der ödipalen Phase, weil es dort zu geschlechtsspezifisch unterschiedlichen Ablösungsprozessen führt. Etwa im 2. Lebensjahr beginnt die *anale* Phase. Die lustvollen Erlebnisse durch das Saugen verschwinden keineswegs, treten aber doch in den Hintergrund. Von nun an zieht das Kind Lustgewinn vor allem aus seiner Afterzone, die Frage des Festhaltens und Loslassens von Kot, die Beherrschung des Schließmuskels rückt in das Zentrum der kindlichen Beschäftigung. In der Übung der eigenen Muskelbeherrschung bildet sich beim Kind das Ich heraus. Die dritte Phase wird als *phallische* Phase (etwa vom 2. bis zum 5. Lebensjahr) bezeichnet.[8] Das Kind entdeckt Penis bzw. Klitoris als Zentrum des Lustgewinns, in diese Phase fällt die «Blütezeit» der kindlichen Masturbation (vgl. Freud 1981, S. 62). Am Ende der phallischen Phase tritt das Kind in die ödipale Situation ein. Am Ausgang dieser ödipalen Situation wird das Über-Ich aufgerichtet; zugleich erwirbt das Kind seine Geschlechtsidentität, indem es sich mit dem gleichgeschlechtlichen Elternteil identifiziert.

2.2.2 Ödipale Situation und Geschlechtsidentität

In der psychoanalytischen Theorie ist der Ausgang aus der phallischen Phase verkoppelt mit dem Erwerb der Geschlechtsidentität. Auszugehen ist dabei von einem etwa fünfjährigen Kind, das sich in einer sozialen Konstellation befindet, die bei Freud stets als selbstverständlich vorausgesetzt wird: Es gehört einer Zwei-Generationen-Familie an, in der Vater, Mutter und meist auch noch weitere Geschwister anwesend sind. Dieses Kind befindet sich auf einer Stufe, in der es Lustgewinn vor allem aus der Reizung der Genitalien gewinnt. In dieser Zeit erschöpft sich «das Sexualleben des Kindes ... keineswegs in der Masturbation ... Es steht nachweisbar in der Ödipuseinstellung zu seinen Eltern, die Masturbation ist nur die genitale Abfuhr der ... Sexualerregung» (Freud 1982, S. 247). Die von Freud angesprochene Ödipuseinstellung meint: Das Kind entwickelt den Wunsch, die eigene genitale Sexualität mit dem andersgeschlechtlichen Elternteil auszuleben. Die sozio-psychische Dynamik, die damit in Gang gesetzt wird, führt zu einer massiven Umstrukturierung der kindlichen Persönlichkeit – und zu einer klaren Geschlechterdifferenzierung.

Verlaufslinie beim Knaben

Die intensive Beziehung zur Mutter hat der Knabe (wie das Mädchen) bereits früh erworben, diese libidinös besetzte Beziehung dauert an. In der oralen Phase hat er den Umgang mit dem Körper der Mutter als triebbefriedigend erfahren. Mit diesen Erfahrungen tritt er in die phallische Phase ein, sein Triebbedürfnis drängt auf Befriedigung der genitalen Sexualität. Das männliche Kind beschäftigt sich deshalb ausgiebig manuell mit seinem Genital und macht die Erfahrung, dass die Erwachsenen damit nicht einverstanden sind: «Es tritt mehr oder minder deutlich, mehr oder weniger brutal, die Drohung auf, daß man ihn dieses von ihm hochgeschätzten Teiles berauben werde» (Freud 1982, S. 246). Die Orientierung des Knaben auf seinen Penis und der damit verbundene Wunsch auf genitale Sexualität mit seiner Mutter geht

«an dieser Kastrationsdrohung zugrunde ... Allerdings nicht sofort und nicht ohne daß weitere Einwirkungen dazukommen. Denn der Knabe schenkt der Drohung zunächst keinen Glauben und keinen Gehorsam ... Die Beobachtung, welche den Unglauben des Kindes endlich bricht, ist die des weiblichen Genitales. Irgend einmal bekommt das auf seinen Penisbesitz stolze Kind die Genitalregion eines kleinen Mädchens zu Gesicht und muß sich von dem Mangel eines Penis bei einem ihm so ähnlichen Wesen überzeugen. Damit ist auch der eigene Penisverlust vorstellbar geworden, die Kastrationsdrohung gelangt nachträglich zur Wirkung ... Der Ödipuskomplex bot dem Kinde zwei Möglichkeiten der Befriedigung, eine aktive und eine passive. Es konnte sich in männlicher Weise an die Stelle des Vaters setzen und wie er mit der Mutter verkehren, wobei der Vater bald als Hindernis empfunden wurde, oder es wollte die Mutter ersetzen und sich vom Vater lieben lassen, wobei die Mutter überflüssig wurde. Worin der befriedigende Liebesverkehr bestehe, darüber mochte das Kind nur sehr unbestimmte Vorstellungen haben; gewiß spielte aber der Penis dabei eine Rolle, denn dies bezeugten seine Organgefühle ... Die Annahme der Kastrationsmöglichkeit, die Einsicht, daß das Weib kastriert sei, machte nun beiden Möglichkeiten der Befriedigung aus dem Ödipuskomplex ein Ende. Beide brachten ja den Verlust des Penis mit sich, die eine, männliche, als Straffolge, die andere, weibliche, als Voraussetzung. Wenn die Liebesbefriedigung auf dem Boden des Ödipuskomplexes den Penis kosten soll, so muß es zum Konflikt zwischen dem narzißtischen Interesse an diesem Körperteile und der libidinösen Besetzung der elterlichen Objekte kommen. In diesem Konflikt siegt normalerweise die erstere Macht» (Freud 1982, S. 247 f.).

Welche psychischen Konsequenzen ergeben sich daraus? Zunächst wird die libidinöse Objektbesetzung zur Mutter aufgegeben und das Inzesttabu internalisiert. An die Stelle der Objektbesetzung tritt dann die Identifikation mit dem Vater, seine Autorität wird in das Ich übernommen und bildet dort «den Kern des *Über-Ichs*, welches vom Vater die Strenge entlehnt». Schließlich: «Der ganze Prozeß hat einerseits das Genital gerettet, die Gefahr des Verlustes von ihm abgewendet, andererseits ihn lahmgelegt, seine Funktion aufgehoben. Mit ihm setzt die Latenzzeit ein, die nun die Sexualentwicklung unterbricht» (ebd., S. 248).

Nach Freud ist dies für den Knaben ein äußerst einschneidendes, bedrohliches und dramatisches Erlebnis, das allerdings in wesentlichen Teilen unbewusst verläuft. Der ödipale Wunsch auf die Mutter wird nicht «einfach verdrängt, er zerschellt förmlich unter dem Schock der Kastrationsdrohung» (Freud 1982, S. 265). Dabei ist für den Erwerb der Geschlechtsidentität wichtig: Von diesem Augenblick an identifiziert sich der Knabe mit dem übermächtigen Vater – er will ihn nicht mehr beiseite schieben, sondern er will nun so sein wie er. Zugleich ist mit dem Über-Ich eine Instanz «des Gewissens und der Moral» (ebd.) errichtet worden, in die die gesellschaftlichen Normen (und damit auch die Normen der Geschlechterrolle) innerpsychisch übernommen werden können.

Verlaufslinie beim Mädchen

Während die ödipale Situation beim Knaben von Freud ausführlich und relativ eindeutig beschrieben wird, stellt er die Entwicklungslinie beim Mädchen weit weniger klar dar. Freud hat mehrfach eingestanden, dass ihm die Analyse der weiblichen Entwicklung erhebliche Schwierigkeiten bereitet habe: In unseren Untersuchungen «nahmen wir regelmäßig das männliche Kind, den kleinen Knaben, zum Objekt. Beim kleinen Mädchen, meinten wir, müsse es ähnlich zugehen, aber doch in irgendeiner Weise anders. An welcher Stelle des Entwicklungsganges diese Verschiedenheit zu finden ist, das wollte sich nicht klar ergeben» (Freud 1982, S. 258). In zwei von seinen späten Aufsätzen finden sich schließlich präzisierende Angaben, die wir hier zugrunde legen.

Der Einstieg in die ödipale Situation ist für Knaben und Mädchen weitgehend gleich. Bei beiden ist die Mutter das erste Liebesobjekt, beide befinden sich nun in der genitalen Phase, beide ziehen in dieser Zeit besonders großen Lustgewinn aus der Beschäftigung mit den Geschlechtsorganen. Während der Junge bei der mütterlichen Objektbesetzung bleiben kann, muss das Mädchen hingegen den Vater begehren, um in die ödipale Phase zu gelangen. Beim Mädchen muss also «ein Wechsel im Geschlecht des Objekts» (Freud 1982, S. 278) erfolgen. Ausgangspunkt des nun ablaufenden Prozesses ist auch beim Mädchen die Erkenntnis des anatomischen Geschlechtsunterschiedes. Das Mädchen «bemerkt den auffällig sichtbaren, groß angelegten Penis eines Bruders oder Gespielen, erkennt ihn sofort als überlegenes Gegenstück seines eigenen, kleinen und versteckten Organs und ist von da an dem Penisneid verfallen» (ebd., S. 260). Was mit Penisneid gemeint ist, fasst Freud in die plastischen Sätze: «Sie hat es gesehen, weiß, daß sie es nicht hat, und will es haben. ... Die Hoffnung, doch noch einmal einen Penis zu bekommen und dadurch dem Manne gleich zu werden, kann sich bis in unwahrscheinlich späte Zeiten erhalten» (ebd., S. 261).

Verlauf der ödipalen Situation

beim Knaben	*beim Mädchen*
prä-ödipale Bindung an die Mutter	prä-ödipale Bindung an die Mutter
↓	↓
Penis‹entdeckung› und Kastrationsangst	Entdeckung der eigenen Penislosigkeit, Kastrationskomplex, Penisneid, Abwendung von der Mutter
↓	↓
ödipale Wünsche zerschellen an der Kastrationsandrohung, Aufgabe der mütterlichen Objektbesetzung, Aufrichtung des Über-Ichs, Identifizierung mit dem übermächtigen Vater	Zuwendung zum Vater und Eintritt in die ödipale Situation, Identifikation mit der Mutter: so sein wie sie, um vom Vater geliebt zu werden
	↓
	ödipale Situation wird nur langsam verlassen, Über-Ich-Aufrichtung weniger eindeutig als beim Knaben

(nach Freud 1982, S. 243–292)

Für Mädchen ist mit der Entdeckung der anatomischen Unterschiede somit keine Kastrations*drohung* verbunden, denn ein zu kastrierender Penis ist ja nicht vorhanden. Für das Mädchen ergibt sich aus dem anatomischen Unterschied vielmehr ein Kastrations*komplex*. Es empfindet sich als verstümmeltes, als minderwertiges Wesen. Dies hat u.a. die Abwendung von der Mutter zur Folge; denn auch die Mutter ist ein penisloses und also minderwertiges Geschöpf, sie wird von dem Mädchen sogar für den Penismangel verantwortlich gemacht: «Mit der Einsicht in die Allgemeinheit dieses negativen Charakters stellt sich eine große Entwertung der Weiblichkeit, also auch der Mutter, her» (Freud 1982, S. 282). Damit ist die Voraussetzung geschaffen, dass das Mädchen sich von der libidinösen Objektbindung zur Mutter lösen und sich dem Vater zuwenden kann. An dieser Stelle macht Freud auf den fundamentalen Unterschied im Ablauf der ödipalen Situation bei Jungen und Mädchen aufmerksam: Während der Ödipuskomplex des Knaben (also der Wunsch, die Mutter zu lieben) an der Kastrationsdrohung zugrunde geht, wird der Ödipuskomplex des Mädchens (also der Wunsch, den Vater zu lieben) durch den Kastrationskomplex erst eingeleitet (vgl. ebd., S. 264).

Wie vollzieht sich die libidinöse Hinwendung zum Vater? Das Mädchen gibt den (unerfüllbaren) Wunsch nach einem Penis auf und setzt an diese Stelle den Wunsch nach einem Kind. In dieser Absicht nimmt es «den Vater zum Liebesobjekt. Die Mutter wird zum Objekt der Eifersucht, aus dem Mädchen ist ein kleines Weib geworden» (ebd., S. 264). Aus dieser Situation ergibt sich eine sehr ambivalente Beziehung zur Mutter (und zur Weiblichkeit generell). Weil das Mädchen für den Vater als Liebesobjekt attraktiv sein will, identifiziert es sich mit der Mutter; denn es will die Eigenschaften einer erwachsenen Frau besitzen. Somit ist auch bei dem Mädchen die ödipale Situation mit einer Identifikation mit dem gleichgeschlechtlichen Elternteil verbunden. Diese Identifikation (d.h. der Wunsch, eine Frau sein zu wollen) bedeutet den Erwerb der weiblichen Geschlechtsidentität. Zugleich ist damit aber der Penisneid und eine Abwertung von Weiblichkeit generell verbunden. Kurz: Die Identifikation des Mädchens mit dem eigenen Geschlecht ist weit gebrochener als beim Jungen. Hieraus wird ein weiterer wichtiger Unterschied abgeleitet: Während beim Knaben aufgrund der Kastrationsdrohung das Über-Ich gleichsam schockartig aufgerichtet wird und er damit die ödipale Situation abrupt verlässt, findet beim Mädchen eine solche «Zertrümmerung» nicht statt. Die ödipale Situation «kann langsam verlassen, durch Verdrängung erledigt werden, seine Wirkung sich weit in das für das Weib normale Seelenleben verschieben» (Freud 1982, S. 265). Vor allem daraus leitet Freud Folgerungen für psychische Geschlechtsunterschiede ab, die im Folgenden dargelegt werden.

Die psychischen Folgen des anatomischen Geschlechtsunterschieds

Aus der bisherigen Darstellung ist deutlich geworden, dass der anatomische Geschlechtsunterschied eine entscheidende Bedeutung beim Durchleben der ödipalen Situation spielt. Der Ödipuskomplex wiederum wird als zentrales Ereignis für die frühe psychische Entwicklung des Menschen angesehen – daraus ergeben sich generelle Persönlichkeitsprägungen, die für beide Geschlechter zum Teil gleiche, zum Teil unterschiedliche Wirkungen haben: Zunächst führt die Überwindung der ödipalen Situation bei beiden Geschlechtern zur Etablierung des Über-Ichs – allerdings in unterschiedlicher Formbestimmtheit. Zum Zweiten ist die ödipale Situation bei Jungen und Mädchen verbunden mit einer Identifikation zum gleichgeschlechtlichen Elternteil – und insofern mit dem Erwerb der Geschlechtsidentität. Allerdings ist diese Identifikation beim Mädchen deutlich brüchiger. Aus Gemeinsamkeiten und Unterschieden folgert Freud, dass sich hieraus grundsätzliche und lebenslang wirksame psychische Differenzen zwischen Männern und Frauen ergeben. Er behauptet somit nicht einen biologisch angelegten, sondern einen triebdynamisch geprägten Geschlechtscharakter. Die Unterschiede zwischen weiblichem und männlichem Geschlechtscharakter, die Freud ableitet, werden ausnahmslos als weibliche Defizite beschrieben. Aus dem generell unterstellten Penisneid leitet Freud bei Frauen eine geringe Wertschätzung des eigenen Geschlechts, ein «Minderwertigkeitsgefühl beim Weibe» ab (1982, S. 261). Noch gravierendere Schlüsse zieht Freud aus der unterschiedlichen Situation der Über-Ich-Errichtung. Weil beim Mädchen das Motiv für die «Zertrümmerung des Ödipus-Komplexes» – und damit für eine schockartige Aufrichtung des Über-Ichs – entfällt, folgert er:

«Man zögert es auszusprechen, kann sich aber doch der Idee nicht erwehren, daß das Niveau des sittlich Normalen für das Weib ein anderes wird. Das Über-Ich wird niemals so unerbittlich, so unpersönlich, so unabhängig von seinen affektiven Ursprüngen, wie wir es vom Manne fordern. Charakterzüge, die die Kritik seit jeher dem Weibe vorgehalten hat, daß es weniger Rechtsgefühl zeigt als der Mann, weniger Neigung zur Unterwerfung unter die großen Notwendigkeiten des Lebens, sich öfter in seinen Entscheidungen von zärtlichen und feindseligen Gefühlen leiten läßt, fänden in der oben abgeleiteten Modifikation der Über-Ichbildung eine ausreichende Begründung» (Freud 1982, S. 265 f.).

Eine solche Position ist von biologischen Vorstellungen über einen angelegten Geschlechtscharakter nicht weit entfernt; dennoch lohnt es sich, auf die feinen Unterschiede zu achten: In der Freud'schen Theorie gibt es keinen Geschlechtstypus, der in irgendeiner Weise biologisch in Hormonen, Genen oder sonst wie im phylogenetischen Erbe verankert ist. Die geschlechtsspezifische Charaktervorprägung ist vielmehr das Ergebnis eines unterschiedlichen Verlaufs der ödipalen Situation, der wiederum durch den anatomischen Unterschied hervorgerufen wird. Dieser ‹kleine› Unterschied ist allerdings Teil des biologischen Bauplans; nach Freud muss er sich «in Verschiedenheiten der psychischen Entwicklung äußern. Die Anatomie ist das Schicksal, um ein Wort von Napoleon zu variieren» (1982, S. 249).

Feministische Theorien jenseits von Freud

Freud beschreibt somit die psychische Differenzierung zwischen den Geschlechtern als einen Prozess, in dem bei den Mädchen unüberwindbare charakterliche Defizite entstehen. Diese Frauen diskriminierenden Aussagen wurden bereits zu Freuds Lebzeiten in seinem eigenen Kreis heftig kritisiert. So widerspricht Karen Horney der Auffassung von Freud, alle kleinen Kinder (auch die Mädchen) seien zunächst als «männlich» anzusehen, die Klitoris sei als ein verkümmerter Penis zu betrachten, sodass die genitale Phase der beiden Geschlechter als «phallisch» zu bezeichnen sei (vgl. Horney 1923, 1926). In diese Debatte der 1920er und 1930er Jahre schalteten sich auch Helene Deutsch und Melanie Klein ein (vgl. Fliegel 1992, S. 12 ff.), ohne dass es jedoch zu einer durchgängigen Neuinterpretation der Entwicklung von Weiblichkeit innerhalb der Psychoanalyse kam (vgl. Rohde-Dachser 1995, S. 131 f.). Weil die kritische Diskussion in den 1930er Jahren abbrach, konnte sich die Freud'sche Weiblichkeitstheorie als psychoanalytischer ‹Mainstream› bis in die 1970er Jahre hinein relativ unangefochten halten (vgl. Mertens 1991, S. 83 f.). Erst im Zuge der neuen Frauenbewegung wurde diese Diskussion wieder aufgenommen, wurden die ‹klassischen› Aussagen von Freud eingehend auf interne Stimmigkeit und auf implizite Vorurteilsstrukturen befragt und mit den Ergebnissen neuerer Forschung konfrontiert. Aus dieser verzweigten und kontroversen Diskussion, die besonders von zugleich feministisch wie psychoanalytisch orientierten Wissenschaftlerinnen geführt wird (vgl. vor allem Mitchell 1985; Schmauch 1987; Benjamin 1991; Alpert 1992; Hagemann-White 1998, 2002; Rendtorff 1999; Hauser 2007), hat sich als wichtigster und überzeugendster Ansatz zur Entwicklung von Weiblichkeit (jenseits von Freud) der von Nancy Chodorow (1990) herausgeschält, der 2001 weiterentwickelt wurde. Er soll im Folgenden dargestellt werden.

Chodorows Reformulierung einer psychoanalytischen Theorie der Weiblichkeit beginnt bei der Feststellung, dass nur Frauen «muttern» (1990, S. 20 ff.). Anders formuliert: Die Betreuung und Aufzucht der Kinder, die frühe und enge Zuwendung zu ihnen – dies alles ist «Frauensache». Mit dem Begriff des «Mutterns» weist Chodorow darauf hin, dass – spätestens nach der Beendigung der Stillzeit – es weder biologisch noch gesellschaftlich notwendig sei, dass diese Tätigkeit fast ausschließlich von Frauen übernommen werde. Dass nur Frauen muttern, sei vielmehr das entscheidende Merkmal der geschlechtsspezifischen Arbeitsteilung in einer patriarchalisch-kapitalistischen Gesellschaft (1990, S. 52 f.). Während Freud die bürgerliche Kleinfamilie und die darin eingelagerte geschlechtsspezifische Arbeitsteilung als quasi natürlichen Kontext des Aufwachsens ansah, wird dies bei Chodorow als historisch entstandene Herrschaftsstruktur beschrieben.

Chodorow hält im Prinzip an den von Freud definierten Phasen der kindlichen Entwicklung fest, nimmt jedoch zugleich wichtige Umwertungen und Neuinterpretationen vor. Vor allem die Bedeutung der ödipalen Situation wird erheblich relativiert: Diese kennzeichnet sich nicht mehr – wie bei Freud – durch eine einmalige psychodramatische Zuspitzung, sondern sie wird als eine von mehreren Entwicklungsetappen relativ undramatisch beschrieben: Die bisher bestehende Mutter-

Kind-Dyade wird «triadisch» (1990, S. 165) ergänzt, indem eine weitere Person – in der Regel der leibliche Vater – von dem Kind in die eigene Objektwelt einbezogen wird (vgl. Schwartz 1992, S. 78). Dieser Prozess ist für Mädchen und Jungen mit unterschiedlichen Problemen verbunden, die sich aus den je unterschiedlichen Beziehungserfahrungen der vor-ödipalen Phase ergeben. Mit einer solchen Betrachtungsweise wird die traditionelle psychoanalytische Position in zwei zentralen Punkten revidiert:

Zum einen wird Freud frontal wegen seiner Frauen diskriminierenden Aussagen über Penisneid, Kastrationskomplex und fortdauernder weiblicher Charakterschwäche angegriffen: Dies seien auch nach den Regeln der psychoanalytischen Methode «absolut unberechtigte Behauptungen» (Chodorow 1990, S. 105), die entstanden seien «aus unhinterfragten Annahmen einer patriarchalischen Kultur, aus Freuds persönlicher Blindheit, seiner Frauenverachtung und seinem Weiberhaß ... Wir erweisen der psychoanalytischen Sache, die Freud betrieb, keinen Dienst, wenn wir solche Behauptungen unhinterfragt akzeptieren» (1990, S. 185; vgl. auch 2001, S. 94 f.).

Zum anderen wird die Freud'sche Annahme, dass sich die Geschlechterpersönlichkeit erst in der ödipalen Situation herausbilde, als empirisch längst widerlegt und damit als falsch bezeichnet. Insbesondere unter Bezug auf die Studien von Stoller (1979) legt Chodorow dar,

> «daß die soziale Geschlechts-Identität mit seltenen Ausnahmen bei allen Kindern etwa mit drei Jahren fest und unverändert etabliert ist. Sie wird in erster Linie aus sozialen Zuschreibungen an das biologische Geschlecht aufgebaut, die bereits mit der Geburt einsetzen und gemeinsam mit der Sprache kognitiv gelernt werden. Körperliche Erfahrungen tragen ebenso wie die Wahrnehmung des eigenen Körpers und der Geschlechtsteile zum Aufbau eines geschlechtlich definierten Körper-Ich bei ... Die meisten Mädchen entwickeln daher schon früh eine eindeutig weibliche soziale Geschlechts-Identität und nehmen die eigenen Geschlechtsorgane realistisch wahr» (S. 196 f.).

Der massiv kritisierten Weiblichkeitstheorie von Freud wird sodann ein eigenes Konzept entgegengesetzt, das seinen Schwerpunkt in der Analyse und Beschreibung *vor-ödipaler* Prozesse hat: Ausgehend von der Feststellung, dass nur Frauen «muttern» und dass daher der Ausgangspunkt der männlichen wie der weiblichen Entwicklung die enge Beziehung des Kindes zur Mutter sei, schreibt Chodorow:

«Mütter neigen dazu, ihre Töchter als sich selbst ähnlicher und als kontinuierlicher zu erleben. Dementsprechend neigen Mädchen dazu, Teil der dyadischen, primären Mutter-Kind-Beziehung zu bleiben. Das bedeutet, daß auch das Mädchen fortgesetzt mit Fragen der Verschmolzenheit und Loslösung konfrontiert bleibt, in einer Beziehung, die durch primäre Identifikation und Verschmelzung von Identifikation und Objektwahl charakterisiert ist. Im Gegensatz dazu werden Söhne als männliche Gegenstücke erlebt. Sie wurden mit größerer Wahrscheinlichkeit von der Mutter aus präödipalen Beziehungen herausgedrängt und waren gezwungen, ihre primäre Liebe und das Gefühl der emphatischen Verbindung mit der Mutter stärker zu beschneiden. Ein Knabe wurde – gezwungenermaßen – mehr mit einer eher einfühlsamen Loslösung und Individuation und einer stärker abwehrenden Errichtung erkennbarer Ich-Grenzen beschäftigt ... Die früheste Form der Individuation, die primäre Konstruktion des Ich und seiner inneren Objektwelt, die ersten Konflikte und ersten unbewußten Selbstdefinitionen, die ersten Bedrohungen der Individuation und die ersten Ängste, aus denen Abwehrformen entstehen – sie alle sind bei Knaben und Mädchen unterschiedlich, weil sich der Charakter ihrer frühen Mutterbeziehung unterscheidet» (1990, S. 216 f.).

Kurz: Das Einfallstor der psychischen Geschlechtsunterschiede ist nicht – wie bei Freud – der ‹charakterliche Urknall› des Ödipus-Komplexes, sondern liegt in den geschlechtstypisch unterschiedlichen Formen der frühen Mutterbeziehung (und den Chancen, sich daraus zu lösen). Im Widerspruch zu Freud wird also die Position vertreten, «daß es bemerkenswerte Geschlechtsunterschiede schon in der präödipalen Beziehung gibt» (2001, S. 104). Diese Einordnung wird durch eine empirische Beobachtungsstudie von Schmauch (1987) bestätigt (vgl. auch Flaake 2004, S. 144 ff.). Mit dieser großen Bedeutung der Mutter ist für das Kind zugleich eine hohe Abhängigkeit verbunden: Es entsteht ein Gefühl der eigenen Ohnmacht gegenüber der Allmacht der Mutter, aus der es sich lösen will. Dies gilt für beide Geschlechter, allerdings in verschärfter Weise für das Mädchen; die ödipale Hinwendung zum Vater findet dort ihren Ausgangspunkt.

«Hält eine allmächtige Mutter mit ihrer Tochter eine Beziehung voller primärer Liebe und primärer Identifikation aufrecht, während sie gegenüber ihrem Sohn Grenzen ... aufbaut, so ist es recht wahrscheinlich, daß der Vater für das Mädchen zum Symbol der Befreiung aus dieser Abhängigkeit und Verschmolzenheit wird. Wahrscheinlich wendet sich ein Mädchen dem Vater nicht wegen seines Geschlechts oder seiner sexuellen Orientierung zu, sondern weil er eine Person ist, die ihr mit größerer Wahrscheinlichkeit hilft, von der Mutter loszukommen» (1990, S. 159).

Allerdings ist die Hinwendung des Mädchens zum Vater keineswegs mit einer vollständigen Abwendung von der Mutter verbunden. Vielmehr wird der Vater in die bestehende Beziehung eingebaut, sodass ein «Beziehungsdreieck» (1990, S. 218) entsteht. Gegenüber der Mutter besteht damit eine ambivalente Situation, die zugleich von emotionaler Zuwendung und dem «Kampf um das Gefühl von Separatheit und Unabhängigkeit» (1990, S. 219) geprägt ist. Während der Knabe sich aus der mütterlichen Umklammerung lösen kann, indem er seine Differenz zum Weiblichen betont, besitzt das Mädchen nichts ‹Verschiedenes›, auf das es sich bei seinen Befreiungsversuchen beziehen könnte. An dieser Stelle wird nun der narzisstische Peniswunsch des Mädchens auf seinen «metaphorisch richtigen Platz» (1990, S. 161) verwiesen: Der Penis symbolisiert vor allem Unabhängigkeit von der Mutter – und er symbolisiert Vorteile und Privilegien (‹Jungs dürfen viel mehr›), die auch das kleine Mädchen gern besäße (vgl. S. 102 ff.).

Auch in dieser feministischen Variante einer psychoanalytischen Entwicklungstheorie wird die Geschlechtsidentität im Beziehungsgeflecht von Mutter, Vater und Kind erworben. Es bleibt auch bei der psychoanalytischen Grundfigur, dass alle Kinder unter der Notwendigkeit stehen, sich von der Mutter als ihrem ersten Liebesobjekt zu lösen – und dass die damit verbundenen sozio-psychischen Prozesse für Knaben und Mädchen typische Unterschiede aufweisen, aus denen sich nachhaltige Konsequenzen für die Subjektentwicklung ergeben. Statt jedoch – wie bei Freud – von unmittelbaren psychischen Auswirkungen der körperlichen Unterschiede auszugehen («Penisneid»), stehen bei Chodorow andere Geschlechtsdifferenzen im Mittelpunkt: Es geht vor allem um die unterschiedlichen Erfahrungen, die Knaben und Mädchen machen (müssen), wenn sie sich aus der präödipalen Mutterbindung zu lösen versuchen. Damit werden auch in dieser Sichtweise ‹typisch weibliche› und ‹typisch männliche› Beziehungserfahrungen in der frühen Kindheit beschrieben, aus denen sich dann geschlechtsspezifische Grundprägungen der Persönlichkeit ergeben. Doch – völlig anders als bei Freud – entsteht auf diese Weise nicht eine charakterliche Minderwertigkeit des Weibes, sondern – eher im Gegenteil – ein weitaus höheres Maß an Empathie und Beziehungskompetenz bei den Mädchen: Weil Knaben die Lösung von der Mutter eher als Abtrennung und Verdrängung bearbeiten, Mädchen hingegen sich mit der Ambivalenz dieser Lösung fortdauernd beschäftigen (müssen), schließen Mädchen «diese Periode mit einer in ihrer primären Definition des Selbst eingebauten Grundlage für ‹Empathie› ab, die bei Knaben nicht in der gleichen Weise entsteht» (S. 217). Während Knaben in dieser frühen Phase die Isolation von Affekten und die Leugnung von emotionaler Verbundenheit lernen, entsteht bei Mädchen eine höhere Sensibilität und Bereitschaft, sich mit Beziehungsfragen zu befassen (vgl. S. 218 ff.). Die ‹klassische› Dualität von einer angeblich männlich-neutralen Sachorientierung und einer angeblich weiblich-emotionalen Personenorientierung fände damit eine theoretische Stütze (vgl. Hagemann-White 1998, S. 32) – allerdings als eine Beschreibung *männlicher* Defizite: Die psychische Innenwelt der Männer ist schlichter, ihre Beziehungsfähigkeit eingeschränkter – das von Freud so hoch gelobte «unerbittliche» und «unpersönliche» Über-Ich des Mannes ist – so gesehen – nichts anderes als eine Beschreibung dieser mangelnden emotionalen und empathischen Fähigkeiten (vgl. Chodorow 1990, S. 218 ff.).

2.2.3 Einordnung, Kritik und Weiterführung

Psychoanalytische Vorstellungen über Kastrationsangst, Penisneid und kindliche Sexualität erscheinen nur zu leicht als befremdlich, im höchsten Maß spekulativ und damit unwissenschaftlich (vgl. Eagle 1995). Bevor man sich einem solchen Urteil anschließt, sollte man sich noch einmal den besonderen Gegenstand und das spezielle methodische Verfahren der Psychoanalyse vergegenwärtigen. Die Psychoanalyse geht von der zentralen These aus, dass wichtige psychische Prozesse unbewusst ablaufen. Sie ist darüber hinaus zu dem Ergebnis gekommen, dass die frühkindlichen Formen der Triebverarbeitung entscheidende Bedeutung für die weitere Persönlichkeitsentwicklung haben. Damit richtet die Psychoanalyse ihr Forschungsinteresse auf einen nur schwer zugänglichen Bereich der inneren Wirklichkeit von Menschen – auf die Erfahrung psychischer Konflikte in der frühen Kindheit. Eine solche innere Realität lässt sich nicht in positivistischer Manier erforschen, weil sich Unbewusstes weder abfragen noch als Verhalten direkt beobachten lässt. Wenn man aber akzeptiert, dass dieses Feld der inneren Realität existiert, so wird man andere als positivistische Zugänge zu dieser Realität suchen müssen. Die Psychoanalyse hat dazu ihre eigenen methodischen Verfahren entwickelt – zu nennen ist hier vor allem das analytische Gespräch zwischen Patient und Therapeut. In dieser «analytischen Situation werden viele zunächst nicht erinnerliche, interpersonelle Ereignisse über ihre Inszenierung wieder dem Bewußtsein zugänglich» (Mertens 1991, S. 79). Das auf diese Weise in der Analyse gewonnene Fallmaterial wird zu Thesen, zu «Konstruktionen» (FGW XI, S. 338) verallgemeinert[9]; ob diese Konstruktionen angemessen sind, muss sich dann im weiteren therapeutischen Prozess erweisen. Der Streit um die Frage, ob eine solche Form der psychoanalytischen Modellbildung im sozialwissenschaftlichen Sinne als Theorie angesprochen werden darf, ist fast so alt wie die Psychoanalyse selbst (vgl. z. B. Sapir 1926/1970; Nolte 1970; Rapaport 1973). Innerhalb der sozialisationstheoretischen Diskussion hat die Psychoanalyse jedoch von Anbeginn eine wichtige und akzeptierte Rolle gespielt. Diese grundsätzliche Akzeptanz bedeutet jedoch keineswegs, all den zuvor referierten Konstruktionen und Aussagen zuzustimmen. Vielmehr wollen wir uns um eine kritische Einordnung bemühen, die zunächst die grundlegenden psychoanalytischen Aussagen und dann die Beschreibung der geschlechtsspezifischen Entwicklung in den Blick nimmt.

Unter sozialisationstheoretischer Perspektive ist von Bedeutung, dass ein differenziertes Modell innerpsychischer Mechanismen vorgelegt wird: Im Verhältnis von Es, Ich und Über-Ich lassen sich die psychischen Aktivitäten eines Individuums beschreiben und in Beziehung zu den Bedingungen und Erwartungen der Außenwelt setzen. Darüber hinaus bietet dieses Instanzenmodell die Möglichkeit, bestimmte Persönlichkeitseigenschaften (z. B. Ich-Stärke) präzisierend zu beschreiben. Die Plausibilität und Erklärungskraft dieses Instanzenmodells hat dazu geführt, dass es in unterschiedlichen sozialisationstheoretischen Entwürfen eine wichtige Rolle spielt. Von besonderer Bedeutung ist dabei die Instanz des Über-Ichs und der psychoanalytische Lernmechanismus der Internalisierung: Das Über-Ich ist der psychische Ort, an dem die gesellschaftlichen Normen und Werte im Individuum selbst repräsentiert sind und handlungsanleitend wirken. Mit Internalisierung wird der Prozess bezeichnet, indem zunächst bloß äußere Normen auch zu inneren Anteilen und damit zu Persönlichkeitsanteilen werden. Sozialisationstheoretiker sowohl struktur-funktionaler wie marxistischer Ausrichtung greifen auf diese psychoanalytische Begrifflichkeit zurück, um den Prozess der Verinnerlichung gesellschaftlicher Normen zu beschreiben.

Nicht weniger bedeutsam für die weitere Entwicklung der Sozialisationstheorie ist Freuds Verständnis der Ontogenese als einer Abfolge von Reifungskrisen: Der Prozess der Subjektentwicklung vollzieht sich nicht kontinuierlich, sondern in Phasen, in denen jeweils spezifische Probleme zu bewältigen sind. Einige dieser Probleme sind von solch subjektiver Bedeutung, dass der Begriff der Krise angemessen erscheint. Wir haben dies weiter vorn vor allem für die ödipale Situation aufgewiesen; doch auch andere Phasen des Freud'schen Entwicklungsmodells (anale Phase, Pubertät) können als Krise aufgefasst und beschrieben werden. Innerhalb der Ontogenese ist die Erfahrung, die eine Krise produktiv bewältigt zu haben, die Voraussetzung, um auch die nächste Krise erfolgreich durchstehen zu können; in diesem Prozess entsteht und wächst die «Ich-Stärke». Diese Grundgedanken sind vor allem von Erik H. Erikson weiterentwickelt worden: Er stellt die Entwicklung des Ichs (der Identität) von der Geburt bis zum Alter als immer wieder neue Bewältigung von Krisen dar (vgl. Kap. 4.2). Diese psychoanalytische Vorstellung von der Bedeutung der Entwicklungskrisen findet sich auch in anderen wichtigen sozialisationstheoretischen Entwürfen – so in der Habermas'schen Beschreibung der Entwicklung kommunikativer Fähigkeiten (vgl. Kap. 4.3) – wieder. Und jüngere psychoanalytische Arbeiten zur weiblichen Adoleszenzkrise schließen hier an (vgl. Flaake 2001, 2004).

Während das Konzept der Reifungskrisen innerhalb der Sozialisationstheorie eine weite Verbreitung gefunden hat, stößt die damit eng verbundene Triebtheorie auf eine weitgehende Ablehnung. Das hinter dem Triebbegriff steckende hydraulische Modell menschlicher Motivation wird eher als ein mechanistisches oder auch biologistisches Relikt im Freud'schen Denken angesehen. Die Rückführung sämtlicher menschlicher Handlungen auf physiologische Triebspannungen hält weder einer subjekttheoretischen Kritik (vgl. Holzkamp-Osterkamp 1982, S. 19 ff.) noch einer Konfrontation mit den Ergebnissen der psychologischen Motivationsforschung (vgl. Geulen 1989, S. 97) stand. Dabei spielt in allen – auch in den Freud-kritischen – Ansätzen die Körperlichkeit eine zentrale Rolle; Menschen kommen nicht nur als denkende und lernende «Kopfwesen» vor, sondern auch als solche, die an ihre Leiblichkeit gebunden sind und sich damit ständig auseinandersetzen müssen. Dabei gehen auch feministische Autorinnen davon aus, «daß die unterschiedliche Morphologie des Körpers, also seine im engeren Sinne geschlechtsspezifische Eigenart, selbst schon eine unterschiedliche Körperwahrnehmung mit sich bringt» (Rendtorff 1999, S. 81). So gesehen wird die «gelebte Geschlechtlichkeit» niemals nur als soziale Kategorie erfahren, sondern eben auch als «Begehren, Erregung, Angst, Faszination, Hingabe, Abscheu oder Ekel» (Hagemann-White 1998, S. 44). Die Interaktion zwischen biologischen und gesellschaftlichen Faktoren ist damit eine zentrale Grundannahme jeder psychoanalytischen Theoriebildung.

Schließlich kann nicht übersehen werden, dass Freuds Konzept gesellschaftstheoretisch wenig ergiebig ist: Seine Analyse konzentriert sich auf das Individuum im Rahmen der bürgerlichen Kleinfamilie des 19. Jahrhunderts (vgl. Geulen 2005, S. 252). Gesellschaftliche Zusammenhänge werden von ihm unter den Begriff «Kultur» subsumiert und in einen prinzipiellen Gegensatz zur (triebbestimmten) «Natur» des Menschen gebracht; gesellschaftlich-strukturelle oder auch institutionelle Rahmenbedingungen der Subjektentwicklung werden von Freud kaum oder gar nicht analysiert. Dazu gehört auch, dass Freud die Momente der Frauenunterdrückung in der patriarchalischen Gesellschaft des ausgehenden 19. Jahrhunderts weder erkannt noch gar kritisiert hat;

vielmehr war er selbst den patriarchalischen Vorstellungen seiner Zeit verhaftet (vgl. Mitchell 1985, S. 378 ff.).

Was die geschlechtsspezifische Entwicklung anbetrifft, so verbindet sich in der Freud'schen Theorie der Erwerb der Geschlechtsidentität mit der anschließenden Übernahme der Geschlechterrolle. Freud hat diese Prozesse in sein Konzept der psycho-sexuellen Entwicklung des Kindes integriert und auf diese Weise ein in sich stimmiges Modell der Ontogenese entworfen: Der Ablauf der psycho-sexuellen Phasen, die Herausbildung der verschiedenen Instanzen der Persönlichkeit und der Erwerb der Geschlechtsidentität greifen ineinander und erlauben es, die Persönlichkeitsstrukturen aus der unmittelbaren Beziehung eines Menschen zu emotional wichtigen anderen Menschen zu erklären. Diese Theorie vermag auch den empirisch beobachtbaren Sachverhalt zu erklären, dass Kinder – etwa vom 5. Lebensjahr an – zu besonders ausgeprägten geschlechtstypischen Verhaltensformen neigen; sie macht überdies das große Interesse von kleinen Kindern an genitalen und analen Sachverhalten plausibel. Insgesamt wird damit der Erwerb der Geschlechtsidentität als ein krisenhafter Lernprozess im Spannungsfeld zwischen sozialen Bedingungen und körperlichen Vorgaben beschrieben. Dass dieser Theorieentwurf zugleich mit Schwächen, Einseitigkeiten und blinden Flecken – insbesondere was die Entwicklung von Weiblichkeit angeht – behaftet ist, wurde bereits ausführlich dargelegt. Dabei zeigen die Freud-kritischen Arbeiten von Chodorow und anderen Autorinnen allerdings auch, dass die psychoanalytische Theorie nicht dogmatisch erstarrt, sondern in sich selbst entwicklungsfähig ist.

2.3 Der Erwerb geschlechtsspezifischen Verhaltens in lerntheoretischer Sicht

Zu Beginn des 20. Jahrhunderts gewann die empirisch-experimentelle Psychologie großen Einfluss. Sie betrieb ihre Theoriebildung in scharfer Abgrenzung auch zur Psychoanalyse als rein positivistische Verhaltenswissenschaft und orientierte sich dabei an den folgenden Kriterien: Verbot jeder Aussage über Nicht-Beobachtbares, enge Orientierung am kontrollierten empirischen Forschungsprozess, Sparsamkeit und Schlichtheit der Begriffsbildung. Diese Richtung der Psychologie geht auf den Amerikaner John B. Watson (1878–1950) zurück und wird als Behaviorismus bezeichnet. Sie hat ihre Schwerpunkte auf die Analyse der Gesetzmäßigkeit des Lernens gelegt, die sie in Tausenden von Laborexperimenten (bei Menschen und Tieren) erforscht hat (vgl. Hilgard/Bower 1970/1973). Dabei besteht die behavioristische Forschungsstrategie darin, das Verhalten von Menschen ausschließlich ‹von außen› zu sehen; Aussagen über innerpsychische Vorgänge (Denken, Erleben, Gefühle) werden – weil nicht direkt beobachtbar – als wissenschaftlich illegitim betrachtet. An die Stelle einer Subjekttheorie tritt die Vorstellung der menschlichen Psyche als einer ‹black box›, über deren Inhalt man keine Aussagen machen kann. Vertreter dieser Theorie bezeichnen es als «Vorteil des schwarzen Kastens und seiner Strategie, daß wir nicht versucht sind, dem Kasten irgendein subjektives Gefühl und einen Gedanken zuzuschreiben, den wir selbst erfahren» (Baldwin 1974, Bd. 2, S. 104). Im Folgenden soll dargestellt werden, wie von diesem theoretischen Ausgangspunkt die Prozesse der frühen geschlechtsspezifischen Sozialisation erklärt werden. Dabei werden zunächst die – für unsere Fragestellung wichtigen – Grundannahmen dieses Ansatzes erläutert, um sodann auf die geschlechtsspezifischen Prozesse zu kommen.

2.3.1 Grundannahmen und zentrale Begriffe

Die älteren behavioristischen Theorien, etwa die von Watson (1925) oder Guthrie (1935), beschreiben Lernen als Stiftung von Reiz-Reaktions-Verbindungen: Umweltereignisse (Reize) lösen unter bestimmten Bedingungen beim Organismus ein Antwortverhalten (Reaktion) aus. Der durch Lernen erfolgte Erwerb ursprünglich nicht vorhandener Reiz-Reaktions-Verbindungen führt dann zu Verhaltensänderungen. Ausgehend von diesem Grundkonzept hat sich die Lerntheorie in vielfältiger Weise weiterentwickelt. Wir beschränken uns auf die Beschreibung von zwei zentralen Lernmechanismen: das «instrumentelle Lernen» und das «Lernen am Modell».

Instrumentelles Lernen

Das Konzept des «klassischen Konditionierens» (Watson, Pawlow) geht davon aus, dass durch einen Reiz eine (tierische/menschliche) Reaktion ausgelöst wird. Der Lernprozess besteht vor allem darin, den ursprünglichen Reiz durch einen anderen, der die gleiche Reaktion auslöst, zu ersetzen. Weil dieser Mechanismus für das menschliche Lernen eine nur begrenzte Erklärungskraft besitzt, erfolgte insbesondere durch Skinners Konzept des «operanten Konditionierens» (1938) eine Erweiterung. Nach Skinners Auffassung muss der Mensch nicht erst durch einen Reiz zur Aktivität angeregt werden, sondern ist grundsätzlich aktivitätsbereit. Operantes, auf die Umwelt einwirkendes Verhalten wird nachträglich durch die Reaktion der Umwelt verstärkt oder nicht verstärkt. Entscheidend für das Lernen sind daher die belohnenden bzw. bestrafenden Konsequenzen, die dem Verhalten folgen. Diese Art des Lernens wird synonym auch als «instrumentelles Lernen» bezeichnet; dabei spielen die «Verstärkungen» (Belohnungen bzw. Bestrafungen) die entscheidende Rolle (vgl. im Einzelnen Edelmann 2000).

Als Verstärker gelten alle diejenigen Umweltaspekte, die das Verhalten des Individuums in die gewünschte Richtung zu verändern in der Lage sind. Erfolgt auf ein erwünschtes Verhalten eine angenehme Erfahrung (z. B. das Kind erhält einen Bonbon), so spricht man von einem positiven Verstärker. Stellt sich nach einem erwünschten Verhalten eine unangenehme Erfahrung *nicht* ein (z. B. das Kind erhält keine Ohrfeige), so spricht man von negativen Verstärkern. Da beide Verstärkungsformen die Auftretenswahrscheinlichkeit einer Verhaltensweise erhöhen, ist jedoch die negative Verstärkung nicht mit einer Bestrafung zu verwechseln. Skinner widmete sich intensiv der Entwicklung von Verstärkungsprogrammen: Während am Anfang des Lernprozesses nach seinen Erkenntnissen eine konstante Verstärkung am wirksamsten ist, kann im weiteren Verlauf des Lernens die Verstärkungsrate gesenkt und zu partieller Verstärkung übergegangen werden. Zugleich übernehmen bereits gelernte Verhaltensweisen die Funktion der Selbstbekräftigung. Schon die Ausführung einer gelernten Verhaltensweise wird als befriedigend erlebt und bedarf nicht immer einer zusätzlichen Verstärkung von außen.

Dieses Prinzip ermöglicht es auch, die Entstehung neuer und komplexer Verhaltensweisen zu erklären: Aus der Vielfalt spontan gezeigter Verhaltensweisen werden durch Verstärkung diejenigen Komponenten ausgelesen und im Zuge einer allmählichen Annäherung zu einem Verhaltensmuster zusammengefügt, die vorab definierten Zielen entsprechen. Dieses Konzept der *selektiven* bzw. *differenziellen Verstärkung* ist für den Erwerb komplexer sozialer Verhaltensweisen von besonderer Bedeutung. Erwünschtes Verhalten wird vom Erzieher belohnt, unerwünschtes bestraft oder ignoriert; daraus entsteht ein gewünschter Komplex von «Gewohnheitshierarchien» beim Heranwachsenden (vgl. Baldwin 1974, Bd. 2, S. 134 ff.). Lerntheoretiker interpretieren die soziale Umwelt des Kindes also in den Kategorien ihrer experimentellen Laborforschung: Die alltäglichen Interaktionen – insbesondere die zwischen Kind und Eltern – werden als Reiz und Reaktion, als Verhalten und Verstärkung betrachtet. Dabei wird eingerechnet, dass Erwachsene auf die Vielfalt des kindlichen Verhaltens häufig spontan und ungeplant reagieren, dass hinter diesen Reaktionen jedoch Vorstellungen von richtigem und falschem kindlichen Verhalten stecken. Hierfür lassen sich zahllose alltägliche Beispiele anführen: eine Mutter, die gegenüber dem lärmenden Kind «Schluss jetzt!» ruft; ein Vater, der sich interessiert ein Lego-Bauwerk seines Kindes anschaut; die Großmutter, die die ersten Schritte des Zweijährigen bejubelt. Die Beispiele machen zugleich deutlich, dass im alltäglichen Leben Verstärkungen fast immer soziale Verstärkungen sind. In vielen empirischen Untersuchungen ist herausgearbeitet worden, dass «soziale Reaktionen von Erwachsenen, wie etwa Lächeln, Sprechen oder das Kind streicheln als Verstärker für das Kind funktionieren» (Baldwin 1974, Bd. 2, S. 160). Diese Belege wurden nicht nur im psychologischen Labor, sondern auch in «naturalistischer Umgebung» (ebd.) geführt.

Geht man von diesen Grundannahmen aus, so lässt sich auch die Aneignung komplexer sozialer Verhaltensmuster mit den weiter vorn skizzierten Prinzipien erklären. Einzelne Verhaltenselemente (z. B. die Hand geben, «Guten Morgen» sagen) werden dem Kind nacheinander gezeigt, zunächst kontinuierlich, später nur noch partiell verstärkt und so miteinander ‹verkettet›, dass sich insgesamt ein komplexes Verhaltensmuster (in unserem Beispiel etwa: ‹Höflichkeit›) entwickelt. Dazu gehört dann auch, dass die Eltern auf ‹unhöfliches› Verhalten negativ reagieren. Verstärkungen werden selektiv erteilt – verstärkt wird nur das erwünschte Verhalten. Dabei verfügen Erwachsene im Alltag über ein mehr oder weniger reflektiertes Konzept, was bei Kindern erwünscht und was unerwünscht ist. Die Anwendung des Verstärkungskonzepts für die Erklärung geschlechtsspezifischer Sozialisation liegt auf der Hand:

Bei Jungen und Mädchen sind nicht die gleichen Verhaltensmuster erwünscht, deshalb werden Belohnungen und Bestrafungen je unterschiedlich erteilt. Aus der unterschiedlichen «Konditionierungs-Geschichte» von Jungen und Mädchen wird dann ihr geschlechtsspezifisches Verhalten erklärt (vgl. Mischel 1966, S. 61). Je konsistenter die Vorstellungen der unterschiedlichen Bezugspersonen über die je angemessenen Verhaltensweisen von Jungen einerseits und Mädchen andererseits sind, desto eindeutiger müssten danach die von den Kindern ausgebildeten geschlechtstypischen Verhaltensweisen ausfallen.

Lernen am Modell

Das behavioristische Konzept des instrumentellen Lernens ist in wichtiger Weise durch das Konzept des Modelllernens erweitert worden: Menschen lernen nicht nur durch einzelne Verhaltensverstärkungen, sondern auch durch Nachahmung anderer Menschen (vgl. Bandura 1976). Beobachtungs- oder Modelllernen setzt die Gegenwart von mindestens zwei Personen – Modell und Beobachter – voraus; dabei kann die Gegenwart des Modells auch medial vermittelt sein (z. B. durch Film oder Fernsehen). Nun können die innerpsychischen Lernprozesse, die zur Übernahme des gesehenen Verhaltens führen, nicht direkt beobachtet werden; beobachtbar ist nur die Nachahmung, also der unmittelbare Vollzug. Bandura unterscheidet daher zwischen dem Erwerb der Bereitschaft zur Nachahmung als erstem und der Aktualisierung dieser Bereitschaft im manifesten Verhalten als zweitem Schritt. Lediglich der zweite Schritt, die tatsächliche Ausführung der übernommenen Verhaltensweisen, wird durch Verstärkungsprozesse beeinflusst, während der verborgen ablaufende Prozess der Übernahme davon unabhängig ist. Ausgangspunkt dieses Konzepts ist die Erkenntnis, dass die Wahrnehmung eines Modells (in der Realität oder im Medium) das Verhalten des Beobachters beeinflussen kann, dass also Lernprozesse auch als *Imitation* stattfinden. Dabei werden nicht so sehr einzelne Verhaltensschritte, sondern eher soziale Vorbilder in ihrer Gesamtheit nachgeahmt. Bandura weist nach, dass viele komplexe menschliche Verhaltensweisen nicht erst durch langwierige Verstärkung der Einzelelemente ausgeformt werden müssen, sondern sozusagen ‹am Stück› übernommen werden können. Insofern ist die Theorie des Modelllernens unter den lerntheoretischen Konzepten am ehesten in der Lage, die Übernahme komplexer Verhaltensmuster zu erklären. Bandura, der das Konzept des Modelllernens in jahrzehntelanger Arbeit empirisch und theoretisch ausgearbeitet hat, hat sich zunächst eng an die Vorstellungen vom Verstärkungslernen angelehnt. In dieser frühen Variante (vgl. Bandura/ Walters 1963) lässt sich Modelllernen wie folgt beschreiben:

«Menschen bringen im Laufe ihres Lebens eine Fülle von Nachahmungsreaktionen hervor. Manche dieser Reaktionen werden verstärkt und treten darum häufiger auf ... Das Modell bewirkt nur die Anregung des Verhaltens. Ob eine solche Verhaltensweise gelernt wird, darüber entscheiden die Konsequenzen, die der Beobachter erfährt» (Edelmann 2000, S. 190).

Dieses Grundkonzept wurde von Bandura und Mitarbeitern später um das Konzept der «stellvertretenden Verstärker» erweitert: Wenn nicht der Beobachter, sondern das Modell belohnt wird, hat auch dies positive Lernkonsequenzen. So übernehmen z. B. Vorschulkinder aggressive Verhaltensweisen eines (im Film vorgeführten) Modells dann besonders häufig, wenn dieses Modell dafür anschließend (im Film) belohnt wird (vgl. Bandura u. a. 1973).

Bis hierhin sind die Vorstellungen Banduras im engeren Sinn als behavioristisch anzusehen; denn betrachtet wird nur beobachtbares Verhalten (ob als Reiz oder Reaktion); über nicht direkt beobachtbare innerpsychische Mechanismen werden keine Aussagen gemacht. In späteren Arbeiten (etwa seit 1970) setzt sich Bandura von solchen Vorstellungen jedoch ab, indem er seine «sozial-kognitive» Lerntheorie (1979) entwickelt. Ausgangspunkt ist seine Kritik am «extremen Behaviorismus»: Eine Psychologie, die sich sogar weigert, menschliche Denkprozesse zur Kenntnis zu nehmen (weil auch sie «innere Prozesse» sind), sei theoretisch nicht länger haltbar. Vielmehr lägen inzwischen viele Forschungsergebnisse vor, die den Einfluss kognitiver Prozesse auf menschliches Lernen und Verhalten belegen; deshalb wird eine behavioristische Theorie, die weiterhin «in Abrede stellt, daß Gedanken Handlungen steuern», nicht in der Lage sein, «komplexes menschliches Verhalten zu erklären» (Bandura 1979, S. 21). Diese Absetzbewegung vom Behaviorismus führt Bandura dazu, zwischen dem Reiz (= Verhalten des Modells) und der Reaktion (= Verhalten des Beobachters) als zentralem Vermittlungsmechanismus die kognitive Tätigkeit des lernenden Individuums einzusetzen: «Bei der Beobachtung anderer macht man sich eine Vorstellung davon, wie diese Verhaltensweisen ausgeführt werden. Später dient diese kodierte Information dann als Handlungsrichtlinie ... Während der Darbietung eignen sich die Beobachter die modellierten Verhaltensweisen vor allem in Form symbolischer Repräsentationen an» (Bandura 1979, S. 31 ff.).

In diesem Verständnis wird das «sozial-kognitive» Modelllernen in vier Phasen gegliedert, die alle als kognitive Eigenleistungen des Lernenden beschrieben werden: Das «modellierte Ereignis» wird nur dann «nachgebildet», wenn das Objekt seine Aufmerksamkeit darauf richtet (1. Phase), wenn es dies in Vorstellungsbilder übersetzt, also in Symbolsprache transformiert und sich anschließend im Gedächtnis «merkt» (2. Phase), wenn es sich sodann durch Vorstellung und Übung diese Verhaltensform aneignet (3. Phase) und wenn es schließlich zur Ausführung des Modellverhaltens auch noch motiviert wird (4. Phase). Die klassischen Mechanismen der Verstärkung sind nach Bandura ausschließlich in der letzten Phase der «Motivierung» bedeutsam und wirksam: «Unter den zahllosen Reaktionen, die auf dem Wege der Beobachtung erworben werden, werden jene Verhaltensweisen, die für andere von Nutzen zu sein scheinen, gegenüber solchen Verhaltensweisen bevorzugt, bei denen sich negative Konsequenzen beobachten lassen» (1979, S. 38). Diese Beschreibung macht zugleich deutlich, dass Bandura das lerntheoretische Konzept nicht prinzipiell verwirft, sondern durch die Einführung innerpsychisch-kognitiver Mechanismen zu erweitern und zu verbessern trachtet. Er überwindet die engen Grenzen des «klassischen» Behaviorismus und legt den Schwerpunkt auf kognitive Prozesse, «die innerhalb einer bestimmten Interaktionsbeziehung ablaufen – daher die große Bedeutung dieser Theorie für das Verständnis von Sozialisationsvorgängen» (Ulich 1991, S. 70).

2.3.2 Geschlechterrolle und soziales Lernen

Die lerntheoretischen Konzepte, die sich bemühen, den Erwerb komplexer Verhaltensweisen in der tatsächlichen sozialen Umgebung zu erklären, werden auch als Theorien des sozialen Lernens bezeichnet. Das Konzept des Aufbaus von Verhaltensgewohnheiten durch selektive Verstärkungen wie das Modelllernen werden dazu gerechnet (vgl. Baldwin 1974, Bd. 1, S. 155 ff.). In lerntheoretischem Verständnis kann der Erwerb geschlechtsspezifischen Verhaltens mit diesen Konzepten und damit «mit denselben Lerngesetzen beschrieben werden, die auch auf alle anderen Bereiche des individuellen Verhaltens anwendbar sind» (Mischel 1966, S. 56). Daran anknüpfend ist in einer fast unüberschaubaren Menge von empirischen Studien untersucht worden, wie sich in lerntheoretischer Sicht der Prozess des ‹sex-typing› vollzieht. Diese Forschung konzentriert sich auf die Sozialisationsprozesse in den ersten sechs Lebensjahren. Ein Überblick lässt sich hier geben, indem zunächst die Ergebnisse zum instrumentellen Lernen und dann die zum Modelllernen dargestellt werden.

Instrumentelles Lernen der Geschlechterrolle

Mit dem instrumentellen Lernen der Geschlechterrolle – auch differenzielle Sozialisation genannt – «ist jede Form der Andersbehandlung von Jungen und Mädchen durch ihre Umwelt zu verstehen, jeder Ansatz zu einem geschlechtsgebundenen Muster von Belohnungen und Bestrafungen» (Schenk 1979, S. 85). Nun steht völlig außer Zweifel, dass es solche unterschiedlichen Behandlungen gibt. Die Frage ist jedoch, ob die Unterschiede in den direkten Erziehungspraktiken so massiv wirken, dass sie das Entstehen geschlechtstypischer Verhaltensmuster (allein oder überwiegend) erklären können. Richtet man diese Frage an die vorliegende (lerntheoretische) Forschung, gerät man in große Schwierigkeiten. Denn es liegt eine kaum zu übersehende Zahl von Einzeluntersuchungen vor, in denen jeweils einzelne Erziehungspraktiken der Eltern mit der Geschlechtszugehörigkeit des Kindes (und evtl. Verhaltensauswirkungen) in Zusammenhang gebracht werden. So berichtet Mischel (1970) über etwa 60 US-amerikanische Untersuchungen aus den 1950er und 1960er Jahren, die sich im engeren Sinne auf geschlechtsspezifisches Bekräftigungslernen beziehen. Das Standard-Sammelreferat von Maccoby/Jacklin (1974) berichtet über mehr als 170 Einzeluntersuchungen zum elterlichen Erziehungsverhalten und macht dabei vor allem die Uneinheitlichkeit der Ergebnisse deutlich (vgl. S. 307 ff.). Dies soll anhand von zwei besonders häufig untersuchten Bereichen – der elterlichen Zuwendung und der elterlichen Reaktion auf kindliche Aggressivität – dargestellt werden.

In einer großen Zahl von Untersuchungen finden sich keine Geschlechtsunterschiede in Ausmaß und Intensität der elterlichen Zuwendung. Falls ausnahmsweise Differenzen gefunden werden, zeigen sie meist eine intensivere Beschäftigung beider Eltern mit den Söhnen: Neugeborene Knaben werden von den Eltern häufiger berührt als Mädchen (Parke u. a. 1972), männliche Babys im Alter von drei Monaten erhalten von ihren Müttern häufiger und länger Zuwendung als weibliche (Lewis 1972; Moss 1967). Diese Ergebnisse klingen zunächst beeindruckend, doch es gibt für jeden dieser Befunde auch Gegenbeispiele – oft innerhalb derselben Studie. So werden in der Untersuchung von Parke u. a. Jungen und Mädchen von ihren Eltern gleich häufig geküsst; bei Moss wurden Söhne und Töchter von ihren Müttern gleich lange gefüttert.

«Ähnlich uneindeutig sind die Ergebnisse in bezug auf das Ausmaß verbaler Stimulierung, das Eltern ihren kleinen Kindern zukommen lassen. Einige Studien, die sich auf den Zeitraum zwischen Geburt und Schuleintrittsalter beziehen, stellten fest, daß mit kleinen Mädchen insgesamt mehr geredet wird als mit kleinen Jungen ... In der Mehrzahl der Arbeiten wurden aber keine Geschlechtsunterschiede gefunden» (Schenk 1979, S. 87).

Ähnlich unbestimmt sind die Ergebnisse in einem Bereich, in dem man hohe geschlechtsspezifische Relevanz vermuten darf: beim elterlichen Verhalten gegenüber kindlicher Aggressivität. Ausgehend von dem gesellschaftlichen Stereotyp, dass Aggressivität eher zur Männer- als zur Frauenrolle gehört, müsste in lerntheoretischer Sicht aggressives Verhalten von Knaben verstärkt (zumindest aber geduldet), das von Mädchen hingegen scharf bestraft werden. Die fünfzehn empirischen Untersuchungen, die Maccoby/Jacklin (1974, S. 323–327) dazu referieren, lassen sich ebenfalls nur schwer auf einen gemeinsamen Nenner bringen. In den amerikanischen Mittelschichtfamilien, die überwiegend untersucht wurden, besteht eine generelle elterliche Erziehungseinstellung, dass Kinder (Jungen wie Mädchen) Auseinandersetzung nicht mit körperlicher Gewalt führen sollen. Wenn die Kinder jedoch körperliche oder verbale Aggressionen zeigen, besteht jedenfalls kein durchgängiges Muster, die Aggressivität von Knaben eher zu akzeptieren. Vielmehr zeigt z. B. die Untersuchung von Serbin u. a. (1973), dass Knaben deutlich häufiger aggressives Verhalten zeigen, dafür aber auch härter bestraft werden als Mädchen. Sodann bestehen einige Hinweise darauf, dass Väter strenger auf die Aggressivität ihrer Söhne, Mütter hingegen strenger auf die der Töchter reagieren (Lambert u. a. 1971). Wie immer man diese uneinheitlichen Ergebnisse auch wendet, eine durchgängige Stütze männlicher Aggressivität durch entsprechende Verstärkungen lässt sich daraus jedenfalls nicht ablesen. Ähnlich uneinheitliche Ergebnisse liegen in den anderen Bereichen elterlicher Erziehungspraxis (z. B. elterliche Wärme und Zuwendung, Förderung von Selbständigkeit) vor; eindeutig geschlechtsspezifische Präferenzen lassen sich lediglich in einem Bereich nachweisen: Knaben werden deutlich häufiger körperlich (durch Schläge etc.) bestraft als Mädchen.

Aus dieser – im Ergebnis eher unbefriedigenden – Übersicht zur empirischen Forschungslage ergibt sich eine deutliche Relativierung der lerntheoretischen Annahme: Es zeigt sich, dass sich allein mit dem Konzept des instrumentellen Lernens (bzw. der differenziellen Sozialisation) der Aufbau komplexer geschlechtsspezifischer Verhaltensmuster nicht erklären lässt.

Lernen am geschlechtsspezifischen Modell

Auch die meisten lerntheoretisch orientierten Autoren stimmen damit überein, dass unterschiedliche Verstärkungsmechanismen allein den

Erwerb komplexer Geschlechterrollen nicht erklären können. Vielmehr wird betont, dass gerade beim Erwerb der Geschlechterrolle das Lernen durch Identifikation und Imitation – also das Lernen am Modell – von großer Bedeutung sei (vgl. z. B. Sears u. a. 1965, S. 171). Eine solche Feststellung ist unmittelbar einsichtig, wenn man z. B. daran denkt, wie Jugendliche ihre geschlechtsspezifische Stilisierung an Modellen aus den Medien – heißen sie nun Michael Jackson oder Madonna – orientieren. Auch kindliche Rollenspiele, in denen Jungen häufig die Räuber und Mädchen die Frauen am Herd spielen, lassen leicht die Überzeugung aufkommen, dass dem Modelllernen eine große Erklärungskraft zukommt. Dass das Lernen durch Imitation bei der geschlechtsspezifischen Sozialisation von Bedeutung ist, soll nicht bezweifelt werden; doch unsere Fragestellung ist präziser, zugespitzter angelegt: Lässt sich mit der Theorie des Lernens am sozialen Modell erklären, wie der Erwerb geschlechtsspezifischer Verhaltensweisen in den ersten sechs bis sieben Lebensjahren abläuft?

Wenn man diese Frage auf die vorschulische Sozialisation bezieht, kommen als Modelle nicht Medienstars, sondern vor allem die eigenen Eltern in Frage. Die Theoretiker des Modelllernens, insbesondere Mischel (1970, S. 28 ff.), beziehen ihre Überlegungen daher besonders auf die Eltern-Kind-Interaktion. In Gestalt der eigenen Eltern werden den Kindern vom frühesten Alter an «Modelle» angeboten, die sie beobachten und nachahmen können. Im Vorschulalter sind die Eltern häufig anwesend, kümmern sich um Pflege und Versorgung, werden vom Kind als machtvoll erlebt. Daher liegt es nahe, dass sich das Kind ein oder beide Elternteile zum Vorbild, zum Modell wählt. Wenn aber ein Junge maskulines und ein Mädchen feminines Verhalten übernehmen soll, setzt das in der Logik dieser Erklärung voraus, dass das Mädchen vor allem die Mutter, der Junge vor allem den Vater nachahmt. Unterstellt, es könnte befriedigend beantwortet werden, wie diese geschlechtsspezifisch ‹richtige› Vorbildwahl erfolgt, so hätte diese Theorie eine hohe Erklärungskraft: Das Kind müsste nicht isolierte Verhaltenssequenzen (durch Belohnung und Bestrafung) jeweils einzeln lernen, sondern nimmt ‹wie ein Mädchen sein› bzw. ‹wie ein Junge sein› als ein komplexes Muster von Einstellungen, Verhalten und Gesten wahr. Der Junge bildet dann in den vier

Schritten, die Bandura beschrieben hat, männliches Verhalten nach, das Mädchen weibliches.

Die Plausibilität dieses theoretischen Ansatzes steht und fällt aber mit der Frage, ob schlüssig erklärt werden kann, warum das Mädchen die Mutter, warum der Knabe den Vater imitiert. Nun hat die Theorie des Modelllernens sich nicht nur mit der Geschlechtsrollenproblematik befasst, sondern sich auch etlichen anderen Feldern (z. B. dem der Aggressivität) zugewandt. Aus dieser Forschung stammen mehrere Hypothesen, die die Auswahl von Modellen durch die Kinder zu erklären versuchen. Eine Hypothese lehnt sich an psychoanalytischen Vorstellungen («anaklitische Identifikation») an und behauptet, dass Kinder vor allem solche Erwachsenen nachahmen, die sich ihnen liebevoll und fürsorglich zuwenden. Dem steht die «Machthypothese» gegenüber, die besagt, dass Kinder eine Tendenz dazu haben, als machtvoll erlebte Modelle nachzuahmen. Beide Hypothesen können jedoch eine geschlechtsspezifische Vorbildwahl nicht erklären; denn in dem einen Fall müssten (in aller Regel) die Kinder beiderlei Geschlechts die Mutter, im anderen Fall den Vater nachahmen (vgl. Schenk 1979, S. 80 ff.).

Erklärungskräftiger erscheint an dieser Stelle die Ähnlichkeitshypothese, die Mischel (1966, S. 63 ff.) speziell für den Erwerb des geschlechtsspezifischen Verhaltens entwickelt hat. Mischel geht davon aus, dass Belohnungen und Bestrafungen bei Kindern schon sehr bald eine individuelle Geschichte prägen: Knaben werden für männliches, Mädchen für weibliches Verhalten belohnt. Daraus entwickelt das Kind die generalisierende Einsicht, welches der beiden Modelle ihm ähnlicher ist, und modelliert dieses dann nach. Dabei wird das Kind zunehmend unabhängig von den externen Belohnungen, weil es selber das Nachahmen des ‹richtigen› Modells als belohnend empfindet (Selbstverstärkung). Ob diese Hypothese aber hinreichend erklären kann, warum Knaben männliche und Mädchen weibliche Modelle auswählen, muss sich in der empirischen Forschung zeigen; denn ein unhintergehbarer Grundsatz der lerntheoretischen Theoriebildung ist ja, dass alle Hypothesen an der empirischen Wirklichkeit zu prüfen sind (und dort auch scheitern können). Maccoby/Jacklin (1974, S. 296 f.) haben zu diesem Problem die vorliegende Forschung gesichtet. Sie präsentieren 19 verschiedene Studien, die sich mit der Frage befassen, ob Kinder (meist zwischen drei und sieben Jahren) dazu neigen, bei überwiegend im Film vorgeführten Modellen eher das gleichgeschlechtliche nachzuahmen. Bei 23 Untersuchungsgruppen fand sich nur sechsmal die erwartete geschlechtsspezifische Präferenz, 17-mal konnten keine Unterschiede festgestellt werden. Eine Bestätigung von Mischels Ähnlichkeitshypothese lässt sich daraus nur schwer ableiten. Maccoby/Jacklin ziehen aus diesen Ergebnissen einen eher gegenteiligen Schluss, indem sie feststellen: «Kinder ahmen zwar Modelle nach, aber sie imitieren keineswegs systematisch das gleichgeschlechtliche Modell» (1974, S. 297). Die Theorie des Modelllernens, bleibt festzuhalten, liefert somit nicht den zentralen Erklärungsschlüssel für den frühen Prozess geschlechtsspezifischer Sozialisation, weil alle Erklärungen für eine geschlechtsspezifische Modellauswahl unbefriedigend bleiben.

2.3.3 Einordnung, Kritik und Weiterführung

Die aus dem Behaviorismus stammenden lerntheoretischen Ansätze sind in besonders enger Weise einem positivistischen Forschungsprogramm verpflichtet: Nur mess- und beobachtbares Verhalten wird als wissenschaftlicher Gegenstand zugelassen, sich davon entfernende Theoriebildungen werden hingegen als ‹Spekulation› verworfen. Die Forschung zielt einerseits auf eine nachvollziehbare Erklärung des Beobachteten, andererseits auf eine Identifizierung ‹erfolgreicher› Erziehungspraktiken. Vor allem auf der Basis dieses Konzepts hat sich die empirische Sozialisationsforschung etwa seit den 1940er Jahren intensiv mit Fragen der elterlichen Erziehungspraxis und der Geschlechterentwicklung beschäftigt. Während der Vorteil dieses Vorgehens vor allem in dem strengen methodischen Umgang mit den eigenen Vorannahmen liegt, sind die theoretischen Schwächen nicht zu übersehen. Die Abneigung gegenüber sog. Spekulationen führt zu einem äußerst dürftigen persönlichkeitstheoretischen Konzept: Die innerpsychische Realität bleibt als ‹black box› ohne jede Begrifflichkeit, sie lässt sich nicht einmal thematisieren. Zugleich wird mit dem Reiz-Reaktions-Modell ein radikal mechanistisches Menschenbild eingebracht, in dem so grundsätzliche menschliche Fähigkeiten wie Selbstreflexion oder Intentionalität keinen Platz haben. Diese Kritik trifft nicht in gleicher Härte die späteren Konzepte von Bandura, der immerhin das Modell eines nachdenklich lernenden Individuums entwirft. Doch das Verständnis eines *Subjekts*, d.h. eines aktiv, selbstreflexiv und intentional handelnden Menschen, wird auch bei ihm nicht erreicht. Zu dem Black-Box-Konzept passt es dann auch, dass innerhalb dieser Theorie kein Verständnis der Ontogenese entwickelt wird. Es werden allenfalls kurzzeitige Lernsequenzen untersucht, ein entwicklungspsychologisches Modell wird hingegen nicht entworfen. Schließlich bleibt die gesellschaftliche Seite des Sozialisationsprozesses in diesem Ansatz ein weißer Fleck. Die Bedingungen des Aufwachsens erscheinen als «Reiz» oder als «Modell», ohne dass dabei soziale Zusammenhänge behandelt oder gar kritisch hinterfragt werden. Dies ist im Bereich der geschlechtsspezifischen Sozialisation besonders auffällig: Die vorfindlichen Geschlechterrollen werden als gegeben hingenommen, gefragt wird lediglich nach den Mechanismen ihrer Weitervermittlung. Dabei bleiben in aller Regel gesellschaftlich-strukturelle Reflexionen wie auch Überlegungen zur Autonomie des Subjekts (Wirkt die Geschlechterrolle unterdrückend?) außerhalb des Theorierahmens. Aus diesem Grund wird auch gegen den scheinbar so wertfreien Ansatz der Lerntheorie und ihre experimentelle Forschung der Ideologievorwurf erhoben:

> «Das ungeheure Datenmaterial, das unter der Fragestellung ‹Wie unterscheiden sich Männer und Frauen?› gesammelt worden ist, hat wahrscheinlich nur sehr wenig zum Verständnis männlicher und weiblicher Psyche beigetragen ... Die Labor-Forschung ist deutlich merkbar immer wieder von der Vorstellung geleitet, daß psychische Geschlechtsunterschiede da sind, die experimentell aufgedeckt werden können; der Akzent liegt auf dem Bestehenden und nicht auf der Entwicklung» (Schenk 1979, S. 215).

Diese grundsätzliche Kritik darf allerdings nicht dazu führen, den durchaus vorhandenen Erkenntniswert zu übersehen: Die in der Lerntheorie präzis herausgearbeiteten Formen des «instrumentellen Lernens» und des «Modelllernens» leisten sicher einen Beitrag zur Herausbildung geschlechtstypischen Verhaltens; denn Kinder orientieren sich an den (geschlechtsspezifisch unterschiedlichen) Erziehungspraktiken wie an entsprechenden Modellen. Identifiziert sind auf diese Weise jedoch lediglich einzelne Mechanismen der Sozialisation; der Gesamtprozess des Erwerbs einer geschlechtsspezifischen Identität und der Übernahme geschlechtstypischer Verhaltensweisen lässt sich auf diese Weise nicht erklären. Dabei deutet bereits die von Bandura vorgenommene theoretische Erweiterung an, dass die lerntheoretischen Konzepte eingebracht werden müssen in ein Verständnis von einem aktiv handelnden Individuum und seiner kognitiven Prozesse.

2.4 Der Erwerb der Geschlechtsidentität in kognitionspsychologischer Sicht

In deutlicher Abgrenzung von der Lerntheorie und Psychoanalyse formuliert die kognitionspsychologische Schule ihre Vorstellungen von der Gesetzmäßigkeit und den Stufen der menschlichen Entwicklung. Die kognitive Entwicklungstheorie wurde von dem Schweizer Psychologen Jean Piaget (1896–1980) begründet, der sich mehr als 50 Jahre mit der Entwicklung des kindlichen Denkens beschäftigt hat. Gegenüber einem lerntheoretischen Verständnis von Entwicklung betont Piaget, dass kindliches Lernen nicht in Form aufgehäufter Reiz-Reaktions-Muster verläuft. Kinder können nicht durch äußere Bedingungen (Belehrungen, Zwang, Motivationstechniken) mit beliebigen Kenntnissen und Verhaltensweisen ‹gefüllt› werden. Um etwas zu lernen, müssen sie vielmehr stets über entsprechende ‹innere Bedingungen›, über Vorformen der zu lernenden Handlungen und Begriffe verfügen. Im Unterschied zur Lerntheorie betont Piaget demnach, dass sich bei der Auseinandersetzung des Kindes mit der Umwelt die inneren Mechanismen und Ordnungsschemata regelmäßig und gesetzmäßig aufbauen. Die Kognitionspsychologie arbeitet daran, diese Regelmäßigkeiten zu erkennen und zu beschreiben. Im Gegensatz zur Psychoanalyse arbeitet Piaget heraus, dass nicht eine zu bewältigende Triebdynamik, sondern die auf Aneignung der Umwelt ausgerichteten Aktivitäten des Kindes der Motor der Subjektentwicklung sind. Indem das Kind mit Gegenständen und Personen umgeht, bildet und entwickelt es seine inneren Strukturen. Diese inneren Strukturen werden von Piaget vor allem als unterschiedliche Niveaus des Denkens – als «kognitive Strukturen» – beschrieben.

Piaget hat in jahrzehntelanger Arbeit Kinder beobachtet, ihr Denken und ihre alterstypischen ‹Denkfehler› analysiert und daraus eine Theorie der kognitiven Entwicklung abgeleitet, die er in mehr als 50 Büchern und vielen Aufsätzen veröffentlicht hat (vgl. hierzu die einführenden Texte von Ginsburg/Opper 1998; Montada 1998, S. 518 ff.; Sodian 2008). Seine Arbeiten beziehen sich vor allem auf den Bereich der gegenständlichen und mathematisierbaren Umwelt; so hat er über «Die Entwicklung des Zahlenbegriffs beim Kinde» (1965) und über die «Entwicklung des physikalischen Mengenbegriffs» (1969) gearbeitet. Er hat mit seinen Arbeiten eine psychologische Theorie- und Forschungsrichtung begründet, die sich seit längerem auch mit der Aneignung sozialer Sachverhalte (z. B. Rollenübernahme) beschäftigt hat. Lawrence Kohlberg (1927–1987) hat das Piaget'sche Grundkonzept auf die Entwicklung der moralischen Urteilsfähigkeit (vgl. Kap. 4.3) und den Erwerb der Geschlechtsidentität angewendet und mit diesen Arbeiten die sozialisationstheoretische Diskussion stark beeinflusst (vgl. Keller/Malti 2008). In diesem Abschnitt geht es darum, Kohlbergs kognitive Theorie über den Erwerb der Geschlechtsidentität kennenzulernen. Weil dieser Ansatz unlösbar mit den fundamentalen Arbeiten von Piaget verknüpft ist, müssen zunächst die Konzepte und Begriffe herausgearbeitet werden, die für die kognitive Entwicklungstheorie grundlegend sind.

2.4.1 Grundannahmen und zentrale Begriffe

Piaget hat sich in seiner wissenschaftlichen Arbeit vor allem dafür interessiert, wie im Zuge der Entwicklung bei Kindern konsistente Begriffe und logische Denkoperationen entstehen – und wie die Heranwachsenden damit schrittweise die Wirklichkeit rekonstruieren. Den lerntheoretischen Vorstellungen eines eher passiven umweltdeterminierten Organismus stellt Piaget das Modell eines aktiven Organismus entgegen, der in der Auseinandersetzung mit seiner Umwelt eine Vorstellung der Welt entwirft und dabei seine eigenen kognitiven Strukturen weiterentwickelt. Die voranschreitende Entwicklung des Kindes führt dazu, dass die Vorstellungen von der Welt und die Fähigkeiten zur Problemlösung immer wieder ins *Ungleichgewicht* zu den Anforderungen der Umwelt geraten: Neue Erfahrungen, schwierigere Probleme lassen sich mit dem erreichten kognitiven Niveau nicht mehr bewältigen. Dieses Ungleichgewicht wird aufgelöst, indem die kognitiven Strukturen des Kindes auf einem ‹höheren›, einem abstrakteren Niveau rekonstruiert werden, sodass wiederum «eine Reintegration der Umwelteinflüsse und der eigenen Vorstellungen erreicht wird» (Bertram 1980, S. 721).

Dieser Entwicklungsverlauf in hierarchisch aufeinander aufbauenden und logisch voneinander unterscheidbaren Stadien findet sich bei allen Menschen in allen Kulturen – er ist universell. Allerdings unterscheiden sich die Menschen darin, in welcher Geschwindigkeit sie diesen Prozess durchlaufen und welches höchste Niveau sie erreichen. Diese allgemeine Beschreibung des Piaget'schen Modells soll im Folgenden konkretisiert werden, indem wir zunächst die Stufen[10] des kindlichen Denkens und die damit verbundene Entwicklungsdynamik beschreiben.

Die Entwicklung des kindlichen Denkens

Nach Piaget durchläuft das Kind bis zur vollen Entfaltung seiner Denkfähigkeit vier Stufen:

1. die sensomotorische Stufe (bis 2 Jahre),
2. die prä-operationale Stufe (ca. 2–7 Jahre),
3. die Stufe des konkreten Operierens (ca. 7–12 Jahre),
4. die Stufe des formalen Operierens (11 Jahre und älter).

Die typischen Formen des Denkens der Kinder auf der jeweiligen Stufe sollen im Folgenden skizziert werden. Dabei werden die Stufen 2 und 3 ausführlicher behandelt, weil Kohlberg am Übergang zwischen beiden den Erwerb der Geschlechtsidentität ansiedelt.

In der *sensomotorischen Stufe* entwickelt sich das zunächst nur auf Reflexe angewiesene Neugeborene zu einem Kleinkind, das seine Umwelt mit einfachen Konzepten denkend und handelnd begreift. Dabei sieht Piaget einen ersten Markstein im Erreichen der sog. Objektpermanenz: Etwa zwischen dem sechsten und achten Monat entdeckt der Säugling, dass ein Gegenstand auch dann noch weiter existiert, wenn er aus seinem Blickfeld verschwunden ist. Das kleine Kind, das nach einem verschwundenen Gegenstand sucht, hat eine innere Repräsentanz dieses Gegenstandes gewonnen. Am Ende dieser Phase kann das Zweijährige

«höchst wirkungsvoll mit den Dingen und Menschen seiner unmittelbaren Umwelt interagieren. Es verfügt über Schemata, die ihm erlauben, mit Gegenständen zu manipulieren und sie als Mittel zu nutzen, um seine Ziele zu erreichen. Außerdem erwirbt es durch den experimentellen Umgang mit den Dingen ein praktisches Verständnis ihrer Eigenschaften. Aber alle diese Fähigkeiten bleiben – obwohl sie ihm nützen – konkreter Art: Sie sind nur auf unmittelbar vorhandene Objekte anzuwenden» (Ginsburg/Opper 1998, S. 95).

Diese Begrenzung auf das unmittelbar Vorhandene wird in der *prä-operationalen Stufe* überwunden; denn das Kind erwirbt zwischen dem 2. und 4. Lebensjahr die Fähigkeit,

«symbolische Vorstellungen zu bilden, die für abwesende Dinge oder Ereignisse stehen oder sie repräsentieren. Wenn es sich mit den Dingen auseinandersetzen will, müssen sie nicht mehr unmittelbar anwesend sein, sondern das Kind vermag sich in der Vorstellung einen Ersatz für die wirklichen Dinge zu schaffen. Dieses Vermögen befreit das Kind vom unmittelbaren Hier und Jetzt» (Ginsburg/Opper 1998, S. 110).

In dieser Zeit beginnt die Sprachentwicklung des Kindes, mit Wörtern kann es jetzt auf abwesende Sachverhalte verweisen. Das Denken und Sprechen ist jedoch durch ein egozentrisches Weltbild geprägt. Das Kind nimmt an, dass jeder andere wahrnimmt und denkt wie es selbst und dass jedermann die eigenen Gefühle und Wünsche teilt. Diese Denkweise verhindert, dass das prä-operationale Kind die Sichtweise eines anderen verstehen kann. Es ist

«Egozentrik, nicht moralische Widersetzlichkeit, wenn das Kind etwa seine Mutter weiterhin plagt, obwohl sie ihm erklärt hat, daß sie Kopfweh hat und in Ruhe gelassen werden möchte. Jeder Vater, der versucht hat zu schlafen, wenn sein Junge in der Dämmerung Cowboy spielt, weiß, wie wenig Aussicht besteht, das ‹Peng-peng› zu stoppen, ohne Rücksicht darauf, wie vernünftig das Ansinnen (vom Standpunkt des Vaters aus) ist. Auch auf der sprachlichen Ebene zeigt sich die egozentrische Art des Kindes. Es ist nicht in der Lage, eine Geschichte so zu wiederholen, daß sie für den Zuhörer, der die Handlung nicht kennt, klar wird. Die meisten Erwachsenen kennen die Litanei. ‹und dann kam er, und dann sagte sie ...› ohne den geringsten Hinweis, wer er oder sie ist. Das präoperationale Kind kann seine eigenen Gedankengänge nicht rekonstruieren oder seine Argumente verteidigen, weil es nicht objektiv vom Standpunkt einer anderen Person aus über sie nachdenken kann» (Pulaski 1978, S. 42).

Das Denken des prä-operationalen Kindes basiert nicht auf Logik, sondern auf raumzeitlichem Zusammenfallen («Kontiguität»). Daher werden Objekte und Vorgänge, die gleichzeitig auftreten, in eine kausale Beziehung gesetzt: «Die Straße läßt das Fahrrad laufen; wenn man einen Schatten macht, kann man die Nacht kommen lassen. Der Donner macht den Regen, und die Betätigung der Hupe setzt den Wagen in Gang» (ebd., S. 47). Dies sind Formen des magischen Denkens, die für die präoperationale Stufe typisch sind. Weil das Kind in diesem Alter Sachverhalte nur aus einer Perspektive wahrnimmt, weil es nur spezifische Ausschnitte aus einer gesamten Informationsmenge verarbeiten kann, hat es auch noch keinen Begriff davon, dass Mengen und gegenständliche Objekte konstant bleiben, auch wenn sie ihre Form ändern. Pulaski schildert das Experiment, mit dem Piaget dies nachgewiesen hat:

«Piaget nimmt zwei Kugeln aus weichem Ton und vergewissert sich, daß das Kind beide für gleich hält. Nun rollt er eine zu einer dicken Wurst aus und fragt, ob die Tonmenge noch dieselbe sei. Ein Kind, das jünger ist als etwa sieben Jahre, denkt, daß die Wurst mehr Ton enthält, weil sie länger ist. Seine Wahrnehmung ist unmittelbar, egozentrisch und auf die Gegenwart begrenzt. Es konzentriert seine Aufmerksamkeit auf eine einzige auffallende Eigenschaft des Tons – seine vermehrte Länge – und kann nicht in Anschlag bringen, daß die Wurst zwar länger, aber auch dünner ist. Wenn der Ton wieder zu einer Kugel geformt wird, stimmt das Kind wieder zu, daß die zwei Bälle gleich sind. Aber sobald einer von ihnen wiederum zu einer Wurst ausgeformt wird, behauptet es, daß diese größer ist. Es begreift noch nicht, daß die Materie ohne Rücksicht auf den Wandel der Gestalt erhalten bleibt» (Pulaski 1978, S. 33).

Ein Kind in dieser Phase hat somit weder einen Begriff von der Erhaltung von Objekten noch ein Verständnis der Reversibilität verschiedener Gestaltungsumwandlungen.

Mit etwa sechs bis sieben Jahren erreicht das Kind die Stufe des *konkreten Operierens.* Damit verliert das Denken des Kindes seine egozentrische Eingrenzung und seine magischen Anteile; das nun einsetzende Niveau des logischen Denkens bleibt jedoch den konkreten Erfahrungen verhaftet. Konkretes Operieren meint, dass das Kind mit konkreten Objekten oder ihren Vorstellungen logisch richtig umgehen kann. Dazu gehört zunächst, dass es eine sichere Vorstellung von der Konstanz von Objekten und ihrer Reversibilität gewonnen hat. Auf das geschilderte Tonkugel-Experiment findet es daher sofort die ‹richtige› Antwort. Das konkret-operationale Kind ist in der Lage, grundlegende mathematische Operationen zu vollziehen: «Es kann Reihen aufstellen, erweitern, einteilen, unterscheiden oder bestehende Strukturen zu neuen Beziehungen und Gruppen kombinieren. Es neigt nun mehr dazu, über Dinge logisch nachzudenken, als ihre Oberflächenerscheinung einfach hinzunehmen» (ebd., S. 31). Ein Kind in dieser Phase ist in der Lage, in Gesprächen die Perspektiven von anderen zu übernehmen und damit Begründungen zu formulieren; es ist jedoch nicht in der Lage, in systematischer Weise über diese Realität abstrahierend hinauszudenken. Dies wird z. B. an einem von Piaget durchgeführten Pendel-Experiment deutlich: Die Kinder erhalten die Aufgabe herauszufinden, welche Faktoren (Pendelgewicht, Fadenlänge etc.) die Schwingungsgeschwindigkeit eines Pendels beeinflussen. Um das Problem zu lösen, führt das konkret-operationale Kind mit großem Eifer unterschiedliche Experimente durch. Weil es erkennt, dass das Gewicht und die Länge einen Einfluss haben könnten, variiert es mit beiden Faktoren.

«Aber sein Verfahren enthält einige schwerwiegende Unzulänglichkeiten. Es beginnt seine Experimente nicht sehr umsichtig und verfügt über keinen detaillierten Plan, um sie durchzuführen. Auf der Stufe der konkreten Operationen berücksichtigt es nicht schon zu Anfang ... alle Möglichkeiten, sondern ist darauf angewiesen, mit ... den Dingen (zu arbeiten), die der Wahrnehmung unmittelbar zugänglich sind» (Ginsburg/Opper 1998, S. 257 f.).

Das Kind auf dieser Stufe kann die Gesamtheit der Möglichkeiten, die in einer Situation enthalten sind, noch nicht theoretisch erschließen, weil es sich von der konkreten Anschauung nicht lösen kann. Dementsprechend kann es mit seinem Denken noch keine Meta-Ebene erreichen. Es kann weder über Gedanken nachdenken noch logische Operationen zu Operationen höherer Ordnung verallgemeinern (vgl. ebd., S. 257 ff.).

In der frühen Adoleszenz (mit ca. 11–12 Jahren) erreicht das Kind das Stadium des *formalen Operierens.* Auf dieser Stufe wird das Pendel-Experiment systematisch gelöst, indem das hypothetische Denken an den Anfang gesetzt wird. Der Jugendliche beginnt nicht mit einzelnen Experimenten, sondern mit der grundsätzlichen Überlegung,

> «welche Möglichkeiten der Situation innewohnen. Er stellt sich vor, daß sich viele Dinge ereignen *könnten,* daß man die Daten auf verschiedene Weise deuten könnte und daß das Ereignis, das tatsächlich eingetreten ist, nur eine der vielen möglichen Alternativen darstellt ... (das) Denken des Jugendlichen ist also im Unterschied zu dem auf der Stufe der konkreten Operationen hypothetisch-deduktiv» (ebd., S. 258).

In diesem Stadium kann der Jugendliche nicht nur über Hypothesen nachdenken und die möglichen Folgen abschätzen, sondern auch im allgemeinen Sinne formale Operationen als «Operationen zweiter Ordnung» nachvollziehen: über Gedanken nachdenken; hinter der Menge der Einzelfälle die allgemeinen Gesetze erkennen; die formalen Aspekte einer Argumentation analysieren und dabei vom Inhalt absehen. Mit diesem Niveau des «formalen Operierens» hat die Denkweise des Individuums im Wesentlichen seine endgültige Gestalt angenommen. Damit wird der Jugendliche fähig, über sich selbst, seine eigenen Gedanken und Gefühle nachzudenken. Dieses Reflexionsniveau ist eine wesentliche Voraussetzung, um in der Adoleszenz die eigenen Identitätsprobleme bearbeiten zu können (vgl. Kap. 4.3).

Die Prinzipien der kognitiven Entwicklung

An der Beschreibung der Entwicklungsstufen ist deutlich geworden, dass die kognitive Theorie von einem Individuum ausgeht, welches aktiv in Interaktion mit der Umwelt tritt, entsprechend seinen ‹inneren Bedingungen› gegenüber ‹äußeren Bedingungen› handelnd und dabei lernend agiert. Es verhält sich weder wie ein Schwamm, der Umwelteinflüsse einfach ‹aufsaugt› (dies unterstellt die Lerntheorie), noch ist es ein Wesen, das vor allem durch seine Triebdynamik in Aktivitäten versetzt wird (dies unterstellt die Psychoanalyse). Das Kind ist vielmehr bereits als Säugling selbst aktiv, um sich die dingliche und soziale Umwelt anzueignen. Dieser Prozess ist zwar auch abhängig vom Stand der körperlichen Reifung (z. B. von der Funktionsfähigkeit der Handmuskulatur, von der Fähigkeit zum Laufen, von der Entfaltung der organischen Strukturen des Gehirns), doch dieser Reifungsaspekt ist nicht das bestimmende Entwicklungsmoment. Im Zentrum steht der Interaktionsprozess zwischen dem Kind, das sich Vorstellungen von seiner Umwelt macht, und dieser Umwelt selbst, die jeweils bestimmte Erfahrungen ermöglicht. In dieser Interaktion bildet das Kind kognitive Strukturen (Denkformen, Problemlösungsmuster) aus, mit denen es wieder auf seine jeweilige Umwelt zugeht. In einem bestimmten Stadium seiner Entwicklung befinden sich die kognitiven Strukturen des Kindes im Gleichgewicht mit der Umwelt; das Kind hat dann den Eindruck, dass es seine Erfahrungen befriedigend interpretieren und auftretende Probleme ‹richtig› lösen kann.

Wenn ein präoperationales Kind erklärt, dass die Menschen in einem davonfahrenden Zug zusammenschrumpfen, weil ja auch der entschwindende Zug kleiner wird, so ist diese Erklärung für das Kind zufriedenstellend, ihre objektive ‹Falschheit› ist subjektiv unerheblich. Ein solches Gleichgewicht wird jedoch in dem Maß gestört, in dem Kinder Beobachtungen machen, die mit ihren bisherigen Deutungsmustern nicht mehr erklärbar sind. So mag es diesem Kind eines Tages auffallen, dass der Zug und seine Passagiere nicht schrumpfen, wenn man selber mitfährt. Beide – einander scheinbar widersprechende – Beobachtungen lassen sich nur auf ‹höherem› kognitiven Niveau erklären: Erst wenn das präoperationale Kind ein Verständnis der Objektkonstanz erwirbt, kann es erklären, wieso die Menschen gleich groß bleiben, auch wenn der abfahrende Zug (optisch) kleiner wird. Verallgemeinert formuliert: Der Zustand eines gestörten Gleichgewichts wird durch ein neu erworbenes Gleichgewicht abgelöst, das zugleich mit einem besseren Verständnis der Realität verbunden ist. Dieser Prozess wird von Piaget als *Äquiliberation* bezeichnet. Gemeint ist damit, dass Erfahrungsdiskrepanzen zu einer Art kognitivem Entwicklungsschub – in diesem Fall zum Erreichen der

Stufe des konkreten Operierens – führen. Dabei wird ein solcher Stufenübergang nicht durch eine einzelne, sondern durch eine Vielzahl solcher Erfahrungen induziert. Die Frage nach den Ursachen der Entwicklung (Warum entwickelt sich das Denken der Kinder von der einen Stufe zur nächsten?) wird von Piaget somit weder reifungs- noch trieb- oder lerntheoretisch beantwortet. Vielmehr entwirft er sein eigenes Modell der Äquiliberation als einer Interaktion zwischen innerer und äußerer Realität, aus dem sich der Prozess des geistigen Wachstums, des Durchschreitens verschiedener kognitiver Entwicklungsstadien ergibt (vgl. Garz 1994, S. 126ff.). Diese Vorstellung einer Entwicklung in Stufen, die durch den Prozess der Äquiliberation angetrieben wird, hat zu zusätzlichen theoretischen Festlegungen über den Charakter dieser Stufen und über die Art des individuellen ‹Durchlaufs› geführt. Durch weitere vier Annahmen, die auch als «kognitive Entwicklungslogik» bezeichnet werden, unterscheidet sich die kognitive Entwicklungstheorie grundsätzlich von anderen Phasenmodellen:

1. Qualitative Unterschiede: Jede Stufe stellt eine qualitativ deutlich unterscheidbare Form des Denkens dar. Gleiche Aufgaben werden in einer je typischen Art und Weise angegangen: Auf der nächsten Stufe weiß ein Kind nicht einfach mehr, sondern es denkt anders.

2. Invarianz der Sequenz: Jedes Kind durchläuft die beschriebenen Stufen in einer nicht umkehrbaren Reihenfolge, es kann auch keine überspringen. Es muss – um ein Beispiel zu nennen – erst das Stadium des konkreten Operierens erreicht haben, dort an die Grenzen stoßen, um dann auf der Ebene des formalen Operierens denken zu können. Hat es einmal diese höhere Stufe der Problemlösung erreicht, so kann es auch nicht mehr auf eine ‹niedrigere› zurückfallen. Es hat dann ein bestimmtes Niveau des Denkens erreicht, das nicht mehr hintergehbar ist. «Kulturelle Faktoren können zwar die Entwicklung beschleunigen, verlangsamen oder anhalten, nicht aber ihre Reihenfolge verändern» (Kohlberg 1974, S. 17).

3. Strukturierte Ganzheit: Jedes dieser Stadien bildet eine bestimmte strukturierte Ganzheit des Denkens, eine grundlegende Denkorganisation, die sich auf alle Bereiche und Probleme der Umwelt bezieht. So hat die egozentrische Sicht- und Denkweise des präoperationalen Kindes

Konsequenzen, die sich auf den Zahl- und Objektbegriff, auf die Perspektivübernahme, das Denken über moralische Probleme und – wie zu zeigen sein wird – auf das Verständnis des eigenen Geschlechts auswirken. Das Denken in all diesen Bereichen hat jeweils eine spezifische, qualitative Gemeinsamkeit.

4. Hierarchische Integration: Die auf der einen Stufe erworbenen Denk- und Problemlösungsfähigkeiten gehen nicht verloren, sondern werden in das ‹neue› Denken der nächsten Stufe transformiert und darin aufgehoben. So verschwindet z. B. das konkret-operationale Denken nicht, «sobald das formale Denken entsteht, sondern es wird in konkreten Situationen, wo es adäquat ist ..., weiterverwendet. Es gibt jedoch beim Individuum eine hierarchische Präferenz, d.h. eine Disposition, die Lösung eines Problems auf dem höchsten erreichbaren Niveau zu bevorzugen» (Kohlberg 1974, S. 18).

Diese vier Prinzipien wurden von Piaget zwar zunächst für die Entwicklung des logischen Denkens beim Kinde herausgearbeitet, gehen in ihrer Bedeutung aber weit darüber hinaus. Die kognitive Psychologie geht davon aus, hier eine generelle Gesetzmäßigkeit gefunden zu haben, nach der sich der lernende Austausch zwischen ‹inneren› und ‹äußeren› Bedingungen abspielt. Dabei stellt die Entwicklung der Denkfähigkeit so etwas wie die Persönlichkeitsmitte dar, die jedoch auf alle anderen Bereiche ausstrahlt. Diese Annahme ist seit den 1970er Jahren durch empirische Arbeiten zur Entwicklung von Rollenübernahmefähigkeit (Flavell 1975; Keller 1976; Geulen u. a. 1982), zu moralischer Urteilsfähigkeit (Kohlberg 1974; Keller/Krettenauer 2007), sozialem Verständnis (Selman 1984; Sturzbecher/Großmann 2003), religiösem Bewusstsein (Oser 1988) und – last not least – Geschlechtersozialisation (Kohlberg 1974; Trautner 2008, S. 647 ff.) untermauert worden.

Zugleich wurde durch empirische Forschung aber auch gezeigt, dass es eine große Variabilität bei den Zeitpunkten gibt, zu denen einzelne Kinder über bestimmte Kompetenzen verfügen. Dabei wurde deutlich, dass insbesondere Babys und Kleinkinder häufig früher als von Piaget beschrieben über bestimmte Kompetenzen (z. B. Objektpermanenz) verfügen (vgl. Sodian 2008, S. 444 ff.).

2.4.2 Kognitives Realitätsurteil und Geschlechtsidentität

Im Folgenden soll auf der Basis dieser kognitiven Theorie der Erwerb der Geschlechtsidentität erklärt werden. Dabei ist es hilfreich, zunächst auf drei formale Ähnlichkeiten zwischen der kognitiven und der psychoanalytischen Entwicklungstheorie zu verweisen. Erstens: Weder die Psychoanalyse noch die Kognitionspsychologie will allein oder vorwiegend den Erwerb der Geschlechtsidentität erklären; beide Theorien sind vielmehr als generelle und übergreifende psychologische Konzepte menschlicher Entwicklung angelegt; die Aneignung des Geschlechtscharakters ist in beiden Theorien in ein umfassendes ontogenetisches Konzept eingebunden. Zweitens: Beide Theorien gliedern die Entwicklung des Kindes in Phasen bzw. Stufen, beide siedeln den Erwerb der Geschlechtsidentität an einem Übergang an. Während in der Psychoanalyse dies mit dem Verlassen der Ödipus-Situation und dem Eintreten in die Latenzzeit verbunden ist, stellt Kohlberg dar, dass sich dies mit dem Eintritt in das Stadium des konkreten Operierens vollzieht. In beiden Theorien wird mit dem Wechsel des Entwicklungsabschnitts eine Umstrukturierung der kindlichen Persönlichkeit beschrieben; der Erwerb der Geschlechtsidentität ist ein Teil dieser Umstrukturierung. Schließlich: Beide Theorien siedeln dieses Ereignis etwa zwischen dem fünften und sechsten Lebensjahr an. Mit dieser Parallelität im formalen Aufbau sind die Gemeinsamkeiten jedoch erschöpft. Dies wird deutlich, wenn im Folgenden das von Kohlberg entworfene kognitive Konzept des Geschlechtsrollenerwerbs dargestellt wird (alle Zitate im Folgenden aus Kohlberg 1974).

Die Selbstkategorisierung als Junge oder Mädchen

Kohlberg geht von der Beobachtung aus, dass Kinder, die jünger als fünf Jahre sind, mit dem Geschlechtskonzept in unsystematischer und zum Teil verwirrender Weise umgehen. Zwar kennen Kinder vom dritten Lebensjahr an die Geschlechtsbezeichnungen; sie können sich auch selbst als ‹Junge› oder ‹Mädchen› bezeichnen. Eine solche Bezeichnung ist jedoch von äußeren Merkmalen (Bekleidung, Haartracht) abhängig; dementsprechend kann in der Sicht der Kinder die Geschlechtszugehörigkeit auch gewechselt werden. Kohlberg berichtet hierzu die Aussage des fünfjährigen Jimmy: «Ich kann ein Mädchen sein, weißt du? Das kann ich.

Ich kann eine Perücke aufsetzen und meine Stimme verstellen, daß ich wie ein Mädchen spreche» (S. 356 f.).

In einer solchen Aussage spiegelt sich die generelle Unsicherheit des präoperativen Kindes über die Konstanz der psychischen Objekte. Dass die Geschlechtszugehörigkeit gleich bleibt, auch wenn die Kleidung wechselt, ist diesem Kind (noch) nicht einsichtig. Diese Unsicherheit bezieht sich nicht nur auf Menschen und ihre Geschlechtszugehörigkeit, sondern auch auf die Identität von Tieren: «So meinte eine Mehrheit 4-jähriger Kinder, daß eine abgebildete Katze auch ein Hund sein könnte, wenn sie dies wollte oder wenn ihr Schnurrbart abgeschnitten würde» (S. 355). Diese mangelnde Einsicht in die körperliche Identität von Menschen und Tieren lässt sich in Zusammenhang bringen mit dem von Piaget herausgearbeiteten Niveau des kindlichen Denkens auf der präoperationalen Stufe. Am Beispiel des Tonkugel-Experiments wurde dort verdeutlicht, dass Kinder unter sechs Jahren nicht der Meinung sind, dass physische Objekte ihre Masse behalten, wenn sie ihre Erscheinungsform wechseln. Diese fehlende Einsicht in die Konstanz von Objekten bezieht sich nicht nur auf Quantitäten, sondern auch auf qualitative Merkmale von Gegenständen, Tieren und Personen. Offensichtlich «entwickeln sich die qualitativen Konstanzen der Kategorie oder genetischen Identität in der gleichen Periode und parallel» (ebd.). Anders formuliert: Weil das Kind im präoperativen Stadium noch keinen Begriff von der Konstanz von Objekten hat, kann es auch noch keinen Begriff von der Konstanz des eigenen Körpers – und damit auch keinen Begriff von der Unveränderbarkeit seiner Geschlechtszugehörigkeit – haben. Dies ändert sich zwischen dem 5. und 7. Lebensjahr. Während in einer Befragung die meisten Vierjährigen sagen, das Geschlecht ließe sich mit Hilfe der Kleidung und Haartracht wechseln, waren sich mit «6–7 Jahren ... die meisten Kinder ganz sicher, daß ein Mädchen, ungeachtet der Veränderungen im Äußeren und im Verhalten, kein Junge sein könne» (S. 354).

Kohlberg ordnet all diese Beobachtungen in die von Piaget erarbeiteten Vorstellungen über die Entwicklung des kindlichen Denkens ein und stellt fest, dass «die Stabilisierung der Geschlechtsidentitäts-Konzepte lediglich (als) ein Aspekt der allgemeinen Stabilisierung der Konstanzen physischer Objekte» (S. 354 f.) anzusehen sei. Erst wenn ein Kind einsehen kann, dass eine Masse trotz Gestaltwandel konstant bleibt, kann es Einsicht in die physische Konstanz des eigenen Körpers gewinnen. Damit hat der Übergang von der präoperationalen Stufe zur Stufe des konkreten Operierens erhebliche Konsequenzen, und zwar auch für die Kategorisierung der Geschlechtszugehörigkeit und damit für die Selbstkategorisierung. Das Kind ist sich von nun an sicher, dass es zu einem bestimmten Geschlecht gehört und immer gehören wird. Kohlberg bezeichnet diese Erkenntnis als ein grundlegendes kognitives Realitätsurteil, aus dem sich die Geschlechtsidentität ergibt: Die «kognitive Selbstkategorisierung als ‹Junge› oder ‹Mädchen› ist der kritische und fundamentale organisierende Faktor der Geschlechtsrollen-Attitüden ... Diese Kategorisierung ist, sobald erfolgt, relativ irreversibel und wird durch fundamentale Urteile über die physische Realität aufrechterhalten» (S. 344). Dieses einfache kognitive Urteil «Ich bin ein Junge/Mädchen und werde immer ein Junge/Mädchen sein» stellt in Kohlbergs Sicht das Einfallstor für die Übernahme geschlechtstypischer Einstellungs- und Verhaltensmuster dar; denn fundamentale «Selbstkategorisierungen determinieren fundamentale Wertungen. Sobald der Knabe sich stabil als männlich kategorisiert hat, wird er jene Objekte und Akte positiv bewerten, die mit seiner Geschlechtsidentität übereinstimmen» (S. 344). Das bedeutet: Sobald ein Kind seine Geschlechtsidentität sicher erkannt hat, will es zur Stabilisierung seiner Person auch die Eigenschaften erwerben, die es als ‹männlich› bzw. ‹weiblich› erlebt. Das Kind im Stadium des konkreten Operierens betreibt damit in aktiver Weise seine eigene Sozialisation als Mädchen oder Junge; dies geschieht häufig in einer so stereotypisierenden Weise, dass die eigenen Eltern nicht selten in große Sorge geraten (vgl. z. B. Grabrucker 1996).

In der kognitiven Theorie wird diese Selbstkategorisierung als entscheidender Schritt beim Erwerb der Geschlechterrolle angesehen. Eine solche theoretische Interpretation wendet sich frontal gegen psychoanalytische Vorstellungen, indem sie den ganzen Prozess ohne jede frühkindliche Triebdramatik beschreibt: Die «Entstehung einer konstanten Geschlechtsidentität (ist) nicht ein einzigartiger, durch instinktive Wünsche und Identifikationen determinierter Prozeß» (Kohlberg 1974, S. 359), sondern Teil des allgemeinen Prozesses der Entwicklung der kognitiven Fähigkeiten. In gleich entschiedener Weise wendet sich die kognitive Theorie gegen lerntheoretische Vorstellungen, die als inhaltlich extrem dürftig angesehen werden, weil sie keine Vorstellungen über die «inneren Bedingungen» des Kindes entwerfen. Daher sei es falsch, die Geschlechtsrollenkonzepte der Kinder als «passives Produkt des sozialen Trainings» anzusehen, vielmehr «sind (sie) das Ergebnis der aktiven Strukturierung der eigenen Erfahrung durch das Kind» (S. 339). Nachdem in dieser Weise die Pointe der kognitiven Theorie – der Erwerb der Geschlechtsidentität als kognitives Realitätsurteil am Übergang von der präoperationalen Stufe zur Stufe des konkreten Operierens – vorweggenommen wurde, wird im Folgenden die Entwicklung etwa vom 2. bis zum 9. Lebensjahr skizziert.

Der Erwerb des Geschlechtsrollenkonzepts

Im zweiten Lebensjahr – also zu Beginn der präoperationalen Stufe – lernen die Kinder die Geschlechtsbezeichnungen ‹Junge› und ‹Mädchen› kennen; sie benutzen diese Begriffe jedoch zunächst wie Namen: ‹Junge› ist genauso wie ‹Peter› eine Bezeichnung, die auf andere angewendet werden kann (vgl. S. 351 f.). «Im dritten Lebensjahr scheint das Kind dann seine eigene Geschlechtsbezeichnungen zu kennen und sie aufgrund einer losen Gruppierung physischer Merkmale unsystematisch zu verallgemeinern ... Mit vier Jahren neigen die Kinder dazu, das Geschlecht nach einigen allgemeinen physischen Kriterien zu bezeichnen, vor allem Kleidung und Haartracht» (S. 352). Zugleich ist für die Kinder aber klar, dass sich das Geschlecht ändert, wenn sich die Haartracht ändert. In diesem Alter bestehen Kinder darauf, später wahlweise Vater oder Mutter werden zu können.

Parallel zu diesem (unsicheren) Umgang mit personenbezogenen Bezeichnungen entdecken die Kinder, dass ihre soziale Umwelt aus Männern und Frauen besteht. Dabei fallen ihnen unterschiedliche Erscheinungsformen auf: Männer sind körperlich größer und kräftiger; sie werden auch häufiger in machtvollen Rollen (Polizist u.ä.) wahrgenommen. Die allgemeine Konkretheit des Denkens veranlasst die Kinder, aus der überlegenen Körpergröße und -kraft von Männern ein Stereotyp männlicher Dominanz abzuleiten; denn vier- bis fünfjährige

Kinder sind nahezu einhellig davon überzeugt, «daß Väter größer und stärker sind als Mütter, sodann glauben sie, daß diese klüger sind als Mütter, und danach meinen sie, daß diese mehr soziale Macht haben und Chef der Familie sind» (S. 364). Wichtig für die Argumentation in der Linie der kognitiven Theorie ist nun, dass diese kindlichen Stereotype nicht abhängig sind von den konkreten Elternvorbildern, die die Kinder erleben. Selbst Kinder, die ohne Vater oder ohne Mutter aufwachsen, entwickeln ihre Stereotype ebenso schnell und eindeutig wie die Kinder in ‹vollständigen› Familien (vgl. S. 361). Noch bevor die Kinder eine stabile Sicherheit über ihre eigene Geschlechtsidentität gewonnen haben, vertreten sie somit – ausgehend von der Körpergröße und -kraft – ein Stereotyp männlicher Dominanz. Anzumerken ist an dieser Stelle, dass Kohlberg die Position vertritt, diese «Konnotation» von männlich mit stark, aggressiv und kompetent und weiblich mit fürsorglich und freundlich sei eine «transkulturell universelle» Stereotype, die in allen bekannten Gesellschaften anzutreffen sei (vgl. S. 363 ff.).[11]

Zwischen dem 5. und 7. Lebensjahr verlässt das Kind das präoperationale Denken und tritt in das Stadium des konkreten Operierens ein. Wir haben ausführlich dargestellt, dass an diesem Übergang das kognitive Realitätsurteil über die eigene Geschlechtszugehörigkeit gefällt und damit die stabile Geschlechtsidentität erworben wird. Diese «Selbstkategorisierung als Knabe oder Mädchen» ist von nun an «der fundamental organisierende Faktor der Geschlechtsrollen-Attitüden» (S. 459). Diese fundamentale Kategorisierung produziert fundamentale Wertungen und darauf bezogene Lernprozesse: Eigenschaften, die zum eigenen Geschlecht gehören, werden als positiv bewertet und aktiv angeeignet. Entsprechendes gilt für die Mädchen (vgl. Trautner 2008, S. 635). Um ihre Identität zu sichern und zu stabilisieren, wollen Kinder sich nun all die Eigenschaften, Verhaltensweisen und Merkmale aneignen, die sie als zu ihrem Geschlecht zugehörig erleben. Dabei haben sie die «‹natürliche› Neigung ... sich selbst Wert beizumessen» (Kohlberg 1974, S. 373). Dementsprechend sind in diesem Alter die Kinder beiderlei Geschlechts der Meinung, «daß ihr eigenes Geschlecht im absoluten Sinne das beste ist» (S. 382). Erst wenn dieses Stadium des Denkens erreicht ist, sind die Voraussetzungen dafür gegeben, dass geschlechtsspezifische Verhaltensmuster durch Identifikation oder durch Lernen am Modell übernommen werden können. Sobald der Junge weiß, dass die Kategorie ‹männlich› sowohl ihn als auch seinen Vater umfasst, kann er die Kategorie ‹wir Männer› bilden. Weil er ‹männlich sein› als positiv wertbesetzt und identitätssichernd ansieht, macht es für ihn nun einen Sinn, sich seinen Vater als Vorbild zu wählen, um ihm in Verhalten und Eigenschaften gleichzukommen.

Allerdings ist die Anwesenheit des Vaters in der Familie keine notwendige Voraussetzung für das nun einsetzende Modelllernen; denn der Knabe kann sich genauso gut einen anderen erwachsenen Mann zum Vorbild wählen oder sich auch an mehreren Personen orientieren. Diese Sichtweise wird gestärkt durch empirische Beobachtungen: Jedermann weiß, dass auch Kinder allein erziehender Eltern eine Geschlechtsidentität erwerben. Und empirische Untersuchungen zeigen, dass zwischen dem Ausmaß der Vater-Identifikation und dem vom Sohn vertretenen Stereotyp kaum ein Zusammenhang besteht (vgl. S. 403). Die kognitive Theorie sieht damit die Identifikation nicht als Voraussetzung, sondern als mögliche Folge einer bereits erworbenen Geschlechtsidentität an. Diese Prozesse führen insgesamt dazu, dass etwa im 7. Lebensjahr geschlechtsspezifische Stereotype und die Betonung der ‹Höherwertigkeit› des eigenen Geschlechts am ausgeprägtesten vertreten werden (vgl. S. 388 ff.). In dieser Phase sind die Stereotypisierungen der Kinder in aller Regel weit rigider als die ihrer Eltern (vgl. S. 397).

An dieser Stelle findet Kohlberg allerdings einen wichtigen Unterschied zwischen Jungen und Mädchen: Die Positivbewertungen des eigenen Geschlechts und die geschlechtsspezifischen Präferenzen (Spielzeugwahl, Wahl von Mitspielenden) werden zwar von Jungen wie von Mädchen vertreten, doch von Jungen deutlich schärfer. Kohlberg erklärt das damit, dass sich bei Jungen zwei Tendenzen wechselseitig verstärken, während sie bei Mädchen gegeneinander wirken: Die Einsicht in das «überlegene Prestige der männlichen Erwachsenenrolle» (S. 393) gerät bei den Mädchen in Gegensatz zu dem Wunsch, sich durch Aneignung weiblicher Attribute Wert beizumessen. Die Positivbewertung des eigenen Geschlechts ist damit bei Mädchen lange nicht so ungebrochen wie bei den Jungen; denn Mädchen sind «verpflichtet, in einer männlichen Welt eine feminine Rolle zu spielen, während Knaben nicht die Verpflichtung haben, in einer weiblichen Welt eine maskuline Rolle zu spielen» (S. 394). Damit beschreibt auch die kognitive Theorie einen frühen Sozialisationsmechanismus, der erklären kann, warum weibliches Selbstbewusstsein in der Regel weniger deutlich ausgeprägt ist als männliches (vgl. Horstkemper 1987). Trotz dieser geschlechtsspezifischen Differenzierung gilt jedoch generell, dass alle Kinder in der Phase des konkreten Operierens Geschlechtsstereotype rigide vertreten. Eine generelle Transformation erfahren diese Konzepte erst, wenn die Kinder etwa im 11. oder 12. Lebensjahr in die Phase des formalen Operierens eintreten und damit die Fähigkeit erwerben, über die eigenen Werte und deren Prinzipien nachzudenken.

2.4.3 Einordnung, Kritik und Weiterführung

Dem kognitiven Ansatz zum Erwerb der Geschlechterrolle wird von vielen Sozialisationsforschern eine große Bedeutung eingeräumt (vgl. Maccoby/ Jacklin 1974; Schenk 1979; Trautner 2008): Auf der einen Seite umgeht er die Schwierigkeit der beiden anderen Ansätze, die Identifikation des Kindes mit dem gleichgeschlechtlichen Elternteil erklären zu müssen; auf der anderen Seite ist die kognitive Theorie in der Lage, bestimmte Erkenntnisse der konkurrierenden Ansätze zu integrieren. So kann in kognitiver Sicht der psychoanalytische Lernmechanismus der Identifikation wirksam werden, sobald die kognitive Selbstkategorisierung (als Junge, als Mädchen) erfolgt ist. In ähnlicher Weise kann dann auch das Modelllernen, können selektive Verstärker als Teilerklärungen des Gesamtprozesses herangezogen werden. Kohlberg selbst betont die Vereinbarkeit seines Ansatzes mit diesen Lernmechanismen und entwirft somit ein Konzept, das die sonst nur partikulär ablaufenden Lernerfahrungen integriert (vgl. Kohlberg 1974, S. 404 ff.).

Die kritischen Einwände gegenüber diesem Theorieentwurf beziehen sich zunächst auf interne Unstimmigkeiten. So werden von Kohlberg selbst etliche Untersuchungen referiert, in denen geschlechtsspezifisches Verhalten weit vor dem 5. Lebensjahr auftritt. Schon knapp Dreijährige wählen ihr Spielzeug deutlich geschlechtsspezifisch aus, verhalten sich gegenüber Spielgefährten des gleichen und des anderen Geschlechts verschieden, agieren in Rollenspielen unterschiedlich (vgl. Bilden 1980, S. 794 f.; Trautner 2008, S. 635). Offensichtlich nehmen Kinder bereits in diesem frühen Alter Geschlechtsunterschiede – auch im Verhältnis zu sich selbst – deutlich wahr; im streng kognitivistischen Verständnis wäre dies aber unmöglich. Maccoby/Jacklin schlagen deshalb eine Modifizierung des Theorieansatzes vor:

«Wir bezweifeln nicht, daß die Erlangung eines konstanten Geschlechtskonzepts den Prozeß der Geschlechterprägung beschleunigt ... Aber wir sind der Ansicht, daß die konstante Geschlechtsidentität keine notwendige Voraussetzung für die Selbstsozialisation auf die Geschlechterrolle hin ist» (1974, S. 365).

Auf einer ganz anderen Ebene ist Kohlberg zu kritisieren, wenn man nach den gesellschaftlichen Prämissen seiner Theoriebildung fragt (vgl. Böhnisch 2004). Dabei zeigt eine Sichtung seiner Texte, dass er die gesellschaftliche Seite des Problems lediglich als Abbildung bestehender Geschlechterhierarchien thematisiert. So beschreibt er, wie sich aus kindlicher Perspektive die gegenwärtigen Rollenunterschiede darstellen: Nur Männer üben ‹spannende› außerfamiliäre Berufe wie Polizist, Soldat oder Feuerwehrmann aus (vgl. Kohlberg 1974, S. 363); auch deshalb wird der männlichen Rolle Macht, Prestige und Kraft zugeschrieben (vgl. S. 393). Demgegenüber werden weibliche Wesen vor allem mit dem Stereotyp der ‹Nettigkeit› in Verbindung gebracht, das sich auf die ‹überlegene Attraktivität› von Frauen, auf ihre ‹körperliche Schönheit› und ihren ‹erotischen Charme› bezieht (vgl. S. 395 f.). Selbst wenn man akzeptiert, dass damit die herrschende Realität der ungleichen Geschlechterverhältnisse (und die damit verbundenen Stereotype) einigermaßen angemessen beschrieben werden, sind die daran anknüpfenden Folgerungen nicht mehr nachvollziehbar: Kohlberg behauptet, dass die Grundaspekte der Geschlechterrolle als universell gültig, als kulturübergreifend stabil zu gelten haben. Mit der männlichen Rolle würden in allen bekannten Kulturen Begriffe wie aktiv, mächtig, aggressiv und kompetent verbunden, Frauen hingegen seien stets auf den passiv-mütterlichen Bereich festgelegt (vgl. S. 360). Weil Kinder in allen Gesellschaften männliche Überlegenheit (z. B. durch die Körpergröße) sehr früh wahrnehmen, würden sie ein entsprechendes Bild von männlicher Macht und Kompetenz entwickeln. Damit wird auch von Kohlberg die grundsätzliche männliche Überlegenheit qua Geburt behauptet; denn was bei Freud der Penisbesitz ist, ist bei Kohlberg die männliche Körpererscheinung und das damit verbundene universelle Stereotyp: Beide Sachverhalte sind gesellschaftlich nicht veränderbar, beide führen dazu, dass Mädchen nur eine relativ gebrochene Geschlechtsidentität entwickeln können. Hier ist einzuwenden, dass die von Kohlberg eingebrachten Belege für die universelle Gültigkeit dieser Stereotype äußerst dürftig sind (vgl. S. 360 f.). Den damals vorliegenden kulturvergleichenden Studien, die dazu zumindest kein einheitliches Bild liefern (vgl. z. B. M. Mead 1970, Bd. 3; Freeman 1983; d'Andrade 1966), kann er jedenfalls keine eigene Forschung zu diesem Problem hinzufügen. Kohlbergs Universalitätsthese ist an dieser Stelle umso erstaunlicher, als ein Verzicht darauf die sozialisationstheoretische Bedeutung seines Ansatzes keineswegs schmälern würde. Im Gegenteil, er könnte die von ihm beschriebenen Stereotype als wesentlichen Aspekt des ungleichen Geschlechterverhältnisses in gegenwärtigen Gesellschaften beschreiben und damit zugleich Anknüpfungspunkte für soziologische oder auch historische Analysen bieten. Genau diesen Weg beschreitet er jedoch nicht. Er bleibt mit seiner Theorie vielmehr ausschließlich im psychologischen Feld und verbaut sich mit seiner Universalitätsthese den Zugang zu einer angemessenen gesellschaftlichen Analyse.

Dass sich ein kognitives Verständnis der Geschlechtersozialisation jedoch keineswegs zwangsläufig mit einer solch unzulänglichen gesellschaftstheoretischen Sichtweise verbinden muss, hat Helga Bilden (1980) überzeugend dargelegt. Sie formuliert eine grundsätzliche Einordnung der Geschlechterverhältnisse in modernen Gesellschaften, die sie als kapitalistisch und patriarchalisch begreift. Als organisierendes Moment der Sozialisation werden die geschlechtsspezifische Arbeitsteilung, die Herrschaftsstrukturen und die sich daraus ergebenden normativen Rollen- und Charaktervorstellungen herausgearbeitet (vgl. S. 785). Mit dieser historisch entstandenen Gesellschaftlichkeit werden heranwachsende Kinder konfrontiert, mit diesen Realitäten haben sie sich auseinanderzusetzen. Den damit verbundenen Sozialisationsprozess beschreibt Bilden dann in den Kategorien der kognitiven Theorie als aktive Aneignung dieser gesellschaftlichen Realität durch die Heranwachsenden (vgl. S. 794 ff.). Dies führt (vor allem im Kindesalter) überwiegend zur Übernahme der gängigen Stereotype, enthält jedoch zugleich die prinzipielle Möglichkeit, vorgeschlagene Entwürfe auch zurückzuweisen und diese Stereotype in einem aktiv-kritischen Aneignungsprozess zu überwinden. Damit macht die Skizze von Bilden deutlich, dass sich ein kritisches Gesellschaftsverständnis und ein emanzipatorisches Erkenntnisinteresse sehr wohl mit den Kategorien der kognitiven Entwicklungspsychologie in Einklang bringen lassen.

2.5 Vergleichende Diskussion der Theorieansätze

Eine übergreifende Gemeinsamkeit psychoanalytischer, lerntheoretischer und kognitionspsychologischer Ansätze liegt in ihrer Hinwendung zum Gegenstandsbereich: Als *psychologische* Theorie beschäftigen sie sich mit dem Individuum und seinen Veränderungen, die jeweils in Bezug zu den unmittelbaren Bedingungen der Umwelt gesehen werden. Diese Schwerpunktsetzung auf den Mikrobereich des Sozialisationsprozesses führt bei allen drei Ansätzen zu einer weitgehenden Ausblendung institutioneller oder gar gesellschaftlich-struktureller Sachverhalte. Dies bedeutet, dass alle drei Ansätze aus sich heraus noch nicht als Sozialisationstheorien bezeichnet werden können. Vielmehr ist zu prüfen, ob sie sich in umfassende sozialisationstheoretische Entwürfe einbringen lassen.

Vergleicht man diese Ansätze nach dem Umfang der *theoretischen* Aussagen, so finden sich deutliche Unterschiede zwischen der Lerntheorie auf der einen, der Psychoanalyse und Kognitionspsychologie auf der anderen Seite: Freud wie auch Piaget beschreiben das Individuum als ganzheitlich und stellen dar, welche Veränderungen es im Durchlaufen verschiedener Phasen bzw. Stufen erfährt. Für beide Theorien ist die ontogenetische Dimension der Entwicklung vom Kleinkind zum Erwachsenen von zentraler Bedeutung. Die Lerntheorie hingegen entwirft kein Stufen- oder Phasenmodell; ihre Gesetze beziehen sich überwiegend auf kurze Lernsequenzen und jeweils abgrenzbare Persönlichkeitsmerkmale. Sie verweigert jede weitergehende Verallgemeinerung und formuliert daher keine Modellentwürfe über innerpsychische Strukturen und ontogenetische Entwicklungen.

Was das *methodische* Vorgehen betrifft, gibt es hingegen deutliche Ähnlichkeiten zwischen Lerntheorie und Kognitionspsychologie bei klarer Abgrenzung zur Psychoanalyse. Während die Psychoanalyse ihr Material vor allem aus der Behandlung von Patienten gewinnt, verstehen sich Lerntheorie und Kognitionspsychologie als empirisch beobachtende Wissenschaften. Die Lerntheorie geht dabei streng positivistisch vor, indem sie Einzelhypothesen formuliert und diese an repräsentativen Stichproben statistisch überprüft. Piaget hat sich allerdings nie nach solchen statistischen Prüfregeln gerichtet, sondern eine eigene Methode zur Erschließung der Strukturen des kindlichen Denkens entwickelt: Er hat einzelne Kinder intensiv beobachtet und ihnen auf verbalem Weg Probleme gestellt, ihre Lösungen analysiert und nach deren Begründungen gefragt. Die dabei zutage getretenen Gemeinsamkeiten und Unterschiede sind das empirische Material seiner Theoriebildung. Dieser methodische Ansatz, Kindern Probleme zu stellen und die unterschiedlichen Lösungsniveaus als Hinweise auf unterschiedliche kognitive Stufen zu betrachten, wurde von Piagets Nachfolgern (Flavell, Kohlberg, Selman, Keller) weiterentwickelt und verfeinert, zum Teil unter Hinzuziehung statistischer Auswertungsmethoden.

Bedeutender als diese forschungsmethodischen Differenzen sind die unterschiedlichen Bilder vom Menschen, seinen Handlungsformen und Umwelteinbindungen, die (implizit oder explizit) in diesen Theorieentwürfen enthalten sind. Diese Unterschiede sollen noch einmal zugespitzt an der Mensch-Umwelt-Problematik verdeutlicht werden: Ist das Subjekt Gestalter der eigenen Entwicklung, oder wird diese von anderen Kräften gelenkt? Die eindeutigste, wenn auch kritikbedürftigste Antwort gibt die Lerntheorie. In ihrer ‹klassischen› Fassung (Watson) geht sie davon aus, dass der Mensch passiv und durch externe Reize kontrollierbar ist. Die Plastizität, aber auch die Manipulierbarkeit der menschlichen Psyche wird als unbegrenzt angesehen. Welch zynisch-technokratische Haltung gegenüber Heranwachsenden aus einem solchen Menschenbild erwachsen kann, wird aus dem berühmten ‹Angebot› von Watson (1925) besonders deutlich: «Gebt mir ein Dutzend Kinder und eine Welt, in der ich sie aufziehen kann. Dann garantiere ich, daß ich jedes von ihnen auf die Besonderheit zu trainieren imstande bin, die ich möchte: Arzt, Rechtsanwalt, Künstler, Unternehmer oder auch Bettler und Dieb» (zit. nach Heckhausen 1974, S. 74). Während die Behavioristen sich weigern, irgendwelche inneren Bedingungen (außer einer prinzipiellen Lernfähigkeit) anzunehmen, geht die Psychoanalyse in ihrer Theoriebildung ganz anders vor: Als Grundbedingung menschlicher Aktivität werden Triebregungen (und damit ein im Grunde biologischer Prozess) in Anschlag gebracht. In früher Kindheit führt die auch reifungsbedingte Entwicklung der Triebe zur Herausbildung der psychischen Instanzen (Es, Ich, Über-Ich) und damit zur Etablierung einer Grundstruktur von Persönlichkeit. Die Triebbedürfnisse des Menschen (seine ‹Natur›) stehen nun in prinzipiellem Widerspruch zu der überwiegend triebversagenden ‹Kultur›; denn umfangreiche Triebrepression ist die notwendige Voraussetzung jeder Gesellschaft. Das Mensch-Umwelt-Verhältnis wird von dieser Triebthematik bestimmt; das Ich muss versuchen, trotz repressiver Bedingungen der ‹Realität› und normativer Forderungen des Über-Ichs zu hinreichender Triebbefriedigung zu gelangen. Die Entwicklung des Subjekts wird somit als Unterdrückung organisch bedingter Triebe beschrieben; die Umwelt ist entweder ein Faktor der Repression oder Material für Sublimierung. Ein solches Menschenbild geht von einer massiv wirkenden inneren Realität aus, verkürzt diese allerdings auf organische Triebregungen und ihre Folgewirkungen.

Mit der Psychoanalyse wiederum hat die Kognitionspsychologie gemeinsam, dass auch sie sich nicht scheut, Aussagen über innerpsychische Prozesse, über interne Mechanismen und Verarbeitungsformen des Subjekts zu treffen. Die kognitive Psychologie entwirft ein differenziertes Modell der inneren Realität von Subjekten, das vom Ansatz her ontogenetisch angelegt ist, indem es die Mechanismen und Gesetzmäßigkeiten der menschlichen Entwicklung beschreibt. Sie verweist darauf, dass für einen erfolgreichen Lernprozess im Subjekt angemessene innere Bedingungen vorhanden sein müssen – und dass sich diese Bedingungen entwickeln und in der Interaktion mit der Umwelt mehrfach umstrukturieren. Der Motor dieser Entwicklung ist nur am Rande die körperliche Reifung, auch nicht der organisch verankerte Triebstau; vielmehr wird von der generellen Tendenz des Subjekts ausgegangen, sich gegenüber der dinglichen wie der sozialen Umwelt aktiv-aneignend zu verhalten: Menschen (auch kleine Kinder) sind darauf ausgerichtet, durch handelnde Aktivitäten zu einem Verständnis der Umwelt zu gelangen. Damit wird ein sozialisationstheoretisch höchst bedeutsames Subjekt-Umwelt-Modell entworfen: Der heranwachsende Mensch ist weder biologisch determiniert noch beliebig form- oder gar manipulierbar, sondern entwickelt seine inneren Strukturen in Interaktion mit den Umweltbedingungen. Wie schnell ein Kind die verschiedenen Stadien durchläuft und welches höchste Niveau es erreicht, ist abhängig von den Lern- und Handlungsmöglichkeiten, die die Umwelt bietet. Doch es ist durch keinerlei Umwelteinfluss möglich, Stadien zu überspringen oder sie gar umzukehren. Eine solche Vorstellung vom sich entwickelnden Individuum hat Piaget zwar vor allem in der Anwendung auf gegenständlich-logische Strukturen (Zahlenbegriff, Mengenbegriff etc.) entworfen. Für die Sozialisationstheorie hat dieser Ansatz in dem Maße an Bedeutung gewonnen, in dem aufgezeigt werden konnte, dass seine Gesetzmäßigkeiten auch für die Aneignung der sozialen Wirklichkeit gelten: Flavell (1975) und Selman (1984) haben dies für die Fähigkeiten zur Perspektiv- und Rollenübernahme gezeigt; Kohlberg hat es nicht nur auf die Geschlechtsidentität, sondern vor allem auf die Entwicklung des moralischen Urteils angewendet (vgl. auch Kap. 4.3.1).

Diese Arbeiten deuten darauf hin, dass die Gesetzmäßigkeiten im Aufbau kognitiver Strukturen nicht lediglich für begrenzte Aspekte der Persönlichkeit von Bedeutung sind, sondern dass damit Grundprinzipien menschlicher Entwicklung in der Subjekt-Umwelt-Interaktion beschrieben werden. Diese Einschätzung bzw. Hoffnung hat jedenfalls dazu geführt, dass die kognitiven Konzepte nicht nur in der Psychologie, sondern zunehmend auch in der Sozialisationstheorie eine herausragende Rolle spielen. Insbesondere in den Arbeiten von Habermas und Mitarbeitern, auf die wir in Kapitel 4.3 zu sprechen kommen, wird versucht, die kognitiven Vorstellungen der Subjektentwicklung in eine umfassende Sozialisationstheorie einzubringen.

3 Sozialisation durch die Schule – zugleich eine Einführung in soziologische Basistheorien

Im vorangegangenen Teil wurde die geschlechtsspezifische Sozialisation im frühen Kindesalter behandelt. Es wurde aufgezeigt, wie unterschiedliche theoretische Konzepte versuchen, dieses Feld begrifflich zu fassen und die dort ablaufenden Prozesse zu erklären. Als zweiter Gegenstandsbereich zur Einführung in die Sozialisationstheorie wird im Folgenden die Institution Schule vorgestellt. Auch dies geschieht in exemplarischer Absicht: Weil in dieser Gesellschaft Sozialisationsprozesse überwiegend in *Institutionen* ablaufen, soll am Beispiel einer Institution der Zusammenhang zwischen gesellschaftlichen Funktionsbestimmungen, institutionellen Rollenmustern und Prozessen der Subjektentwicklung aufgezeigt werden. Weil die *Schule* die größte, differenzierteste und einflussreichste Einrichtung im Bildungsbereich ist, haben sich Sozial- und Erziehungswissenschaftler seit längerem intensiv mit den dort ablaufenden Sozialisationsprozessen befasst. Dabei orientieren sich viele dieser Arbeiten an Konzepten, die aus der soziologischen Theorietradition stammen; struktur-funktionale, marxistische und interaktionistische Ansätze sind hier von besonderer Bedeutung. Alle drei haben zur schulischen Sozialisation mehr oder weniger umfassende Theorieentwürfe vorgelegt. Bevor diese Konzepte im Einzelnen vorgestellt werden, ist zunächst erforderlich, auf den grundlegenden Zusammenhang zwischen gesellschaftlichen Institutionen und den in ihnen ablaufenden Sozialisationsprozessen einzugehen und die Grundstrukturen schulischer Sozialisation zu beschreiben.

3.1 Institutionen als Bedingungsrahmen: Zur Struktur der Sozialisation durch die Schule

In ‹vormodernen› Gesellschaften – etwa bei den von Margaret Mead (1970) beschriebenen Manus und Tschambulis – spielt sich das gesamte Leben – von der Geburt bis zum Tode – in der Dorfgemeinschaft ab; das Leben wird zwar durch Sitten und Bräuche gesteuert und der Lebensweg des Einzelnen durch Rituale (etwa bei der Hochzeit) begleitet. In diesen Gesellschaften gibt es jedoch keine speziellen Einrichtungen neben dem Alltagsleben, die etwa der Erziehung, der Alterssicherung oder der Gesundheitsfürsorge dienen. Dies ist in entwickelten, arbeitsteilig organisierten Industriegesellschaften ganz anders; denn dort werden in vielfältiger Weise spezielle gesellschaftliche Aufgaben durch gesonderte Einrichtungen wahrgenommen, die als ‹Institutionen› bezeichnet werden. Dieser Begriff wird in der Soziologie zwar uneinheitlich gebraucht, in seinem engeren Sinne[12] bezeichnet er jedoch recht übereinstimmend eine Organisation, einen Betrieb oder eine «Einrichtung schlechthin, die nach bestimmten Regeln des Arbeitsablaufes u. der Verteilung von Funktionen auf kooperierende Mitarbeiter (im Rahmen eines größeren Organisationssystems) eine bestimmte Aufgabe erfüllt» (Hartfiel 1972, S. 301). Eine solche Institution verfügt über einen materiellen Apparat (Gebäude, Instrumente, Techniken); sie wird von Personen getragen, die zueinander in formalisierten Rollenbeziehungen stehen (vgl. Gukenbiehl 2006). Für entwickelte Gesellschaften gilt, dass fast alle Probleme, die für den Erhalt dieser Gesellschaft, aber auch für die Weiterentwicklung ihrer Kultur von Bedeutung sind, in solchen Institutionen bearbeitet werden.

3.1.1 Institutionen und Sozialisation

Die Funktionen, die in unserer Gesellschaft Institutionen zu erfüllen haben, sind sehr unterschiedlich angelegt: Für die Erhaltung der Gesundheit sind Kliniken, Krankenversicherungen und pharmazeutische Betriebe tätig; die Versorgung und Betreuung alter Menschen wird längst nicht mehr allein durch die Familie, sondern auch durch Altersversicherungen, Pflegeheime und Sozialfürsorge geregelt; um Unterhaltung und Information kümmern sich Rundfunkanstalten und Verlage. Zugleich bestehen Einrichtungen, die explizit die Funktion haben, in geplanter und organisierter Weise Sozialisation zu betreiben; Kindergärten und Schulen gehören ebenso dazu wie Universitäten, Volkshochschulen und Jugendheime. Zusammenfassend werden diese Institutionen mit pädagogischem Auftrag als Erziehungs- und Bildungssystem bezeichnet. Hier läuft Sozialisation nicht gleichsam ‹nebenbei› ab, sondern wird als Hauptaufgabe geplant betrieben (vgl. Fend 2006, S. 28 ff.).

Für alle Institutionen (ob mit oder ohne pädagogischen Auftrag) gilt, dass sie sich historisch mit der Herausbildung der modernen Industriegesellschaft zu ihrer jetzigen Größe und Bedeutung entwickelt haben. Gesellschaftliche Aufgaben – z. B. die Versorgung von Alten und Kranken – wurden im Zuge dieser Entwicklung vom übrigen Alltagsleben abgetrennt und durch einen gesonderten organisatorischen Apparat auf Dauer gestellt. Auf diese Weise sind in fast allen Feldern der Gesellschaft differenziert ausgebaute Institutionen entstanden, die durch kontinuierliche und regelhafte Arbeit die Erfüllung der jeweiligen Funktionen garantieren. In unserer Gesellschaft kann sich der Einzelne darauf verlassen, dass bestimmte Aufgaben auf diese Weise erledigt werden; dies gilt für die Unterrichtung der eigenen Kinder (durch die Schule) ebenso wie für den Abtransport des Hausmülls (durch die Müllabfuhr) oder die finanzielle Sicherung des Lebensabends (durch die Sozialversicherung). Institutionen entlasten und produzieren Sicherheiten; sie stehen dem Einzelnen aber auch als «objektive Gegebenheit unabweisbar gegenüber. Der einzelne muß lernen, mit diesen umzugehen. Tut er dies nicht oder nur mangelhaft, werden Zwangsmaßnahmen eingesetzt» (Jaeggi 1974, S. 309). Institutionen sind somit nicht nur entlastend, sondern auch lästig oder gar unterdrückend; denn mit ihnen sind nicht nur Handlungsnormierungen, sondern auch organisierte Formen sozialer Kontrolle verbunden. Für die Menschen, die in einer Institution arbeiten (Personal) oder von ihr behandelt werden (Klienten), ergibt sich daraus, dass sie ihre Kommunikations- und Handlungsformen nicht frei wählen können, sondern dass diese aufgrund von Aufgabenstellungen, Rollenerwartungen und Machthierarchien eingegrenzt sind. Während zwei

Menschen, die sich zufällig auf einer Parkbank treffen, beliebig lange über Beliebiges reden können, ist die Kommunikation in Institutionen inhaltlich vorbestimmt, funktional ausgerichtet und meist auch hierarchisch definiert: Arzt und Krankenschwester, Arbeiter und Ingenieur, Lehrer und Schüler haben bestimmte Aufgaben zu erledigen und dabei wechselseitige Rollenerwartungen zu erfüllen. Dies wird durch organisatorische Strukturen gesichert und notfalls erzwungen.

In allen Institutionen (ob mit oder ohne pädagogischen Auftrag) kommunizieren und kooperieren Menschen miteinander, beeinflussen sich dabei wechselseitig und verändern auf diese Weise ihre Persönlichkeiten. Damit sind alle Institutionen auch Felder für Sozialisationsprozesse. Die Inhalte und Formen der Kommunikation unterscheiden sich von Institution zu Institution, werden durch Aufgabe, Struktur und Geschichte des jeweiligen Apparats bestimmt. Somit werden Sozialisationsprozesse in verschiedenen Institutionen unterschiedlich vorgeprägt. Jedenfalls gibt es deutliche Hinweise darauf, dass z.B. eine längere Anwesenheit bei der Armee üblicherweise zu einer anderen Charakterformung führt als das Studium an einer Universität (vgl. Apelt 2008; Teichler 2002). Um solche Prozesse genauer analysieren zu können, müssen Institutionen stets unter zwei Blickperspektiven betrachtet werden. Zur gesamtgesellschaftlichen Seite hin ist zu fragen, welche Aufgaben und Funktionen eine Institution zu erfüllen hat und welche Verhaltensanforderungen und Rollenerwartungen an ihre Mitglieder sich daraus ergeben. Zur Seite der Subjekte hin ist zu fragen, welche Aneignungsformen gegenüber diesen Anforderungen entwickelt werden und wie sich dies auf die Persönlichkeitsstruktur auswirkt. Sozialisationsforschung hat es dabei mit zwei verschiedenen Gruppen von Institutionen zu tun: solche mit sehr unterschiedlichen Funktionen, in denen Sozialisation gleichsam ‹nebenbei› abläuft; und Institutionen der gesellschaftlich geplanten und organisierten Sozialisation. Um diese letztgenannte Gruppe geht es im Folgenden.

3.1.2 Die Schule als Institution

In entwickelten Gesellschaften wurde im Laufe der letzten 200 Jahre ein hochkomplexes Bildungssystem installiert, durch das der Lebensweg der Heranwachsenden stark vorgeprägt wird. So ist nicht nur in der Bundesrepublik gesellschaftlich festgelegt, wann ein Kind die Kinderkrippe, den Kindergarten, die Grundschule, die Sekundarschule oder die Universität besuchen darf (bzw. muss). Der Lebenslauf des Einzelnen wird auf diese Weise in ein Nacheinander von absolvierten Bildungsinstitutionen gegliedert. Unter all diesen Einrichtungen – von der Kinderkrippe bis zur Volkshochschule – nimmt die Schule eine besondere Stellung ein. Zwischen dem 6. und dem 18. Lebensjahr ist sie eine Pflichtveranstaltung, die aufgrund gesetzlicher Bestimmungen von jedem besucht werden muss. Sie ist damit die einzige öffentliche Bildungseinrichtung, der niemand ausweichen kann. Dieser Pflichtcharakter hat wesentlich dazu beigetragen, dass die Schule in allen industriellen Gesellschaften zur größten öffentlichen Institution geworden ist. So besuchten 2005 in Deutschland etwa zehn Millionen Schüler eine allgemeinbildende und weitere 2,5 Millionen eine berufsbildende Schule. Sie wurden von etwa 800 000 Lehrern unterrichtet (vgl. Bildungsbericht 2008, S. 231, 237). Mehr als zehn Millionen Menschen gehen somit in der Bundesrepublik täglich zur Schule. Der Schulbesuch ist (von wenigen Privatschulen abgesehen) unentgeltlich, das Schulsystem wird staatlich finanziert und beaufsichtigt.

Dieses Schulsystem kann als eine Einheit von organisierten Normen, formalisierten Rollenerwartungen und materiellem Apparat bezeichnet werden, dessen Aufgabe es ist, für die Sozialisation des gesamten gesellschaftlichen Nachwuchses zu sorgen. Zur sachgerechten Erfüllung der gestellten Aufgaben arbeitet in der Schule ein speziell ausgebildetes Personal, das pädagogische Tätigkeit berufsmäßig betreibt: Lehrerinnen und Lehrer, die meist als Beamte beschäftigt werden und deshalb gegenüber dem Staat in einem ‹besonderen Treueverhältnis› stehen. Die Schule erfüllt ihre Aufgaben vor allem dadurch, dass Lehrer(innen) in geplanter, systematischer und kontinuierlicher Weise Unterricht erteilen. Die institutionellen Strukturen der Schule haben dabei sicherzustellen, dass für alle Heranwachsenden im schulpflichtigen Alter Unterricht tagtäglich immer wieder stattfindet. Sie sollen darüber hinaus Sorge tragen, dass sich dieser Unterricht inhaltlich und methodisch an den staatlichen Vorgaben (Lehrpläne etc.) orientiert. Zur Sicherung dieser Aufgaben greifen in der Institution drei Organisationsebenen ineinander: Durch die Lernorganisation wird konkret festgelegt, welche Schüler mit welchem Lehrer welche Inhalte zu erarbeiten haben. Instrumente dieser Lernorganisation sind Lehrpläne, Standards, Stundenpläne etc. Darüber erhebt sich ein Netz organisierter Verfahrensregeln, das als Verwaltungsorganisation bezeichnet wird. Dort werden vor allem hierarchische Kompetenzen festgelegt: Wer kontrolliert, wer entscheidet, wer hat welche Rechte und Pflichten? Solche Regelungen schlagen sich z.B. in Versetzungsordnungen, Laufbahnbestimmungen und Haushaltszuweisungen nieder. All dies wiederum ist eingegliedert in die Makroorganisation des Schulsystems – in die Aufgliederung nach Schulformen und Bildungsgängen, in die Beschreibung von Übergangsmöglichkeiten und Abschlussberechtigungen (vgl. Pekrun 1994, S. 468 ff.). Dieser Grundaufbau des Schulsystems – in der Bundesrepublik in den meisten Ländern gekennzeichnet durch das Nebeneinander von Hauptschule, Realschule und Gymnasium – ist in den Schulgesetzen der Länder, teilweise sogar in Landesverfassungen festgeschrieben (vgl. Cortina u.a. 2008).[13]

Diese Beschreibung macht deutlich, dass in der Institution Schule die pädagogische Arbeit in umfassender Weise in organisatorische Strukturen eingebunden ist (vgl. Fend 2006, S. 31 ff.). Von Pädagogen ist dies immer wieder als Fremdbestimmung der Pädagogik durch die Bürokratie kritisiert worden (vgl. z.B. Dauber 1987). Allerdings greift eine solche Kritik dann zu kurz, wenn sie nicht die Ambivalenz der Schule als Institution hinreichend in den Blick nimmt: Eine kontinuierliche Lernarbeit von mehr als zehn Millionen Schülern in der Bundesrepublik bedarf ohne Zweifel der umfänglichen organisatorischen Sicherung, sie ist ohne ausdifferenzierten Apparat völlig undenkbar. Die Institution hat die Voraussetzungen zu schaffen, dass Unterricht und Erziehung tagtäglich stattfinden. Allerdings ist die Sicherung der Kontinuität von Unterricht nicht das einzige Motiv, das den umfänglichen organisatorischen Apparat begründet. Vielmehr bedeutet Schule als Institution auch, dass die organisierten Lernprozesse der nachwachsenden Generation in einen staatlich gelenkten Behördenapparat eingebunden sind, dass Lernen auf diese Weise administrativ kontrolliert und politisch beeinflusst werden kann. Institutionelle Eingriffe in pädagogische Prozesse dürfen somit nicht nur als ‹Pannen› oder ‹unbeabsichtigte Nebenwirkungen› missverstanden werden. Sie sind vielmehr genuines Merkmal eines komplexen Pflichtschulsystems unter staatlicher Aufsicht. Die Schule als Institution sichert somit nicht nur die Kontinuität des Unterrichts, sondern schafft zugleich die Voraussetzungen, dass auf die Sozialisationsprozesse der heranwachsenden Generation ein politisch steuernder Einfluss genommen werden kann. Dass dieser Einfluss aber deutliche Grenzen hat, haben organisationssoziologische Studien (vgl. z. B. Fend 2006) aufgezeigt: Weil die Schule Bildung und Erziehung ermöglichen soll, kann sie nicht – wie etwa eine Fabrik – auf klare und eindeutige Ziele festgelegt werden. Vielmehr sind pädagogische Absichten stets interpretationsbedürftig, pädagogische Leitziele (z. B. ‹Mündigkeit›) sind sogar bewusst unbegrenzt und nicht messbar formuliert. Innerhalb des Rahmens, der durch die Institution vorgegeben ist, setzen Lehrer(innen) ihre eigenen Prioritäten, suchen ihre eigenen Wege, ohne dabei hierarchisch angewiesen werden zu können. Kurz: Die bürokratische Organisation stößt auf ihre Grenzen, die sich aus dem *pädagogischen* Zweck der Schule ergeben.

Das hoch entwickelte Schulsystem, das sich gegenwärtig in der Bundesrepublik findet, ist in einem langen historischen Prozess entstanden. Während das Gymnasium als Schule für eine privilegierte Minderheit bereits Ende des 18. Jahrhunderts eine differenzierte institutionelle Struktur besaß, hat die Volks- bzw. Elementarschule für die große Mehrheit der Bevölkerung einen solchen Ausbau erst etwa 100 Jahre später vollziehen können (vgl. Herrlitz u. a. 2009). Als gesellschaftlicher Antrieb hin zur Pflichtschule für alle wirkten der sich etablierende Nationalstaat (der in der Schule ein entsprechendes Staatsbewusstsein vermitteln wollte) wie die ökonomisch immer bedeutender werdende ‹große Industrie› (die von ihren Arbeitskräften bestimmte Grundqualifikationen verlangte). Im Zuge dieser industriellen Entwicklung wurden gegen Ende des 19. Jahrhunderts die Realschulen, zu Beginn des 20. Jahrhunderts die Berufsschulen gegründet. Dieser historische Entstehungsprozess bestimmt bis heute den gegliederten Aufbau des Schulwesens.

Dieser knappe historische Verweis macht vor allem darauf aufmerksam, dass Institutionen der Sozialisation dem historischen Wandel unterliegen und dabei in den Gesamtprozess einer gesellschaftlichen Entwicklung eingebunden sind. Dies mag in solcher Allgemeinheit trivial klingen, kann aber den kritischen Blick gegenüber aktuellen Sozialisationsbedingungen schärfen: Ob Schulformzugehörigkeit, mütterliche Erwerbstätigkeit oder Videokonsum – dies alles sind Faktoren, welche in einer bestimmten Entwicklungsphase der Gesellschaft den Sozialisationsprozess beeinflussen. Es sind jedoch keine quasi natürlichen Bedingungen, sondern gegenwärtige Einflussgrößen, deren Bedeutungen sich im historischen Prozess mehr oder weniger schnell ändern können (vgl. Ecarius/Fuchs/Wahl 2008). Darüber hinaus ist zu erkennen, dass ein voll institutionalisiertes Pflichtschulsystem für alle Heranwachsenden eine historische Begleiterscheinung von entwickelten Industriegesellschaften ist. Analysiert wird somit eine bestimmte Organisationsform der gesellschaftlichen Sozialisation, die erst in historisch jüngerer Zeit möglich und notwendig wurde. Salopp gesagt: Das Schulkind ist kein ‹natürliches› Wesen, sondern eine Schöpfung vor allem des 19. Jahrhunderts, das erst im 20. Jahrhundert weite gesellschaftliche Verbreitung gefunden hat. Theorien zur schulischen Sozialisation dürfen diese historische Einbindung nicht aus dem Blick verlieren.

3.1.3 Fazit und Forschungsperspektive

Gegenwärtig lässt sich feststellen, dass nie zuvor so viele Kinder und Jugendliche so lange zur Schule gegangen sind: In Deutschland besucht ein Heranwachsender zwischen 13 000 und 15 000 Stunden Unterricht allein im allgemeinbildenden Schulwesen. All diese Stunden dienen der gezielten Beeinflussung, sind auf die Aneignung von gesellschaftlich erwünschten Kenntnissen, Fähigkeiten und Werthaltungen ausgerichtet. Fend (2006, S. 30) bezeichnet dies als «Arbeit an der psychischen Formgebung des Menschen». Dabei ist in Lehrplänen und Richtlinien festgelegt, welche Inhalte als bedeutsam und welche Werte als erwünscht gelten. In der Tendenz zielt die Institution Schule damit auf eine geregelte und gleichgerichtete Persönlichkeitsbeeinflussung bei der nachwachsenden Generation. Eine schulische Sozialisationstheorie kann diese Feststellung zum Ausgangspunkt nehmen und Fragen in zwei Richtungen entwerfen: Welche Form der geregelten und normierenden Persönlichkeitsbeeinflussung findet in der Schule tatsächlich statt? Welche Unterschiede gibt es dabei etwa zwischen verschiedenen Schulformen? Eine solche Fragerichtung beschäftigt sich mit den *Effekten*, die die Institution auf den Ebenen ‹Interaktion› und ‹Persönlichkeit› bewirkt. Zum Zweiten ist zu fragen: Welcher Zusammenhang besteht zwischen diesen institutionell angeleiteten Sozialisationsprozessen und den Anforderungen des gesamtgesellschaftlichen Systems? Eine solche Fragerichtung beschäftigt sich mit den *Funktionen*, die die Institution Schule im gesellschaftlichen Gesamtzusammenhang ausfüllt. Die Analysen in beiden Richtungen dürfen die Problematik allerdings nicht mechanistisch verkürzen, sondern müssen die weiter vorn formulierten Ansprüche an eine Sozialisationstheorie aufnehmen: Die Analyse von Sozialisationseffekten darf sich nicht in der Beschreibung innerinstitutioneller Anpassungszwänge erschöpfen; vielmehr muss einkalkuliert werden, dass auch in Institutionen die Subjekte sich kreativ oder auch widerständig verhalten und damit auf die Strukturen der Institution einwirken. Was die Analyse der gesellschaftlichen Funktionen angeht, so darf nicht übersehen werden, dass zum gesellschaftlichen Reproduktionsprozess die Innovation – die gesellschaftliche Veränderung – gehört. Ob und welchen Beitrag die Institution hierfür leistet, ist ebenfalls in den Blick zu nehmen.

Eine umfassende Theorie schulischer Sozialisation muss somit zwei Betrachtungsperspektiven zusammenbringen: Sie muss erklären, wie sich die Systemreproduktion mit der Persönlichkeitsentwicklung verbindet; sie muss darüber hinaus erklären, wie zugleich kritische Subjektentwicklungen und gesellschaftliche Veränderungen möglich bleiben.

3.2 Schulische Sozialisation in struktur-funktionaler Sicht

Mit dem struktur-funktionalen Ansatz wurden Vorarbeiten aus der Soziologie (v.a. M. Weber und Durkheim), aus der Kulturanthropologie (vor allem Malinowski und Radcliffe-Brown) und aus der Psychologie (vor allem Freud) aufgegriffen und zu einer umfassenden soziologischen Theorie ausgearbeitet. Dabei wurden die entscheidenden Arbeiten von Talcott Parsons (1902–1979) in den 40er und 50er Jahren des vorigen Jahrhunderts vorgelegt; neben ihm sind Autoren wie Brim, Levy und Merton zu nennen. Während die bereits verhandelten psychologischen Ansätze sich auf die Subjektebene und ihre unmittelbare interaktionelle Umgebung konzentrieren und gesellschaftliche Umstände nur am Rande betrachten, erhebt der struktur-funktionale Ansatz den umfassenden Anspruch, das komplexe Verhältnis zwischen Gesellschaft und Persönlichkeit zu erhellen. Die struktur-funktionale Theorie ist auf der einen Seite makrosoziologisch ausgerichtet, indem sie nach dem Beitrag gesellschaftlicher Teilbereiche (z.B. der Schule) für das gesamtgesellschaftliche System fragt. Zugleich hat Parsons eine Handlungstheorie entworfen, in der der einzelne Akteur im Mittelpunkt der Betrachtung steht (vgl. v.a. 1937). Kritiker halten Parsons allerdings vor, dass es ihm in seinem Gesamtwerk nicht gelungen sei, die gesellschaftliche Systemperspektive mit der Theorie individuellen Handelns angemessen zu verknüpfen (vgl. z.B. Hauck 1988, S. 133ff., 153). Parsons gilt wie auch Durkheim, M. Weber und G. H. Mead als ein ‹Klassiker› der Soziologie, der Fundamente für die soziologische Theoriebildung gelegt hat. Im Rahmen dieses Buchs interessiert Parsons als Sozialisationstheoretiker, sodass sein theoretisches Werk nur in einem bestimmten Ausschnitt präsentiert wird.

Für die Entwicklung einer umfassenden Sozialisationstheorie ist Parsons und sein strukturell-funktionaler Ansatz von großer Bedeutung; denn hier wird erstmals ein Konzept vorgelegt, das die Persönlichkeitsentwicklung explizit im gesamtgesellschaftlichen Kontext analysiert, das den Begriff ‹Sozialisation› systematisch gebraucht und auf diese Weise ein Instrumentarium liefert, um vor allem Beeinflussungsprozesse in sozialen Institutionen differenziert analysieren zu können. Nachdem die struktur-funktionale Theorie in der bundesdeutschen Sozialwissenschaft der 1950er und 1960er Jahre überwiegend positiv rezipiert wurde (vgl. z.B. Dahrendorf 1955; Hartmann 1967), setzte gegen Ende der 1960er Jahre eine massive Kritik insbesondere an den sozialisationstheoretischen Aussagen ein (vgl. vor allem Habermas 1968/1973), durch die die

Diskussion in der Folgezeit stark bestimmt wurde. Die an vielen Punkten berechtigte und überzeugende Kritik führte dazu, dass Parsons und der gesamte struktur-funktionale Ansatz allzu pauschal als «anpassungsmechanistische Stabilisierungstheorie» (Frey 1974, S. 18) etikettiert und deshalb als nicht weiter diskussionswürdig betrachtet wurden. Eine solch massive Kritik war aber nur möglich, weil die deutsche Rezeption den Parsons'schen Theorieansatz nur sehr verdünnt und simplifiziert präsentierte (vgl. Joas 1991, S. 142). Während auf diese Weise Parsons in den 1970er Jahren zum «Klischee verkommen» war (Geißler 1979, S. 267), findet sich inzwischen längst wieder eine sachliche und kompetente Beschäftigung mit diesem großen Soziologen (vgl. z. B. Fend 2006; Kaesler 2007). Die folgende Darstellung bemüht sich, Parsons selbst zu Wort kommen zu lassen, damit die notwendige Kritik nicht gegenüber einem «Klischee», sondern gegenüber dem tatsächlichen Theorieentwurf geübt werden kann. Um dies zu leisten, werden die Grundaussagen einer struktur-funktionalen Theorie skizziert. Anschließend wird dargestellt, welchen systematischen Stellenwert dabei ‹Sozialisation› einnimmt und mit welchen Kategorien der Sozialisationsprozess analysiert wird. Im dritten Schritt erfolgt die Hinwendung zur Schule als exemplarischem Gegenstandsbereich.

3.2.1 Grundannahmen und zentrale Begriffe

Parsons verfolgte zeit seines Lebens die Idee, ein System von logisch zusammenhängenden Begriffen zu entwickeln, durch welche sich alle bedeutsamen Aspekte der gesellschaftlichen Realität erfassen lassen (vgl. Hauck 1988, S. 133). Entsprechend komplex, abstrakt und vielfach vernetzt sind die Begriffe seiner Theorie, die er in mehr als 150 Aufsätzen und Büchern darstellte (vgl. Jensen 1976, S. 10). Wir wählen einen (zwangsläufig selektiven) Zugang zu seiner Theorie, indem wir bei seinem Verständnis der Gesamtgesellschaft als einem sozialen System ansetzen: Soziale Systeme entstehen nach Parsons aus der Interaktion zwischen Menschen, die umfassendste Form eines Sozialsystems ist die «Gesellschaft als Gesamtsystem» (1976, S. 88), die intern in hierarchische Ebenen gegliedert ist:

«An der Basis der hierarchischen Struktur ist das Sozialsystem in konkreten Menschen als *physischen Organismen* verwurzelt, die in einer physischen Umwelt agieren. Als *Persönlichkeit* nimmt das Individuum an Prozessen sozialer Interaktion mittels verschiedener *Rollen* teil. Rollen sind organisiert und zu *Kollektiven* aggregiert, die ihrerseits durch zunehmend generalisierte *institutionelle Normen* gesteuert werden. Die ‹Spitze› des Systems bildet die *Gesellschaft als Gesamtsystem*, heute meist in Form eines einzigen politischen Kollektivs, in dem ein einziges mehr oder minder integriertes Wertsystem institutionalisiert ist» (1976, S. 87 f.).

Im Folgenden betrachten wir die oberen Ebenen genauer, also das Verhältnis zwischen dem Gesamtsystem und seinen institutionalisierten Subsystemen, um die drei Grundbegriffe System, Struktur und Funktion zu verdeutlichen. Anschließend beschäftigen wir uns mit der nächst‹niedrigeren› Ebene, indem wir das innerinstitutionelle Handeln in Rollen (als Vermittlung zwischen Persönlichkeit und Gesellschaft) betrachten.

Die Gesellschaft als soziales System

Eine Gesellschaft besteht letztlich aus vielen Millionen handelnden Individuen. Eine Einheitlichkeit als System entsteht jedoch erst, wenn vor dem Hintergrund einer gemeinsamen Kultur ein Komplex von Institutionen und Organisationen dafür sorgt, dass die Vielfalt und Besonderheit auf den untersten Ebenen zu der «notwendigen Einheit und Integration» zusammengefügt wird (Parsons 1976, S. 88). So verstanden besteht eine Gesellschaft aus einer Vielzahl von institutionalisierten Subsystemen (z. B. Beschäftigungssystem, Verkehrssystem, Wissenschaftsbetrieb, religiöse Organisationen), die alle ihren Beitrag zur Stabilität und zum Fortbestand des Gesamtsystems zu leisten haben. Innerhalb dieser Subsysteme agieren die Individuen in Rollen, auf die noch zurückzukommen sein wird.

Parsons' systemorientierte Sichtweise der Gesellschaft wird wohl am ehesten verständlich, wenn man von einer Analogie ausgeht, die er selbst gewählt hat. Er bezeichnet den menschlichen Körper als ein *System*, an dem sich statische Elemente und prozesshafte Vorgänge unterscheiden lassen: «Den festen Bezugspunkt für alle physiologischen Funktionsanalysen bildet die anatomische Struktur des Organismus. Die Kriterien für die Bedeutung von Prozessen wie Atmung, Ernährung usw. und ihrer dynamischen Interdependenz ergeben sich aus ihrer Funktion in bezug auf die Erhaltung dieser Struktur in einer gegebenen Umwelt» (1968*a*, S. 39). In diesem Zitat werden die beiden zentralen Aspekte eines jeden Systems genannt: Struktur und Funktion; diese Begriffe geben diesem theoretischen Ansatz ihren Namen. Um im Bild zu bleiben: Die *Struktur* des Systems ‹menschlicher Körper› besteht aus einer sinnvollen Anordnung verschiedener Körperteile (Subsysteme). Zwischen diesen Körperteilen finden ununterbrochen Austauschprozesse statt (Atmung, Ernährung etc.), die alle auf die übergeordnete *Funktion* ausgerichtet sind, den Körper (Gesamtsystem) zu erhalten. Die einzelnen Körperteile leisten dazu unterschiedliche funktionale Beiträge.

Bevor wir dieses Bild auf die Gesellschaft als soziales System[14] übertragen, gilt es festzuhalten: Struktur beschreibt den statischen, Funktion den prozesshaft-dynamischen Aspekt eines Systems. Die funktionalen Beiträge der Subsysteme sind auf die Stabilität des Gesamtsystems ausgerichtet. Parallel dazu muss man sich das gesellschaftliche System vorstellen als einen geordneten Zusammenhang von einzelnen, meist institutionalisierten Subsystemen. Dabei ist die «Grundeinheit aller sozialen Systeme» zwar «das Individuum *als Handelnder*» (1968*a*, S. 52); dieses Individuum ist jedoch in Rollenmuster und institutionelle Strukturen eingebunden.

Parsons' Interesse richtet sich vor allem auf die Bedingungen von *Stabilität* in sozialen Systemen: Wie ist bei der Vielzahl der einzelnen Handelnden gesellschaftliche Ordnung möglich? Wie ist es möglich, «die Beziehungen zwischen den Individuen so zu regeln, daß der Konflikt vermieden und die positive Zusammenarbeit gefördert wird?» (1968*a*, S. 57) Parsons' Theorie des sozialen Systems ist damit vor allem eine Theorie der Integration und ihrer Bedingungen. Um diese Integrationsprozesse (und ihre Gefährdungen) genauer kennenzulernen, werden *funktionale Analysen* durchgeführt: Tragen die Abläufe in Subsystemen, tragen die Austauschprozesse zwischen den Subsystemen zur Stabilität des Gesamtsystems bei – oder gefährden sie diese Stabilität? Mit diesem Hinweis auf die funktionale Analyse wird noch einmal das Verhältnis zwischen Struktur und Funktion deutlich: Struktur kennzeichnet die statischen, Funktion die dynamischen Anteile eines Systems.

Eine solche Einordnung mag für organische Systeme (etwa den menschlichen Körper) angemessen sein, bei sozialen Systemen bedarf sie jedoch dringend der Relativierung; denn insbesondere die Beschreibung der sozialen Struktur als ‹statisch› erweckt allzu leicht den Eindruck, als sollten damit gegenwärtige gesellschaftliche Zustände konserviert werden. Demgegenüber ist zu betonen, dass Parsons mit der Vorstellung von einer statischen Struktur des sozialen Systems weder die empirische Realität noch einen wünschenswerten Zustand beschreiben will. Ihm ist sehr wohl bewusst, dass Gesellschaften sich kontinuierlich wandeln, dass insofern die statische Struktur eine Fiktion ist. Dennoch erscheint ihm diese Unterstellung als eine methodisch-analytische Vereinfachung notwendig: Nur indem bestimmte Strukturelemente (z. B. das Subsystem Schule) in einer funktionalen Analyse als konstant angesetzt werden, ist es möglich, sich den Austauschprozessen konzentriert zuzuwenden (vgl. Parsons 1968*a*, S. 37). Hierzu ein Beispiel: Eine Analyse, die sich mit Übergängen zwischen Schule, Hochschule und Betrieb beschäftigt, wird diese Institutionen in ihrer gegenwärtigen Verfasstheit als stabil unterstellen und sich in ihrer Arbeit auf die Austauschprozesse zwischen diesen gesellschaftlichen Subsystemen konzentrieren. Dabei ist unstrittig, dass auch diese Institutionen sich intern ständig ändern, dass insofern die Unterstellung von Stabilität eine Fiktion ist. Eine solche Annahme gilt jedoch als notwendig, weil es für eine konkrete soziologische Analyse ein unlösbares Problem wäre, alle gesellschaftlich relevanten Faktoren in ihrer Dynamik zu erfassen. Der Begriff Struktur vereinfacht hier, weil er den prozessualen Charakter der sozialen Wirklichkeit in bestimmten Anteilen gedanklich zum Stehen bringt; das Ganze ist als eine Art «Momentaufnahme» der Gesellschaft, als «angehaltener Film» zu verstehen (vgl. Jensen 1976, S. 39).

Erst durch diese vereinfachende Konstruktion werden komplexe Analysen möglich, in denen alle Komponenten einer zu analysierenden Situation im Auge behalten werden können (vgl. auch Dahrendorf 1955, S. 504). Die Protagonisten einer struktur-funktionalen Theorie heben damit den methodischen Charakter des Strukturbegriffs hervor; er sei – so

Parsons – «ein echtes technisch(es) … Werkzeug» (1968*a*, S. 37). Es ist allerdings darauf zu achten, dass in strukturfunktionalen Analysen dieser Werkzeugcharakter der Begriffe tatsächlich erhalten bleibt. Andernfalls besteht die Gefahr, dass ‹unter der Hand› daraus empirische Realaussagen oder normative Setzungen werden.

Handeln in Rollen

Nachdem wir am Beispiel des gesellschaftlichen Gesamtsystems und seiner institutionalisierten Subsysteme das Verhältnis von Struktur und Funktion geklärt haben, steigen wir in dem hierarchischen Aufbau der gesellschaftlichen Ebenen eine Stufe ‹tiefer›: Wir beschäftigen uns mit den Individuen in den gesellschaftlichen Subsystemen, deren Aktivitäten von Parsons als Handeln in Rollen beschrieben werden. Dieser Begriff des Rollenhandelns ist sozialisationstheoretisch von großer Bedeutung; denn er «verknüpft das Untersystem des Handelnden, als einer ‹psychologischen›, sich in bestimmter Weise verhaltenden Gesamtheit, mit der eigentlichen *sozialen* Struktur» (1968*a*, S. 55). Die Kategorie der Rolle ist unmittelbar am Schnittpunkt zwischen Persönlichkeit und Gesellschaft angesiedelt. Wir haben bereits darauf hingewiesen, dass Parsons als Grundeinheit des gesellschaftlichen Systems den einzelnen Handelnden versteht; Struktur entsteht nun dadurch, dass es eine «Reihe von verhältnismäßig stabilen Beziehungsmustern zwischen» den Individuen gibt (1968*a*, S. 54). In modernen Gesellschaften werden solche stabilen Beziehungsmuster vor allem durch Institutionen hergestellt und gestützt. Ihre Mitglieder haben sich an vorgegebenen Erwartungen zu orientieren, sodass ihr Handeln einen kalkulierbaren Charakter erhält. Dabei agieren Menschen jeweils nur mit einem Teil ihrer Bedürfnisse und Fähigkeiten (etwa am Arbeitsplatz), andere werden hingegen ausgeklammert, kommen aber in anderen Feldern zum Tragen (z. B. in der Familie). In entwickelten, arbeitsteiligen Gesellschaften ist der Handelnde somit in verschiedene gesellschaftliche Subsysteme eingebunden, die ihm stets nur bestimmte Ausschnitte seines Handelns abverlangen. «Ein derartiger Ausschnitt, der die Grundeinheit eines Systems sozialer Beziehungen darstellt, wird heute überwiegend als ‹Rolle› bezeichnet» (1968*a*, S. 55).

Vom Gesichtspunkt des gesellschaftlichen Systems ist die Rolle ein erstes ordnendes Element der sozialen Struktur – aus der Perspektive des Handelnden ist sie eine normative Erwartung anderer Personen, denen man möglichst nachkommen sollte. Wie dieses Handeln in Rollen – und damit die Interaktion zwischen Personen – abläuft, ist von Parsons ausführlich dargestellt worden. Auch hier entwirft er ein gleichgewichtsorientiertes, sich selbst regulierendes Modell, das sich wie folgt skizzieren lässt: In einem gegebenen Zusammenhang interagieren zwei (oder mehr) Personen miteinander. Diese Personen sind Positionsinhaber (z. B. Lehrer und Schüler), die ihre Handlungen an Rollen – das sind soziale Erwartungen – ausrichten. Solche Rollenerwartungen werden nicht individuell und beliebig geschaffen, sondern sind in die Funktionalität des jeweiligen Subsystems (hier: der Schule) eingebunden. Dennoch gilt, dass sie dem Handelnden als normative Erwartung der Gruppenmitglieder (vgl. 1968*a*, S. 55) entgegentreten. Die Befolgung dieser Erwartungen führt zu Anerkennung und Belohnung, die Missachtung zu Ablehnung und Bestrafung durch die Interaktionspartner, in schwerwiegenden Fällen auch zu institutionalisierten Sanktionen. Ungestört und optimal verläuft das Rollenhandeln dann, wenn der Einzelne in Übereinstimmung mit seinen Bedürfnissen agiert und zugleich die Erwartungen des Gegenübers erfüllt. Dies ist der Idealfall von ungestörter und stabiler Kommunikation, mit der der funktionale Zweck der umgebenden Institution erfüllt wird. Ein solches Rollenhandeln trägt darüber hinaus zur Stabilität des Gesamtsystems bei; denn das gesellschaftliche System besteht insgesamt aus «Beziehungsmustern zwischen Handelnden in ihrer Eigenschaft als Rollenträger» (1968*a*, S. 55). Wenn also im gesellschaftlichen System Gleichgewicht und Stabilität herrschen soll, muss auch in den Subsystemen das Rollenhandeln weitgehend störungsfrei ablaufen. In einem solchen Konzept des Rollenhandelns werden Abweichungen von den vorgegebenen Erwartungen als unerwünscht und dysfunktional betrachtet. Wenn Parsons sich damit befasst, unterscheidet er meist nur zwischen den Extrempolen Anpassung und Abweichung; dabei verwendet er Begriffe wie «normal» und «pathologisch» (vgl. Parsons/Bales 1955, S. 243). Ein abgestuftes Kategoriensystem zur Beschreibung mangelnder Konformität wird somit nicht entwickelt.

3.2.2 Der Schüler als Rollenspieler

In der struktur-funktionalen Sichtweise von Gesellschaft haben Sozialisationsprozesse eine stabilisierende Funktion. Die Heranwachsenden sollen dadurch fähig werden, die ihnen angesonnenen Rollen freiwillig und kompetent zu spielen. Für den Fall, dass dies misslingt (und Einzelne ständig gegen Rollenerwartungen verstoßen), treten die Mechanismen der «sozialen Kontrolle» – etwa Jugendfürsorge, Polizei und Justiz – auf den Plan. Um Integration und Stabilität des sozialen Systems zu sichern, sind somit «Sozialisation und soziale Kontrolle die grundlegenden funktionalen Prozesse» (Mayntz 1972*a*, S. 838). Weil in diesem soziologischen Gesamtkonzept der Sozialisation eine solch hervorgehobene Bedeutung zukommt, hat sich Parsons damit immer wieder beschäftigt, hierzu eine eigene Begrifflichkeit entwickelt und diese analytisch auf verschiedene Sozialisationsinstanzen – so auf Familie, Schule und Peergroup – angewandt. Ausgangspunkt ist die enge Verknüpfung zwischen Sozialisation und Rollenhandeln; denn nach Parsons besteht Sozialisation im «Erwerb derjenigen Orientierungen, die für ein befriedigendes Rollenhandeln erforderlich sind» (1951, S. 205). Das kompetente (und stabilisierende) Rollenspielen ist somit Ziel des Sozialisationsprozesses – und zugleich sind die gesellschaftlichen Rollenmuster die kommunikative Umgebung, in der Sozialisation stattfindet: Indem der Heranwachsende in immer komplexere Rollenstrukturen eingeführt wird und sich dort handelnd bewährt, lernt er, «sich auf den verschiedenen Organisationsebenen der Gesellschaft zu beteiligen» (1976, S. 110). Dieses grundlegende Verständnis von Sozialisation als Erwerb der Fähigkeit zum Rollenhandeln soll im Folgenden verdeutlicht werden.

Sozialisation und Rolle

Das harmonische Modell des Rollenhandelns zwischen zwei Interaktionspartnern haben wir bereits skizziert: Indem *ego* und *alter* die Rollen möglichst optimal spielen, erfüllen sie die Erwartungen des anderen, befriedigen ihre eigenen Bedürfnisse und tragen zur Stabilität des sozialen Systems bei. Dieses Konzept setzt allerdings voraus, dass die Bedürfnisse des Einzelnen durch konformes Agieren in Rollen befriedigt werden. Nach Parsons ist dies prinzipiell möglich, wenn eine erfolgreiche Sozialisation der Bedürfnisse stattgefunden hat. Dazu ist erforderlich, dass die Es-Triebe vom ersten Tag an kulturell überformt und in ihrer Energie auf die Erfüllung sozialer Erwartungen ausgerichtet werden (vgl. 1951, S. 42). Im Ergebnis wird das Bedürfnissystem des Einzelnen durch das Motiv geprägt, den internalisierten Werten und den damit verbundenen Rollenerwartungen Genüge zu leisten. Anders formuliert: Gesellschaftliche Konformität wird zum subjektiven Bedürfnis und damit zur Quelle von Befriedigung. Parsons geht von der hohen Plastizität menschlicher Bedürfnisse aus und beschreibt den Sozialisationsprozess als einen von den familiären Bezugspersonen ausgelösten Prozess der zunehmenden Differenzierung anfänglich undifferenzierter Bedürfnisdispositionen. Diese erworbenen Dispositionen münden in entsprechende Rollenanforderungen ein: Was als Bedürfnis erlernt wurde, lässt sich dann durch konformes Rollenhandeln befriedigen (vgl. Parsons/Bales 1955, S. 177).

Wenn die Persönlichkeit im Wesentlichen aus erlernten Bedürfnisdispositionen besteht, wenn zugleich aber den jeweiligen Rollen solche Bedürfnisdispositionen zugeordnet werden können, dann verwischt sich allerdings der Unterschied zwischen Persönlichkeit und Rolle. In der Tat geht Parsons so weit, an einer (häufig zitierten) Stelle die erfolgreiche Sozialisation als Übereinstimmung von Rolle und Persönlichkeit zu bezeichnen: Wenn ein Mensch vollständig sozialisiert sei, sei es nicht angemessen zu sagen, dass eine Rolle etwas sei, «was der Handelnde hat oder spielt, sondern etwas, was er *ist*» (Parsons/Bales 1955, S. 107). An anderen Stellen hingegen betont Parsons, dass bei allen Integrationsnotwendigkeiten die Persönlichkeit «stets ein System mit eigener, individueller Konstitution sein (wird), mit eigenen Zielen und Imperativen innerer Integration, mit eigenen charakteristischen Formen des Verhaltens in Lebenssituationen» (1968*b*, S. 378). Während Parsons, der sich immer wieder auch auf G. H. Mead bezieht, zumindest gelegentlich die Individualität des Einzelnen betont (ohne sie allerdings jemals zum Gegenstand seiner Analyse zu machen), postulieren andere Autoren der struktur-funktionalen Schule die völlige Übereinstimmung von ausgeübten Rollen und Persönlichkeit (vgl. Brim 1974, S. 141). Mit einer solchen Position wird allerdings die Subjekthaftigkeit und Individualität des Einzelnen aus der Theorie entfernt.

Sozialisation wird bei Parsons zunächst als gesellschaftliche Formung der Bedürfnisdispositionen verstanden, die in konformem Rollenhandeln befriedigt werden. Darüber hinaus ist Sozialisation ein Prozess, in dem grundlegende Wertorientierungen erworben werden, die zum erfolgreichen Rollenhandeln erforderlich sind. Um dies zu verstehen, muss man sich klarmachen, dass der Sozialisationsprozess bei Heranwachsenden nicht auf konkrete künftige Rollen vorbereiten kann; denn ob ein Kind später einmal Opernsänger oder Straßenbahnfahrer, Politiker oder Textilverkäufer wird, entscheidet sich erst im frühen Erwachsenenalter. Es kommt hinzu, dass Menschen im Laufe ihres Lebens familiäre Situationen und berufliche Tätigkeiten – und damit auch Rollen – wechseln; dies alles kann durch Sozialisation nicht konkret vorbereitet werden; dennoch muss Sozialisation zur Übernahme und zur Ausfüllung dieser Rollen befähigen. Die Antwort der struktur-funktionalen Theorie auf dieses Problem ist die Unterscheidung zwischen funktional-spezifischen Rollenerwartungen (die für einzelne Rollen in speziellen Situationen gelten) und übergreifenden Orientierungen, die in allgemeiner Weise das Handeln in unterschiedlichen Rollen anleiten (vgl. Geißler 1979, S. 270 ff.).

Ein Beispiel mag dies verdeutlichen. Die Erwartung an eine Vorzimmer-Sekretärin, störende Besucher freundlich, aber bestimmt abzuweisen, ist eine spezifische Rollenerwartung. Generell ist hingegen die Anforderung an Berufsrollen, sachgerecht, funktional und möglichst emotionsfrei die übertragenen Aufgaben zu erledigen. Während spezifische Formen des Rollenhandelns (im Sinne von Techniken) in den Situationen selbst gelernt werden, müssen generelle Verhaltensorientierungen tiefer in der Persönlichkeit verankert und daher im Sozialisationsprozess längerfristig vorbereitet werden. Die Fähigkeit zum Rollenhandeln wird im Sozialisationsprozess somit vor allem durch den Erwerb allgemeiner, für viele Rollen bedeutsamer Grundorientierungen erworben. Parsons beschreibt für den öffentlichen Bereich der US-amerikanischen Gesellschaft ein solches übergreifendes Wertmuster als *universalistische Orientierung* (vgl. 1968*b*, S. 198 ff.). Er sieht darin jenseits aller sozialen Dynamik ein relativ stabiles und übergreifendes Wertesystem moderner Gesellschaften; die Ausrichtung an der individuellen

Leistung, die Erwartung affektiver Neutralität, die Begrenzung von Kommunikation auf die jeweiligen Aufgaben gehoren dazu. Eine Orientierung an solchen Wertmustern ist in komplexen Gesellschaften vor allem erforderlich, um in Berufsrollen erfolgreich agieren zu können. Demgegenüber herrscht in der Familie und in anderen privaten Kontexten eher eine entgegengesetzte Wertorientierung: Beziehungen sind affektiv gefärbt, und Leistungserbringung steht nicht im Vordergrund. Eine solche Wertorientierung wird als *partikularistisch* bezeichnet. Mit dieser Gegenüberstellung wird einerseits auf eine wichtige Aufgabe des Sozialisationsprozesses, andererseits auf ein bedeutendes analytisches Instrument der Parsons'schen Soziologie – die «pattern variables» – verwiesen (vgl. Parsons/Shiles 1951; Mayntz 1972*b*, S. 608 f.).

Die «pattern variables» dienen als Instrument, um Rollensysteme in modernen Gesellschaften nach ihren prinzipiellen Verhaltensanforderungen zu klassifizieren. In ihnen sind Werte repräsentiert (z. B. Affektivität vs. affektive Neutralität), die sich in konkreten Rollenanforderungen wiederfinden. Parsons hat die «pattern variables» aber auch benutzt, um Gesellschaften auf einem unterschiedlichen historischen Entwicklungsstand zu klassifizieren. So orientieren sich vormoderne Gesellschaften ausschließlich an ‹partikularistischen› Werten, während in komplexen Gesellschaften Rollensysteme mit ‹partikularistischen› (Familie) und mit ‹universalistischen› Orientierungen (Beruf) nebeneinander bestehen. Schließlich werden mit den «pattern variables» subjektive Verhaltensmuster beschrieben. So müssen Heranwachsende, die in komplexen Gesellschaften handlungsfähig sein wollen, die Fähigkeit erworben haben, sich an universalistischen Werten zu orientieren. Das Konzept der «pattern variables» versucht, in fünf Gegensatzpaaren die grundlegenden Orientierungen sowohl von kulturellen Wertmustern wie von sozialen Normen wie von persönlichen Motivationen zu fassen:

1. Die erste Ebene der «pattern variables» wird als *Affektivität vs. affektive Neutralität* bezeichnet. Während z. B. das Verhalten in der Familie stark emotional getönt ist, sind Berufsrollen durch sachlich-kühle Berücksichtigung von Interessen und Handlungsfolgen gekennzeichnet.

2. Die zweite Ebene wird mit *Diffusität vs. Spezifität* überschrieben: Hat der Rollenpartner nur eine begrenzte und klar umschriebene Bedeutung (etwa als Ver-

mieter), oder ist die Bedeutung umfassend und prinzipiell unbegrenzt (etwa als Mutter)?

3. Auf der nächsten Ebene lautet das Gegensatzpaar *Partikularismus vs. Universalismus:* Rollenbeziehungen zu einzelnen, besonderen Menschen (der eigene Vater, der Freund) sind durch Einmaligkeit geprägt, sind partikularistisch. Universalistische Rollenerwartungen sind hingegen frei von einmalig-persönlichen Beziehungen, sie beanspruchen Gültigkeit gegenüber jedem Inhaber mit entsprechendem Status. So sind z. B. die Beziehungen zwischen Käufer und Verkäufer, Polizist und Verkehrssünder universalistisch geprägt.

4. *Zuschreibung vs. Erringen* lautet das vierte Gegensatzpaar. Hier geht es um die Frage, ob ein Handelnder aufgrund eines vorgegebenen und fest zugeschriebenen Status (z. B. als Sohn) behandelt wird oder ob die Behandlung aufgrund eines selbst erworbenen Status (z. B. als Inhaber eines bestimmten Berufs) erfolgt. Während in der Berufswelt idealiter nur der durch Leistung errungene Status gelten soll, ist es in der Familie (idealiter) nicht erforderlich, Zuneigung und Liebe durch Leistung zu erringen.

5. *Gemeinschaftsorientierung vs. Selbstorientierung* ist das letzte Gegensatzpaar der «pattern variables». Während im öffentlichen Geschäftsleben jeder ausschließlich nach seinem eigenen Vorteil sucht, wird z. B. in der Familie erwartet, dass die eigenen Ziele einem gemeinsamen Interesse untergeordnet werden.

Eine Zusammenfassung dieser fünf Ebenen erfolgt, indem erneut (und nun als übergeordnete Kategorien) die Begriffe ‹partikularistisch› und ‹universalistisch› gebraucht werden: Eine Wertorientierung wird insgesamt als ‹partikularistisch› bezeichnet, wenn sie auf allen fünf Ebenen jeweils zu der erstgenannten Seite neigt. Damit wird ein System gemeinsamer Werte beschrieben, das in vormodernen Gesellschaften (ohne Trennung von Familie und Arbeitsplatz) generell galt, das in hochkomplexen Gesellschaften jedoch weitgehend nur noch für den Innenraum der Familie gilt. Zusammengefasst kann eine Wertorientierung als ‹universalistisch› bezeichnet werden, wenn sie auf allen fünf Ebenen zu dem zweitgenannten Begriff neigt. Dies ist das Wertmuster, das das berufliche und öffentliche Leben in komplexen Gesellschaften bestimmt. Sozialisation als Erwerb der Fähigkeit zum Rollenhandeln bedeutet somit, dass die Heranwachsenden die universalistischen Werte internalisieren. Auf diese Weise erwerben sie die basalen Fähigkeiten, um in Berufs- und anderen öffentlichen Rollen erfolgreich agieren zu können. In diesem

Sinne lassen sich die universalistischen Orientierungen als Grundqualifikationen des Rollenhandelns bezeichnen; denn alle familienexternen Rollen in komplexen Gesellschaften fordern den Akteuren eine entsprechende Handlungskompetenz ab. Parsons spricht hier von einer «Basispersönlichkeit», die inhaltlich durch die universalistische Seite der «pattern variables» beschrieben wird und deren Ausbildung etwa am Ende der Adoleszenz abgeschlossen sein soll (vgl. 1951, S. 228 ff.). Handlungskompetenzen für spezielle Situationen, wie sie in der Berufsausbildung, im Studium oder im ‹Job-Training› erworben werden, stellen demgegenüber eine neue Stufe des Sozialisationsprozesses dar, die aber stets das Vorhandensein der «Basispersönlichkeit» voraussetzt.

Für den Sozialisationsprozess bis zur Adoleszenz stellt sich damit als Problem: Wie kann ein Kind, das in die partikularistischen Werte der Familie hineinwächst, in möglichst erfolgreicher Weise die universalistischen Werte der Gesellschaft internalisieren? Parsons (1976, S. 109 ff.) beantwortet diese Frage, indem er die Sozialisationsgeschichte des Heranwachsenden als ein Durchlaufen von unterschiedlich strukturierten und sich zunehmend differenzierenden Rollenbeziehungen beschreibt. Geißler fasst das wie folgt zusammen:

«Die Mutter-Kind-Dyade in der vorödipalen Phase wird in der ödipalen Phase erweitert zum einfachen Rollensystem der Kernfamilie. In der Latenzphase tritt das Kind zusätzlich in relativ einfache Rollenbeziehungen in Gleichaltrigengruppen und Grundschule ein, die sich in der Adoleszenzphase in Jugendkultur und Sekundarstufe der Schule komplizieren ..., bis schließlich die komplexen Rollenfelder der Erwachsenen ... erreicht sind» (1979, S. 271).

Diesem Verständnis folgend entwickelt Parsons ein Phasenmodell der Sozialisation, das sich in seiner Einteilung eng an die Freud'schen Phasen der psycho-sexuellen Entwicklung anlehnt (vgl. Parsons/Bales 1955, S. 35 f.). Daran wird deutlich, dass Parsons immer wieder (häufig auch unkonventionelle) Anleihen bei der Psychoanalyse macht, wenn es darum geht, den Prozess der Übernahme kultureller Werte und sozialer Strukturen in das Persönlichkeitssystem zu erläutern: Identifikation und Internalisierung sind für Parsons wichtige Lernmechanismen, dem «Über-Ich» weist er dabei eine hohe Bedeutung zu (vgl. 1968*b*, S. 25–45).

In einer so skizzierten Sozialisationsgeschichte als Teilhabe an zunehmend komplizierter werdenden Rollenstrukturen greift von einem bestimmten Zeitpunkt (etwa dem 6. Lebensjahr) die Schule ein. Welcher Stellenwert der Institution Schule im Kontext einer struktur-funktionalen Sozialisationstheorie zukommt, wird im Folgenden dargelegt.

Die Schule als Sozialisationsinstanz

Soziologisch orientierte Analysen der Institution Schule, ihrer Effekte und ihrer gesellschaftlichen Bedeutung wurden in der angloamerikanischen Literatur verstärkt seit den 1940er Jahren vorgelegt; eine entsprechende wissenschaftliche Beschäftigung in der Bundesrepublik setzte gegen Ende der 1950er Jahre ein (vgl. Dahrendorf 1958). Diese Analysen orientieren sich explizit an struktur-funktionalen Kategorien oder sind zumindest stark von ihnen geprägt. Dies hat nicht zuletzt seine Ursachen darin, dass sich Parsons eingehend mit der Funktion des Bildungssystems auseinandergesetzt hat. Sein 1959 erstmals veröffentlichter Aufsatz über die «Schulklasse als soziales System» (deutsch 1968*c*) gilt als ‹Klassiker› der schulischen Sozialisationstheorie. Parsons bezieht sich in diesem Aufsatz auf die Struktur der US-amerikanischen Gesellschaft und fragt, welche Funktion für diese Gesellschaft die Schule erfüllt. Dabei gilt es, sich zu erinnern, dass Parsons unter Struktur eine methodische Vereinfachung versteht: Teilsysteme eines Gesamtzusammenhanges, die aus analytischen Gründen als stabil gesetzt werden. In diesem Verständnis geht Parsons von einer arbeitsteilig organisierten Industriegesellschaft mit kapitalistischer Wirtschaftsverfassung aus, deren kulturelles System durch die universalistische Wertorientierung bestimmt wird. Die private Existenz der Menschen – einschließlich der Erziehung der Kinder – findet in der Kleinfamilie statt, in der partikularistische Werte vorherrschen. In dieser Gesellschaft besteht ein ausgebautes öffentliches Bildungssystem, dessen Kern die Institution Schule ist. Diese Schule wird von allen Heranwachsenden besucht (Unterrichtspflicht), dabei treten die Kinder etwa im 6. Lebensjahr in eine gemeinsame Grundschule ein, die in den USA bis zur 6. bzw. 8. Klasse (also bis zum 12. bzw. 14. Lebensjahr) dauert. Daran schließt sich die (ebenfalls nicht nach Schulformen differenzierte) «Highschool» an. Parsons beschäftigt sich in seiner Analyse vor allem mit der Grundschule, die in Klassenverbänden organisiert ist: Etwa 25 Schüler und Schülerinnen und eine Lehrperson bilden eine Schulklasse, sie ist der zentrale Ort der schulischen Sozialisation (vgl. 1968*c*, S. 161).

Indem Parsons diese Struktur beschreibt bzw. voraussetzt, versteht er die Schule als Subsystem des gesellschaftlichen Gesamtsystems. Diese Struktur ist Ausgangspunkt seiner funktionalen Analyse: Sein Interesse richtet sich auf den Beitrag, den die Schule (genauer: die Schulklasse) zur Integration der Heranwachsenden und damit zur Stabilität des sozialen Systems leistet. Seine Antwort: Die Schulklasse kann «einerseits als die primäre Instanz betrachtet werden ..., durch welche die verschiedenen Komponenten der Bereitschaft und Fähigkeit entwickelt werden», die zur Erfüllung der Erwachsenenrolle notwendig sind. Sie ist «andererseits vom Gesichtspunkt der Gesellschaft aus eine Instanz zur Verteilung von ‹Arbeitskraft›» (1968*c*, S. 163). Mit dieser Feststellung identifiziert Parsons zwei grundsätzliche Funktionen, die das Schulsystem in einer entwickelten Gesellschaft zu erfüllen hat: Sozialisation und Auslese (Selektion). In der Schule sind zum einen die universalistischen Wertorientierungen zu vermitteln, sodass der Heranwachsende zum Rollenhandeln in der gegebenen Gesellschaft fähig wird. Diese Aufgabe der Schule wird als *Sozialisationsfunktion* bezeichnet; darunter wird im Wesentlichen die Verinnerlichung allgemeiner Rollenerwartungen verstanden. Zum anderen hat die Schule die Aufgabe, die Heranwachsenden auf unterschiedliche berufliche Positionen zu verteilen. Sie hat die «Selektion und Verteilung der menschlichen Ressourcen entsprechend dem Rollensystem der Erwachsenen» (S. 179) vorzunehmen. Diese Aufgabe der Schule wird als *Allokations*- bzw. *Selektionsfunktion* bezeichnet. Positionszuordnung und Rollenverinnerlichung sind komplementäre Prozesse, die im schulischen Alltag eng miteinander verflochten sind. Parsons beschäftigt sich mit der Frage, wie in der amerikanischen Schule beide Funktionen gleichzeitig erfüllt werden. Um hierauf eine Antwort zu geben, analysiert er die internen Prozesse innerhalb der Schulklasse in ihrer gesellschaftlichen Bedeutung. In dieser Analyse ist die Schulklasse das soziale System, ihre Mitglieder (Schüler, Lehrer) sind die Untereinheiten. Parsons beginnt diese Analyse, indem er zunächst die grundlegenden Unterschiede zwischen der Familie und der Grundschulklasse verdeutlicht:

«Der Eintritt des Kindes in das System der formalen Erziehung ist sein erster wichtiger Schritt über die primären Bindungen der Herkunftsfamilie hinaus ... Die Schule ist die erste Sozialisationsinstanz in der Erfahrung des Kindes, die eine Statusdifferenzierung auf nichtbiologischer Basis institutionalisiert. Darüber hinaus handelt es sich dabei nicht um einen askriptiven, sondern um einen erworbenen Status, der durch unterschiedliche Erfüllung der vom Lehrer gestellten Aufgaben ‹verdient› wird» (1968*c*, S. 166 f.).

Im Unterschied zur Familie ist die Schule ein formalisiertes Rollensystem, in dem universalistische Werte Gültigkeit haben. Die Schulklasse ist für den Schulanfänger somit eine neue Welt, in die er sich einüben und einfinden muss. Wie diese Lernprozesse aussehen, macht Parsons am Unterschied zwischen der Mutter- und der Lehrerinnenrolle deutlich: Einerseits kann sich das Kind mit der Grundschullehrerin (wie mit der eigenen Mutter) identifizieren, zugleich setzt der Umgang mit der Lehrerin aber eine Reorganisation des kindlichen Persönlichkeitssystems des Schülers in Gang:

«Diese Reorganisation wird durch diejenigen Züge der Lehrerinnen-Rolle gefördert, die sie von der mütterlichen Rolle unterscheiden. Ein weiterer Punkt ist, daß das Kind ... in der Regel eine neue Lehrerin erhält, wenn es in die nächst höhere Klasse versetzt wird. Das Kind ist somit an die Tatsache gewöhnt, daß Lehrerinnen, ungleich Müttern, in gewissem Sinne ‹austauschbar› sind. Das Schuljahr ist lang genug, um eine wichtige Beziehung zu einer einzelnen Lehrerin herzustellen, aber nicht lange genug für die Kristallisierung einer ausgesprochen partikularistischen Bindung. Mehr als bei der Eltern-Kind-Beziehung muß das Kind in der Schule seine Beziehung zu der Rolle der Lehrerin statt zu ihrer individuellen Persönlichkeit verinnerlichen» (1968*c*, S. 179).

Dabei merkt es auch, dass die Lehrerin nach verallgemeinerten, für alle gleichen Gesichtspunkte vorgehen muss. Sie «ist nicht berechtigt, den Unterschied zwischen guten und schlechten Schülern einfach deshalb zu unterdrücken, weil es zu schwer für Klein-Hänschen wäre, nicht zur besseren Gruppe zu gehören» (1968*c*, S. 177). All diese Erfahrungen sind für das Kind wichtige Schritte bei der Verinnerlichung universalistischer Muster (vgl. ebd., S. 179). Indem sich das Kind in die geänderten Rollenbeziehungen der Schulklasse einfindet, übernimmt es die Wertmuster, die im öffentlichen Bereich arbeitsteiliger Gesellschaften für alle Rollen gelten. Das Kind verinnerlicht «eine Ebene gesellschaftlicher Werte und Normen, die eine Stufe höher liegt als jene, die ihm nur durch seine Familie vermittelt wird» (S. 179). Inhaltlich wird diese Ebene durch die universalistische Seite der bereits skizzierten «pattern variables» präsentiert: affektive Neutralität, Spezifität, Leistungsorientierung etc.

Dieser Prozess der Sozialisation als Rollenverinnerlichung ist beinahe vom ersten Schultag an verbunden mit einer relativ systematischen und kontinuierlichen Bewertung der Schulleistungen: Lehrer(innen) erteilen Zensuren und Zeugnisse, loben und tadeln, belohnen und bestrafen. Dieser Bewertungsprozess führt zu einer internen Differenzierung der Schulklasse in gute und weniger gute Schüler. Auf diese Weise lernen die Kinder, wie man in einer Gruppe einen Status erwirbt und verteidigt. Diese unterschiedliche Bewertung in der Grundschule erfolgt «im wesentlichen nach einem einzigen Leistungskontinuum ..., dessen Inhalt relative Auszeichnung bei der Erfüllung der Erwartungen ist, die der Lehrer als Vertreter der Erwachsenen-Gesellschaft an die Schüler stellt» (1968*c*, S. 172). Eine solche Differenzierung ist funktional notwendig, weil die Schule auch eine Verteilungsinstanz ist und deshalb eine Selektionsbasis für zukünftigen gesellschaftlichen Status (vgl. S. 163) benötigt. In der Grundschule findet damit ein «primärer Selektionsprozeß» (S. 164) statt, der entscheidende Weichen für den weiteren Schulbesuch und für das Niveau der künftigen Berufstätigkeit stellt. In der Parsons'schen Perspektive haftet dieser schulischen Auslese nichts Negatives oder Kritikwürdiges an; vielmehr handelt es sich um einen funktional notwendigen Beitrag des Subsystems Schule zu einer leistungsgerechten Verteilung der nachwachsenden Generation auf die unterschiedlich attraktiven Positionen, die in der Gesellschaft vorhanden sind. Dabei geht Parsons von einer hierarchischen Schichtenstruktur der Gesellschaft aus, in der es eine große Zahl von Positionen auf unterer Ebene und eine «immer kleiner werdende Zahl» auf höheren Ebenen gibt (1976, S. 116). Das Schulsystem hat die möglichst reibungslose, möglichst gerechte Verteilung in diesem hierarchischen System vorzubereiten. Dabei macht er deutlich, dass eine Auslese (bei der es immer auch «Verlierer» gibt) nur dann zur gesellschaftlichen Integration beitragen kann, wenn auch die Verlierer das Auslesekriterium akzeptieren. Ein solches Kriterium ist in der amerikanischen Gesellschaft (wie in der unseren) die individuelle Leistung. Mit einer Orientierung daran wird «anerkannt, daß es fair ist, unterschiedliche Belohnungen für verschiedene Leistungsniveaus zu erteilen, solange eine faire Offenheit der Chancen besteht, und daß es ebenso fair ist, wenn diese Belohnungen zu Chancen höherer Ordnung für die Erfolgreichen führen» (1968*c*, S. 179 f.). Aufgabe der Lehrkräfte ist es, die Bewertung korrekt am Maßstab der individuellen Leistung vorzunehmen und damit den gerechten Wettbewerb zu sichern; denn auf diese Weise «ist ein echter Selektionsprozeß im Rahmen einer Reihe von ‹Spielregeln› möglich» (1968*c*, S. 182). Für die gesellschaftliche Funktion von Schule ist es von zentraler Bedeutung, dass die Spielregeln des schulischen und die des beruflich-gesellschaftlichen Wettbewerbs die gleichen sind: Mit der Orientierung an der individuellen Leistung ist die «Grundschulklasse ... somit in einem grundsätzlichen Sinn eine Verkörperung des fundamentalen amerikanischen Wertes der Chancengleichheit, indem sie sowohl auf ursprüngliche Gleichheit als auch auf unterschiedliche Leistung Wert legt» (1968*c*, S. 180).

Neben einer Idealisierung der US-amerikanischen Gesellschaft, die ohne Zweifel an dieser (und an vielen anderen) Stellen deutlich wird, wird damit vor allem auf die gleichen Muster verwiesen, mit denen soziale Ungleichheiten in Schule und Gesellschaft legitimiert werden: Verteilungskämpfe werden durch individuelle Leistung entschieden; dieses Prinzip wird als hoher Wert internalisiert und gilt fortan als legitime Basis für soziale Ungleichheit. Gegenüber den sozialen Spannungen, die mit Ungleichheiten in Besitz, Einkommen und Einfluss stets verbunden sind, erhält das internalisierte Leistungsprinzip eine ausgleichende Funktion; denn es «hilft, die Billigung der ... Differenzierung vor allem von seiten der Verlierer des Wettbewerbs zu ermöglichen» (1968*c*, S. 182). Diese Beschreibung des Ineinandergreifens von Sozialisations- und Selektionsprozessen ist Parsons' Antwort auf die Frage, «wie die Schulklasse funktioniert» (S. 161). Dabei skizziert er ein Feld institutionalisierten Rollenhandelns und stellt dar, in welcher Weise die Austauschprozesse zwischen den Persönlichkeitssystemen, dem Subsystem Schule und der Gesamtgesellschaft zur immer wieder neuen sozialen Stabilität beitragen.

3.2.3 Einordnung, Kritik und Weiterführung

Die Sozialisationstheorie von Parsons hat bis in die 1970er Jahre hinein die wissenschaftliche Diskussion derartig beherrscht, dass Sozialisation mit ‹Rollenlernen› häufig gleichgesetzt wurde. In der Bundesrepublik setzte gegen Ende der 1960er Jahre eine so massive Kritik an diesem Konzept aus psychoanalytischer (vgl. Fürstenau 1969), marxistischer (vgl. Eichhorn u. a. 1971) und interaktionistischer Perspektive (vgl. Habermas 1968/1973) ein, dass insgesamt der Erkenntniswert dieses Theorieansatzes in Zweifel gezogen wurde. In den letzten Jahren finden sich zunehmend Veröffentlichungen, die zwar die prinzipiellen Defizite nicht verschweigen, zugleich aber die Bedeutung dieser soziologischen Sozialisationstheorie hervorheben (vgl. Geißler 1979; Joas 1980; Geulen 2005; Hurrelmann 2006). Wir können an dieser Stelle nicht die gesamte Parsons-Debatte aufarbeiten, sondern müssen uns auf einige Kernpunkte beschränken. Dabei ist zunächst hervorzuheben, dass die von Parsons in den 1940er und 1950er Jahren entworfene struktur-funktionale Theorie in der Systematik der Analyse alle bis dahin vorgelegten sozialisationstheoretischen Konzepte deutlich übertraf. Parsons formulierte eine Sozialisationstheorie, in der alle vier Ebenen des Sozialisationsprozesses explizit angesprochen und in ihren wechselseitigen Vermittlungen analysiert werden: Das Persönlichkeitssystem wird als Komplex erlernter Bedürfnisse und Orientierungen dargestellt, das Handeln in Rollen beschreibt sowohl die Interaktion zwischen Personen als auch die Struktur von Institutionen, die wiederum eingebunden sind in das gesamtgesellschaftliche System. Prozesse der einen Ebene werden stets in ihrer Bedeutung für die anderen Ebenen und für das Gesamtsystem betrachtet. Auf diese Weise hat sich Parsons bemüht, «die Mikroperspektive der individuell-psychischen Persönlichkeitsstruktur und die Makroperspektive gesellschaftlicher Sozialstrukturen in Bezug zu setzen und eine

Synthese zu bringen» (Hurrelmann 2006, S. 83). Dabei hat er mit der Kategorie der sozialen Rolle ein begriffliches Instrument angeboten, das vor allem für die Analyse innerinstitutioneller Sozialisationsprozesse den Blick zu weiten vermochte. Dass z. B. die Interaktion zwischen Schülern und Lehrern nicht nur als ‹pädagogisches Verhältnis›, sondern eben als normiertes Rollenhandeln zu sehen ist, ist nicht zuletzt durch strukturfunktionale Analysen ins Bewusstsein gerückt worden. Schließlich ist in Parsons' Konzept systematisch die lebensgeschichtliche Dimension berücksichtigt; denn er beschreibt den Sozialisationsprozess als Teilhabe an immer komplexer werdenden Rollenstrukturen, die mit der Mutter-Kind-Dyade beginnt und bis in komplexe Berufsrollen hineinführt. In den von Parsons vorgelegten Analysen zur Sozialisation in Familie, Schule und Peergroup wird diese lebensgeschichtliche Dimension weiter ausgearbeitet.

Die Kritik an Parsons richtet sich gegen mehrere Implikationen, die seiner Theoriekonstruktion zugrunde liegen. Sein grundlegendes Interesse an den Bedingungen von Stabilität und Integration führt dazu, dass er auf den verschiedenen Ebenen (Gesellschaft, Rolle, Persönlichkeit) von der Vorstellung eines sich selbst regulierenden Gleichgewichtssystems ausgeht. Der selbst formulierte Vorbehalt, hierbei handele es sich lediglich um eine methodische Vereinfachung, hat für die dann vorgelegten gesellschaftlichen Analysen kaum noch Bedeutung. Vielmehr werden darin Konflikte und Widersprüche durchgängig ausgeklammert, zugleich wird die Systemerhaltung zum Erkenntnisinteresse erhoben. Dies trifft zunächst für Parsons' Vorstellung von der Gesamtgesellschaft als einem sozialen System zu: Es wird das Bild einer einheitlichen Maschinerie gezeichnet, in der die verschiedenen Subsysteme funktional aufeinander zuarbeiten, um das Gleichgewicht zu sichern. Auch die soziale Ungleichheit, die sich in Klassen und Schichten widerspiegelt, ist Teil dieses insgesamt auf Funktionalität ausgerichteten Systems und bedarf ebenfalls der Reproduktion. Grundsätzliche Interessengegensätze – etwa die zwischen sozialen Klassen – haben in einem solchen System keinen Platz. Sie werden allenfalls als Spannungen thematisiert, die es durch integrative Mechanismen (u. a. durch Sozialisation) zu beherrschen gilt. Eine solche Gesellschaftstheorie steht nicht nur in diametralem Gegensatz zu marxistischen Vorstellungen; sie fällt auch weit hinter das von Max Weber um 1900 formulierte soziologische Konzept zurück, das die «Möglichkeit dauernder unausgleichbarer Interessengegensätze zwischen Mitgliedern verschiedener politischer Einheiten» (1951, S. 295f.) systematisch einkalkulierte. Nicht unwichtig ist, dass in dieses tendenziell harmonistische Gesellschaftsverständnis auch noch eine unkritische Bejahung der US-amerikanischen Gegenwartsgesellschaft einfließt. Parsons geht davon aus, dass «die Vereinigten Staaten in die vorderste Linie der allgemeinen Entwicklung getreten» sind und «den Typ der sozialen Ordnung entwickeln, dem die Zukunft gehört» (1968*b*, S. 195). Wer in solcher Weise das eigene gesellschaftliche System hoch schätzt, bei dem ist es verständlich, dass er sich in erster Linie für die Erhaltung dieser Ordnung interessiert; dies führt allerdings dazu, dass nonkonformes Verhalten nur zu leicht in die Nähe von Kriminalität oder Krankheit gerückt wird (vgl. Geißler 1979, S. 277).

Die Vorstellung eines sich selbst regulierenden Systems findet sich auch auf der Ebene des Rollenhandelns wieder. Wohlwollende Interpreten betonen, dass dieses Rollenmodell weder eine normative Zielvorstellung noch eine empirische Realitätsaussage sei, sondern wiederum eine analytische Funktion erfülle (vgl. Rüschemeyer 1968, S. 20). Demgegenüber gibt es nicht wenige Autoren, die gerade das rollentheoretische Sozialisationskonzept von Parsons grundsätzlich kritisieren. So zeigt Habermas auf, dass die Grundannahmen der Rollentheorie einen Normalfall eingespielter Interaktion unterstellen, «der in Wahrheit ein pathologischer Grenzfall» sei (1968/1973, S. 127): Beschrieben werde von Parsons das Handeln in einer repressiven Institution, in der Subjekte mit rigidem Über-Ich agieren. Nur unter solchen Bedingungen sei die behauptete Identität von Bedürfnissen, Rollenerwartungen und Handlungen möglich.

Eng gekoppelt an sein Verständnis des Rollenhandelns ist auch Parsons' Konzept der Persönlichkeit und ihrer Veränderungen. Obwohl er gelegentlich die Eigenständigkeit der Persönlichkeit gegenüber der gesellschaftlichen Umwelt anspricht (vgl. z.B. 1968*b*, S. 378f.), hat er den Aspekt der Subjektentwicklung weder systematisch berücksichtigt noch analytisch beschrieben. Vielmehr ist er in einseitiger Weise daran interessiert, Sozialisation als Prozess der Vergesellschaftung des Individuums – der Übernahme gesellschaftlicher Wert- und Bedürfnisorientierungen – darzustellen. Demgegenüber wird der Prozess der Individuierung, wird die Herausbildung der unverwechselbaren Identität des Einzelnen, weitgehend vernachlässigt. Das Persönlichkeitsmodell Parsons' wird getragen von der Vorstellung, dass subjektive Bedürfnisse zunächst im Sozialisationsprozess erworben werden, um dann konfliktfrei im konformen Rollenspiel befriedigt werden zu können. Geulen hat darauf hingewiesen, dass damit auch auf der Subjektebene eine verkürzt-harmonistische Unterstellung eingebracht wird: Parsons reduziert «qua Postulat die Bedürfnisdispositionen ... der Persönlichkeit auf einen engeren Aspekt von Gesellschaft, nämlich das System normativer Rollenbeziehungen ... So ist denn der Parsons'sche Persönlichkeitsbegriff psychologisch zu einfach und zu einseitig, insbesondere kommen solche Momente nicht zur Geltung, in denen sich gesellschaftliche Repression niederschlägt und die eine Distanzierung des Individuums von Rollennormen ermöglichen» (Geulen 1989, S. 79f.). Im Ergebnis entsteht das Bild eines Menschen, der sich den vorgegebenen Strukturen einer übermächtigen Gesellschaft möglichst reibungslos anpasst. Demgegenüber ist das Subjekt, das aktiv auf seine Umwelt und auch auf seinen eigenen Sozialisationsprozess Einfluss nimmt und dabei die eigene Individualität gestaltet, in der Parsons'schen Konzeption kaum zu entdecken.

Die Frage, ob dem struktur-funktionalen Ansatz trotz dieser gravierenden Einwände ein Erkenntniswert zukommt, soll nun eng am Problem der schulischen Sozialisation behandelt werden. Hier ist zunächst darauf zu verweisen, dass Parsons überzeugend deutlich macht, dass schulische Prozesse nicht in pädagogischer Autonomie ablaufen, sondern in einen gesellschaftlichen Funktionszusammenhang eingebunden sind: Schule hat für eine konforme Sozialisation und für eine konfliktfreie Auslese zu sorgen. Darüber hinaus zeigt Parsons auf, dass es grundlegende Unterschiede zwischen familiären und öffentlichen Wertorientierungen gibt und dass Schule auch die Aufgabe hat, diese öffentlichen Wertorientierungen zu vermitteln. In diesem Zusammenhang beschreibt Parsons die überragende Bedeutung des Leistungs- und Konkurrenzprinzips, ohne allerdings nach den gesellschaftlichen Ursachen und ohne nach den psychischen Kosten dieses Prinzips zu fragen. In dieser verkürzten Analyse der Leistungskonkurrenz in Schule und Gesellschaft wird die stabilitätsorientierte Einseitigkeit seiner Analyse besonders deutlich: Er spricht als gesellschaftlichen Sachverhalt die Unterscheidung in soziale Schichten an, sieht die Gesellschaft als ein hierarchisches System von Berufspositionen und analysiert präzise, dass die Schule die Aufgabe hat, durch Leistungskonkurrenz für diese unterschiedlichen Positionen auszulesen. Damit hat Parsons zwar alle wesentlichen Elemente dieses sozialen Zusammenhangs benannt; sein Interesse richtet sich aber allein auf die Analyse der Bedingungen, die hier die soziale Stabilität sichern können. Es ist auffällig, welche Prämissen unhinterfragt bleiben: Ob die familiäre Sozialisation in unterschiedlichen sozialen Schichten denn überhaupt für eine ‹faire› Startgleichheit sorgen kann; ob die Institution Schule nicht systematisch bestimmte Kinder (nämlich die aus der Mittelschicht) bevorzugt, ob auf diese Weise nicht die Schule zur Perpetuierung der sozialen Ungleichheit beiträgt? Mit solchen Anfragen wird der Verdacht formuliert, dass das in den Blick genommene ‹soziale System› Teil einer Macht- und Herrschaftsstruktur sein könnte, in der die bestehende Ungleichheit immer wieder reproduziert wird. Obwohl es eine entsprechende Forschung über den Zusammenhang von Sozialisation und Sozialschicht in den USA bereits seit den 1930er Jahren gibt (vgl. Steinkamp 1991, S. 251), werden solche Anfragen von Parsons nicht gestellt. Daran wird erneut deutlich, dass er gegenüber den bestehenden Verhältnissen keine kritische Position einnimmt; vielmehr wird die Stabilität des gesellschaftlichen Systems – einschließlich der darin eingelagerten Momente der Ungleichheit und Unterdrückung – zum nicht weiter hinterfragten normativen Bezugspunkt.

Parsons' struktur-funktionales Sozialisationskonzept ist jedoch nicht nur massiv kritisiert worden, es hat zugleich etliche Autoren zur Ausfüllung und Weiterentwicklung angeregt. So hat für das US-amerikanische Schulwesen Dreeben (1980) in einer differenzierten Analyse aufgezeigt, wie die Lernprozesse in der Institution Schule auf unterschiedliche Aspekte des Erwachsenenlebens vorbereiten. In der Bundesrepublik hat sich Helmut Fend intensiv bemüht, auf der Basis umfassender empirischer Forschung den struktur-funktionalen Ansatz auch theoretisch weiterzuentwickeln. Seine Arbeiten sollen hier abschließend angesprochen werden, weil damit der aktuelle Stand dieser Theoriebildung zur schulischen Sozialisation präsentiert wird: Dabei ist zwischen Fends ‹erster› Schultheorie (1981) und seinen jüngeren Arbeiten, der «Neuen Theorie der Schule» (2006), zu unterschieden. In seinem ersten Theoriekonzept vertritt Fend wie Parsons die Meinung, dass es «für ein adäquates Verständnis von Schule unerläßlich» ist, die «gesellschaftlichen Funktionen der schulischen Sozialisation zu kennen» (1981, S. 7). Um diesen Funktionszusammenhang zu identifizieren, ist ein wechselseitiger Bezug von theoretischen Entwürfen und empirischen Analysen erforderlich. Parsons hat hier die entscheidenden Vorgaben mit seinem Konzept der beiden Funktionen (Sozialisation, Selektion) geliefert. Fend legt eine erheblich differenziertere Beschreibung dieses Funktionszusammenhangs vor: Er spricht nicht mehr von zwei, sondern von drei Funktionen (Qualifikation, Selektion, Integration) und ordnet einzelne Elemente des Schulsystems den verschiedenen Funktionen zu (vgl. Abb. 4). Mit dieser Ergänzung um die Qualifikationsfunktion fügt er die bei Parsons vernachlässigte Dimension der schulischen Inhalte – der Weitergabe von Wissen und Fertigkeiten – in das Konzept ein. Dabei setzt Fend nicht Funktionsbestimmungen und Sozialisationsrealität in eins, sondern versteht das Funktionskonzept als ordnendes Raster für empirische Forschung; denn während Parsons unterstellt, dass funktional erforderliche Sozialisationsprozesse auch tatsächlich stattfinden, beginnt für Fend an dieser Stelle die empirische Forschungsarbeit. Ob und in welchem Ausmaß Sozialisation systemkonform, ob und in welchem Ausmaß sie möglicherweise aber auch widerständig abläuft, muss sich in Untersuchungen zeigen. Am Beispiel der Leistungsorientierung lässt sich dies besonders gut verdeutlichen. Parsons hat hier in pauschaler Art lediglich eine funktionale Setzung vorgenommen. In der Schule – so seine Aussage – wird bei allen Schülern das Leistungsprinzip als Wertmuster internalisiert. Fend hingegen fragt im Rahmen seiner empirischen Wirkungsanalyse, ob diese postulierte Internalisierung tatsächlich stattfindet, welche Bedingungen dies eher begünstigen, welche es eher erschweren. Dabei kommt er zu teilweise überraschenden Ergebnissen.

So zeigt sich in seiner Forschung der 1970er Jahre, dass am ehesten die Hauptschüler von der ‹gerechten› Auslese in Schule und Gesellschaft überzeugt sind, obwohl sie selbst eher zu den ‹Verlierern› des Konkurrenzkampfes zählen. Kritisch-distanzierte Haltungen gegenüber einer Leistungsideologie zeigen hingegen eher die erfolgreichen Schüler im Gymnasium (vgl. Fend u.a. 1976*b*, S. 229f.). Diese Unterscheidung zwischen Funktion und Wirkung wird bei Fend ergänzt durch ein gegenüber Parsons erweitertes Verständnis von Sozialisation: Sozialisation habe nicht nur zur Reproduktion der Gesellschaft, sondern auch zur Handlungsfähigkeit der Subjekte zu führen (vgl. Fend 1981, S. 6). Zwischen beiden Aspekten der Sozialisation bestehe keine prästabilisierte Harmonie (vgl. S. 378), sondern ein prinzipielles Spannungsverhältnis. So sei es in der Schule zwar möglich, über weite Strecken zugleich die Handlungsfähigkeit des Einzelnen zu befördern und einen Beitrag zur gesellschaftlichen Reproduktion zu leisten (etwa beim Lernen der Kulturtechniken); doch gerate die Schule hier sehr leicht in Widersprüche: Die Vermittlung gesellschaftsstabilisierender Wertmuster könne schon sehr bald in Konflikt mit dem Erziehungsziel der «kritischen Mündigkeit» geraten; die möglichst arbeitsmarktgerechte Herstellung von Qualifikationen könne bedeuten, dass viele Heranwachsende nicht die Lernmöglichkeiten erhalten, die für eine optimale Entwicklung ihrer individuellen Fähigkeiten erforderlich wären; und auch die funktionsgerechte Selektion käme schon sehr bald mit den Lern- und Aufstiegsbedürfnissen der einzelnen Schüler in Konflikt (vgl. Fend 1981, S. 378). Kurz: Auf allen drei Funktionsebenen (Qualifikation, Selektion, Integration) können gesellschaftliche Reproduktionsanforderungen und das individuelle Bedürfnis nach Erweiterung der Handlungsfähigkeit miteinander in Konflikt geraten. Diese Feststellung der potenziellen Widersprüchlichkeit des schulischen Sozialisationsprozesses führt Fend dazu, die Internalisierung systemreproduzierender Werthaltungen stets auch unter dem Aspekt der Bedeutung für die Handlungsfähigkeit des Subjekts zu betrachten. In einer solchen Blickperspektive wird dann nicht mehr die möglichst distanzlose Internalisierung des Leistungsprinzips, sondern der kritisch-reflexive Umgang damit zum wünschenswerten Sozialisationsergebnis.

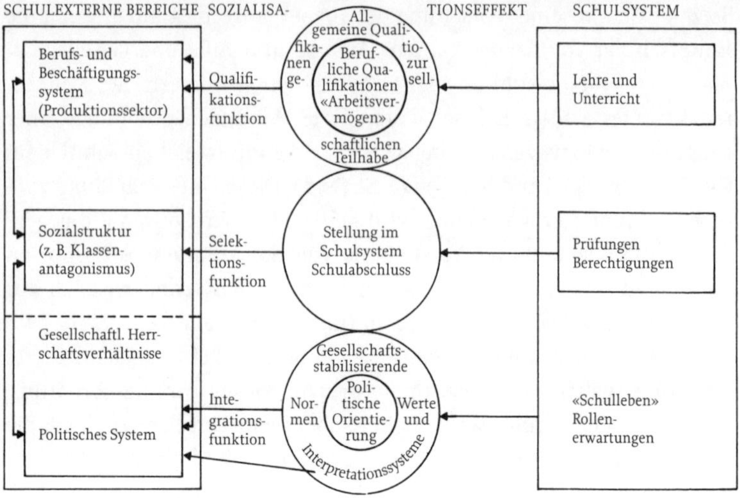

Abb. 4: Gesellschaftliche Funktionen der Schule (Quelle: Fend 1981, S. 17)

Anzumerken ist allerdings, dass andere Theoriedefizite des Parsons'schen Konzepts bei Fend (1981) unbearbeitet bleiben: Die Frage, wie sich innerhalb des struktur-funktionalen Ansatzes Individualität systematisch beschreiben lässt, wie die Einheit des Subjekts begrifflich gefasst werden kann, findet dort keine über Parsons hinausgehende Antwort. Insgesamt zeigen jedoch die Arbeiten von Fend, dass der struktur-funktionale Ansatz nicht nur empirisch anregend wirkt, sondern auch theoretisch entwicklungsfähig ist.

In seiner «Neuen Theorie der Schule» (2006) hebt Fend noch einmal die Erkenntnisleistungen seines struktur-funktionalen Ansatzes von 1981 hervor, um zugleich aber dessen Grenzen deutlich zu markieren. Er beschreibt präzise und empirisch gesichert, was in der Gesellschaft mit der Schule passiert – und welche Sozialisationsprozesse Schüler(innen) in der Regel durchlaufen. Dabei sei er aber allzu eng auf den skizzierten Funktionszusammenhang fixiert und versuche, deterministische Zusammenhänge zu entdecken (vgl. Fend 2006, S. 120).

Dabei wird vernachlässigt, dass Schule nicht ein stabiler Apparat in einer festgefügten Gesellschaft ist, sondern dass die Schule von den

Akteuren (Lehrern, Eltern, Schülern) verändert werden kann (und auch ständig verändert wird). Kurz: Die erste Theorie war «nicht systematisch auf Gestaltungsprozesse der sozialen Wirklichkeit ausgerichtet» (ebd., S. 120). Fend erweitert deshalb seine theoretische Perspektive, indem er – bei Lehrern wie bei Schülern – deren «alltäglich ablaufenden Handlungsstrategien, Verstehensleistungen und Interaktionsprozesse» (ebd., S. 121) erkunden und verstehen will. Damit nähert er sich deutlich einer handlungs- und interaktionstheoretischen Sichtweise schulischer Sozialisation an.

3.3 Schulische Sozialisation in interaktionistischer Sicht

Dass es in der Schule keineswegs nur um Unterricht und Erziehung geht, sondern immer auch um gesellschaftliche Reproduktion, um Auslese und Verhaltensnormierung, sollte deutlich geworden sein. Der strukturfunktionale Ansatz hat aufgezeigt, wie stark gesellschaftliche Anforderungen in den schulischen Kommunikationsprozess eindringen und die Identitätsbildung der Heranwachsenden beeinflussen. Dabei liegt der Schwerpunkt dieser Theoriebildung in der Analyse der Verhältnisse zwischen Rollensystemen und Gesamtgesellschaft, die Analyse individueller Handlungsformen bleibt hingegen eher blass.

Demgegenüber sind die Gewichte bei der interaktionistischen Sozialisationstheorie anders verteilt: Das Verhältnis zwischen Institutionen und Gesamtgesellschaft wird zwar als bedeutsam angesehen, steht jedoch nicht im Zentrum der Analyse; diese konzentriert sich vielmehr auf den mikrosozialen Bereich – auf die Interaktion zwischen den Subjekten. Gegenüber dem struktur-funktionalen Konzept ergibt sich daraus ein Perspektivwechsel. Während diese soziologischen Strukturtheorien die Schule aus der Perspektive von *Zuschauern* betrachten, geht der interaktionistische Ansatz die Analyse aus der Perspektive von *Teilnehmern* an: Nicht die Funktion der Schule in der Gesamtgesellschaft, sondern die alltägliche Interaktion zwischen Schülern und Lehrern ist der analytische Ausgangspunkt dieser Theorie. Davon ausgehend wird vor allem der Prozess der Identitätsbildung beschrieben; zugleich wird eine institutionenkritische Perspektive entwickelt. Eine solche Sichtweise greift vor allem auf die theoretischen Kategorien des «Symbolischen Interaktionismus» zurück, die zu Beginn dieses Jahrhunderts von George H. Mead (1863–1931) in den USA entworfen (vgl. Mead 1968) und von Erving Goffman in den 1950er und 1960er Jahren für die Analyse alltäglicher Situationen in Institutionen weiterentwickelt wurden (vgl. Goffman 1967, 1969, 1971). In der bundesdeutschen Erziehungswissenschaft werden interaktionistische Konzepte seit Ende der 1960er Jahre intensiv diskutiert. Insbesondere Habermas (1968/1973), Krappmann (1971), Mollenhauer (1972), Brumlik (1983), Joas (1991) und Keupp u. a. (2002) haben wichtige Beiträge zur Adaption und zur theoretischen Weiterentwicklung dieses Konzeptes geleistet. Im Folgenden werden zunächst die Grundkategorien des Symbolischen Interaktionismus dargestellt, um sodann seine theoretische und empirische Anwendung auf den Bereich der Schule zu erläutern.

3.3.1 Grundannahmen und zentrale Begriffe

Die Theorie des Symbolischen Interaktionismus beschreibt im Kern den Kommunikationsprozess zwischen Subjekten als einen gesellschaftlichen Prozess, «aus dem heraus sich die Identität entwickelt» (Mead 1968, S. 207). Als konstitutiv für diese Entwicklung des Selbst werden zwei Grundsachverhalte angesehen: dass der Einzelne ein gemeinsames Symbolsystem (Sprache) mit den anderen teilt, sodass Verständigung möglich wird[15]; und dass der Einzelne mit stabilisierten Verhaltenserwartungen konfrontiert wird, die die anderen an ihn richten. Dabei wird unterstellt, dass systematische Brüche zwischen verschiedenen Verhaltenserwartungen bestehen, sodass von Fall zu Fall eine *Interpretation* von Normen, Erwartungen und Bedürfnissen erforderlich ist. In diesem Kommunikationsprozess ist das Subjekt aktiv tätig, indem es Situationen und Anforderungen interpretiert und diese mit selbst entworfenem Handeln beantwortet. Dabei geht in die jeweilige Handlung stets die Darstellung der eigenen Identität ein. Durch eine Auffächerung dieser Grundannahmen soll im Folgenden dargestellt werden, wie der Symbolische Interaktionismus den Prozess der Identitätsbildung beschreibt.

Interaktion und Rolle

Der unreduzierbare Grundsachverhalt dieser Theorie ist die Interaktion[16]. Sie wird beschrieben als ein «wechselseitige(s) Aufeinander-Bezugnehmen der Akteure durch Erwartungen an das Verhalten anderer und das antizipierende Erwarten von den Erwartungen an das eigene Verhalten» (Brumlik/ Holtappels 1987, S. 91). Was damit gemeint ist, soll an einem alltäglichen Beispiel verdeutlicht werden: Ein junger Mann und ein junges Mädchen kommen auf einer Party miteinander ins Gespräch. Das dann einsetzende Spiel von gegenseitigen Einschätzungen, unterstellten Normen und angestrebten Zielen wird von Krappmann wie folgt beschrieben:

> «Nachdem die beiden jungen Leute miteinander bekannt gemacht worden sind, spricht er sie an, um sich zunächst über allgemeine Themen zu unterhalten, über die jeder etwas sagen kann. Dabei versucht er herauszufinden, ‹wie sie ist›, und auch sie bemüht sich, einen Eindruck von ihm zu gewinnen. Im allgemeinen ist er darauf bedacht, sich selbst in gutem Licht erscheinen zu lassen. Möchte sie gern über ein Konzert plaudern, wird er darauf – wenigstens zu Beginn – eingehen, sofern er dazu überhaupt etwas zu sagen weiß. Ist er hierzu nicht imstande, wird er ein gleichwertiges Thema anschneiden, um nicht als geistlos und ungebildet eingestuft zu werden ... Nehmen wir an, der junge Mann möchte die Bekanntschaft über diesen Abend hinaus fortsetzen. Er wird dann herausfinden müssen, ob das Mädchen bereit ist, sich mit ihm zu verabreden. Fordert er sie unvermittelt auf, am nächsten Wochenende allein mit ihm wegzufahren, riskiert er eine Absage und den Abbruch der Beziehung überhaupt. Lädt er sie hingegen ein, sich einer größeren Gruppe von Freunden und Bekannten anzuschließen, die jeden Samstagnachmittag gemeinsam zum Schwimmen gehen, hat er größere Aussichten auf Erfolg. Sie wiederum hat sicher schon bald gemerkt, daß er ‹Absichten› hat. Vielleicht ermuntert sie ihn. Ist er ihr jedoch unsympathisch, ... wird sie ihm zu erkennen geben, daß er sich keine Hoffnungen machen sollte, bei ihr etwas zu erreichen. Entweder lenkt sie das Gespräch beharrlich auf harmlose Themen oder sie erwähnt beiläufig ihren Freund» (Krappmann 1971, S. 32 f.).

Krappmann hat hier bewusst das Beispiel einer relativ offenen Gesprächssituation gewählt, um die Grundstrukturen der Interaktion zu verdeutlichen. Sie besteht darin, dass Ego versucht zu erkunden, wer Alter ist. Dabei hängt es jedoch zum erheblichen Teil von Ego selber ab, wer

Alter sein darf; denn Alter kann in dieser Interaktion nur in der Identität auftreten, die Ego akzeptiert (und umgekehrt). Dies soll erneut am Beispiel verdeutlicht werden:

Die junge Frau möchte gern darstellen, dass sie nicht nur Literatur und Theater liebt, sondern auch schon selbst einige lyrische Gedichte geschrieben hat. Sie merkt jedoch bald, dass dieser Bereich bei dem jungen Mann auf Desinteresse oder gar Belustigung stößt und unterlässt es daher lieber, davon zu erzählen. Auf der anderen Seite merkt der junge Mann, dass der Bericht über seine sportlichen Erfolge die junge Frau langweilt; er bricht ab und erzählt nicht mehr, dass er letzte Woche Stadtmeister im 400-m-Lauf geworden ist. Das Party-Gespräch zwischen beiden ‹versandet›, man wendet sich anderen, hoffentlich interessanteren Leuten zu.

Wenn eine ausreichende Einigung über die Situation und über die darin eingebrachten Identitäten nicht zustande kommt, wird die Interaktion abgebrochen. Dies ist in dem geschilderten Fall nicht besonders problematisch, weil beide es sich leisten können, auf die weitere Interaktion zu verzichten; es gibt für sie daher keinen hinreichenden Grund, «ihre Erwartungen so zu verändern, daß ein tragfähiger Konsens über Identitäten und Situation zu entstehen vermag» (Krappmann 1971, S. 35). Damit ist zugleich darauf verwiesen, dass es auch andere Fälle gibt: Unter institutionalisierten Bedingungen (z. B. in der Schule) interagieren die Beteiligten meist nicht freiwillig, auch eine als unbefriedigend erlebte Kommunikation kann in aller Regel nicht abgebrochen werden. Im Übrigen kann niemand auf jegliche Interaktion verzichten, weil er dann keine Identität aufbauen kann.

Das wechselseitige Einbringen von Identitätsanteilen in den Kommunikationsprozess wird in Anlehnung an G. H. Mead (1968) und R. Turner (1976) mit den Begriffen von ‹role-making› und ‹role-taking› beschrieben. ‹Rollen› sind hier nicht (wie in der struktur-funktionalen Theorie) extern festgelegte Verhaltensanforderungen; sie werden vielmehr im Kommunikationsprozess zwischen Subjekten ausgehandelt und dabei individuell gestaltet. «Role-taking» meint damit zunächst, dass sich Ego in die Rolle von Alter versetzen kann, dass er also die Kommunikation auch mit den Augen des anderen sehen kann (Perspektivübernahme). Auf diese Weise kann Ego erkennen, welche Erwartungen Alter an ihn richtet. Er kann durch sein eigenes Verhalten diese Erwartungen erfüllen, damit die von Alter vorgeschlagene Rolle spielen und zugleich Alters Identitätsentwurf bestätigen. Ego kann auch die vorgeschlagene Rolle verweigern und damit einen Kommunikationsabbruch riskieren. Der Normalfall dürfte jedoch eine Mischung zwischen Akzeptanz und eigener Ausgestaltung der angesonnenen Rolle sein. Ego bringt durch sein Verhalten seinen eigenen Identitätsentwurf ein, der nicht völlig deckungsgleich mit der von Alter angesonnenen Rolle sein wird (‹role-making›). Alter wiederum muss sich auf dieses ‹role-making› von Ego einstellen und seinerseits reagieren. In einem solchen Verständnis von Rollenhandeln liegt die Betonung «jetzt nicht mehr auf dem einfachen Prozeß des Ausführens einer vorgeschriebenen Rolle, sondern auf der Art und Weise, wie man das eigene Handeln auf der Basis einer unterstellten Rolle des anderen plant und entwirft» (Turner 1976, S. 118).

Das interaktionistische Modell des kommunikativen Austauschs zwischen Ego und Alter unterstellt somit eine Gleichberechtigung und Gleichgewichtigkeit zwischen beiden Partnern im Prozess des ‹role-taking› und ‹role-making›. Dabei liegt es in ihrer Möglichkeit, zu einer einverständigen Aushandlung der wechselseitigen Rollen zu gelangen oder – wie am Party-Beispiel gezeigt – die Kommunikation abzubrechen. Eine solche Freizügigkeit mag es auf einer Party oder auf einer Parkbank geben, im Betrieb, vor Gericht oder in der Schule geht es anders zu: Hier sind die Erwartungen vorab festgelegt, sodass das Interpretationsfeld klar begrenzt ist. In all diesen Fällen sind die Erwartungen an die Handelnden im Rahmen einer Institution auf Dauer gestellt. Dies bedeutet zwar, dass der Prozess des Aushandelns von Rollen zwischen den Beteiligten erheblich eingeschränkt ist, aber keineswegs außer Kraft gesetzt. Vor allem Goffman hat mit seinen Untersuchungen gezeigt, dass selbst in repressivsten Institutionen (Psychiatrie, Militär) die ‹Insassen› zu einem erheblichen Teil ‹role-making› praktizieren und damit ihre Identitäten präsentieren und verteidigen (vgl. Goffman 1972).

Interaktion und Identität

Die Darstellung und Modifizierung von Identitäten ist in der interaktionistischen Sichtweise eng in die alltägliche Kommunikation eingebunden. Was aber wird dabei genau unter Identität verstanden? G. H. Mead meint damit die Fähigkeit des Einzelnen, reflexiv aus sich selbst herauszutreten und sich damit selbst zum Objekt zu werden (vgl. Mead 1968, S. 179 ff.). Einfacher formuliert: die Fähigkeit, sich ein Bild von sich selbst zu machen. Mead zeigt auf, dass ein isolierter Einzelner zu einer solchen Selbstreflexion nicht gelangen kann. Identität entsteht vielmehr, wenn der Einzelne sich im Kommunikationsprozess mit den Augen des anderen zu sehen vermag und auf diese Weise ein Bild von sich selbst entwickelt. Der Interaktionsprozess ist damit die gesellschaftliche Grundvoraussetzung dafür, dass Identität überhaupt entstehen kann: «Diese Identität, die für sich selbst Objekt werden kann, ist im Grunde eine gesellschaftliche Struktur und erwächst aus der gesellschaftlichen Erfahrung» (Mead 1968, S. 182). Dieses Grundverständnis ist von Goffman (1967) aufgenommen und in bedeutsamer Weise weiterentwickelt worden (vgl. Abels 2006, S. 347 ff.). Nach seinen Beobachtungen lassen sich die Erwartungen, denen ein Subjekt bei der Selbst-Repräsentation ausgesetzt ist, in zwei Dimensionen unterscheiden: In der zeitlichen Linie verfügt das Individuum über eine Biographie, deren Selbstinterpretation als *personale Identität* bezeichnet wird. In der aktuellen Situation ist das Individuum in unterschiedlichen Gruppen- und Rollenstrukturen eingebunden; die darauf bezogene Selbstinterpretation ist die *soziale Identität*. Aus der Balance von personaler und sozialer Identität wiederum ergibt sich die *Ich-Identität*. Habermas beschreibt dies wie folgt:

«Die persönliche Identität kommt zum Ausdruck in einer unverwechselbaren Biographie, die soziale Identität in der Zugehörigkeit ein und derselben Person zu verschiedenen, oft inkompatiblen Bezugsgruppen. Während persönliche Identität so etwas wie die Kontinuität des Ich in der Folge der wechselnden Zustände der Lebensgeschichte garantiert, wahrt soziale Identität die Einheit in der Mannigfaltigkeit verschiedener Rollensysteme, die zur gleichen Zeit ‹gekonnt› sein müssen. Beide ‹Identitäten› können als Ergebnis einer ‹Synthesis› aufgefaßt werden, die sich auf eine Folge von Zuständen in der Dimension der sozialen Zeit (Lebensgeschichte) bzw. auf eine Mannigfaltigkeit gleichzeitiger Erwartungen in der Dimension des sozialen Raums (Rollen) erstreckt. Ich-Identität kann dann als die Balance zwischen der Aufrechterhaltung beider Identitäten, der persönlichen und der sozialen, aufgefaßt werden» (1968/1973, S. 131).

Ich-Identität wird somit als Balance beschrieben, die in jeder Interaktion geleistet werden muss. Auf der Ebene der sozialen Identität wird dabei vom Individuum verlangt, sich an normierten Verhaltenserwartungen zu orientieren: Der Handelnde soll sein wie jeder andere. Auf der Ebene der personalen Identität wird von dem Individuum verlangt, sich als unverwechselbar und einmalig darzustellen: Es soll sein wie kein anderer. Ein Individuum, das entweder der einen oder der anderen Anforderung voll nachgibt, schließt sich selbst aus der Kommunikation aus: Es erscheint als ‹wunderlich›, wenn es die sozialen Erwartungen überhaupt nicht erfüllt; es erscheint als ‹automatenhaft› oder ‹verdinglicht›, wenn es sich ausschließlich an sozialen Erwartungen orientiert. Kommunikationsfähig ist nur derjenige, der in jeder Situation wieder neu seine Identität vor dem Hintergrund der jeweiligen sozialen Erwartungen zu wahren weiß. Diese Leistung ist Teil des Prozesses, in dem ein Subjekt über sich selbst reflektiert. Ich-Identität wird somit als Prozess und als immer wieder neu zu erbringende Leistung in der Interaktion verstanden. Abbildung 5 (s. S. 176) versucht, diesen Zusammenhang von Interaktion und Identitätsbalance zu veranschaulichen: Indem Ego und Alter miteinander kommunizieren, bringen sie zugleich die soziale und die biographische Dimension ihrer Identität in diese Interaktion ein. Eine befriedigende Interaktion muss Raum für solche Identitätsdarstellungen bieten und zugleich die wechselseitigen Erwartungen und Bedürfnisse zumindest partiell erfüllen.

Sozialisationstheoretisch ist hier von großer Bedeutung, dass der Prozess der Persönlichkeitsentwicklung als Einheit von Vergesellschaftung und Individuierung gefasst wird: Indem sich der Einzelne in reflexiver Weise die Sprachsymbole, Werte und Normen seiner sozialen Umgebung aneignet, wird er ein handlungsfähiges Mitglied der Gesellschaft und zugleich ein einmaliges, unverwechselbares Individuum. Weil eine so verstandene Ich-Identität in Interaktionsprozessen immer wieder neu auszuhandeln und zu balancieren ist, kommt die biographische Dimen-

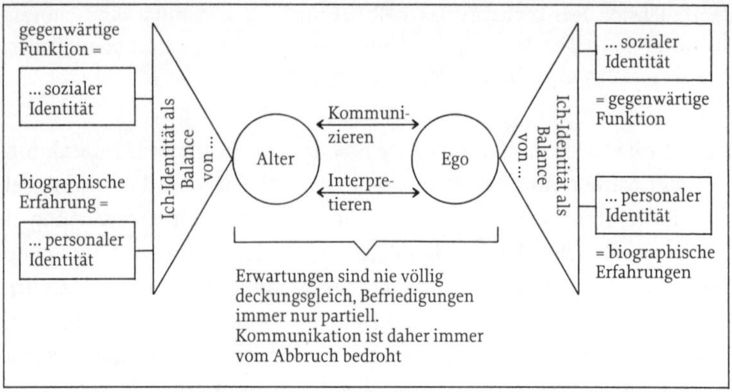

Abb. 5: Interaktion und Identität (Quelle: Mead 1968, Krappmann 1971)

sion ins Spiel: Frühe Kindheit, Eltern, Familie, Schule, Studium, Heirat etc. stellen eine Abfolge von Erfahrungen dar, in deren Verlauf auch die eigene Identität uminterpretiert und weiterentwickelt wird (vgl. Brumlik/Holtappels 1987, S. 92).

Grundqualifikationen des Rollenhandelns

Wenn Identität eine ständig neue Leistung in der alltäglichen Interaktion ist, benötigen die Subjekte Fähigkeiten, um diese Leistung (mehr oder weniger gut) zu erbringen. Dabei ist zuerst die Sprachfähigkeit zu nennen; weil alle geschilderten Prozesse im Medium der Sprache ablaufen, ist eine differenzierte Beherrschung des Symbolsystems umso notwendiger, je anspruchsvoller die Balanceanforderungen sind. Ferner wird von Ego kontinuierlich gefordert, die Perspektive seines Gegenübers zu übernehmen, sich also in die Sichtweise, in die Bedürfnisse, auch in die Gefühle von Alter zu versetzen. Diese Fähigkeit wird *Empathie* genannt und gelegentlich mit Einfühlungsvermögen übersetzt; diese deutsche Bezeichnung darf jedoch nicht darüber hinwegtäuschen, dass es sich im Kern um eine kognitive Fähigkeit handelt, durch die das ‹role-taking› möglich wird (vgl. Krappmann 1971, S. 142 f.).

Neben allgemeiner Sprachkompetenz und empathischen Fähigkeiten sind weitere Qualifikationen erforderlich, um in Interaktionen angemessen und selbstbewusst handeln zu können: Je stärker beim Einzelnen Frustrationstoleranz, Ambiguitätstoleranz und Rollendistanz entwickelt sind, desto eher ist er in der Lage, Identität auch unter schwierigen Bedingungen zu wahren. Diese Fähigkeiten, die kognitive wie auch affektiv-motivationale Anteile haben, werden als interaktionistische «Grundqualifikationen des Rollenhandelns» bezeichnet und im Folgenden weiter erläutert. Sie wurden zuerst von Habermas (1968/1973) in knappen Thesen entworfen.[17]

Diese Thesen waren für die sozialtheoretischen Diskussionen außerordentlich folgenreich. Zum einen wurde die dominante Stellung der struktur-funktionalen Rollentheorie endgültig erschüttert, zum anderen eine intensive Diskussion um «emanzipatorische» Sozialisationsziele und ihre Präzisierung angeregt (vgl. u. a. Krappmann 1971; Brumlik 1983, S. 240 ff.). Habermas übernimmt die interaktionistische Beschreibung des Rollenhandelns als eine unklare, interpretationsbedürftige und permanent gefährdete Situation. Diese ‹brüchige› Struktur stellt er systematisch auf drei Ebenen dar. Dabei verbindet er die systematische Beschreibung der Strukturen des interaktionistischen Rollenhandelns mit einer Kritik an dem Teil der struktur-funktionalen Theorie, der das Handeln in Rollen beschreibt. Zugleich stellt er dar, welche Grundqualifikationen die Subjekte benötigen, um innerhalb des interaktionistischen Konzepts angemessen agieren zu können. Diese Argumentationsfigur entwickelt Habermas auf drei verschiedenen Ebenen, die jeweils ihren Ausgangspunkt in den Strukturen der Interaktion finden.[18]

1. Zwischen den Rollenerwartungen und den Bedürfnissen der Subjekte besteht in aller Regel keine Übereinstimmung, sondern eher ein Missverständnis: Sehr viele Rollen erlauben einem der Akteure nur eine geringe Befriedigung, dennoch muss er die Interaktion aufrechterhalten. Ein Akteur, der dieser Rollenambivalenz gewachsen sein will, benötigt Frustrationstoleranz, eine Fähigkeit, trotz geringer eigener Bedürfnisbefriedigung eine Interaktion fortzusetzen. Frustrationstoleranz ist das psychische Äquivalent zu dem strukturellen Sachverhalt, dass Rollenerwartungen und Bedürfnisdispositionen nicht deckungsgleich sind. Eine solche Beschreibung wendet sich gegen Parsons' These, dass im Idealfall des Rollenhandelns beide Akteure ihre Bedürfnisse befriedi-

gen, indem sie die Rollenerwartungen erfüllen. Diesem «Integrationstheorem» der struktur-funktionalen Rollentheorie hält Habermas entgegen, «daß in allen bisher bekannten Gesellschaften ein fundamentales Mißverhältnis zwischen der Masse der interpretierten Bedürfnisse und den gesellschaftlich lizenzierten, als Rollen institutionalisierten Wertorientierungen bestanden hat» (1968/1973, S. 125). Das Ausmaß, in dem ein Teil der Interagierenden den anderen Bedürfnisbefriedigung vorenthalte, lasse den Grad der Repression in einer Institution erkennen.

2. Zwischen den Rollenerwartungen und dem tatsächlichen Handeln – also der Rolleninterpretation – besteht keine Deckungsgleichheit, sondern ein grundsätzliches Spannungsverhältnis: Rollenerwartungen sind nie eindeutig und starr festgelegt, sodass das Rollenhandeln stets die Interpretation der Erwartungen verlangt. Dies korrespondiert mit dem Bedürfnis der handelnden Subjekte, sich bei Übernahme einer Rolle «zugleich als unvertretbare Individuen darstellen (zu) können» (1968/1973, S. 126). Daraus ergibt sich die Anforderung an das Subjekt, in einer eher diffusen Situation (die Habermas als Rollenambiguität bezeichnet) ein angemessenes Verhältnis von Rollenübernahme und Rollenentwurf zu finden. Diese Fähigkeit, Unklarheiten und Ambivalenzen zu ertragen und dennoch handlungsfähig zu bleiben, wird als *Ambiguitätstoleranz* bezeichnet und als eine weitere Grundqualifikation des Rollenhandelns angesehen. Eine solche Analyse wendet sich zugleich gegen Parsons' Vorstellung, dass «in stabil eingespielten Interaktionen auf beiden Seiten eine Kongruenz zwischen Rollendefinitionen und Rolleninterpretationen besteht» (Habermas 1968/1973, S. 125 f.). Diesem struktur-funktionalen «Identitätstheorem» hält Habermas entgegen, dass «eine vollständige Definition der Rolle, die deckungsgleiche Interpretationen aller Beteiligten präjudiziert, ... allein in verdinglichten, nämlich Selbstrepräsentation ausschließenden Beziehungen zu realisieren» (ebd.) sei. Das Ausmaß, in dem sich eine Interaktion dieser Situation annähere, lasse den Grad der Rigidität eines Rollensystems erkennen.

3. Schließlich geht die struktur-funktionale Rollentheorie von der Annahme aus, dass die gesellschaftlich gültigen Normen und die subjektiv übernommenen Werte weitgehend deckungsgleich seien; eine «institutionalisierte Wertorientierung (Rolle) entspricht einem inter-

Grundqualifikationen des interaktionistischen Rollenhandelns
(nach Habermas 1968/1973)

	These der strukturfunktionalen Rollentheorie	Gegenposition der interaktionistischen Theorie	erwünschte Grundqualifikation des Rollenhandelns	Dimension gesellschaftlicher Herrschaft
(1)	In komplementären Rollen erfolgt eine wechselseitige Befriedigung von Bedürfnissen. («Integrationstheorem»)	Das Ausmaß der Bedürfnisbefriedigung in komplementären Rollen ist überwiegend höchst unterschiedlich.	Frustrationstoleranz	Repressivität
(2)	Es besteht eine weitgehende Übereinstimmung zwischen Rollendefinitionen und tatsächlichem Verhalten. («Identitätstheorem»)	Rollenerwartungen sind diffus und stets interpretationsbedürftig, «role-taking» wird stets durch «role-making» gebrochen.	Ambiguitätstoleranz	Rigidität
(3)	Die institutionalisierten Werte (Rollen) sind deckungsgleich mit den Werten, die die Subjekte internalisiert haben (Motive). («Konformitätstheorem»)	Institutionalisierte Werte werden nicht ungebrochen internalisiert. Subjekte nehmen dabei eigene Bewertungen und Interpretationen vor, durch die sie Autonomie gewinnen.	Rollendistanz	soziale Verhaltenskontrolle
		außerdem:	Sprachkompetenz Empathie	

nalisierten Wert (Motiv) in der Weise, daß geltende Normen mit hinreichender Wahrscheinlichkeit auch faktisch erfüllt werden» (ebd., S. 126). Diese These der struktur-funktionalen Theorie wird von Habermas als Konformitätstheorem bezeichnet und in Anlehnung an Goffman scharf kritisiert: Normenkonformes Verhalten sei nicht einfach ein Reflex vorgegebener Erwartungen; vielmehr hänge es von dem Grad und der Art der Internalisierung ab, wie sich ein Subjekt gegenüber einer Rolle verhält. Subjekte treten also prinzipiell in ein reflektierendes Verhältnis gegenüber der Rolle, die damit verbundene Fähigkeit wird als *Rollendistanz* bezeichnet. Dabei setzt autonomes Rollenspiel sowohl voraus, dass die Rolle gekannt (gekonnt) wird, als auch, dass die Fähigkeit vorhanden ist, sich davon kalkuliert zu distanzieren. Wenn Subjekte in der Interaktion diese Rollendistanz nicht realisieren dürfen oder können, wird eine fehlende Autonomie angezeigt; diese kann auf äußere Ursachen (repressive soziale Kontrolle) oder innere Zwänge (rigides Über-Ich) zurückgeführt werden.

Es entspricht dem interaktionistischen Grundansatz, dass die «Grundqualifikationen des Rollenhandelns» auf der mikrosozialen Ebene angesiedelt sind. Mit den Dimensionen der Repressivität, Rigidität und der sozialen Kontrolle werden jedoch Anknüpfungspunkte für makrosoziale Analysen geboten. Dieses Konzept, das auch als interaktionistische Rollentheorie bezeichnet wird, hat eine große Bedeutung für die Analyse von Sozialisationsprozessen gewonnen. Im Mittelpunkt steht die Kategorie der Ich-Identität, mit der die soziale Verankerung von Subjekthaftigkeit systematisch beschrieben wird: Individualität, die sich in der biographischen Dimension entwickelt und die in gegenwärtigen sozialen Rollen aktiv-handelnd einzubringen ist. Damit werden zwei zentrale Ansprüche an ein umfassendes Subjektverständnis erfüllt: Diese Theorie ist zum einen in der Lage, Sozialisation als Einheit von Vergesellschaftung und Individuierung zu begreifen; zum anderen stellt sie das Subjekt als aktiv handelnd und die eigene Entwicklung mit gestaltend dar. Darüber hinaus lassen die Ausführungen von Habermas über repressive Strukturen von Rollensystemen erkennen, dass mit diesem Ansatz eine systematische Verknüpfung zwischen der Identitätsentwicklung und den gesellschaftlichen Bedingungen, in die Rollensysteme eingebunden sind, geleistet werden könnte (vgl. dazu Kap. 4.3). Schließlich ist für die sozialisationstheoretische Verwendung die hier eingelagerte normative Komponente von großer Bedeutung: Das stabile Selbst – und damit die Grundqualifikationen des Rollenhandelns – werden als wünschenswerte Ziele der Subjektentwicklung dargestellt; diese Qualifikationen werden nicht einfach voluntaristisch gesetzt, sondern als psychisches Äquivalent sozialer Strukturprobleme ausgewiesen. Nur wenn ein Subjekt über diese Grundqualifikationen verfügt, kann es in selbstbewusster und bedürfnisorientierter Weise an der gesellschaftlichen Interaktion teilnehmen. Eine solche strukturelle Begründung von Sozialisationszielen ist aber keineswegs ‹wertfrei›; vielmehr ist ihm eine Grundentscheidung für die Gewinnung von Autonomie, Handlungsfähigkeit und Individualität unterlegt. Versteht man in dieser Weise die Ich-Identität und die mit ihr verbundenen Grundqualifikationen als oberste Erziehungsziele, so lässt sich dieser Ansatz als «normative Sozialisationstheorie» (Brumlik 1983, S. 240) – gleichsam als sozialisationstheoretische Wendung der ‹emanzipatorischen Pädagogik› – verstehen. Durch diese normative Komponente erhält der Symbolische Interaktionismus eine wichtige kritische Dimension: Er kann danach fragen, ob in vorfindlichen pädagogischen Interaktionen die Bedingungen für Identitätsentwicklung günstig oder ungünstig sind. Genauer: Welche Strukturen eines Rollensystems verhindern oder erschweren, dass Heranwachsende ihre Identitäten entwerfen und erproben, Empathie und Rollendistanz entwickeln und autonomes Handeln einüben können? Um diese normativ orientierte Frage zu bearbeiten, verfügt der Theorieansatz über ein strukturell angelegtes Analyseinstrument: Dem ‹Idealkonzept› einer repressionsfreien Interaktion steht die Beschreibung der durchgängigen Bedürfnisunterdrückung in repressiven Rollensystemen gegenüber. Damit wird zugleich die Spannweite angedeutet, in die reale Interaktionen einzuordnen und in ihren Auswirkungen für Identitätsbildung zu befragen sind. Von diesem Ausgangspunkt her wird im Folgenden dargelegt, welche Bedeutung der interaktionistische Ansatz für eine Analyse der schulischen Sozialisation besitzt.

3.3.2 Der Schüler als Akteur zwischen Normalität und Abweichung

Durch die Institution Schule wird eine Kommunikation in pädagogischer Absicht auf Dauer gestellt. Dabei sind Inhalte und Formen dieser Kommunikation in erheblichem Maße durch die Institution vorbestimmt und damit dem Aushandlungsprozess der Beteiligten weitgehend entzogen. So kann z. B. weder die Anwesenheitspflicht im Unterricht noch die Erteilung von Zensuren durch eine ‹Verhandlung› zwischen Schülern und Lehrern ausgesetzt oder gar abgeschafft werden. Mit diesem Hinweis wird deutlich, dass die von Habermas angesprochenen Dimensionen der Repressivität, der Rigidität und der sozialen Kontrolle im schulischen Kommunikationsprozess eine erhebliche Rolle spielen. Um dies präziser zu fassen, bedarf es einer genaueren Analyse der schulischen Kommunikation: Welche Bedingungen, welche Strukturen sind gesetzt – und welche Chancen für ‹role-making› und eigene Identitätsentwürfe besitzen demgegenüber die Akteure? Bei der Beantwortung dieser Frage unterscheidet der interaktionistische Ansatz zwischen dem, was institutionell gefordert wird, und dem, was die Akteure als Handlungen und Identitätsdarstellungen tatsächlich produzieren. Diese Unterscheidung schließt systematisch ein, dass ‹abweichende› Identitätsentwürfe mehr oder weniger häufig vorkommen, dass sie gleichsam ‹normal› sind. Im Folgenden wird zunächst dargestellt, wie aus interaktionistischer Sicht die Struktur der schulischen Kommunikation zu sehen ist, um anschließend Prozesse der Identitätsbildung in der Schule zu beschreiben.

Die Struktur der schulischen Kommunikation

Interaktionistische Analysen einer Institution gehen von der ‹Innensicht› der Akteure aus: Wie tritt der institutionelle Apparat den dort Handelnden entgegen? Was ermöglicht, was erfordert, was erzwingt er? Betrachtet man unter dieser Perspektive das schulische Geschehen, so wird man zunächst darauf verwiesen, dass die Kommunikation überwiegend in der formalisierten Form des Unterrichts abläuft. Weil die Schule vor allem auf die Vermittlung von Kenntnissen, Fähigkeiten und Fertigkeiten ausgerichtet ist, hat der Unterricht die beherrschende Stellung. Er belegt die meiste Zeit der Anwesenheit und gilt gegenüber den anderen Aktivitäten auch offiziell als ‹wichtiger›. In interaktionistischen Analysen wird weitgehend übereinstimmend herausgearbeitet, dass diese unterrichtliche Kommunikation durch zwei dominierende institutionelle Vorgaben geprägt wird: durch Hierarchie und Zwang auf der einen, durch Leistung und Konkurrenz auf der anderen Seite. Die Teilnahme am schulischen Unterricht ist nicht freiwillig – weder für die Schüler noch für die Lehrer. Für die Schüler ergibt sich aus der Schulpflicht und den damit verbundenen Sanktionsmöglichkeiten der Institution der Zwang, auch dann anwesend zu sein, wenn dies mit den subjektiven Bedürfnissen überhaupt nicht übereinstimmt. Innerhalb dieser Zwangsveranstaltung Unterricht hat der Lehrer gegenüber den Schülern eine ungleich höhere Definitionsmacht: Lehrer können Rolleninterpretationen und Situationsdeutungen durchsetzen, sie können z. B. Arbeitsanweisungen erteilen und deren Nichtbefolgung sanktionieren (vgl. Arbeitsgruppe Schulforschung 1980, S. 10 ff.). In engem Zusammenhang damit steht die Kommunikationsökonomie, nach der Lehrer in aller Regel verfahren: Sie haben in einer begrenzten Zeit einen ‹Stoff› durchzunehmen. Schülerhandlungen, die nicht auf Aneignung des Stoffs ausgerichtet sind, gelten fast immer als unerwünscht, sodass Lehrer generell bemüht sind, solche Handlungen zu verhindern oder zu unterdrücken. In einer so definierten Unterrichtssituation fällt dem Lehrer vor allem die Aufgabe zu, die institutionell gesetzten Anforderungen vorzutragen und notfalls durchzusetzen. Schüler haben unter solchen Bedingungen nur eine begrenzte Chance, eigene Rolleninterpretationen und Identitätsentwürfe einzubringen.

In interaktionistischen Analysen wird zum Zweiten darauf verwiesen, dass die unterrichtliche Kommunikation in grundsätzlicher Weise am Leistungsprinzip orientiert ist; denn die Lernprozesse sind «vorwiegend der Zielorientierung auf formelle Leistungsnachweise der Schüler untergeordnet, Zensuren und Zeugnisse beherrschen die schulische Szenerie» (Holtappels 1987, S. 19).

Was dabei im Unterricht als individuelle Leistung anzusehen ist, ist dem Aushandlungsprozess der Beteiligten ebenfalls weitgehend entzogen; denn die meisten der zu lernenden Inhalte sind im Lehrplan festgeschrieben, ihre Aneignung und Reproduktion gilt im schulischen

Kontext als ‹Leistung›. Dem Lehrer sind institutionell verankerte Mechanismen an die Hand gegeben, um die Leistungsorientierung der unterrichtlichen Kommunikation tatsächlich durchzusetzen: Er erteilt mit Zensuren und Zeugnissen symbolische Gratifikationen, die aber letztlich in Schulabschlüsse (mit sehr unterschiedlichem realen Wert) einmünden. Leistungserbringung und Leistungsbewertung erfolgen fast immer individuell, sodass die Schüler(innen) auf diese Weise in ein Konkurrenzverhältnis untereinander gesetzt werden; denn ‹gute› Schüler kann es nur geben, wenn auch genügend ‹schlechte› anwesend sind.

Die skizzierten Vorgaben der Institution definieren somit grundsätzlich die Kommunikation im Unterricht und begrenzen zugleich die Handlungsmöglichkeiten in den verschiedenen Rollen – und zwar für Lehrer wie für Schüler. Bezieht man dies auf die Lehrenden, so finden sich neben den unhintergehbaren Anforderungen der Institution breite Möglichkeiten für eine Interpretation der eigenen Rolle. Jeder Lehrer muss zwar einen bestimmten Stoff durchnehmen, im Unterricht für eine disziplinierte Arbeitshaltung sorgen, Zensuren erteilen etc. Doch in der konkreten Ausgestaltung dieser Anforderungen werden ihm erhebliche Freiheitsgrade zugestanden: Er bestimmt die Methoden der Stoffbearbeitung, wählt eine typische Form der Ansprache seiner Schüler (Unterrichtsstil), übt eine mehr oder weniger ‹scharfe› Zensierungspraxis aus. Lehrer haben also bei der Erfüllung der institutionellen Vorgaben einen breiten Spielraum und damit hinreichende Möglichkeiten, innerhalb des Unterrichts ihre eigene, unverwechselbare Identität darzustellen.

Für Schüler ist dies ein bekannter, ein eher trivialer Sachverhalt. Sie wissen, dass die eine Lehrerin ‹so›, die andere hingegen ‹anders› ist. Was bei der einen erlaubt ist, gilt bei der anderen als streng verboten; was bei der einen stets zu guten Zensuren verhilft, ist bei der anderen unwichtig oder gar schädlich. Schüler wissen dies und stellen sich in gewisser Weise darauf ein: Sie erwerben – wie Brecht es einmal ausdrückte – «Menschenkenntnis ... in der Form von Lehrerkenntnis» (1961, S. 32). Aus der Schülerperspektive wird dadurch die unterrichtliche Kommunikationsstruktur allerdings verkompliziert: Zum einen bestehen für sie generelle Regeln, an die sie sich immer halten sollen. Sie sollen sich dem Lernen der vorgegebenen Inhalte widmen, sollen nicht ‹stören› oder ‹träumen›, sich um gute Zensuren bemühen und stets ihre Hausaufgaben machen. Grundsätzlich erwartet die Institution somit die konforme Übernahme der Rolle des fleißigen Schülers. Es kommt hinzu, dass die unterschiedlichen Interpretationen der Lehrerrolle, die ein Schüler tagtäglich erlebt, für diesen Schüler ebenfalls Anweisungscharakter haben: Bei Lehrerin X darf man nicht mit dem Nachbarn reden, sonst gibt es Ärger; beim Lehrer Y müssen Aufgaben kooperativ in der Gruppe erledigt werden, sonst ist er unzufrieden. Die relativ breite Möglichkeit von Lehrenden, ihre Rolle zu interpretieren und damit einen eigenen Identitätsentwurf einzubringen, stellt sich für die Schüler somit als eine Art ‹zweite Ebene› der institutionellen Verhaltensanforderungen dar. Sie sollen nicht nur generell gute Schüler sein, sondern auch noch die spezifischen Anforderungen der einzelnen Lehrer erfüllen. Schüler bewegen sich innerhalb des Unterrichts daher in einem Netz von zum Teil dauerhaften, zum Teil wechselnden Verhaltensanforderungen, die alle ein gemeinsames Merkmal haben: Sie werden ihnen gegenüber machtvoll vorgetragen, eine Zurückweisung solcher Anforderungen wird häufig als Regelverstoß interpretiert und kann sanktioniert werden.

Schüler sind mit vielfältigen Anforderungen konfrontiert, die sie nicht einfach negieren können. Sie haben aber auch eigene Bedürfnisse, Motive und Intentionen, die nicht ohne weiteres mit diesen Anforderungen konform gehen. Zu diesen Bedürfnissen gehört es, den eigenen Identitätsentwurf, die Darstellung der eigenen Persönlichkeit in die unterrichtliche Kommunikation einbringen zu wollen; denn ein Schüler, der sich ausschließlich nach den Anforderungen der jeweiligen Lehrer richtet, würde sich automatenhaft verhalten, würde keinerlei personale Identität erkennen lassen. Die Präsentation der eigenen Identität trotz enger Verhaltenskontrolle, die Darstellung von Rollendistanz trotz machtvoll vorgetragener Rollenerwartungen – dies stellt sich als grundsätzliches und immer wieder prekäres Problem für den Schüler als Akteur. Sich jederzeit konform zu verhalten, ist angesichts der Fülle der Regeln illusionär und angesichts der eigenen Bedürfnisse nicht erstrebenswert. Der Verstoß gegen die von Lehrern vorgetragenen Erwartungen ist jedoch risikoreich; denn jeder Schüler macht entweder selbst «oder am Schicksal von Mitschülern alltäglich die Erfahrung, daß man es sich keineswegs leisten kann, des öfteren wegen ‹abweichender› Handlungen aufzufallen ... Im Laufe der Schulzeit entwickeln Schüler daher besondere Problemlösungs- und Anpassungsstrategien, die sich am besten mit dem Begriff ‹Taktiken› ... umschreiben lassen. Durch den Einsatz *situationsspezifischer Taktiken* werden unerlaubte Handlungen praktisch erst möglich gemacht, indem Schüler Regeln und ihre Anwendungen unterlaufen, Sanktionen entgehen und identitäts- und statusbedrohende Etikettierungen abwehren» (Brumlik/Holtappels 1987, S. 97).

Solche Taktiken sind allen (ehemaligen) Schülern wohl bekannt, inzwischen sind sie auch in differenzierter Weise empirisch erforscht worden (vgl. u. a. Heinze 1976; Holtappels 1987): Die verdeckten Nebenbeschäftigungen (Lesen, Kartenspielen) gehören ebenso dazu wie die Erschleichung guter Noten (durch Abschreiben, ‹Mogeln› etc.); die geschickte, nicht identifizierbare Störung des Unterrichts ist als verdeckter Widerstand ebenso bekannt wie die klug kalkulierten Abwesenheitszeiten (etwa bei Klassenarbeiten). In interaktionistischer Sicht ist damit keineswegs ein nebensächlicher (weil ‹inoffizieller›) Sachverhalt angesprochen, sondern ein konstruktives Merkmal schulischer Kommunikation benannt: Schüler bewegen sich in einer Institution, die ihnen übermächtig erscheint. In ihren Taktiken drückt sich zum einen ihre Normen- und Rollendistanz aus, zum anderen wird damit auf die diffizilen Formen von Anpassung und Widerstand verwiesen, die Schüler in jahrelanger Schulerfahrung entwickelt haben. Auf diese Weise verteidigen sie ihre eigenen Handlungsspielräume und ihre Identitätsentwürfe.

Ausgehend von diesem Grundverständnis der unterrichtlichen Kommunikation lassen sich unterschiedliche Ausschnitte dieses Gesamtzusammenhangs beleuchten. Einige Wissenschaftler haben sich vor allem mit den Strategien des Lehrerhandelns befasst (vgl. z. B. Beisenherz/Feil 1982), andere haben Schülertaktiken (vgl. Breidenstein 2006) oder die Kommunikation zwischen Schüler(innen) (vgl. z. B. Krappmann/Oswald 1995) untersucht. Darüber hinaus finden sich seit Mitte der 1980er Jahre vermehrt Studien, die sich mit dem Geschlechterverhältnis in der schulischen Kommunikation befassen (vgl. Horstkemper/Wagner-Winterhager 1990; Brehmer 1991; Faulstich-Wieland/Horstkemper 1995;

Breidenstein/Kelle 1998; Höblich 2010). Im Folgenden sollen jedoch die Aspekte dargestellt werden, die bisher im Mittelpunkt der interaktionistischen Schulstudien standen: die Auswirkungen des Schulunterrichts auf die Identitätsbildung der Heranwachsenden und die Reaktion der Institution auf ‹abweichendes› Verhalten.

Identitätsentwürfe von Schülern

Die Institution Schule setzt ihre Klienten in eine vorstrukturierte Situation, die hierarchisch angelegt ist und vor allem durch die Leistungsthematik bestimmt wird. Von den Schülern wird über viele Jahre gefordert, sich innerhalb einer solchen Kommunikationsstruktur angemessen zu bewegen und in diesem Kontext die eigene Identität zu entwerfen. Bei der Frage, welche Auswirkungen sich auf die Persönlichkeitsentwicklung der Heranwachsenden ergeben, antwortet die interaktionistische Analyse nicht einfach mit einer Darstellung gleichgerichteter Anpassungsprozesse. Sie verweist vielmehr darauf, dass zwischen den institutionellen Anforderungen und den Verhaltensweisen der Akteure der Prozess der Rolleninterpretation liegt, sodass auch Schüler über einen Spielraum für ‹role-making› verfügen. Dabei machen vorliegende Untersuchungen allerdings deutlich, dass trotz dieses Spielraums kein Schüler ein Bild der eigenen Identität entwerfen kann, ohne dabei in irgendeiner Weise die Leistungsthematik zu verarbeiten: ‹Erfolg› und ‹Versagen› werden von der Institution als Bewertungskriterien so machtvoll vorgetragen, dass davon niemand unberührt bleiben kann. Allerdings können die Formen der Verarbeitung, kann die Bedeutung von Leistung für die eigene Identität sehr unterschiedlich sein. In der interaktionistischen Analyse wird die schulische Sozialisation in dieser Weise zugleich als ein Prozess der Normierung und der Individualisierung gesehen: Alle Schüler müssen gegenüber dieser schulischen Grundthematik durch ihren eigenen Identitätsentwurf Stellung beziehen, dabei kommt es aber zu unterschiedlichen ‹Lösungen›.

In mehreren Untersuchungen ist aufgezeigt worden, dass gewisse regelhafte Zusammenhänge zwischen der ‹objektiven› Lage, in der ein(e) Schüler(in) sich befindet, und seinem (ihrem) ‹subjektiven› Identitätsentwurf bestehen. So verarbeiten Jugendliche, die bisher in der Schule vor allem eine Misserfolgskarriere hinter sich gebracht haben, das Leistungs- und Erfolgskriterium für ihr Identitätskonzept in typischer Weise anders als solche Heranwachsenden, die bis dahin in der Schule überwiegend erfolgreich waren. Dies wird in der Untersuchung der Arbeitsgruppe Schulforschung (1980) eindrucksvoll belegt: In ausführlichen qualitativen Interviews befassten sich die Forscher(innen) zunächst mit Hauptschüler(innen), die am Ende der 8. Klassen ‹sitzen geblieben› waren. Diese erleben die Schule vor allem als Zwangsinstitution, die von den meisten Lehrkräften recht willkürlich gehandhabt wird. Dem setzen die Schüler(innen) eine kämpferische Haltung entgegen, indem sie auf Unabhängigkeit, Selbständigkeit und eigene Identitätsdarstellung (vgl. S. 112) pochen. Das Kampfmittel, das sie dabei einbringen, ist eine spezifische Kombination von Leistungsverweigerung und Unterrichtsstörung. Dies führt häufig zu offenen Konflikten mit den Lehrern, zu schlechten Zensuren und schließlich zum ‹Sitzenbleiben›. Diese Hauptschüler(innen) sehen sich selbst als Schulversager und machen sich erhebliche Sorgen über ihre schulische und berufliche Zukunft. Während die eine Hälfte von ihnen herausstellt, dass sie schlechten und ungerechten Lehrern ausgeliefert war und deshalb keine besseren Leistungen erreicht hat, spricht die andere Hälfte sich weitgehend allein die Schuld zu: Sie haben sich nicht genug angestrengt, sich zu wenig nach den Lehrern gerichtet. Auch wenn hier die Gewichtungen in den Antworten unterschiedlich sind, wird die Identitätsproblematik doch gleichgerichtet bearbeitet: Diese Schüler(innen) haben die institutionelle Definition als ‹Versager› für sich übernommen und entwickeln Alltagstheorien, die ihr Versagen erklären und zugleich ihre Identität schützen sollen. Allerdings gelingt es ihnen in aller Regel nicht, ihr ‹Versagen› in einem gesellschaftlichen Kontext zu interpretieren: Die Legitimität von Leistung, Zensierung und Auslese steht für sie außer Zweifel – auch wenn sie selber daran gescheitert sind (vgl. S. 40). Während die einen dies eher aggressiv gegen die Lehrer(innen) richten, um ihr eigenes Selbstbild zu schützen, zieht ein anderer Teil dieser Hauptschüler(innen) «unter dem Eindruck des Versagens den Rückschluß, sozusagen selbstverschuldet das notwendige Anpassungsverhalten nicht entwickelt zu haben» (S. 184).

Betrachtet man im Vergleich dazu die von der Arbeitsgruppe Schulforschung (1980) ebenfalls befragten Gymnasialschüler(innen) mit besonders guten Zensuren, so fällt zunächst auf, dass auch sie das schulische Lernangebot als fremdbestimmt und überwiegend uninteressant beschreiben (vgl. S. 77). Zwar werden auch von diesen einzelne Lehrkräfte kritisiert; von einer generellen Konfrontation kann jedoch keine Rede sein. Vielmehr bemühen sie sich, ihr Verhältnis zu den Lehrerinnen und Lehrern möglichst konfliktfrei zu ‹managen›. Weil sie mit diesen gut auskommen wollen, sind sie auch bereit, an Verhaltensweisen von Lehrkräften, die sie als unangemessen empfinden, keinen Anstoß zu nehmen: Da «muß ich dann eben abschalten», sagt dazu ein 14-jähriger Gymnasiast (vgl. S. 167). Diese Schüler(innen) lassen sich überwiegend als konstruktiv-anpassungsbereit beschreiben, dabei ist ihre Perspektive eindeutig auf Abitur und Studium ausgerichtet. Sie streben qualifizierte Berufspositionen an, dazu benötigen sie hervorragende Zensuren, diese wiederum sind nur durch gute Leistungen zu erlangen. Diese fallen ihnen jedoch keineswegs in den Schoß, sondern erfordern oft harte Arbeit, kluge Kalkulation und begrenzte Fügsamkeit. Die schulischen Anforderungen werden als hoch, aber als zu bewältigen erlebt. «Nahezu alle erfolgreichen Gymnasiasten beschreiben einen subjektiv gestalt- und ausfüllbaren relativen Freiraum, der es ihnen gestattet, eigene Entscheidungen im Lernprozeß zu treffen» (S. 173). Diese Heranwachsenden sehen zwar das Machtgefälle in der schulischen Kommunikation, erkennen jedoch ihre Möglichkeiten, diese Kommunikation mit zu gestalten. Ihren Erfolg führen sie in erheblichem Maß auf Bedingungen zurück, die in ihrer eigenen Person liegen: Ehrgeiz, Fleiß und auch Begabung (vgl. S. 71 ff.) sind gleichsam ihr persönliches Kapital, das sie in die schulische Arbeit einbringen und das für die Definition ihres Selbstbildes bestimmend wirkt. Während weniger erfolgreiche Schüler(innen) dazu neigen, äußere Behinderungen oder ihr eigenes Fehlverhalten für ihren schlechten Leistungsstand verantwortlich zu machen, sind diese Gymnasialschüler(innen) von ihrem Eigenanteil an ihren guten Noten klar überzeugt (vgl. S. 171). Für ihren Identitätsentwurf spielt daher die im schulischen Kontext erlebte eigene Leistungs- und Handlungsfähigkeit die dominierende Rolle.

Mit dieser Darstellung wird nachgezeichnet, wie Schüler(innen), die sich in ausgeprägten Erfolgs- bzw. Misserfolgssituationen befinden, das Leistungskriterium in ihrem Identitätsentwurf verarbeiten. Mit diesen typisierenden Ergebnissen werden allerdings nur Ausschnitte aus der komplexen Realität dargestellt. Denn abgesehen davon, dass es selbstverständlich auch Hauptschüler(innen) mit guten und Gymnasiasten/-innen mit schlechten Zensuren gibt (vgl. dazu Arbeitsgruppe Schulforschung 1980, S. 144 ff., 161 ff.), verweisen andere Studien darauf, dass das Spektrum der Identitätsentwürfe auch unter vergleichbarer ‹objektiver› Lage recht weit ist: Die Projektgruppe Jugendbüro (1975, 1977) hat herausgearbeitet, dass die Verarbeitung schulischer Leistungsanforderungen und -bewertungen in der Hauptschule stark davon abhängt, ob die Jugendlichen sich eher an familiären Werten oder eher an den subkulturellen Werten der Jugendszene orientieren. Während sich familienorientierte Hauptschüler(innen) auch bei schlechten Zensuren auf die Anforderungen der Schule einlassen und versuchen, «ihre Selbständigkeit und Individualität innerhalb der Institution zu entwickeln» (1977, S. 61), entwerfen die Jugendzentrierten eine abgrenzende Selbstdefinition gegenüber der Institution. Leistung und Erfolg werden nicht mehr schulisch, sondern explizit antischulisch definiert. Ein exzessiver Alkoholkonsum in der Gruppe kann dann genauso zum identitätsstützenden Ereignis werden wie die gemeinsam mit den Freunden nicht bestandene Klassenarbeit (vgl. 1977, S. 65). Daran zeigt sich, dass die Identitätsentwürfe am unteren Ende des Leistungsspektrums sich zwar in ihrem Versuch ähneln, mit der offiziellen ‹Versager›-Definition umzugehen, ansonsten aber sehr unterschiedliche Ausprägungsformen annehmen können. In anderen Untersuchungen wird deutlich, dass der ‹erfolgreiche› Gymnasiast nicht ausschließlich in der Form des schulangepasst-kalkulatorischen Akteurs vorkommt. Gerade hier findet sich auch die Kombination von positivem Selbstbewusstsein (aufgrund schulischen Leistungserfolgs) und kritischer Sichtweise der Anforderungen und der damit verbundenen gesellschaftlichen Prinzipien (vgl. Helsper/Böhme 2002, S. 584).

Insgesamt fällt jedoch auf, wie stark die ‹objektive› Position in der schulischen Leistungshierarchie die Identitätsprobleme der Schüler(innen) beeinflusst: Erfolg bzw. Versagen wird für alle zu einem zentralen

Sachverhalt, der in der Selbstinterpretation zu bearbeiten ist. Während er für die ‹schwachen› Schüler(innen) eher identitätsbedrohend ist, ist er für die ‹guten› eine wesentliche Quelle der Selbstsicherheit. Dieses unterschiedliche Ausmaß an Sicherheit bzw. Bedrohtheit der eigenen Identität schlägt sich deutlich im unterrichtlichen Kommunikationsverhalten nieder. Die leistungsstarken Schüler(innen) scheinen die Klaviatur von Anpassung und Selbstrepräsentation bereits hervorragend zu beherrschen. Auf der Basis einer gut entwickelten Rollendistanz (und einer entsprechenden Frustrationstoleranz) sind sie in der Lage, auch unter hierarchischen und als entfremdet erlebten Bedingungen ‹erfolgreich› zu kommunizieren; dabei gelingt es einigen sogar, ihre kritische Haltung gegenüber diesem Schul- und Unterrichtsbetrieb deutlich zu machen. Die ‹schwachen› Hauptschüler(innen) hingegen können in der Regel den Widerspruch zwischen aktuellen Bedürfnissen und schulischen Anforderungen viel schwerer aushalten. Für ihr Verhalten ist nicht eine distanzierte Rolleninterpretation, sondern eher die demonstrative Verweigerung der Rollenübernahme typisch, indem Unterricht z. B. zu ‹Lehrer ärgern› oder ‹Spaß haben› umfunktioniert wird. Am Fall des problematischen Schülers «Tim», der von anderen als «Schläger» bezeichnet wird, zeichnen Combe/Helsper (1994, S. 69–106) dies eindrucksvoll nach. Dabei wird deutlich: Sich aus übergeordneten (z. B. kalkulatorischen) Gründen so zu verhalten, als ob man besonders fleißig sei, um dabei zugleich seine eigene Distanz legitim zu verdeutlichen – dieses komplizierte Repertoire wird von diesen Jugendlichen entweder nicht beherrscht oder steht im Widerspruch zum antischulischen Selbstverständnis. Es liegt die Vermutung nahe, dass die dabei auftretenden typischen Unterschiede im ‹role-making› und im Identitätsentwurf auch langfristig persönlichkeitswirksam sind; denn mit der schulisch (mit)beeinflussten Identität treten Jugendliche dann in soziale Kontexte ein, in denen die Leistungsthematik ebenfalls von zentraler Bedeutung ist (z. B. im Betrieb). Der Identitätsentwurf und damit das Verhalten im neuen Kontext kann nicht von der bisher erworbenen Identität absehen; insofern werden in der Schule sehr unterschiedliche kommunikative Handlungsfähigkeiten erworben, die für das nachschulische Leben von erheblicher Bedeutung sind.

Typisierung und Etikettierung

Auch in der Schule ist die Abweichung von den Rollenerwartungen nicht die Ausnahme, sondern der Normalfall. Die alltägliche Kommunikation ist somit vor allem für Schüler ein kompliziertes Spiel zwischen Konformität und kalkuliertem Regelverstoß. Diese Form der Abweichung als Teil der ‹normalen› Interaktion geht fließend über in solche Prozesse, an deren Ende einzelne Schüler als ‹Abweichler› etikettiert und möglicherweise sogar aus der Schule entfernt werden. Die interaktionistische Theorie hat sich intensiv mit der Frage befasst, welche Kommunikationsprozesse zwischen Schüler und Lehrer zu solchen Ergebnissen führen. Mit diesem Interesse wendet sie sich besonders den Jugendlichen zu, die aus unserem Schulsystem als ‹Versager›, ‹Lernverweigerer› oder ‹Verhaltensgestörte› herausfallen. Dabei sucht sie die Ursache nicht bei den Eigenschaften (bzw. mangelnden Fähigkeiten) der Beteiligten, sondern in der Struktur der schulischen Interaktion.

Das interaktionistische Konzept zur Erklärung abweichenden Verhaltens wird auch ‹labeling-approach› oder Etikettierungsansatz genannt (vgl. Albrecht 2002, S. 766 ff.). Diese Theorie geht davon aus, dass alle Handelnden mehr oder weniger häufig von sozialen Normen abweichen. Dabei kann offen bleiben, was die Ursachen für einen ersten Normenverstoß – für die ‹primäre Devianz› – sind. Erst wenn einer kontrollierenden Instanz dieser Verstoß auffällt und ein bestimmtes Verhalten sanktioniert wird, entsteht in einem offiziellen Sinne ‹Abweichung›, wird ‹sekundäre Devianz› produziert. Die Normalitätserwartung der Institution, ihre Definitionsmacht und ihr Netz der sozialen Kontrolle sind damit die unhintergehbaren Bedingungen für das Entstehen abweichenden Verhaltens. Dies bedeutet – übersetzt auf die Institution Schule: Ob jemand ein guter oder ein schlechter Schüler ist, hängt nur am Rande von seiner Begabung oder von seinem Fleiß ab, sondern «davon, ob er von seinen Lehrern als guter oder schlechter Schüler angesehen bzw. entsprechend behandelt wird» (Brumlik/Holtappels 1987, S. 94). Dabei ist es wichtig zu erkennen, dass es ‹den guten› bzw. ‹den schlechten› Schüler (bzw. die Schülerin) gar nicht gibt; denn kein Schüler erfüllt alle Anforderungen, aber alle Schüler(innen) haben bestimmte Techniken entwickelt, dies zu verbergen. Darüber hinaus finden sich bei Lehrkräften unterschiedliche

Motive, Schwächen von Schülern entweder gar nicht wahrzunehmen oder zu entschuldigen.

Ausgehend von dieser interaktionistischen Perspektive sind in vielen Untersuchungen Prozesse des abweichenden Verhaltens in der Schule analysiert worden. In dem Sammelreferat von Brumlik/Holtappels (1987) wird herausgearbeitet, dass für die Initiierung und Fortschreibung dieses Prozesses vor allem die Interaktionsformen der Lehrer(innen) von Bedeutung sind: Wie wird das Verhalten von Schülern wahrgenommen, wer wird in negativer Weise ‹abgestempelt›? Generell schreiben Lehrkräfte (wie andere Menschen auch) ihren Interaktionspartnern Eigenschaften zu, die man Typisierung nennen kann. Ihren Ausgangspunkt haben diese Typisierungen in Verhaltensbeobachtungen. So kann ein Lehrer lautes Reden eines Schülers als ‹unruhig› und ‹undiszipliniert› interpretieren, könnte es aber auch als ‹Kommunikationsbedürfnis› verstehen. Typisierung bedeutet zunächst, dass einem beobachteten Verhalten ein Attribut zugeschrieben wird. Aufgrund ihrer Unterrichtsaufgabe wird Lehrerinnen und Lehrern allerdings nahe gelegt, solche Verhaltensformen als ‹störend› zu bewerten. Sehr bald werden solche Attribute nicht mehr nur diesem Verhalten zugeschrieben, sondern mit der zugehörigen Person fest verknüpft: In den Augen des Lehrers gilt dann der Schüler X beispielsweise als ‹aggressiv›, ‹faul›, ‹dumm› – ein anderer hingegen als ‹ruhig›, ‹fleißig›, ‹begabt›. Ein Schüler, der (neben vielen anderen Verhaltensweisen) einen Mitschüler geschlagen hat, kann auf diese Weise das Etikett ‹Schläger› erhalten und in eine Außenseiterposition gerückt werden. Studien zur Gewalt in der Schule haben aufgezeigt, wie stark Aggressionshandlungen von Schülerinnen und Schülern mit etikettierendem Lehrerverhalten verknüpft sind (vgl. Tillmann u.a. 1999, S. 253–273).

Nach Hargreaves (1979, S. 146) haben Schüler(innen) im frühen Stadium vor allem zwei Möglichkeiten, eine solche Etikettierung (etwa die als ‹Schläger›) noch abzuwenden: Sie können sich besonders konform verhalten, also das missbilligte Verhalten einstellen, und hoffen, dass auf diese Weise die Etikettierung in Vergessenheit gerät oder gar offiziell revidiert wird. Eine solche Reaktion wird sich vor allem bei solchen Jugendlichen finden, die die schulspezifischen Normen und

Werte weitgehend verinnerlicht haben und deshalb bei Regelverstößen Schuldgefühle oder Ängste verspüren. Schüler(innen) können aber auch versuchen, die Berechtigung der Etikettierung öffentlich zu bestreiten, indem sie z. B. leugnen oder sich rechtfertigen, indem sie die Gültigkeit der Norm bestreiten oder die Verantwortung für die Handlung ablehnen. Wenn beide Abwehrversuche nicht greifen, wird der Prozess der Etikettierung in Gang gesetzt. Im Beispielfall wird allgemein unterstellt, dass X tatsächlich ein ‹Schläger› ist. «Alle Handlungen erscheinen seinen Interaktionspartnern von nun an in einer neuen Perspektive; eine generelle Umdefinition bisheriger Annahmen, Bewertungen und Vorstellungen ist die Folge» (Brusten/Hurrelmann 1973, S. 31). Die soziale Umwelt erwartet von dem so Etikettierten, dass er sich entsprechend der Zuschreibung verhalten wird: Falls auf dem Schulhof eine Schlägerei stattfindet, fragt jeder zunächst, ob auch X wieder dabei war. Wenn er tatsächlich beteiligt war, wundert das niemanden. War er nicht dabei, so wird nach Gründen gesucht, warum er heute ‹Glück› gehabt oder sich ausnahmsweise einmal ‹zusammengerissen› hat; ihm wird keine andere Rolle als die des Abweichlers mehr zugebilligt. Auf diese Weise wird es dem betroffenen Schüler immer schwerer gemacht, sich anders als erwartet zu verhalten. Der so Etikettierte «entwickelt mit der Zeit durch Übernahme der Fremddefinition ein abweichendes Selbstbild und erfüllt in bezug auf sein Verhalten immer mehr die Erwartung, ein Abweichler zu sein» (Holtappels 1984, S. 28). Die von dieser Etikettierung betroffenen Schüler(innen) fühlen sich ungerecht behandelt und zugleich machtlos. Sie halten es für aussichtslos, eine Revision des verfestigten Lehrerurteils zu erreichen. Rebellion und Resignation sind in dieser Situation häufige Reaktionsformen, sie werden von Mitschülern und Lehrkräften als Bestätigung ihrer Etikettierung gewertet. Die nächste – und letzte Stufe – der institutionellen Behandlung besteht in der Aussonderung. Einzelne Schüler(innen) werden als nicht mehr tragbar erklärt und entweder im hierarchisch gegliederten Schulsystem nach unten verschoben (vom Gymnasium zur Hauptschule) oder sozialpädagogischen bzw. therapeutischen Einrichtungen als ‹Fall› überwiesen. Von dort geht die deviante Karriere dann nicht selten weiter bis zu den Instanzen der Strafverfolgung. Spätestens durch die «Überweisung» zu einer außerschulischen

Instanz wird aus einem schwierigen Kind ein amtlicher Klient, dessen Defizite als behandlungsbedürftig gelten.

Interaktionistische Theorien beschreiben somit, wie in die schulische Kommunikation Prozesse der Typisierung, Etikettierung und Aussonderung stets eingewoben sind. Dabei stempelt die Institution keineswegs die Mehrheit ihrer Schüler(innen) zu ‹offiziellen› Abweichlern. Diese Schülermehrheit bewegt sich vielmehr in dem tolerablen Bereich zwischen hinreichender Anpassung und kalkulierten Normenverstößen. Darüber hinaus gilt, dass der geschilderte Prozess (von der Typisierung zur devianten Karriere) keineswegs zwanghaft-mechanisch abläuft; er kann vielmehr in jedem Stadium angehalten und revidiert werden. Für eine Minderheit der Schüler(innen) gilt dennoch, dass ihre Etikettierung als ‹Abweichler› der Preis dafür ist, dass mit institutionellen Machtmitteln die ‹Normalität› in Schule und Unterricht aufrechterhalten wird. Insofern macht die interaktionistische Analyse deutlich, dass der schulische Sozialisationsprozess immer auch ‹Abweichler› und damit beschädigte Identitäten produziert.

3.3.3 Einordnung, Kritik und Weiterführung

Das vorangegangene Kapitel hat gezeigt, dass mit interaktionistischen Kategorien Identitätsentwicklungen differenziert erfasst und Kommunikationsstrukturen systematisch beschrieben werden können. Auf die Schule angewendet, liefert diese Theorie eine Mikroanalyse, in der deutlich wird, nach welcher ‹Logik› sich die Akteure innerhalb der Institution verhalten und wie dabei Identitäten dargestellt, verteidigt oder auch verletzt werden. Dabei entwickelt diese Theorie eine ausgesprochen institutionenkritische Perspektive: Sie zeigt auf, dass institutionell verankerte Rollenstrukturen sich repressiv auswirken können und dass darin der Ausgangspunkt für beschädigte Identitäten und missglückte Lebensläufe liegen kann. Damit wird auch eine differenzierte Analyse des Verhältnisses von ‹Normalität› und ‹Abweichung› geliefert, die gerade für den schulischen Kontext von Bedeutung ist. Ein solches Konzept hat seine großen Stärken in der Analyse sozialisatorischer Prozesse auf der Mikroebene, in der Beschreibung des Verhältnisses zwischen dem

Subjekt und seiner kommunikativen Umwelt. Diese Feststellung verweist auf das interaktionistische Subjektverständnis, das im Konzept der ‹Identität› gefasst ist. Dieses Konzept «enthält in der Tat eine Maxime, die nicht wieder aufgegeben werden sollte: Die Person des Sozialisanden als ganze und einzigartige zu sehen (statt sie in eine Anzahl überindividueller Merkmale aufzulösen), sie als Subjekt ernst zu nehmen und sich selbst sein Handeln interpretieren und reflektieren zu lassen» (Portele/Huber 1983, S. 96). In diesem Ansatz werden Individualität und Einzigartigkeit des Subjekts theoretisch begriffen, ohne dass auf idealistische Spekulationen zurückgegriffen werden muss. Vielmehr wird die Individualität als strukturelle Notwendigkeit des Kommunikationsprozesses soziologisch begründet (vgl. Geulen 1989, S. 119 f.).

In einem solchen Subjektverständnis ist auch die biographische Dimension der Entwicklung einbezogen: Identitätsentwürfe werden stets vor dem Hintergrund der eigenen Erfahrungen vorgetragen, dabei ist die Wahrung der personalen Identität (in der biographischen Linie) von großer Bedeutung. Insgesamt ist einem solchen Subjektverständnis ein interaktives Verhältnis zwischen Mensch und Umwelt unterlegt: Die Bedingungen der Umwelt müssen vom Subjekt interpretiert, verarbeitet und in das eigene Identitätskonzept aufgenommen werden. Weil im Sozialisationsprozess aktiv-aneignende Subjekte agieren, wirken Sozialisationsbedingungen nie durchgängig und nie eindeutig. Gleiche Umweltbedingungen (etwa in einer Schulklasse) können von verschiedenen Menschen durchaus unterschiedlich verarbeitet werden und damit zu unterschiedlichen ‹Sozialisationseffekten› führen. Insgesamt haben wir es beim Symbolischen Interaktionismus mit einer theoretisch eindrucksvollen Ausarbeitung eines Subjektverständnisses zu tun; denn der Identitätsbegriff vermeidet sowohl die idealistische Postulierung eines autonomen Ich als auch die deterministische Vorstellung eines massenhaft gestanzten Sozialcharakters – und kann dennoch die Abhängigkeit der Subjektentwicklung von gesellschaftlichen Bedingungen aufzeigen.[19]

Dieses differenzierte Verständnis von Interaktion und Identität geht allerdings einher mit erheblichen theoretischen Defiziten. So ist kritisch anzumerken, dass bei interaktionistischen Analysen die *Inhalte* der Kommunikation weitgehend vernachlässigt werden. Weil aber in der Schule die Aneignung von Lerninhalten, die Auseinandersetzung mit ‹Sachen› und ‹Problemen› im Mittelpunkt steht, blendet diese Theorie (genau wie Parsons) eine wichtige Dimension des Sozialisationsprozesses aus. Ob und welche Bedeutung für die Subjektentwicklung der Schüler die Beschäftigung mit bestimmten literarischen Texten, historischen Gegebenheiten oder politischen Sachverhalten gewinnen kann, ist in interaktionistischen Kategorien nicht zu fassen.

In dieser Konzentration auf den Beziehungsaspekt der Kommunikation klammert der interaktionistische Ansatz auch alle anderen Sachverhalte der ‹objektiven› Realität aus. So kommt der gesamte Bereich der sachlich-gegenständlichen Praxis, der in erheblichem Maß identitätsbedeutsam ist, in diesem Konzept nicht vor. Für die kindliche Entwicklung bedeutet dies, dass der spielerische Umgang mit Gegenständen (der z. B. bei Piaget eine ganz besondere Rolle spielt) und die damit verbundenen sozialisatorischen Prozesse nicht in den Blick geraten. Für die Erwachsenensozialisation ergibt sich daraus vor allem, dass die Arbeitstätigkeit und der damit verbundene Gegenstandsbezug keinen Eingang in diese Identitätstheorie finden. Ottomeyer (1980), der die Vor- und Nachteile interaktionistischer Identitätstheorien ausführlich darstellt, führt das angesprochene Defizit auf einen systematischen Fehler zurück. Die Tätigkeit der Individuen stehe in einem doppelten Verhältnis zur Umwelt, die eng miteinander zusammenhängen, ohne sich ineinander aufzulösen: das Verhältnis zur sachlich-gegenständlichen Umwelt, in dem der Mensch sich arbeitend und gestaltend betätige, und das Verhältnis zu anderen Menschen, in dem der Mensch kommunizierend und interpretierend agiere (vgl. Kap. 3.4). Weil unter gegenwärtigen (kapitalistischen) Bedingungen die Beziehung zwischen beiden Formen des Umweltbezugs verschleiert sei, würden sozialwissenschaftliche Theorien häufig nur die interaktive Seite thematisieren. Hierbei handelt es sich um eine «interaktionistische Verengung von Praxis und Identitätsbildung, die bei ... Goffman, Habermas und fast der gesamten rollentheoretisch verpflichteten Sozialisationsforschung zu finden ist» (Ottomeyer 1980, S. 164).

Mit diesem Defizit hängt zusammen, dass die interaktionistische Theorie zwar den Prozess der Identitätsbildung und des kommunikativen Austauschs zwischen Menschen höchst differenziert erfasst, die gesellschaftlich-strukturellen Einordnungen jedoch recht vage bleiben. Die Ursache hierfür liegt in der Einseitigkeit des Ansatzes von G. H. Mead, der die «funktionale Differenzierung komplexer Gesellschaften vollständig aus seinen theoretischen Konzeptionen» ausgeblendet hat und auch «kein analytisches Instrumentarium für festgeschriebene Macht-, Einfluß- und Konfliktlinien industrieller Gesellschaften zur Verfügung» stellt (Hurrelmann 2006, S. 95). Dieses Defizit ist von seinen Nachfolgern nur insofern aufgearbeitet worden, als die Macht- und Kontrolldimension von Institutionen ins Spiel gebracht (vgl. Goffman 1972; Apelt 2002) und auch dann in schulischen Analysen angewendet wurde. In welchem Zusammenhang aber diese institutionellen Zwänge mit gesamtgesellschaftlichen Strukturen stehen, darüber gibt die interaktionistische Theorie keine Auskünfte. Allerdings gibt es einige Versuche, dieses Defizit durch eine Neuinterpretation von Mead, durch eine «Wiederentdeckung des makro-soziologischen Gehalts in den Grundkategorien des Symbolischen Interaktionismus» (Joas 1991, S. 145; vgl. auch Joas 1988*a*) aufzuarbeiten. Dennoch bleibt festzustellen, dass der Symbolische Interaktionismus zwar eine differenzierte Innensicht schulischer Sozialisationsprozesse liefert, einen weiter gehenden Anspruch an eine Sozialisationstheorie jedoch nur unzulänglich erfüllt; denn wie diese Sozialisationsprozesse mit den Strukturen der Gesamtgesellschaft verbunden sind, bleibt im Dunkeln. Allerdings deutet sich an, dass diese Theorie hier zumindest Anknüpfungspunkte bietet: In dem interaktionistischen Rollenkonzept wie in der Analyse schulischer Kommunikationsprozesse ist eine Kritik gesellschaftlicher Macht und Herrschaft angelegt.

3.4 Schulische Sozialisation in materialistischer Sicht

Die Theorie des Historischen Materialismus geht auf die Arbeiten zurück, die Karl Marx (1818–1883) und Friedrich Engels (1820–1895) in der zweiten Hälfte des 19. Jahrhunderts vorgelegt haben. In das Gesamtwerk, das etwa 50 Bände umfasst, fließt sehr stark die Auseinandersetzung mit der Philosophie des deutschen Idealismus (vor allem mit Hegel) ein. Es ist zum überwiegenden Teil entstanden in der Zeit, in der sich beide Autoren an den politischen Kämpfen der sich herausbildenden Arbeiterschaft intensiv beteiligt haben. Die historisch-materialistische Theorie hat daher von Anfang an einen eigentümlichen Doppelcharakter: Sie versteht sich als Instrument zur Analyse gesellschaftlicher Prozesse wie auch als Begründung für den politischen Kampf des Proletariats. Der Historische Materialismus ist damit sozialwissenschaftliche Theorie und politische Programmatik in einem. Die damit verbundene Parteinahme für eine soziale Klasse – und gegen die herrschenden Verhältnisse – hat dazu geführt, dass diese Gesellschaftstheorie stets äußerst umkämpft und umstritten war. In der alten Bundesrepublik blieben marxistische Ansätze bis gegen Ende der 1960er Jahre aus den ‹offiziellen› Wissenschaften weitgehend ausgeklammert; erst die Studentenbewegung hat hier eine (insgesamt allerdings bescheidene) Änderung bewirkt. Seit dem Zusammenbruch der realsozialistischen Gesellschaften (um 1989) gibt es erneut Bemühungen, materialistische Theorieansätze auszuschließen, indem man sie als «überholt» oder gar «widerlegt» bezeichnet. Demgegenüber vertreten wir die Position, dass solchen Theorieansätzen nach wie vor ein erheblicher Erklärungswert zukommt.

Die Begriffsbildungen und Analysen dieser Theorie sind im Schwergewicht makrosoziologisch angelegt: Nicht die Beziehungen zwischen Individuen, sondern zwischen sozialen Klassen stehen im Mittelpunkt; nicht die biographische Entwicklung einzelner Menschen, sondern die historischen Entwicklungen von Gesellschaften werden analysiert. Der Historische Materialismus ist weder als eine Sozialisationstheorie noch als eine Theorie der Bildungssysteme entworfen worden. Vielmehr handelt es sich im Kern um eine Theorie der Geschichte, insbesondere um eine Theorie der Funktionsweise bürgerlich-kapitalistischer Gesellschaften. Diese Gesellschaftstheorie erweist sich indes als bedeutsam und als unmittelbar anknüpfungsfähig für sozialisationstheoretische Entwürfe; denn eine Sozialisationstheorie muss ja immer auch in den Blick nehmen, in welcher Weise das Aufwachsen der Menschen durch die auf sie einwirkenden Institutionen bestimmt wird, die wiederum von übergreifenden gesellschaftlichen und politisch-ökonomischen Strukturen abhängig sind.

Seit den 20er Jahren des vorigen Jahrhunderts hat es vielfältige Bemühungen gegeben, die materialistische Gesellschaftstheorie zum Ausgangspunkt einer Persönlichkeitstheorie zu machen. Dies gilt für die umfänglichen Versuche innerhalb der Kritischen Theorie, marxistische und psychoanalytische Gedanken zusammenzuführen (vgl. u. a. Adorno 1970; Lorenzer 1972; Chodorow 1990), ebenso wie für die Bemühungen, aus dem Marxismus heraus eine ‹einheimische› Subjekttheorie zu entwickeln (vgl. Seve 1972; Holzkamp 1983; Veith 2001, S. 156 ff.). Auch die sozialisationstheoretischen Konzepte von Habermas und Bourdieu arbeiten mit einer materialistischen Sicht der Gesellschaft und sind daher dieser Theorierichtung zuzurechnen. Im Rahmen dieses Buchs können wir nicht in die verschiedenen Verästelungen einführen (vgl. hierzu Ottomeyer 1991, S. 157 ff.), sondern lediglich exemplarisch eine spezifische Denkrichtung vorstellen. Wir wählen dazu jene Arbeiten aus, die versuchen, die Erkenntnisse der materialistischen Gesellschaftstheorie für eine Analyse der schulischen Sozialisation in bürgerlichen Gesellschaften fruchtbar zu machen. Solche Arbeiten fragen einerseits makrosoziologisch nach der Funktion der Schule im Kapitalismus, analysieren andererseits schulische Kommunikation auf der Mikroebene. Zusammengeführt werden beide Perspektiven in der Frage: In welcher Weise trägt die Schule zur Produktion kapitalkonformer Individuen bei? Aber auch: Wie entsteht in (oder trotz) der Schule immer wieder kritische Handlungsfähigkeit? Arbeiten in dieser Denk- und Analysetradition gibt es seit den 1920er Jahren (vgl. Bernfeld 1925), sie wurde in der Bundesrepublik und in den USA verstärkt in den 1970er Jahren wieder aufgegriffen (vgl. Rolff u. a. 1974; Bowles/Gintis 1978). Bevor diese Linie einer materialistischen Theorie schulischer Sozialisation referiert werden kann, ist es zunächst erforderlich, in einige Grundkategorien des Historischen Materialismus einzuführen.

3.4.1 Grundannahmen und zentrale Begriffe

Der Historische Materialismus versteht sich als Versuch, die Triebkräfte der Geschichte jenseits aller Einbildungen und Ideologien zu bestimmen. Er beginnt mit der Feststellung, «daß die Menschen imstande sein müssen, zu leben, um ‹Geschichte machen› zu können. Zum Leben aber gehört vor allem Essen und Trinken, Wohnung, Kleidung und noch einiges andere. Die erste geschichtliche Tat ist also die Erzeugung der Mittel zur Befriedigung dieser Bedürfnisse, die Produktion des materiellen Lebens» (MEW 3, S. 28). Reproduktion durch Arbeit ist eine «von allen Gesellschaftsformen unabhängige Existenzbedingung des Menschen, ewige Naturnotwendigkeit, um den Stoffwechsel zwischen Mensch und Natur, also das menschliche Leben zu vermitteln» (MEW 23, S. 57). Der Grundsachverhalt des gesellschaftlichen Lebens und des historischen Prozesses ist damit die Arbeit bzw. die Produktion, die für den Menschen in dreifacher Weise von Bedeutung ist: Sie ist Umgang mit der äußeren Natur, indem durch Einwirken auf Naturstoffe ein Produkt entsteht; sie ist zugleich Umgang mit der eigenen inneren Natur, indem durch die eigene Arbeit Fähigkeiten, Erkenntnisse und auch Bedürfnisse entwickelt werden. Schließlich: Arbeit wird gesellschaftlich vollzogen, Menschen treten dadurch in Kooperation und Austausch miteinander. In der Gestaltung ihrer Arbeit sind die Menschen nicht frei, sondern vielfältigen Zwängen unterworfen. Diese Zwänge ergeben sich zum einen aus den technischen Möglichkeiten der Naturbearbeitung (aus den *Produktivkräften*), zum anderen aus den Formen des Zusammenwirkens der Menschen in der Produktion (aus den *Produktionsverhältnissen*). Produktivkräfte und Produktionsverhältnisse gemeinsam formen die Produktionsweise einer Gesellschaft; diese Produktionsweise wird von Marx als «ökonomische Basis» bezeichnet, von der in letzter Instanz die gesellschaftlichen Prozesse abhängig sind. Das Verhältnis zwischen Produktivkräften und Produktionsverhältnissen (und die darin eingelagerten Widersprüche) werden für Marx/Engels zum hauptsächlichen Erklärungsmoment für die Entwicklung der Geschichte, die bei der «Urgesellschaft» beginnt und deren Übergang in eine klassenlose Gesellschaft von ihnen prognostiziert wird.

Unter sozialisationstheoretischer Perspektive interessieren weniger die Bewegkräfte der Geschichte als die Kategorien, mit denen die Subjektentwicklung unter den gegenwärtigen gesellschaftlichen Bedingungen gefasst werden kann. Dazu liefert der Historische Materialismus eine umfassende Diagnose kapitalistischer Gesellschaftsverhältnisse – und damit eine systematische Beschreibung der gesellschaftlichen Bedingungen des Sozialisationsprozesses. Obwohl in den Werken von Marx und Engels diese gesellschaftstheoretisch-ökonomische Seite eindeutig überwiegt, darf nicht übersehen werden, dass der gesamten Theoriebildung ein bestimmtes Verständnis vom Menschen, seiner Subjekthaftigkeit und seinem handelnden Umgang mit der Welt unterlegt ist. Diese subjekttheoretischen Anteile der marxistischen Theorie sind für unsere Problemstellung von besonderem Interesse und sollen zunächst dargestellt werden, bevor der Bedingungskranz – die kapitalistischen Gesellschaftsverhältnisse – beschrieben wird.

Das Individuum und die gesellschaftlichen Verhältnisse

Die marxistische Theorie liefert weder ein ausgearbeitetes Kategoriensystem zur Beschreibung des alltäglichen Verhaltens von Individuen noch eine differenzierte Begrifflichkeit zur ontogenetischen Entwicklung. Allerdings hat Marx darauf hingewiesen, dass neben der einen Seite der menschlichen Tätigkeit, der «*Bearbeitung der Natur* durch die Menschen», auch die «andere Seite, die *Bearbeitung der Menschen durch die Menschen*» (MEW 3, S. 36), analysiert werden müsse. Damit hat er auf den systematischen Stellenwert von Erziehungs- und Sozialisationsprozessen verwiesen, ohne dies jedoch differenziert auszuarbeiten (vgl. Schmied-Kowarczik 1983, S. 105). Individualwissenschaftliche Theoriebildungen auf der Basis des Historischen Materialismus sind daher zunächst darauf angewiesen, eher sporadisch formulierte Aussagen von Marx zur Anthropologiekritik aufzugreifen, um von dort aus die Theoriearbeit eigenständig weiterzutreiben. Uns interessiert: Welches Verständnis von Subjektivität, welche Vorstellungen von Persönlichkeitsentwicklung finden sich in den marxistischen Werken? Welche Anknüpfungspunkte für eine weiterführende Theoriebildung werden dort formuliert?[20]

Marx nimmt hier eine Grundeinordnung vor, indem er den Menschen (im Unterschied zum Tier) als das Gattungswesen beschreibt, das zu bewusster Lebenstätigkeit fähig ist. Entsprechend heißt es in den «Ökonomisch-Philosophischen Manuskripten» (1844):

«Das Tier ist unmittelbar eins mit seiner Lebenstätigkeit. Es unterscheidet sich nicht von ihr. Der Mensch macht seine Lebenstätigkeit zum Gegenstand seines Wollens und seines Bewußtseins. Er hat bewußte Lebenstätigkeit ... Die bewußte Lebenstätigkeit unterscheidet den Menschen unmittelbar von der tierischen Lebenstätigkeit. Eben nur dadurch ist er ein Gattungswesen» (MEW, Ergb. 1, S. 516).

Das Selbstbewusstsein wird somit als eine wesentliche Gattungseigenschaft der Menschen beschrieben. Marx stellt dar, dass es sich aus der tätigen Wechselwirkung der Individuen mit ihrer Umwelt ergibt und dass dabei zwei Dimensionen des Umweltbezugs von Bedeutung sind: Zum einen setzen sich die Individuen in der *Arbeit* mit der gegenständlichen Natur auseinander, dabei entstehen sachliche Produkte als Ergebnis der eigenen Tätigkeit. In dieser produktiven Auseinandersetzung mit der äußeren Natur lernt der Mensch nicht nur die Eigengesetzlichkeit der natürlichen Stoffe kennen, sondern entwickelt dabei auch seine eigene Persönlichkeit; denn in den selbst erstellten Produkten objektivieren sich die eigenen Kräfte und Fähigkeiten, sodass sich Freude, Stolz und Selbstvertrauen daran festmachen können (vgl. MEW, Ergb. 1, S. 462 f.). Zum Zweiten steht das Individuum in *Kommunikation* mit anderen Individuen; diese sozialen Bezüge werden vor allem durch den gesellschaftlichen Charakter der Produktion gestiftet und stehen daher in engem Zusammenhang zur ersten Dimension; denn eine «Produktion des vereinzelten einzelnen außerhalb der Gesellschaft ... ist ein ebensolches Unding als Sprachentwicklung ohne *zusammen* lebende und sprechende Individuen» (Marx 1953, S. 6). Dass die zweite Dimension der menschlichen Praxis – die Kommunikation zwischen den Individuen – eine weitere Quelle des Selbstbewusstseins darstellt, wird von Marx (1844) ausdrücklich hervorgehoben. Er betont, dass das Verhältnis des Menschen «zu sich selbst ihm erst *gegenständlich, wirklich* ist durch sein Verhältnis zu dem andern Menschen» (MEW, Ergb. 1, S. 519). In einer Fußnote zum 1. Band des «Kapitals» (1867) heißt es weiter: «Da er weder mit einem Spiegel auf die Welt kommt, noch als Fichtescher Philosoph: Ich bin ich, bespiegelt sich der Mensch zuerst in einem andren Menschen» (MEW 23, S. 67). Damit wird bereits bei Marx der später von G. H. Mead ausführlich behandelte Aspekt der Identitätsbildung durch Perspektivübernahme im Kommunikationsprozess ausgesprochen (vgl. Ottomeyer 1991, S. 153). Insgesamt findet sich bei Marx das Verständnis eines aktiv handelnden Individuums, das in einer doppelten Beziehung zu seiner Umwelt steht und das daher Selbstbewusstsein durch produktive wie durch kommunikative Tätigkeit ausbildet. Indem diese mit Willen und Bewusstsein ausgestatteten Menschen durch ihre Praxis ihre Umwelt gestalten, gestalten sie auch sich selbst. Dieser Prozess – ohne Unterdrückung und ohne äußere Zwänge gedacht – beschreibt die grundsätzliche Möglichkeit der Menschen zur allseitigen Entwicklung ihrer Fähigkeiten; bezeichnet wird damit das generelle – also alle historischen Epochen betreffende – Verhältnis des Menschen zu seiner Umwelt und zu sich selbst.

Menschliche Praxis findet jedoch nicht allgemein, sondern stets historisch-konkret unter bestimmten gesellschaftlichen (gegenwärtig unter kapitalistischen) Verhältnissen statt. Dabei existieren für Marx die gesellschaftlichen Verhältnisse nicht neben oder über dem individuellen Verhalten, sondern gleichsam durch die Individuen hindurch. Über die Individuen sagt er daher, dass die gesellschaftlichen Verhältnisse «nichts andres als ihr wechselseitiges Verhalten» sein können (MEW 3, S. 423). Die Verhältnisse sind somit als die kollektive, von Menschen selbst produzierte Seite des individuellen Verhaltens anzusehen. Diese Verhältnisse lösen sich in bestimmten historischen Epochen von dem Verhalten des Einzelnen ab und treten den Menschen dann als fremde Gewalt von außen entgegen. Dieses

> «Umschlagen des individuellen Verhaltens in sein Gegenteil ... ist ... ein geschichtlicher Prozeß und nimmt auf verschiedenen Entwicklungsstufen verschiedene, immer schärfere und universellere Formen an. In der gegenwärtigen Epoche hat die Herrschaft der sachlichen Verhältnisse über die Individuen, die Erdrückung der Individualität durch die Zufälligkeit, ihre schärfste und universellste Form erhalten» (MEW 3, S. 423 f.).

Die extremste Form, in der die Verhältnisse die Herrschaft über die Menschen ausüben, findet sich demnach im entwickelten Kapitalismus. Soziale Beziehungen werden zu rein ‹sachlichen› Geldverhältnissen, die gesellschaftlichen Prozesse werden von den Individuen als willkürlich und kaum beeinflussbar erlebt. Bestimmt wird das Leben durch die kapitalistischen Waren- und Marktgesetze, die die große Mehrheit der Bevölkerung zwingen, ihre Arbeitskraft gegen Lohn zu verkaufen. Marx spricht hier vom «stummen Zwang der ökonomischen Verhältnisse» (MEW 23, S. 765), denen sich die Individuen im Kapitalismus beugen müssen, um existieren zu können. Daraus ergibt sich, dass die Menschen

> «sich gerade nicht als Produzenten ihrer Lebensverhältnisse verwirklichen können, sondern umgekehrt, daß die Lebensverhältnisse ... die Menschen in ihrem Handeln von außen bestimmen. Es zeigt sich also durchgängig eine Verkehrung der Beziehungen in der Weise, daß die produzierten Verhältnisse gegenüber den Menschen als ihren Produzenten als das Übergreifende und Bestimmende erscheinen» (Schmied-Kowarczik 1983, S. 104).

Was diese Herrschaft für die Entwicklung der menschlichen Fähigkeiten bedeutet, hat Marx für seine Zeit drastisch beschrieben: Die kapitalistische Produktionsweise ergreift

> «die individuelle Arbeitskraft an ihrer Wurzel. Sie verkrüppelt den Arbeiter in eine Abnormität, indem sie sein Detailgeschick treibhausmäßig fördert durch Unterdrückung einer Welt von produktiven Trieben und Anlagen» (MEW 23, S. 381).

Diese Verkrüppelung verweist darauf, dass im Kapitalismus die Möglichkeiten zur Entfaltung menschlicher Fähigkeiten abhängig sind von der Klassenzugehörigkeit; dabei findet sich das höchste Maß an Beschränkung und Unterdrückung bei den Angehörigen der Arbeiterklasse. In den von Marx erlebten Zeiten des Frühkapitalismus machte sich dies u.a. an der Kinderarbeit sowie an den katastrophalen Verhältnissen im ‹niederen› Schulwesen fest. Allerdings argumentiert Marx auch an dieser Stelle nicht mechanistisch, sondern dialektisch: So begrenzt und unterdrückend die Lebens- und Lernbedingungen für die Angehörigen der Arbeiterklasse auch sein mögen, Marx hält diese Menschen zugleich für fähig, ein kritisches Bewusstsein der bestehenden Verhältnisse zu entwickeln («Klassenbewußtsein») und in kollektiven und schließlich revolutionären Aktionen diese Verhältnisse zu überwinden. Solche Fähigkeiten bilden sich gegen die bestehenden Verhältnisse aus, indem Menschen im Kampf gegen unterdrückende Bedingungen zu Selbstbewusstsein und Handlungsfähigkeit gelangen. Die darin steckende Dialektik zwischen den gesellschaftlichen Verhältnissen, die die Menschen prägen, und ebendiesen Menschen, die die gesellschaftlichen Verhältnisse nicht nur tragen, sondern auch verändern, hat Marx bereits in den «Thesen über Feuerbach» (1845) als fundamentale Erkenntnis formuliert (vgl. MEW 3, S. 533 ff.).

Insgesamt zeigt sich, dass in dem gesellschaftstheoretischen Entwurf von Marx mehr oder weniger implizit auch ein Verständnis von der Subjekthaftigkeit enthalten ist: Der Mensch verändert durch seine produktive wie kommunikative Praxis die Umwelt und entwickelt zugleich sein Selbstbewusstsein, dabei ist er prinzipiell auf allseitige Entfaltung seiner Fähigkeiten angelegt. Menschliche Entwicklung im Kapitalismus wird als klassenspezifische Unterdrückung dieser Möglichkeiten beschrieben. Die angesprochenen gesellschaftlichen Verhältnisse – und damit die Rahmenbedingungen gegenwärtiger Sozialisationsprozesse – werden im Folgenden dargestellt.

Kapitalistische Gesellschaftsverhältnisse

In marxistischer Sicht ist die Reproduktion des menschlichen Lebens durch Arbeit die Grundbedingung jeder Gesellschaft. In der kapitalistischen Gesellschaft erfolgt dies durch eine industrielle Produktion von Waren im Rahmen privater Besitzverhältnisse an Produktionsmitteln. Marx hat aufgezeigt, dass sich solche Waren durch einen Doppelcharakter kennzeichnen: Sie besitzen einerseits einen *Gebrauchswert*, indem z. B. ein Kleidungsstück für einen bestimmten Zweck Verwendung findet; andererseits besitzt jede Ware einen *Tauschwert*, indem sie auf dem Markt gegen Geld getauscht werden kann. Diesem Doppelcharakter der Ware entspricht der Doppelcharakter der Arbeit: Der kapitalistische Produktionsprozess ist zunächst Arbeitsprozess, in dem Naturveränderung zum Zweck der Herstellung nützlicher Güter stattfindet. Der Kapitalist ist indes allenfalls sekundär an der Herstellung nützlicher Dinge (also Gebrauchswerten) interessiert. Er lässt vielmehr mit dem Ziel produzieren, das Produkt (als Träger eines Tauschwerts) auf dem Markt gegen Geld einzutauschen. Dabei will er einen Wert erzielen, der höher ist als das von ihm eingesetzte Geld (vgl. MEW 23, S. 201). Ziel der kapitalistischen Produktion ist es somit, einen *Mehrwert* zu erzielen. Der Produktionsprozess unter kapitalistischen Bedingungen wird somit als eine Einheit von Arbeits- und Verwertungsprozess beschrieben: Im Arbeitsprozess wird der Gebrauchswert, im Verwertungsprozess der Mehrwert produziert, den sich der Kapitalist aneignet.

Von zentraler Bedeutung ist die Erkenntnis, dass die Quelle des Mehrwerts (und damit die Quelle von Reichtum und Einfluss des Kapitalisten) die Arbeitskraft der Lohnabhängigen ist: Indem die Arbeitskraft mehr produziert, als die eigenen Reproduktionskosten betragen, wird ein überschüssiger Wert hergestellt, der dem Kapitalisten zufließt (vgl. im Einzelnen MEW 23, S. 192 ff.). Die Arbeitskraft hat im Kapitalismus einen Warencharakter wie jedes andere Produkt, besitzt also Gebrauchs- und Tauschwert. Ihr Gebrauchswert liegt darin, dass sie für den Kapitalisten Quelle von Wert und Mehrwert ist. Getauscht wird sie – wie jede andere Ware – auf dem Markt, hier auf dem Arbeitsmarkt. Sozialisationstheoretisch ist von Bedeutung: Wenn der kapitalistische Produktionsprozess in dieser Weise funktionieren soll, brauchen die Menschen (als Träger der Ware Arbeitskraft) bestimmte Qualifikationen und Fertigkeiten; und sie müssen die Bereitschaft mitbringen, sich den hier gesetzten Arbeitsbedingungen zu unterwerfen.

Die Makrostruktur der kapitalistischen Gesellschaft ergibt sich aus den beschriebenen Produktionsverhältnissen. Sie ist vor allem gekennzeichnet durch die Existenz zweier großer sozialer Klassen: Der kleinen, aber mächtigen Gruppe der Produktionsmittelbesitzer steht die große Gruppe der lohnabhängigen Bevölkerung (die Arbeiterklasse) gegenüber. Beide Klassen stehen zueinander in einem antagonistischen Verhältnis – die Kapitalisten als die Herrschenden, die Lohnabhängigen als die Beherrschten. Neben diesen beiden Hauptklassen existiert eine «Mittelklasse» (MEW 23, S. 784), die in einer gesonderten Beziehung zu den Produktionsmitteln steht: So sind Landwirte oder Handwerker zwar Besitzer ihrer Produktionsmittel, aber dennoch weitgehend auf ihre eigene Arbeitskraft angewiesen. Darüber hinaus ist die große *Klasse* der lohnabhängigen Bevölkerung in verschiedene *Schichten* zu unterteilen.

Marx beschrieb schon 1867 die verschiedenen «Schichten der britischen industriellen Arbeiterklasse» (MEW 23, S. 684), heute wäre vor allem zwischen der Arbeiterschaft und der lohnabhängigen Mittelschicht (Angestellte, Beamte) zu unterscheiden. Während es als weitgehend unbestritten gilt, dass die so skizzierten Klassenverhältnisse (und damit die entsprechenden Herrschafts- und Ausbeutungsstrukturen) das ausgehende 19. Jahrhundert geprägt haben, ist es sehr umstritten, ob die dargestellten Grundstrukturen einer Klassengesellschaft auch heutige Gesellschaften – etwa die der Bundesrepublik – zutreffend beschreiben. Hierzu vertreten nicht wenige Soziologen die Position, dass sich zwar die gesellschaftlichen Erscheinungsformen (etwa das Massenelend der Arbeiter) erheblich gewandelt haben, die tiefer liegenden Prozesse der Kapitalverwertung und der Klassenherrschaft sich aber sehr wohl mit dem theoretischen Instrument des Historischen Materialismus beschreiben lassen (vgl. z. B. Jaeggi 1973; Offe 1977; Habermas 1976).

Neben der Aufteilung in Klassen ist als zweites Strukturmerkmal kapitalistischer Gesellschaften ihre politische Verfasstheit als parlamentarische Demokratie zu nennen. In dieser politischen Verfassung, die in der bürgerlichen Revolution dem Feudaladel abgerungen wurde, werden den Bürgern die Grundrechte garantiert, zugleich wird das Volk offiziell zum Souverän erhoben. Diese Staatsform ist in den Augen von Marx/Engels jedoch nichts anderes als die politische Herrschaftsform des Kapitals: Seit «der Herstellung der großen Industrie und des Weltmarktes» erkämpfte sich die Bourgeoisie «in modernen Repräsentativstaaten die ausschließliche politische Herrschaft. Die moderne Staatsgewalt ist nur der Ausschuß, der die gemeinschaftlichen Geschäfte der ganzen Bourgeoisklasse verwaltet» (MEW 4, S. 461). Damit wird behauptet, dass der Anspruch bürgerlicher Demokratien, Herrschaft würde über Mehrheitsentscheidungen geregelt, eine Verschleierung der wirklichen Machtverhältnisse ist. Die Begründungen für diese These sind vielfältig, sie können hier nur kurz angesprochen werden: Als wichtiges Grundrecht in der bürgerlichen Gesellschaft gilt das «Recht auf Eigentum», das das Eigentum an Produktionsmitteln einschließt. Damit wird der wichtigste gesellschaftliche Bereich – die Produktion – aus der demokratischen Kontrolle ausgenommen und in die alleinige Verfügungsgewalt der Kapitalbesitzer gestellt. Darüber hinaus gibt die wirtschaftliche Macht den Kapitalbesitzern vielfältige Möglichkeiten, wirksam auf die Gestaltung politischer Entscheidungen Einfluss zu nehmen. Kautsky formulierte dementsprechend 1906: «Die Kapitalistenklasse herrscht, aber sie regiert nicht; sie begnügt sich damit, die Regierung zu beherrschen» (S. 20). Es ist wohl schwer zu bestreiten, dass es auch in der gegenwärtigen Bundesrepublik Sachverhalte und Ereignisse gibt, die sich zumindest in diese Richtung interpretieren lassen.

Schließlich ist darauf zu verweisen, dass politische Meinungen der Bevölkerung vor allem beeinflussbar werden durch Bildungseinrichtungen (die vom Staat kontrolliert werden) und durch die Presse (die von ihren jeweiligen Kapitalgebern abhängig ist). Dadurch ergeben sich vielfältige Möglichkeiten, die breiten Schichten der Bevölkerung auch gegen ihre Interessen zu beeinflussen, ihnen gleichsam ein ‹falsches› Bewusstsein zu vermitteln. In der Analyse kapitalistischer Gesellschaften wird somit von einem Widerspruch ausgegangen zwischen den politischen Einflussmöglichkeiten – die in bürgerlichen Demokratien allen Erwachsenen (also auch den Lohnabhängigen) versprochen werden – und der tatsächlichen Begrenzung dieses politischen Einflusses. Diese widersprüchliche Struktur gilt als typisch für die politische Herrschaft im entwickelten Kapitalismus; denn Herrschaft bedeutet ja keineswegs, dass Zwang und offene Gewalt die bevorzugten Durchsetzungsinstrumente sind. Vielmehr geht es darum, die Einwilligung und Zustimmung der Lohnabhängigen zu erlangen – es geht um ihre Integration. Ob diese Integration in das von Widersprüchen geprägte kapitalistische System gelingt (ob also ‹falsches› Bewusstsein erzeugt werden kann) oder ob die abhängig Beschäftigten ihre Lage und ihre Interessen erkennen (also zu ‹richtigem› Bewusstsein kommen), ist nicht zuletzt eine Frage, die durch Sozialisationsprozesse entschieden wird.

3.4.2 Der Schüler als Träger der Ware Arbeitskraft

Nach den bisherigen Ausführungen mag es schwer vorstellbar sein, wie sich solche überwiegend historisch-ökonomischen Analysen für eine Theorie der schulischen Sozialisation nutzen lassen. Als Frage formuliert: Worin besteht denn der Zusammenhang zwischen den Gesetzmäßigkeiten des Kapitalismus und der Persönlichkeitsentwicklung von Kindern in der Schule? Antworten darauf werden von unterschiedlichen Arbeitsansätzen und Theoriekonzepten formuliert. Sie alle thematisieren das Verhältnis zwischen der kapitalistischen Gesellschaft, dem Schulsystem und den darin ablaufenden Sozialisationsprozessen, setzen dabei allerdings unterschiedliche Akzente. Drei dieser Konzepte werden im Folgenden referiert, um anschließend zu fragen, ob sie sich wechselseitig zu einer Art Gesamtschau ergänzen.

Politische Ökonomie des Ausbildungssektors

Das Verhältnis zwischen Produktionsbereich und Bildungssystem wurde besonders in den 1970er Jahren in mehreren Studien systematisch behandelt (vgl. Altvater/Huisken 1971; Masuch 1972). Diese Arbeiten setzen bei den ökonomischen Schriften von Marx/Engels an und fragen nach der Bedeutung des Ausbildungssystems für die kapitalistische Gesellschaft und – weitergehend – nach den kapitalkonformen Qualifikationen der Arbeitskraft. Den Ausgangspunkt dieser Analysen zur «Politischen Ökonomie des Ausbildungssektors» bildet folgende Feststellung im 1. Band des «Kapitals»:

> «Um die allgemein menschliche Natur so zu modifizieren, daß sie Geschick und Fertigkeit in einem bestimmten Arbeitszweig erlangt, entwickelte und spezifische Arbeitskraft wird, bedarf es einer bestimmten Bildung oder Erziehung, welche ihrerseits eine größere oder geringere Summe von Warenäquivalenten kostet. Je nach dem mehr oder minder vermittelten Charakter der Arbeitskraft sind ihre Bildungskosten verschieden» (MEW 23, S. 186).

So gesehen sind im Erziehungsprozess Arbeitskräfte heranzubilden, die für den kapitalistischen Produktionsprozess einen Gebrauchswert besitzen. Weil diese langfristige Aufgabe nicht von den einzelnen Unternehmen individuell geleistet werden kann, tritt der Staat als Gesamtvertreter der Kapitalinteressen ein: Er errichtet ein Bildungssystem und macht den Besuch zum Teil obligatorisch. Da ein solches Bildungssystem erhebliche Kosten verursacht und so indirekt die Profitrate der Unternehmer schmälert (vgl. im Einzelnen Altvater/Huisken 1971, S. 192 f.), besteht ein systeminterner Zwang zur Beschränkung der Bildungskosten. Das Kapital hat ein großes Interesse daran, nur die unabdingbar notwendige Bildung und Ausbildung zuzulassen. Diese hat auf zwei Ebenen zu erfolgen:

Einerseits muss das Arbeitsvermögen (Kenntnisse, Fähigkeiten, Fertigkeiten) erworben werden, das der Arbeitskraft einen Gebrauchswert verleiht: Das Bildungssystem hat hier eine *Qualifizierungsfunktion.*
Andererseits müssen die Individuen in die Verkehrsformen des Kapitalismus eingeübt werden, um auf diese Weise das politische System und die Produktionsverhältnisse durch Massenloyalität abzusichern. Das Bildungssystem hat hier eine *Legitimationsfunktion* (vgl. Masuch 1972, S. 22).

Eine genauere Betrachtung dieser Funktionen zeigt, dass im allgemeinbildenden Schulwesen Arbeitsvermögen nur in begrenztem Maß angeeignet wird: Die Schule vermittelt nicht Qualifikationen für die konkrete Berufsarbeit; dies geschieht vor allem in der Berufsausbildung oder ‹on the job›. Vielmehr werden in der Schule neben den grundlegenden Kulturtechniken (Schreiben, Rechnen, Lesen) vor allem tätigkeitsübergreifende Fähigkeiten erworben, die sich vereinfacht als Arbeitstugenden bezeichnen lassen. Dabei geht es insgesamt um die Fähigkeit der Arbeitskraft, sich den Verwertungsinteressen des Kapitals unterzuordnen. In der Fabrik handelt es sich dabei sowohl um die «technische Unterordnung des Arbeiters unter den gleichförmigen Gang des Arbeitsmittels» (MEW 23, S. 446) als auch – eng damit verbunden – um die Unterwerfung unter den Willen des Fabrikbesitzers. Beschreiben lassen sich solche Fähigkeiten mit Begriffen wie Fleiß, Ausdauer, Durchhaltevermögen, Unterordnungsbereitschaft, abstrakte Leistungsbereitschaft. Weil es sich hierbei nicht um kurzfristig erlernbare Techniken, sondern um tief zu verankernde Charaktereigenschaften handelt, müssen sie von früh an vermittelt werden – und zwar vor allem in der Schule. Die Legitimationsfunktion der Schule zielt somit auf Unterordnung am Arbeitsplatz wie auf politische Loyalität gegenüber der bürgerlichen Herrschaft.

Anknüpfend an die weiter vorn angesprochenen Legitimationsprobleme im Kapitalismus ist aber festzustellen, dass beide Funktionszuweisungen (Qualifizierung, Legitimation) einander widersprüchlich sind, dass es jedoch die Aufgabe der Schule ist, diese in sich widersprüchlichen Aufgaben zugleich zu bewältigen (vgl. Rolff u. a. 1974, S. 50 ff.). Um politische Loyalität zu sichern, wird soziale Gleichheit vor allem im staatlichen Schulsystem versprochen. Mit der Behauptung, jeder habe die gleichen Bildungschancen, wird der Eindruck erweckt, das Schulsystem gebe jedem die Möglichkeit optimaler Entfaltung. Die Versprechungen, die die Schule hier macht, um Loyalität und Integration herbeizuführen, kann sie jedoch nicht einlösen; denn sie muss zugleich kostengünstig Arbeitsvermögen für die unterschiedlichen Anforderungsstufen der kapitalistischen Produktion ausbilden. Dies bedeutet gegenwärtig, dass der überwiegende Teil der Schüler – nur mäßig qualifiziert – die Schule spätestens am Ende der 10. Klasse verlassen muss, um in einen Beruf als Arbeiter oder ‹kleiner› Angestellter einzutreten. Dieser Widerspruch zwischen Qualifikations- und Legitimationsfunktion konkretisiert sich als innerschulischer *Auslesezwang*: Trotz aller Chancengleichheitsversprechungen muss die Schule gewährleisten, dass die Arbeitskräfte entsprechend dem eingeschränkten Qualifikationsbedarf auf dem Arbeitsmarkt zur Verfügung stehen; insofern muss die Mehrheit der Schüler auf niedrige, bestenfalls mittlere Qualifikationen festgelegt werden. Dieser Auslesemechanismus führt zur notwendigen Reproduktion der Klassen- und Schichtenstrukturen: Arbeiterkinder werden überwiegend wieder Arbeiter; Kinder aus ‹besseren› Kreisen erhalten hingegen eine Schulausbildung, die sie meist in höhere Berufspositionen führt (vgl. Baumert/Schümer 2001). Zugleich muss die Schule sichern, dass sich aus dieser sozialen Auslese kein Widerspruchspotenzial entwickelt; mögliche Enttäuschungen und Erwartungen dürfen also keine desintegrative Wirkung nach sich ziehen.

Die politökonomische Analyse weist damit aus, welche Anforderungen das kapitalistische Gesellschaftssystem an seine Schulen stellt: Herstellung von Arbeitstugenden (Qualifikation) und politische Loyalität (Legitimation) bei gleichzeitiger Reproduktion der Sozialstrukturen durch soziale Auslese. Weil die beschriebenen Funktionen der Schule im Kapitalismus auf eine Beschränkung von Bildung und auf eine Behinderung von Emanzipation ausgerichtet sind, stehen sie in einem grundsätzlichen Widerspruch zu den Bedürfnissen der heranwachsenden

Menschen auf allseitige Entwicklung ihrer Fähigkeiten. Politökonomische Analysen beschreiben somit die Funktionen der Schule im Kapitalismus, machen jedoch schulische Sozialisationsprozesse selbst nicht zum Gegenstand ihrer Analyse. Genau darauf aber legt der folgende Ansatz seinen Hauptakzent.

‹Heimlicher Lehrplan› und Verhaltenskonformität

Zunächst unabhängig von diesen politökonomischen Analysen, später deutlich darauf bezogen, haben sich mehrere Autoren den innerschulischen Sozialisationsprozessen zugewandt (vgl. v. a. Bernfeld 1925; Beck 1974; Zinnecker 1975; Tillmann 1976). Sie gehen dabei von der Struktur der Schule im entwickelten Kapitalismus aus und betrachten vor allem die Kommunikationsmuster im Unterricht. Gemeinsam ist ihnen die Überzeugung, dass nicht so sehr das Lernen der schulischen Inhalte (der offizielle Lehrplan), sondern das langjährige Einüben in die Verhaltensanforderungen der Institution (der ‹heimliche Lehrplan›) die bedeutsamen Sozialisationswirkungen hervorruft. Weil der Historische Materialismus für eine Analyse schulischer Kommunikationsprozesse keine ‹einheimischen› Begriffe bereitstellt, greifen die meisten Autoren auf andere Theorien zurück. So analysiert Bernfeld (1925) die schulische Mikroebene mit psychoanalytischen Begriffen, während Tillmann (1976) sich der kommunikationstheoretischen Kategorien von Watzlawick u. a. (1971) bedient. Die Ergebnisse der so erstellten schulischen Mikroanalysen werden dann im Kontext der marxistischen Gesellschaftstheorie interpretiert. Dabei kommen die Autoren übereinstimmend zu dem Ergebnis, dass in der Institution Schule eine unterschwellige, aber umso intensivere Einübung in solche Verkehrsformen erfolgt, die später das kapitalkonforme Verhalten von Lohnabhängigen in Fabriken und Büros begünstigen.

Als Grundgedanke wurde dies erstmals 1925 von Siegfried Bernfeld in den Satz gefasst: «Die Schule – als Institution – erzieht» (1925/1967, S. 28). Bernfeld wandte sich damit gegen eine pädagogische Sichtweise, die allein die geplanten Unterrichtsprozesse (Lehrpläne, ‹Stoff›, Didaktik und Methodik) in den Blick nahm und für wirksam hielt. In scharfer Konfrontation dazu betonte er die pädagogische wie politische Bedeutung der institutionellen Strukturen von Schule. Sie seien keineswegs in einer nachgeordnet dienenden Funktion gegenüber den unterrichtlichen Aufgaben zu sehen; denn die

«Institution Schule ist nicht aus dem Zweck des Unterrichts gedacht und nicht als Verwirklichung solcher Gedanken entstanden, sondern sie ist da, *vor* der Didaktik und gegen sie. Sie entsteht aus dem wirtschaftlichen – ökonomischen, finanziellen – Zustand, aus den politischen Tendenzen der Gesellschaft» (1925/1967, S. 27).

Aufgabe der Schule als Institution sei es, die Kinder zu konformen Mitgliedern der kapitalistischen Gesellschaft zu erziehen. Sarkastisch formuliert: «die Kinder müssen die bürgerliche Klasse lieben lernen ... Sie sollen Mehrwert leisten, aber sie sollen es gerne tun» (S. 97 f.). Um diese These plausibel zu machen, hat Bernfeld in satirischer Weise den Unterricht in den Schulen der 1920er Jahre beschrieben:

«Der Lehrer, Studienrat, hat eine ganze Reihe von Aufgaben zu erfüllen, die ihm von seiner vorgesetzten Behörde aufgetragen sind und deren Durchführung sie kontrolliert. Er hat vor allem einen gewissen Stoff zu unterrichten und hat dafür zu sorgen, daß die Schüler ihn ‹können›. Er hat aber überdies dafür zu sorgen, daß eine ganze Reihe von Regeln und Gesetzen eingehalten werden, die mit dieser unterrichtlichen Aufgabe an sich nichts zu tun haben. Die Schüler sitzen in Bänken, die nicht allein unbequem sind, sondern deren eigenartige Form mit dem Zweck des Unterrichts beinahe nichts zu tun hat; man kann auf unpatentierten Pritschen lernen und in Klubfauteuils. Aber in der Schule sind nun eben ‹Gesundheitsbänke›. Die Schüler sitzen darin in einer bestimmten Sitzordnung, die dauernd festgelegt ist, obgleich Abwechslung am Lernprozeß nichts ändern würde; es ist ihnen vorgeschrieben, ‹ordentlich› zu sitzen, obwohl es erwiesenermaßen das Denken fördert, wenn man die Beine aufs Pult legt, liegt, auf und ab geht. ‹Selbstverständlich› muß der Fußboden sauber sein, dürfen die Wände nicht beschmiert werden, weil – nun weil das zur bürgerlichen Gesittung gehört, gewiß aber nicht, weil es dem Unterricht förderlich ist» (Bernfeld 1969, S. 426 f.).

Neben diesen autoritär-rituellen Handlungszwängen verweist Bernfeld auf die Konkurrenzstruktur des unterrichtlichen Lernens:

«Da sind schließlich die Geschwister Schulkameraden, nach Sitte und Recht alle einander völlig gleichgestellt, aber freie Bahn ist dem Tüchtigen offen; der volle Betrieb der freien Konkurrenz ist durchgeführt; man kann nach oben gelangen auf den ersten Platz in der Klasse und in der Liebe der Lehrerin, wenn man tüchtig ist, tüchtig im Wissen oder im Schwindeln, im Schmeicheln oder in der Energie» (1925/1967, S. 104).

Hierbei wird vor allem auf die verdeckte Sozialisationswirkung der Schule als Institution verwiesen: Während Schüler und Lehrer sich auf den Unterrichtsstoff konzentrieren, findet gleichzeitig eine unterschwellige, aber umso wirksamere Einübung vor allem in Unterordnungsbereitschaft und Konkurrenzorientierung statt. Als Bernfeld 1925 diese Thesen formulierte, gab es weder eine Soziologie des Bildungswesens noch eine empirische Schulforschung. Insofern betrat er mit seiner Arbeit Neuland; weil seine Analysen sich nicht auf gesicherte Vorarbeiten stützen konnten, musste er vielfach mit Behauptungen und subjektiven Beobachtungen arbeiten. Seine provozierenden Thesen blieben in der etablierten Pädagogik mehr als 40 Jahre ohne Resonanz, erst Ende der 1960er Jahre wurde er wieder entdeckt und in die erziehungswissenschaftliche Diskussion einbezogen (vgl. z. B. Beck 1974).

In einer eigenen Arbeit (Tillmann 1976) habe ich direkt an Bernfelds Studie angeknüpft und versucht, seine Thesen sozialwissenschaftlich zu reformulieren und auf die Ergebnisse der schulischen Sozialisationsforschung in der Bundesrepublik zu beziehen. In dieser Analyse wird Unterricht in der Institution Schule zunächst als erzwungene und hierarchische Kommunikation beschrieben, deren Grundbedingung die Anwesenheitspflicht von Schülern und Lehrern ist. Schüler lernen vom ersten Tag neben Informationen und Fertigkeiten das Einordnen in eine institutionell gesetzte Beziehungsstruktur und das Unterordnen unter den Willen des Lehrers. Es ist zu erwarten, dass die jahrelange Einübung der Schüler in diese hierarchische Kommunikationsweise zu einer generellen *Konformitätsorientierung* führt: Die Schüler lernen, sich in ein formales System der Über- und Unterordnung einzufügen und die darin angelegte Machtverteilung zu akzeptieren. Viele Ergebnisse der schulischen Sozialisationsforschung lassen sich als Bestätigung dieser These interpretieren. So fanden Fend u. a. (1973, S. 890 ff.) in den Schulen mit dem stärksten ‹disziplinären Druck› bei den Schülern auch die höchsten Zustimmungswerte für ‹passive Konformität›. Die politökonomische Funktionsbestimmung der Schule erlaubt es nun, diese Sozialisationsergebnisse in einem gesamtgesellschaftlichen Zusammenhang zu interpretieren: Eine solche Konformitätsorientierung ist sowohl als Arbeitstugend im kapitalistischen Produktionsprozess (Qualifikationsfunktion) als auch als Basis politischer Loyalität gegenüber bestehenden Herrschaftsstrukturen (Legitimationsfunktion) brauchbar. Damit leistet die erzwungene und hierarchische Kommunikation im Unterricht einen wesentlichen Beitrag zur Funktionserfüllung der Schule im Kapitalismus.

Neben seiner hierarchischen Komponente ist der Unterricht in der Institution Schule vor allem als eine leistungs- und konkurrenzorientierte Kommunikation zu bezeichnen. Er kennzeichnet sich dadurch, dass die Schule Lernanforderungen vorgibt, deren Erfüllung durch die Schüler erwartet und als Leistung bezeichnet wird (vgl. Tillmann 1976, S. 80–86). Aufgrund der Selektionsfunktion der Schule ist das Erbringen dieser Leistungen stets mit einem Prozess der Bewertung und der Einordnung in eine Rangfolge verbunden. Weil gute Noten knapp sind, wird die Lerngruppe zum Konkurrenzfeld zwischen den Lernenden. Den Schülern ist bewusst, dass die einzelnen Noten in wichtige Schullaufbahnentscheidungen (Versetzungen, Abschlüsse) einmünden und es in der Konkurrenz mit den Mitschülern um die eigenen Berufs- und Lebenschancen geht. Es ist zu erwarten, dass die langjährige Einübung von Schülern in diese Beziehungsstruktur zu Verhaltens- und Bewusstseinsformen führt, die sich als *Leistungs-* und *Konkurrenzorientierung* beschreiben lassen. Zugleich wird gelernt, den Wert einer Person (auch den der eigenen) vor allem nach dem Kriterium der Leistungsfähigkeit zu beurteilen. In vielen empirischen Untersuchungen ist nachgewiesen worden, dass die schulische Sozialisation zu einer umfassenden Internalisierung des Leistungsprinzips führt. So kamen Fend u. a. (1973, S. 894) in einer groß angelegten Studie zu dem Ergebnis, dass «das Schulsystem, über alle Schultypen hinweg, ... leistungsbezogene Wertvorstellungen sozialisiert, wie sie die ‹Leistungsgesellschaft› erfordert». Unter Bezug auf die politökonomische Funktionsbestimmung lässt sich feststellen, dass ein solcher Sozialisationseffekt in erheblichem Maß zur ideologischen Absicherung der herrschenden Gesellschaftsverhältnisse beiträgt; denn das Leistungsprinzip antwortet auf das Legitimationsproblem des Kapitalismus, Gleichheit zu versprechen und Ungleichheit zu reproduzieren. Es hat ideologische Funktion, indem es in den Augen der Bevölkerung die sozialen Unterschiede als gerecht – weil durch unterschiedliche Leistungen hervorgerufen – erscheinen lässt (vgl. Offe 1977, S. 43 f.). Dazu gehört auch, dass den in der Schule negativ Ausgelesenen – und das sind vor allem Arbeiterkinder – nahegelegt wird, sich selbst als ‹gescheitert› und ‹gerechterweise ausgelesen› zu definieren. Auf diese Weise leistet die Schule einen wichtigen Beitrag, um die unterprivilegierten Gruppen der Bevölkerung davon zu überzeugen, dass ihre ungünstigere Lebenssituation lediglich ihren eigenen mangelnden Fähigkeiten zuzuschreiben ist. Zugleich bedeutet der Erwerb einer solchen Leistungsorientierung, dass die Schüler sich eine Arbeitstugend aneignen, die für den kapitalistischen Produktionsprozess von hoher Bedeutung ist. Demnach gilt auch hier, dass die unterrichtliche Kommunikationsstruktur bei den Schülern Lernprozesse bewirkt, die sich als Funktionserfüllung der Schule im Kapitalismus darstellen. Die eigene Analyse (Tillmann 1976) kommt zu dem Ergebnis, dass die Sozialisationswirkungen des ‹heimlichen Lehrplans› einen bedeutenden Beitrag zur Schaffung kapitalkonformer Subjekte leisten.

Dass dieser ‹heimliche Lehrplan›, der durch die institutionellen Strukturen der Schule im Kapitalismus geschaffen wird und der auf die Integration der Heranwachsenden in das kapitalistische Gesellschaftssystem zielt, keine Spezialität des (bundes-)deutschen Schulsystems ist, wird an einer umfassenden Studie über das US-amerikanische Schulwesen deutlich. Bowles und Gintis (1978) analysieren die etwa 200-jährige Geschichte des öffentlichen Schulsystems in den USA und leiten daraus ihre «Korrespondenzthese» ab: Dem amerikanischen Schulsystem sei es immer wieder gelungen, die Jugendlichen relativ problemlos in die Gruppe der Arbeitnehmer zu integrieren (vgl. S. 21). Dies liege nicht so sehr an den Lehrplänen und den pädagogischen Intentionen der Lehrer, sondern vielmehr an der engen «Korrespondenz zwischen den Sozialbeziehungen, die für die persönliche Interaktion am Arbeitsplatz wirksam werden, und den Sozialbeziehungen innerhalb des Erziehungssystems» (S. 22). In der Analyse wird auf die hierarchischen Strukturen in der Erziehung, auf die «Entfremdung der Lernenden vom Curriculuminhalt» (S. 164) und auf den «oft destruktiven Wettbewerb der Lernenden gegeneinander» (ebd.) verwiesen. Damit stimme die US-amerikanische Schule die Jugendlichen auf Verhältnisse ein, wie sie am Arbeitsplatz herrschen. Die Analyse von Bowles/Gintis erweist, dass der Zusammenhang zwischen dem ‹heimlichen Lehrplan› der Schule und der gesellschaftlichen Verwertung der darin erzeugten Verhaltensorientierungen sich in anderen kapitalistischen Ländern in ähnlicher Weise findet.

Unterrichtsinhalte und Ideologiebildung

Das Konzept des ‹heimlichen Lehrplans› betont die Bedeutung der institutionell geschaffenen Beziehungsmuster, vernachlässigt dabei aber völlig die Unterrichtsinhalte. Bernfeld vertritt sogar die radikale Position, die Unterrichtsinhalte seien für die pädagogische Wirkung irrelevant; deshalb könne der (bürgerliche) Erziehungsminister die Aufstellung der Lehrpläne «beruhigt den Pädagogen, Ideologen, ja selbst den Sozialdemokraten» überlassen (1925/1967, S. 98). Unterstellt wird damit, dass die Wissens- und Kulturbestände, die im schulischen Unterricht vermittelt werden, keine persönlichkeitsbildende Bedeutung hätten, dass hingegen allein (oder weit überwiegend) die schulische Kommunikations*struktur* von Wichtigkeit sei.

Gegen eine solche Einschätzung ist einiges einzuwenden: Zum einen vermittelt die Schule inhaltliche Fähigkeiten (z. B. Kulturtechniken, Sprachbeherrschung), die grundlegend für die weitere Persönlichkeitsentwicklung sind. Darüber hinaus bietet sie Einsichten und Deutungsmuster an (von naturwissenschaftlichen Erkenntnissen über geographisches Wissen bis hin zum ‹Geschichtsbild›), die dem Heranwachsenden als Material für seine Orientierung in der Welt dienen. Die subjektive Aneignung eines solchen Orientierungswissens vollzieht sich nirgendwo so umfassend und systematisch wie in der Schule. Dabei werden bestimmte Kulturbestände als schulischer ‹Stoff› (als Curriculum) vorgegeben. Weil die schulische Sozialisationsforschung sich mit dieser Aneignung von Inhalten bisher kaum befasst hat, hält Rolff ihr vor, sie gehe am «Kern des schulischen Geschehens ... (vorbei). Wenn aber das Curriculum Unterricht und Erziehung entscheidend prädisponiert, dann muß es auch zentraler Gegenstand der Analyse ... schulischer Sozialisationsprozesse sein» (1973, S. 89). Entsprechende Bemühungen, eine materialistische Sozialisationstheorie auch auf eine Analyse der Curricula zu beziehen, finden sich verstärkt seit Mitte der 1970er Jahre. Statt die mit dem Schulwissen zusammenhängenden Probleme «in die persönlichen Beziehungen des heimlichen Lehrplans zu verweisen, wird Wissen in den Vordergrund der erziehungssoziologischen Analyse gestellt» (Wexler 1981, S. 56). Proklamiert wird damit eine materialistische «Soziologie des Schulwissens», der es vor allem um die folgenden Fragen geht (vgl. Apple 1979, S. 14):

Wie kommt es, dass bestimmte Aspekte eines kulturellen Zusammenhangs zum Schulwissen avancieren?
In welcher Weise finden sich die herrschenden Ideologien im Schulwissen wieder?
Wie gelingt es der Schule, dieses beschränkte Wissen als unhinterfragbare Wahrheiten zu legitimieren?
Wie eignen sich die Schüler das Schulwissen an? Welche Verbindung gehen dabei Qualifizierung und Ideologiebildung ein?

Um einen historisch-materialistischen Rahmen für die Beantwortung dieser Fragen abzustecken, werden in Anlehnung an Gramsci (1967) und Althusser (1977) vor allem die Kategorien der ‹Ideologie› und der ‹Klassenkultur› herangezogen: Ideologie bezeichnet als ‹falsches Bewusstsein› die gesellschaftlichen Anschauungen der bürgerlichen Klasse, mit der die bestehenden Verhältnisse legitimiert werden (vgl. Klaus/Buhr 1971, S. 504 ff.). Der materialistische Kulturbegriff bezieht sich nicht auf etwas Schöngeistig-Höheres, sondern auf die Alltagspraxis der Menschen. Er bezeichnet die Lebensweisen mit ihren Traditionen, Selbstverständlichkeiten und Gestaltungsformen, in denen Individuen und Gruppen das praktizieren, was ihnen lebenswert erscheint. Die Arbeitersiedlung im Ruhrgebiet ist so verstanden ebenso ein kultureller Zusammenhang wie der Golfclub im vorderen Taunus. Diese Beispiele weisen darauf hin, dass unter den Bedingungen der Klassengesellschaft auch Klassenkulturen entstehen, in denen sich die besonderen Lebensweisen, die speziellen sozialen Beziehungen, der spezifische Umgang mit den Dingen des materiellen Lebens ausdrücken. Gegenüber einer herrschenden Kultur des Bürgertums hat sich im entwickelten Kapitalismus eine Arbeiterkultur mit widerständigen und zum Teil fortschrittlichen Elementen erhalten (vgl. Clarke u. a. 1979).

Innerhalb der kapitalistischen Gesellschaft findet eine fortlaufende Auseinandersetzung um die ideologische Vorherrschaft, um die kulturelle Hegemonie statt. Eine solche «Hegemonie kommt nicht einfach von allein; sie muß an verschiedenen gesellschaftlichen Orten erarbeitet werden, so in der Familie, am Arbeitsplatz, im politischen Feld und in der Schule» (Apple 1981, S. 79). Die Schule wird damit als ein wichtiger Ort identifiziert, an dem die Auseinandersetzungen um die kulturelle Hegemonie ausgetragen werden. Dabei ist das Schulwissen, das Curriculum von zentraler Bedeutung; denn in diesem Schulwissen – so die wissenssoziologische These – hat sich die bürgerliche Klassenkultur als allgemeine Kultur etabliert, sodass das offizielle Curriculum eine deutliche Tendenz hat, «die Kulturen der Unterdrückten zum Schweigen (zu bringen) und ... die gegenwärtige soziale Ordnung als natürliche und ewige» zu legitimieren (Wexler 1981, S. 57). Mit dieser Feststellung wird kein mechanistischer Ablauf beschrieben, sondern auf eine doppelte Widersprüchlichkeit verwiesen. Zum einen werden die über das Curriculum präsentierten Inhalte von den Schülern nicht einfach schwammähnlich aufgesogen, sondern vor dem Hintergrund eigener Erfahrungen rezipiert. Insbesondere Schüler, die in der Arbeiterkultur verankert sind, reagieren auf dieses offizielle Angebot eher widerständig und distanziert. Damit eng verkoppelt ist der zweite Widerspruch: Schüler erwerben mit ihrem Schulwissen wichtige Voraussetzungen für ihre Handlungsfähigkeit, die im individuellen wie im gesellschaftlichen Interesse unverzichtbar sind (vgl. Rang/Rang 1981, S. 20ff.). Mit diesem Schulwissen wird aber bürgerliche Ideologie transportiert und kulturelle Hegemonie immer wieder hergestellt. Ideologievermittlung und Erwerb von Fähigkeiten sind somit schulische Prozesse, die überwiegend gleichzeitig ablaufen. Zu fragen ist damit, wie es gelingen kann, zugleich wissenschaftliches Wissen und ‹falsches Bewusstsein› zu vermitteln (vgl. Nemitz 1981, S. 49).

Dieser kategoriale Zusammenhang muss für das gegenwärtige Schulwesen konkretisiert werden. Dabei stellt sich als erste Frage, an welchen Merkmalen sich die Ideologiehaftigkeit des Schulwissens festmachen lässt. Die wissenssoziologischen Antworten haben bisher eher einen Thesencharakter, weil umfängliche Forschung noch aussteht. Verwiesen wird in den Analysen auf unterschiedliche ideologiebildende Momente, die im Curriculum enthalten sind. Dabei sind besonders leicht nachweisbar die Anteile offener Indoktrination, die sich immer wieder vor allem in den ‹Gesinnungsfächern› (Deutsch, Geschichte etc.) finden. So lassen sich viele Beispiele für die harmonistische Verklärung kapitalistischer Verhältnisse vor allem in den Lese- und Sozialkundebüchern finden (vgl. Rolff 1980, S. 132 ff.). Die massive Kritik an solchen Schulbüchern hat in den 1970er Jahren dazu geführt, die Anteile offener ideologischer Parteinahme zugunsten einer eher ‹ausgewogenen› Darstellung von Positionen und Gegenpositionen zurückzudrängen (vgl. Stein 1979). Wissenssoziologische Analysen sind aber weniger darauf ausgerichtet, offensichtliche Ideologismen ‹aufzuspießen›. Ihnen geht es vielmehr um den Nachweis, dass die Gesamtanlage des Schulwissens und die damit den Schülern angebotenen Aneignungsformen ideologiehaltig sind. So wird darauf verwiesen, dass ‹Schulwissen› in einer bestimmten Erscheinungsform dargeboten wird: Es erscheint den Schülern dann als ‹Ergebnis›, als gesicherter Kenntnisstand, als Paket richtiger Aussagen. In der Schule wird nicht (wie in der Universität) neues Wissen produziert; die Schule setzt diesen wissenschaftlichen Prozess vielmehr voraus, nimmt ihn selektiv auf und formt ihn pädagogisch um. Schülern wird als Schulwissen überwiegend ‹Fertiges› vorgesetzt, das sie zu rezipieren haben. Auf diese Weise negiert die Schule den historischen Entstehungsprozess der Wissensproduktion. Wissen kann nicht «mehr erkannt werden als auf menschlicher Arbeit beruhend, als von Menschen herstellbar und damit auch beherrsch- und veränderbar» (Rolff 1982, S. 168).

Diese Enthistorisierung des Wissens geht einher mit seiner Partialisierung: Es wird in Fächern sortiert und in Unterrichtseinheiten verpackt, die womöglich wieder in Feinlernziele aufgeteilt werden. Diese Zergliederung macht das schulische Lernen leicht zur Anhäufung abstrakter Wissensbestände, die untereinander kaum in Beziehung gebracht werden können. Vor allem dieser «formale Korpus des Schulwissens» (Apple 1981, S. 81) wird als Ideologieträger identifiziert; er helfe nicht, erworbene Kenntnisse in die gesellschaftliche Praxis einzubringen, sondern begünstige die «Transformation von Kultur in eine Ware» (Apple 1981, S. 79). Auf diese Weise wird Wissen zum «kulturellen Kapital» (Bourdieu), das von den Einzelnen zum Zwecke des ‹Weiterkommens› bzw. des Statuserhalts angehäuft wird.

Ein Problem dieser wissenssoziologischen Analysen ist allerdings, dass über den Aneignungsprozess durch die Schüler – und damit über die Sozialisation im engeren Sinne – bisher lediglich Thesen formuliert, aber noch keine empirischen Ergebnisse erarbeitet wurden. Präsentiert werden vor allem Aussagen über die ideologische Einbindung des Schulwissens in die dominierende bürgerliche Kultur – analysiert wird somit das ‹Rohmaterial› des Unterrichts. Aus ideologieträchtigen Stoffen wird jedoch erst in der lernenden Aneignung durch die Schüler ein ideologisch beeinflusstes (oder auch ein widerständiges) Bewusstsein. «Für das Verhältnis von Schule und Ideologie wäre also nicht so sehr der Sprach-, Lese- und Rechenstoff interessant als vielmehr die Sprech-, Lese- und Rechenaktivität der Schüler an bestimmten Stoffen» (Nemitz 1981, S. 48). Untersuchungen dieser Art stehen nach wie vor noch aus. Dennoch machen diese Argumente plausibel, dass eine materialistische Theorie schulischer Sozialisation die kulturellen Zusammenhänge, in die das Schulwissen eingebunden ist, nicht außer Acht lassen darf.

Klassen, Schichten und Schulformen

Als Zwischenfazit lässt sich festhalten: Marxistisch angeleitete Analysen der schulischen Sozialisation beschreiben die Schule als staatliche Einrichtung in einer kapitalistischen Klassengesellschaft, die als Institution den Auftrag hat, zur Reproduktion der bestehenden gesellschaftlichen Verhältnisse beizutragen. Die ‹politische Ökonomie des Ausbildungssektors› differenziert diese Funktionsbestimmungen; Analysen des ‹heimlichen Lehrplans› und des Curriculums versuchen aufzuspüren, wie sich dieser Reproduktionszwang in der schulischen Kommunikation selber wiederfindet und dort die Persönlichkeitsbildung der Schüler(innen) beeinflusst. So gesehen lassen sich diese drei Einzelkonzepte durchaus ergänzend zusammenfügen; sie beleuchten unterschiedliche Aspekte, ohne sich gegenseitig auszuschließen.

Dies wird besonders deutlich, wenn die Frage nach den Schichten- und Klassenunterschieden im Schulsystem gestellt wird. Hier macht die ‹politische Ökonomie des Ausbildungssektors› zunächst deutlich, dass mit Qualifikation und Legitimation durch die Schule stets ein Prozess der sozialen Auslese einhergeht. Dass sich daraus eine massive Benachteiligung vor allem der Arbeiterkinder ergibt, ist immer wieder nachgewiesen worden. Zwar wird die Volks- bzw. Hauptschule nicht mehr (wie noch zu Bernfelds Zeiten) von 80 Prozent aller Kinder, sondern bundesweit nur noch von 19 Prozent besucht (vgl. Bildungsbericht 2008, S. 253). Das Gymnasium wird auch nicht mehr nur von einer kleinen Elite, sondern inzwischen (2006) von 40 Prozent aller Kinder besucht. Diese Verschiebungen im Zuge der Bildungsexpansion können allerdings nicht darüber hinwegtäuschen, dass sich innerhalb des gegliederten Schulwesens die schichtenspezifische Auslese nur graduell verändert hat. Einige Daten aus den 1990er Jahren mögen das verdeutlichen: Während 1995 etwa 78 Prozent aller Beamtenkinder und 40 Prozent aller Angestelltenkinder ein Gymnasium (13- bis 16-Jährige) besuchten, schafften nur 15 Prozent der Arbeiterkinder den Sprung in diese Schulform (vgl. Katja Tillmann 1998, S. 32). Auf der anderen Seite besuchte fast die Hälfte aller Arbeiterkinder (48 Prozent) die Hauptschule, während nur acht Prozent aller Beamtenkinder in diese Schulform gingen. Und PISA 2000 hat ermittelt, dass Akademikerkinder eine drei Mal höhere Chance als gleich leistungsstarke Arbeiterkinder haben, ein Gymnasium zu besuchen (vgl. Baumert/Schümer 2001, S. 357).[21] Dass die offensichtlich werdende Diskriminierung von Arbeiterkindern weder durch berufliche Bildungsgänge noch durch den Zweiten Bildungsweg ausgeglichen wird, zeigt die Hochschulstatistik: Mitte der 1980er Jahre studierten weniger als zehn Prozent aller Arbeiterkinder (vgl. Böttcher u. a. 1988, S. 29). Auch in den folgenden zwei Jahrzehnten stagnierten die Beteiligungswerte – Arbeiterkinder an der Universität sind bis heute seltene Fälle (vgl. Brendel 1998, S. 57; Kerst u. a. 2008, S. 53). Die schichtenspezifische Sozialisationsforschung hat herausgearbeitet, wie die ungleichen Lebenslagen sich immer wieder in die Sozialisationsprozesse der nächsten Generation fortpflanzen (vgl. Bauer/Vester 2008; Walper 2008). Sie hat deutlich gemacht, dass ungleiche Startbedingungen (von Arbeiter- und Mittelschichtkindern) im Schulsystem nicht etwa ausgeglichen, sondern – im Gegenteil – zusätzlich verschärft werden (vgl. Tillmann 2009). Der Klassencharakter des Bildungssystems macht sich somit vor allem in der ungleichen Behandlung der verschiedenen Schichten fest; denn auf diese Weise werden Arbeiterkinder qualifikatorisch und ideologisch auf ein Leben in der Arbeiterschaft, Kinder der lohnabhängigen Mittelschicht hingegen auf ein Leben in zwar abhängigen, aber partiell privilegierten Berufen vorbereitet. Die Ausnahmen, die es hiervon als Aufsteiger bzw. Absteiger auch gibt, dienen zugleich der ideologischen Rechtfertigung der Ungleichheit. Insgesamt wird die Sozialstruktur kapitalistischer Gesellschaften auf diese Weise perpetuiert.

Die politökonomisch hergeleitete (und empirisch immer wieder nachgewiesene) Auslesefunktion des Schulsystems wird von den Konzepten zum ‹heimlichen Lehrplan› aufgenommen und in die Analysen einbezogen. Dort wird aufgezeigt, dass zwar in allen Schulformen und für alle Schüler die Einübung in bestimmte institutionelle Grundmuster (Autoritäts- und Leistungsorientierung) erfolgt; zugleich stellen sich aber für die Arbeiterkinder in der Hauptschule die unterrichtlichen Kommunikationsstrukturen partiell anders dar als für die Mittel- und Oberschichtkinder im Gymnasium: Die Situation in der Hauptschule ist gekennzeichnet durch eine Schülerschaft, die aufgrund ihrer familiären Sozialisation in der Arbeiterschaft ohnehin in deutlicher Distanz zu den institutionellen Anforderungen der Schule steht. Diesen Arbeiterkindern werden schulische Gratifikationen (Zensuren, Zeugnisse, Abschluss) angeboten, deren realer Wert als äußerst zweifelhaft gelten muss. Daraus ergibt sich eine eher geringe Bereitschaft, den unterrichtlichen Anforderungen ‹freiwillig› nachzukommen. Hauptschullehrer(innen) reagieren auf die damit verbundenen ‹Störungen› und ‹Motivationsmängel›, indem sie sich auf die Disposition von Arbeiterkindern beziehen, bei deutlicher Machtbehauptung und Anwendung entsprechender Zwangsmittel Konformität zu zeigen. Wesentlich anders stellt sich die Situation im Gymnasium dar. Hier findet sich eine Schülerschaft, die durch ihre familiäre Sozialisation bereits sehr gut auf die Schule vorbereitet wurde.

Dieser Schülerschaft wird mit dem Abitur eine Gratifikation von real hohem Wert angeboten. Beide Faktoren tragen dazu bei, dass Gymnasialschüler(innen) insgesamt eine hohe Bereitschaft zeigen, den Leistungs- und Verhaltensanforderungen ‹freiwillig› nachzukommen, sodass institutionelle Zwangsmittel weitgehend überflüssig sind.

Dieser Unterschied zwischen der Kommunikationsstruktur in Hauptschule und Gymnasium wird nun in Beziehung gesetzt zu den zukünftigen Berufspositionen ihrer Absolventen: Weil die betriebliche Tätigkeit von Arbeitern häufig in ein enges Netz disziplinärer Kontrolle eingebunden ist, bereitet die Hauptschul-Sozialisation in spezifischer Weise auf solche untergeordneten Berufstätigkeiten vor. Die künftige Tätigkeit von Gymnasiasten in ‹gehobenen Positionen› bedeutet hingegen, Arbeiten zu verrichten, die nicht ständig überwacht werden können, die reale Aufstiegschancen versprechen und deren gesellschaftliche Privilegien einer ideologischen Absicherung bedürfen. Die notwendigen Verhaltensorientierungen – freiwillige Leistungsbereitschaft, flexible Anpassungsfähigkeit, hohes intellektuelles Niveau bei gleichzeitiger Systemkonformität – werden dementsprechend besonders gut im Gymnasium vorbereitet. In ähnlicher Weise stellen Bowles/Gintis (1978, S. 164) für das US-amerikanische Schulwesen eine Strukturkorrespondenz zwischen den Kommunikationsmustern in unterschiedlichen Schulformen und den Anforderungen im hierarchisch organisierten Beschäftigungssystem fest: Der Unterricht in den unteren Jahrgängen der staatlichen High Schools bereitet eher auf nachgeordnete Tätigkeiten in der Produktion vor, während «in den Elite-Colleges ... Sozialbeziehungen gepflegt (werden), die mit denen auf den höheren Ebenen der Produktionshierarchie übereinstimmen» (S. 164). Insgesamt verbindet sich mit den Konzepten des ‹heimlichen Lehrplans› somit die These, dass es eine strukturelle Ähnlichkeit zwischen den Sozialbeziehungen in der Schule und am Arbeitsplatz gibt. Dabei wird differenziert zwischen den Schulen für die Arbeiterkinder, in denen eher eine Parallelität zu den Sozialbeziehungen im Fabriksystem, und den Schulen für die Mittel- und Oberschichtkinder, in denen eher eine Parallelität zu den Sozialbeziehungen in Büro und Management vorzufinden ist.

Ergänzend dazu geht der wissenssoziologische Ansatz auf die Schichten- und Klassenstruktur des Schulsystems ein. Rang/Rang (1981, S. 28 ff.) weisen darauf hin, dass die ideologische Wirkung der Curricula nicht nur aus dem resultiert, was unterrichtet wird, sondern vor allem auch aus dem, was den Schülern an Wissen vorenthalten wird. Hier gibt es eine lange Tradition im deutschen Schulwesen, in der ‹Volksschule› nur rudimentäre gesellschaftliche und naturwissenschaftliche Kenntnisse zu vermitteln, während im Gymnasium auf die ‹Studierfähigkeit› vorbereitet wird. Seit den 1970er Jahren hat es zwar Bemühungen gegeben, Wissenschaftsorientierung als gemeinsames curriculares Prinzip aller Schulformen durchzusetzen, in der Wirklichkeit des hierarchisch gegliederten Schulsystems hat sich dies jedoch kaum durchsetzen können; denn die Praxis des Vorenthaltens «besteht immer noch auch darin, die für die Subjekte und für die Gesellschaft erforderlichen Kenntnisse nach Schularten zu dosieren» (ebd., S. 41). Daraus ergibt sich, dass die Hauptschüler (und künftigen Arbeiter) über weit weniger Wissen zur Interpretation ihrer Situation verfügen als die Gymnasialabsolventen. Schichtenspezifische Selektion, unterschiedliche Muster des ‹heimlichen Lehrplans› in den verschiedenen Schulformen und eine hierarchische Abstufung des Schulwissens greifen somit ineinander und tragen gemeinsam zur Reproduktion der Klassengesellschaft bei.

3.4.3 Einordnung, Kritik und Weiterführung

Die marxistisch orientierten Analysen schulischer Sozialisation sind vor allem in den 1970er Jahren intensiv diskutiert und kritisiert worden. Dabei kann es nicht verwundern, dass Kritik von solchen Erziehungswissenschaftlern vorgetragen wurde, die die materialistische Gesellschaftstheorie prinzipiell für falsch – oder sogar für staats- und kindergefährdend – halten (vgl. z. B. Brezinka 1981). Auf diese Kritik soll hier nicht weiter eingegangen werden. Bedeutsamer für eine theoretische Weiterentwicklung sind die kritischen Anmerkungen, die – bei prinzipieller Sympathie für eine kritische Gesellschaftsanalyse – das vorgetragene Konzept für unzureichend halten. Doch zunächst zu den Erkenntnisleistungen dieses Ansatzes.

Schulische Sozialisationsprozesse werden hier vor dem Hintergrund einer umfassenden und kritischen Theorie der Gesellschaft analysiert. Dabei erscheint die Gesellschaft nicht als harmonisches Gebilde, sondern als eine von Widersprüchen und Interessengegensätzen bestimmte historische Realität. In diesem gesellschaftstheoretischen Konzept sind Momente von Macht, Herrschaft und Unterdrückung nicht ausgeklammert, sondern – im Gegenteil – zentral einbezogen. Damit wird es möglich, Sozialisation in der Institution Schule im Kontext bestehender Herrschaftsverhältnisse und auch unter dem Aspekt der Behinderung menschlicher Entwicklungsmöglichkeiten zu untersuchen. Eine solche Analyse zeigt, dass die pädagogische Kommunikation in Inhalten und Strukturen von diesen gesellschaftlichen Verhältnissen durchdrungen ist: Während die ‹politische Ökonomie des Ausbildungssektors› beschreibt, welche funktionalen Zwänge die kapitalistische Gesellschaft auf das Schulwesen ausübt, zeigen wissenssoziologische und kommunikationsorientierte Analysen, wie diese Zwänge innerhalb des Unterrichts wirksam werden und die Persönlichkeitsentwicklung der Schüler beeinflussen. Damit liegt ein sozialisationstheoretischer Zugriff vor, der alle vier Ebenen des Sozialisationsprozesses (vgl. Kap. 1.1) miteinander verbindet und dies vor dem Hintergrund einer ausgewiesenen Theorie der gesellschaftlichen Verhältnisse leistet. Bei grundsätzlicher Würdigung dieser Erkenntnisleistung sind dennoch erhebliche Einwände vorzubringen.

Zunächst ist zu kritisieren, dass mit einer allein politökonomischen Funktionsbestimmung eine durchaus unmarxistische Verkürzung des Charakters von Bildungsprozessen vorgenommen wird. Bildung und Ausbildung stehen zwar in einem Abhängigkeitsverhältnis zu den Produktionsprozessen; doch gehen die Anforderungen, die an Bildungseinrichtungen im Kapitalismus gestellt werden, weit über eine bloße Anpassung an herrschende Anforderungen in Betrieb und Gesellschaft hinaus. Es geht vielmehr darum, dass in einer durch Widersprüche gekennzeichneten Gesellschaft die Subjekte zwar angepasst werden sollen, zugleich aber als «freie, für sich selbst verantwortliche Privatsubjekte» (Auernheimer 1987, S. 69) eine handlungsfähige Identität entwickeln müssen. Gerade deshalb ist eine direkte Unterordnung von Bildungsprozessen unter unmittelbare Kapitalinteressen nicht systemadäquat (vgl. ebd., S. 66). Baethge (1984) führt aus, dass dieser politökonomische

Reduktionismus fortgesetzt werde in einer theoretisch nur schwach begründeten Analogiebildung zwischen Schule und Fabrik, die dem Konzept des ‹heimlichen Lehrplans› unterlegt sei. Gefordert werden müsse jedoch eine Erklärung, wodurch eine solche Strukturkorrespondenz hervorgebracht werde; erst dadurch «würde aus einer blassen Analogie eine gehaltvolle Aussage» (S. 35). Eine Konsequenz dieser unhinterfragten Analogiethese sei, dass man in der Schule tätigen Lehrkräften keinen Handlungsspielraum zugestehe und sie tendenziell zu bewussten (oder auch bewusstlosen) Agenten des Kapitals herabstuft. Dies widerspreche aber dem Sachverhalt, dass «Lehrer ... nicht blind sind, sondern ein Bewußtsein ihrer Situation entwickeln und ihre ideologische Indienstnahme durch das Kapital durchaus erkennen könnten» (S. 36). Zusätzlich in Frage gestellt wird diese Analogiethese durch den Wandel des dreigliedrigen Schulsystems, der zunehmend zum Verschwinden der Hauptschule führt: So besuchten 2006 in Hamburg und Bremen weniger als zehn Prozent eines Altersjahrgangs eine Hauptschule (vgl. Bildungsbericht 2008, S. 253) – und in den meisten neuen Bundesländern wurden gar keine Hauptschulen mehr eingerichtet. Richtig ist zwar, dass knapp 40 Prozent aller bundesdeutschen Arbeiterkinder eine Hauptschule besuchen (2000), aber mehr als 60 Prozent (vgl. Baumert/Schümer 2001, S. 355) gehen auf eine Realschule, ein Gymnasium oder eine Gesamtschule (vgl. S. 180). Dieser Wandel der Schülerströme muss zumindest zu einer Modifizierung der Analogiethese führen: Denn wenn die Hauptschule die Arbeiterkinder auf die Fabrikarbeit vorbereitet, dann ist davon inzwischen nur noch die Minderheit der Arbeiterkinder betroffen. Und wenn der ‹heimliche Lehrplan› des Gymnasiums auf leitende Tätigkeiten vorbereitet, so betrifft dies inzwischen (2006) etwa 40 Prozent aller Heranwachsenden. Kurz: Der behauptete Zusammenhang zwischen sozialer Herkunft, Schulform-Besuch und Vorbereitung auf ein bestimmtes Niveau der beruflichen Tätigkeit besteht nur noch gebrochen.

Dieses leitet zum nächsten Einwand gegenüber dem Konzept des ‹heimlichen Lehrplans› und seiner politökonomischen Einbindung über: Welches Bild vom Schüler (also: welcher Subjektbegriff) und welche Vorstellungen vom Bildungsprozess sind hier unterlegt? Sicher ist es richtig, dass die referierten Analysen des ‹heimlichen Lehrplans› von einer Empörung über die Unterdrückung von Subjekthaftigkeit getragen werden, ihnen also ein empathischer Subjektbegriff innewohnt. Richtig ist aber auch, dass dieser Subjektbegriff theoretisch nicht ausgeführt wird und zugleich ein passiv manipulierbarer Sozialisand unterstellt wird: Der Heranwachsende erscheint (mehr oder weniger) als flexible, formbare Masse, dem durch die herrschenden Verhältnisse sowohl eine Gebrauchsfähigkeit als auch ein falsches Bewusstsein aufgeprägt werden. Eine solche Vorstellung steht aber im deutlichen Widerspruch zu den bei Marx formulierten Grundvorstellungen über das aktiv-tätige, seine Umwelt und sich selbst gestaltende Individuum. Zwar ist es unter kapitalistischen Verhältnissen in seiner Handlungs- und Aneignungstätigkeit behindert und unterdrückt. Doch geht die «Herrschaft der Verhältnisse» (MEW 3, S. 424) nie so weit, dass die widerständigen Handlungs- und Erkenntnisfähigkeiten der Subjekte völlig verschwinden; vielmehr bleibt die Dialektik zwischen Verhalten und Verhältnissen stets erhalten. Insbesondere in den Konzepten des ‹heimlichen Lehrplans› ist dies jedoch nicht hinreichend berücksichtigt.

Während bei der Beschreibung des ‹heimlichen Lehrplans› allein die Anpassungs- und Unterdrückungsmomente des schulischen Unterrichts in den Blick genommen werden, bleibt bei der wissenssoziologischen Analyse des Curriculums der dialektische Charakter des Lernens erhalten: Die Aneignung des Schulwissens wird als ein Prozess beschrieben, bei dem der Kompetenzerwerb (als Beitrag zur individuellen Handlungsfähigkeit) verschränkt ist mit der Übernahme herrschender Ideologien (als Beitrag zur kollektiven Unterdrückung). Weil es in einer materialistischen Sozialisationstheorie darum gehen muss, das Nebeneinander der Entfaltung und Unterdrückung menschlicher Fähigkeit zu beschreiben, scheint für die Analysen der schulischen Inhalte eine angemessene Perspektive gefunden zu sein – die allerdings noch auf ihre Ausfüllung wartet. Die Analyse schulischer Kommunikationsstrukturen hingegen muss über das allzu mechanistische Konzept des ‹heimlichen Lehrplans› hinaus vor allem subjekttheoretisch weiterentwickelt werden.

Insgesamt gilt für die materialistische Theorie schulischer Sozialisation, dass die makrosoziologische Argumentation ein deutliches

Übergewicht besitzt, während die Prozesse der Subjektentwicklung und der Individuierung entweder allzu schematisch oder nur undeutlich beschrieben werden. Die Ursache für diese Ungleichgewichtung lässt sich zunächst auf das Werk von Marx/Engels selbst zurückführen. Dort werden zwar Grundannahmen über das Verhältnis zwischen Subjekt und Umwelt formuliert; eine begriffliche Entfaltung hin zu einer entwickelten Persönlichkeitstheorie erfolgt jedoch nicht. Daher ist es auch nicht möglich, eine differenzierte Analyse individuellen Handelns und der damit verbundenen psychischen Auswirkungen in ‹einheimischen› marxistischen Kategorien vorzunehmen. Angesichts dieser Situation werden vor allem zwei Theoriestrategien diskutiert, die auf eine subjekttheoretische Fundierung historisch-materialistischer Analysen zielen: Zum einen gibt es grundsätzliche Bemühungen, aus den Marx'schen Schriften selbst eine materialistische Psychologie zu entwickeln. Hier sind vor allem die grundlagentheoretischen Arbeiten der Kritischen Psychologie zu nennen (vgl. Holzkamp 1983). Einen anderen theoriestrategischen Weg beschreitet Willis (1979). Er verknüpft eine marxistische Theorie der Gesellschaft mit interaktionistischen und kulturtheoretischen Analysen auf der schulischen Mikroebene. Dabei gelingt es Willis zugleich, das Verhalten der Jugendlichen als Teil ihrer Geschlechterrolle zu analysieren. Diese Analyse soll im Folgenden skizziert werden, um eine wichtige Entwicklungsperspektive marxistischer Theorien im schulischen Feld zu verdeutlichen.

Willis' Untersuchungsgegenstand ist der Lebenszusammenhang von männlichen Arbeiterjugendlichen in einer englischen Industriestadt, dabei betrachtet er besonders die Aktivitäten innerhalb der Schule. «Spaß am Widerstand» – so der Titel des Buchs – kennzeichnet die meisten innerschulischen Aktionsformen dieser Jungen. Seine Beobachtungen beschreibt und interpretiert Willis vor allem mit interaktionistischen Kategorien: Er stellt dar, mit welchen Verhaltensstrategien sich die Jugendlichen im Unterricht bewegen, welche bewussten Konfliktlinien sie gegenüber den Lehrern eröffnen – und welche Bedeutungen diese Kommunikationsmuster für ihren eigenen Identitätswert besitzen: Nicht Anpassung, sondern Widerstand bis knapp unterhalb der Linie harter institutioneller Reaktionen sind ihre typischen Verhaltensformen. Dabei treten sie zwar in kreativer Weise individuell unverwechselbar auf, beziehen sich aber in ihrem Verhalten stets auf ihre informelle Clique. Dabei sind ihre identitätsstabilisierenden Oppositionsformen aufs engste mit einem maskulinen Chauvinismus verbunden (vgl. Willis 1979, S. 73 ff.). Mit dieser Strategie gestalten die Jugendlichen ihr schulisches Leben selbst, gegen die als fremdbestimmt empfundenen Anforderungen der Institution bringen sie immer wieder ihre eigenen Bedürfnisse durch. Ein solches Verhalten ist vor dem Hintergrund eines Identitätsentwurfs zu verstehen, der zu Hause und im Wohnviertel in der Arbeiterkultur verankert ist. In Konfrontation zur offiziellen Schule leugnet diese Kultur, dass das schulische Wissen für einen Arbeiterjugendlichen wertvoll ist, dass sich schulische Anstrengungen lohnen; diese Arbeiterkultur ist voller Selbstbewusstsein, sie weiß besser als der neue Berufskundeunterricht, wie die Lage auf dem Arbeitsmarkt ist (vgl. S. 200). Eltern, Verwandte und Bekannte haben die Erfahrung gemacht, dass sich schulische Versprechungen (sozialer Aufstieg etc.) als Trugschluss erweisen, dass man ihnen keinen Glauben schenken sollte. Indem die Arbeiterjugendlichen in der Schule eine widerständige männliche Identität vor dem Hintergrund dieser Klassenerfahrungen darstellen, begeben sie sich in eine Gegen-Schulkultur. Diese schulische Situation von Auseinandersetzungen, verdecktem Widerstand und kalkulierter Anpassung leistet einen wichtigen Beitrag zum Erhalt der widerständigen Klassenkultur in der Arbeiterschaft. Zugleich wird damit ein Beitrag zur Reproduktion der Sozialstruktur geliefert; denn indem die Arbeiterjugendlichen sich gezielt in Distanz zur herrschenden Mittelschichtkultur begeben, führt ihr Weg gleichsam ‹freiwillig› wieder in Arbeiterberufe. Zugleich wird auf diese Weise männliches Dominanzbewusstsein tradiert. Willis' Arbeit lässt damit erkennen, wie die Individuierung der Subjekte in der Schule sich verbindet mit der Reproduktion der Sozialstruktur durch die Schule. Methodologisch gesehen werden mit dieser Arbeit die Erkenntnischancen angedeutet, die in der Verbindung verschiedener Theorieansätze liegen können.

3.5 Vergleichende Diskussion der Theorieansätze

Mit dem struktur-funktionalen, dem interaktionistischen und dem marxistischen Ansatz zur schulischen Sozialisation wurden drei wichtige Konzepte aus der soziologischen Theorietradition vorgestellt. Dabei fällt auf, dass es trotz aller inhaltlichen Unterschiede deutliche Gemeinsamkeiten in der Theoriekonstruktion zwischen struktur-funktionalem und den hier präsentierten marxistischen Konzepten gibt. Diese sollen zunächst herausgearbeitet werden, um dann das Verhältnis zum interaktionistischen Ansatz zu bestimmen.

Parsons wie auch die marxistisch orientierten Autoren gehen von einem funktionalen Zusammenhang zwischen Schule und Gesamtgesellschaft aus; dabei ist jeweils eine gesamtgesellschaftliche Theorie unterlegt: das auf Harmonie und Gleichgewicht ausgerichtete soziale System auf der einen, die von Widersprüchen durchzogene kapitalistische Klassengesellschaft auf der anderen Seite. Funktionserfüllung ist in einem Fall Beitrag der Schule zum wünschenswerten gesellschaftlichen Gleichgewicht, im anderen Fall Beitrag der Schule zur (unerwünschten, aber erzwungenen) Sicherung der Klassenherrschaft. Beide Ansätze unterstellen allerdings, dass Funktionserfüllung überwiegend stattfindet (vgl. Fend 2006, S. 32 ff.). Parsons wie die politökonomisch argumentierenden Autoren beschreiben dabei recht übereinstimmend drei Funktionsebenen: Qualifizierung, Legitimation, Selektion. Während aus marxistischer Sicht die Widersprüchlichkeit dieser Funktionen und ihr Herrschaftscharakter gegenüber den Subjekten betont werden, unterstellt Parsons eine tendenzielle Übereinstimmung zwischen subjektiven Bedürfnissen, schulischen Funktionsansprüchen und gesamtgesellschaftlicher Stabilität. Diese Funktionen beschreiben in beiden Konzepten den Zusammenhang zwischen der Gesamtgesellschaft und der Institution Schule und definieren zugleich den Handlungsrahmen innerhalb der Institution. Dies wird bei Parsons in rollentheoretischen Begriffen formuliert, bei den marxistischen Autoren findet sich hingegen keine durchgängig-systematische Begrifflichkeit für die Interaktion in der Face-to-face-Beziehung. Die Ergebnisse der schulischen Interaktionsanalyse liegen in beiden Konzepten nicht weit auseinander – ihre pädagogische und politische Bewertung unterscheidet sich allerdings extrem. Während bei Parsons das Einüben in universalistische Kommunikationsformen als notwendige und keineswegs bedürfnisunterdrückende Form schulischer Sozialisation erscheint, wird im Konzept des ‹heimlichen Lehrplans› der gleiche Sachverhalt wesentlich anders interpretiert: Hier erscheint er als die schleichende Einübung in die Verkehrsformen des Kapitalismus, die gegen die Interessen und Bedürfnisse der Schüler diese auf Konformität in Betrieb und Gesellschaft vorbereiten.

Im Ergebnis führen die struktur-funktionalen wie auch die hier präsentierten historisch-materialistischen Ansätze zu einer verkürzten Beschreibung des Prozesses schulischer Sozialisation; dabei dominiert jeweils die Darstellung der gesellschaftlichen Anpassung, während die Aktivitäten des Subjekts und der Prozess der Individuierung weitgehend in den Hintergrund gedrängt werden. Diese Einseitigkeit ergibt sich in beiden Fällen aus der Dominanz makrosoziologischer Konzepte und der fehlenden Ausarbeitung eines umfassenden Subjektbegriffs. Allerdings darf bei allen formalen Gemeinsamkeiten nicht übersehen werden: In den marxistisch argumentierenden Konzepten wird die schulische Sozialisation vor allem als eine gesellschaftlich organisierte Form der Unterdrückung von Subjektivität beschrieben, sodass bei aller Unzulänglichkeit der vorliegenden Ausarbeitungen diesem Ansatz eine kritische Potenz innewohnt. Als unzulänglich wird dabei vor allem kritisiert, dass sich das bei Marx selbst formulierte Verständnis eines aktiv handelnden Subjekts in diesen Konzepten nicht hinreichend wiederfindet. Damit verweist die Kritik auf die Notwendigkeit und Möglichkeit, eine Sozialisationstheorie innerhalb des marxistischen Denkansatzes weiterzuentwickeln (vgl. Holodynski u. a. 1986; Bernhard 1999). Im Unterschied dazu entwickelt der struktur-funktionale Ansatz gegenüber den ablaufenden Sozialisationsprozessen keine kritische Perspektive, sondern versteht sie als Teil eines notwendigen und wünschenswerten Prozesses gesellschaftlicher Stabilisierung. Weil die grundlegende Vorstellung des konformen Rollenhandelns kein angemessenes Verständnis von Subjektivität und Individuierung zulässt, sind sozialisationstheoretische Entwicklungsmöglichkeiten hier nicht zu erkennen.

Gegenüber diesen beiden Theorien setzt die interaktionistische

Analyse schulischer Sozialisation wesentlich anders an: Sie beginnt bei der innerinstitutionellen Kommunikation zwischen den Beteiligten und beschreibt deren Bedeutung für die Persönlichkeitsentwicklung der Schüler. Dabei geht sie von einem Subjekt aus, das aktiv den Kommunikationsprozess betreibt und dabei die eigene Identität darstellt und verändert. Es wird beschrieben, wie sich Schüler an den institutionellen Vorgaben ‹abarbeiten› und dabei ihre eigene Individuierung wie auch die (partielle) Übernahme schulischer Wertmuster betreiben. In einer institutionenkritischen Perspektive wird nachgezeichnet, wie Schüler in dem stets prekären Verhältnis zwischen Normalität und Abweichung die Balance verlieren und dann als ‹Abweichler› etikettiert werden können. Dieser differenzierten Beschreibung der Identitätsentwicklung steht aber ein unübersehbares gesellschaftstheoretisches Defizit gegenüber; denn innerhalb der interaktionistischen Theorie wird keinerlei gesellschaftlich-strukturelle Argumentation entfaltet.

Die vergleichende Diskussion führt insgesamt zu dem Ergebnis, dass keiner der drei Ansätze allein in der Lage ist, die Anforderungen an eine umfassende Sozialisationstheorie zu erfüllen: Während marxistische und struktur-funktionale Konzepte vor allem makrosoziologisch argumentieren und dabei kein angemessenes Verständnis der Subjektivität und des individuellen Handelns entwickeln, beschränkt sich das interaktionistische Konzept weitgehend auf den sozialen Mikrobereich und vernachlässigt die Einordnung in gesellschaftlich-strukturelle Zusammenhänge.

Diese Feststellung, dass jeweils die andere Seite der Medaille fehlt, hat schon seit längerem die Frage aufgeworfen, ob nicht die Verbindung mehrerer Theorieansätze zu einem angemessenen sozialisationstheoretischen Entwurf führen könnte. Diese Frage wird im folgenden Kapitel systematisch aufgegriffen.

4 Sozialisation im Jugendalter – zugleich eine Einführung in theorieverbindende Ansätze

Als Ausgangspunkt der Theorieeinführung im zweiten Teil wurde ein bedeutsames sozio-biologisches Merkmal gewählt: die Geschlechtszugehörigkeit. Indem die *psychologischen* Theorien zur geschlechtsspezifischen Sozialisation dargestellt wurden, wurde implizit auf eine bestimmte Phase des Lebenslaufs Bezug genommen; denn der Erwerb der Geschlechtsidentität vollzieht sich in den ersten sechs bis sieben Lebensjahren. Den Ausgangspunkt der Theorieeinführung im dritten Teil bildet eine gesellschaftliche Institution von großem Einfluss und weiter Verbreitung: die Schule. Indem die *soziologischen* Theorien zur schulischen Sozialisation dargestellt wurden, bezogen wir uns implizit ebenfalls auf ein bestimmtes Lebensalter; denn der Besuch der öffentlichen Schule beginnt normalerweise im 6. und endet zwischen dem 15. und 18. Lebensjahr.

Damit wird erneut deutlich, dass Sozialisationsprozesse auf der ontogenetischen Dimension ablaufen und sich nicht ohne Bezug auf Lebenslauf und Lebensphasen behandeln lassen. Dies kann – wie bisher – weitgehend implizit geschehen; im Folgenden soll es jedoch explizit gemacht werden, indem zum Ausgangspunkt der weiteren Theorieeinführung ein Abschnitt im Lebenslauf, eine ontogenetische Phase, gewählt wird: Sozialisation im Jugendalter. Behandelt wird die Subjektentwicklung in einer besonders interessanten und problematischen Lebensphase. Nachdem bisher disziplinär gebundene Basistheorien aus Psychologie und Soziologie präsentiert wurden, geht es im Folgenden um Versuche, verschiedene Theorieansätze miteinander zu verbinden oder gar zu integrieren. Was mit einer solchen Verbindung unterschiedlicher Theorien gemeint sein kann, wurde ansatzweise am Ende des vorangegangenen Teils deutlich, als wir die wechselseitigen Ergänzungen von marxistischen und interaktionistischen Konzepten angesprochen haben. Was für die schulische Sozialisation ausgeführt wurde, trifft auch für die Sozialisation im Jugendalter zu: Die disziplinär in Soziologie oder Psychologie verankerten Theorien beschreiben immer nur Teilaspekte des Gesamtzusammenhangs, dabei legen sie ihren Schwerpunkt stets nur auf einige (der in Teil 1 herausgearbeiteten) Ebenen. So thematisieren struktur-funktionale und marxistische Theorien «im wesentlichen gesellschaftliche und ökonomische Strukturen in ihrer Bedeutung und ihren Auswirkungen für Sozialisations- und Bildungsprozesse, während sie nur rudimentäre Annahmen über Verhalten, Kognition und Motivation der individuellen Akteure machen» (Hurrelmann 1978, S. 536). Interaktionistische, sozialpsychologische und psychoanalytische Theorien hingegen behandeln vor allem diese subjektive Seite des Sozialisationsprozesses, doch von ihnen werden wiederum die gesellschaftlichen Bedingungen nur global angesprochen. Diese Ausgangsposition führte schon in den 1970er Jahren dazu, dass über den Sinn und die Notwendigkeit von Theorieverbindungen (kontrovers) diskutiert wurde: Hurrelmann (1978, S. 537) führte aus, dass nur durch eine Verknüpfung von verschiedenen Theorien bzw. Theorieelementen ein Fortschritt erzielt werden könne. Er fordert damit für die weitere Theorieentwicklung eine «interparadigmatische Vorgehensweise» (S. 534): Die Grundparadigmen (= Basistheorien) der Sozialisationsforschung sollen in ihren Perspektiven so zusammengeführt werden, dass es in einem Theorieverbund zu einer «vollständigen Erfassung des gesamten Problemfelds» (S. 534) kommen kann. Zugleich verweist er auf das methodologische Grundproblem seines Vorschlags: «Es könnte zu einer oberflächlichen eklektizistischen Flickschusterei mit zweifelhafter theoretisch-analytischer Kraft kommen» (S. 535).

Diesen Einwand greift Rolff (1977) auf und spitzt ihn zu: Theorieelemente können nicht einfach «irgendwie verbunden» werden, sondern müssen sich auf ein gemeinsames erkenntnisleitendes Interesse beziehen, wenn eine wechselseitige Ergänzung gelingen soll. Denn nur dann sei es möglich, die Erkenntnisse der einen Theorie in die andere zu transformieren. Wenn ein bestimmtes Erkenntnisinteresse von den verschiedenen Theorieelementen nicht in gleicher Weise aufgenommen werden kann, kann es auch keinen sinnvollen Theorieverbund geben. Hierzu ein Beispiel: Wer auf der subjektiven Seite nach der Entstehung von Verhaltenspotenzialen forscht, die auf gesellschaftliche Veränderungen drängen, wird dies nicht mit einer struktur-funktionalen Analyse der Gesamtgesellschaft verkoppeln können; denn diese Gesellschaftstheorie ist a priori an Stabilität und nicht an Veränderung interessiert. Ein Theorieverbund kann daher nur gelingen, wenn «ineinander transformierbare Paradigmen benutzt» werden (Rolff 1977, S. 66). Unter diesen Bedingungen hält allerdings auch Rolff das Bemühen um Theorieverbindungen, um theoretisch angeleitete Mehrebenenanalysen, für ein sinnvolles theoriestrategisches Vorgehen. Ob und wie weit solche Vorstellungen vom Erkenntnisgewinn durch Theorieverbindungen tragen, soll am Beispiel der Sozialisation im Jugendalter behandelt werden. Dazu stellen wir drei sehr unterschiedliche Theorieverbindungen vor:

Zunächst wird ein Theorieverbund präsentiert, der die Gesellschaft in strukturell-funktionalen Kategorien fasst und daher vor allem an der gesellschaftlichen Integration von Jugendlichen interessiert ist. Die entsprechende soziologische Analyse über das Verhältnis von Jugend und Gesellschaft hat Eisenstadt vorgelegt. Wir zeigen auf, dass sie sich sehr gut mit Eriksons psychoanalytischer Beschreibung der Adoleszenzkrise zu einem gemeinsamen Konzept verbinden lässt.
Danach stellen wir den von Habermas und Mitarbeitern entworfenen Theorieverbund vor, der von der Existenz einer kapitalistischen Klassengesellschaft ausgeht und vor allem nach der Herausbildung eines gesellschaftskritischen Potenzials bei Jugendlichen fragt. Dabei werden unterschiedliche (psychologische und soziologische) Theorieelemente zu einem integrativen Konzept der Adoleszenzkrise im Spätkapitalismus zusammengefügt.
Als Drittes stellen wir einen Theorieverbund vor, der von einer jüngeren gesellschaftlichen Analyse ausgeht: Ulrich Beck beschreibt den Abschied von der traditionellen Klassengesellschaft und das Heraufziehen einer «Risikogesellschaft», die die Menschen in immer stärker individualisierte Lebenssituationen setzt. Wie diese geänderte gesellschaftliche Situation von den Jugendlichen subjektiv verarbeitet wird, wird von Wilhelm Heitmeyer mit Kategorien der Identitätstheorie analysiert.

All diese Entwürfe knüpfen bei den Basistheorien an, die in den vorangegangenen Kapiteln vorgestellt wurden: So steht Eisenstadt in der Tradition von Parsons, Erikson entwickelt Freuds Gedanken weiter, und Habermas bezieht sich vor allem auf Marx, G. H. Mead und Kohlberg. Salopp formuliert: Wir haben es im Folgenden vielfach mit ‹alten

Bekannten› zu tun, die neu kombiniert und auf einen anderen Gegenstandsbereich (Jugend) bezogen werden. Die Lektüre des folgenden Kapitels setzt daher voraus, dass die in den Teilen 2 und 3 vorgestellten Basistheorien bekannt sind.

4.1 Jugend als Lebensphase: Zur Verknüpfung individueller und gesellschaftlicher Entwicklung

Es erscheint heute weitgehend selbstverständlich, dass es zwischen Kindheit und Erwachsenenalter ‹Jugend› als eine gesonderte Lebensphase gibt, die vor allem durch schulische und berufliche Ausbildung geprägt ist. Ein Blick in sozialhistorische Analysen zeigt jedoch, dass eine so strukturierte Jugendphase sich erst im 19. Jahrhundert herausgebildet und im 20. Jahrhundert als Lebensphase für (fast) alle verbreitet hat. Jugend ist somit kein «Naturprodukt ..., sondern ein soziokulturelles Phänomen, das in seinen Erscheinungsformen historisch-gesellschaftlichen Dimensionen unterworfen ist» (Griese 1987, S. 19). Bezeichnet werden damit die (historisch wandelbaren) Gruppierungen, sozialen Regelungen und alltagskulturelle Praktiken am Übergang von der Kindheit zum Erwachsenenalter. Jugend in diesem Sinn setzt den (gesellschaftlich nur sehr begrenzt beeinflussbaren) körperlichen Reifungsprozess – die Pubertät – voraus, ohne damit identisch zu sein; denn in welcher Weise die Pubertät in eine gesonderte Lebensphase ‹Jugend› eingebunden ist, ist historisch höchst variabel. In Absetzung davon wird ‹Adoleszenz› als der psychische Anteil der Entwicklung in dieser Zeit – als subjektive Verarbeitung körperlicher wie sozialer Veränderungen – verstanden. Vereinfacht lässt sich Pubertät vor allem als biologische, Jugend vor allem als soziologische und Adoleszenz vor allem als psychologische Kategorie begreifen (vgl. Oerter/Dreher 2008).[22]

4.1.1 Pubertät, Jugend, Adoleszenz

Der Begriff Pubertät verweist darauf, dass sich etwa zwischen dem 12. und dem 15. Lebensjahr bei den Heranwachsenden massive körperliche

Veränderungen vollziehen. Der Eintritt der Geschlechtsreife, verbunden mit einem beschleunigten Längenwachstum und einer Veränderung der Körperformen, macht für die Umwelt auch optisch deutlich, dass die Phase der Kindheit zu Ende gegangen ist. Die sexuelle Reifung führt zu einer Steigerung der Triebbedürfnisse, deren Befriedigung zunächst vor allem durch Masturbation erreicht wird (vgl. Oerter/Montada 2008, S. 299). Parallel zur Reifung der primären und sekundären Geschlechtsorgane findet ein Wachstumsschub statt, der bei Mädchen etwa zwei Jahre früher (zwischen dem 12. und 14. Lebensjahr) einsetzt als bei den Jungen; etwa mit 18 Jahren haben die Jugendlichen ihre endgültige Körpergröße erreicht (vgl. ebd., S. 290). Die so beschriebene Pubertät – also die Veränderung vom kindlichen zum erwachsenen Körper – ist prinzipiell ein gesellschafts- und kulturinvarianter Sachverhalt: Zu allen Zeiten durchlaufen Menschen diesen Prozess der körperlichen Reifung in bestimmten, biologisch festgelegten Sequenzen. Diese biologische ‹Programmierung› bedeutet jedoch keineswegs, dass der Ablauf von gesellschaftlichen Einflüssen unabhängig ist. Das lässt sich eindrucksvoll an dem Zeitpunkt aufzeigen, zu dem in unterschiedlichen Epochen die Geschlechtsreife eingetreten ist: Während in westlichen Ländern der Gegenwart die erste Regelblutung bei Mädchen überwiegend zwischen dem 12. und 13. Lebensjahr einsetzt, hatten 70 Jahre früher in den gleichen Regionen die Mädchen ihre erste Blutung erst zwischen dem 15. und 16. Lebensjahr (vgl. Oerter/Montada 2008, S. 294). Während bis zu Beginn dieses Jahrhunderts das Längenwachstum noch bis weit über das 20. Lebensjahr hinaus anhielt, sind heute die Jugendlichen spätestens mit 18 Jahren ‹ausgewachsen› (vgl. Mitterauer 1986, S. 13). Heute werden die Menschen im Durchschnitt erheblich größer als vor etwa 100 Jahren, sodass sich im historischen Vergleich sagen lässt: Die Pubertät findet inzwischen deutlich früher statt als noch vor wenigen Generationen, ist auf eine kürzere Zeit zusammengedrängt und verläuft besonders sprunghaft. Über die Ursachen der zeitlichen Vorverlagerung (Akzeleration) der körperlichen Reife in diesem Jahrhundert ist oft spekuliert worden. Viele Hinweise sprechen dafür, dass die Verbesserung der Lebensbedingungen im historischen Prozess (z. B. bessere Ernährung, weniger Kinderarbeit, bessere Wohnverhältnisse) sich beschleunigend auf die körperliche Entwicklung ausgewirkt hat. So gesehen haben wir es heute mit der gesellschaftlich-historisch geprägten Variante einer früh einsetzenden, kurzzeitigen Pubertät zu tun. Für junge Menschen in unserer Gesellschaft ergeben sich aus den körperlichen Veränderungen der Pubertät etliche Probleme, die sie psychisch verarbeiten müssen:

Weil sich das äußere Erscheinungsbild rasch ändert, müssen die Heranwachsenden die Vorstellungen von sich selbst und ihrem Körper – und damit ihr Selbstbild – korrigieren. Dabei spielt der Vergleich mit Gleichaltrigen und Älteren eine große Rolle. Die sexuellen Bedürfnisse, die zunächst vor allem durch Masturbation befriedigt werden, führen zu neuen Körpererfahrungen. Zugleich stellt sich in völlig neuer Weise die Frage nach ‹Erlaubtem› und ‹Verbotenem› in der eigenen Sexualität. Vor allem Jungen erleben in dieser Zeit einen sprunghaften Anstieg ihrer Körperkraft und neue, bisher nicht gekannte Handlungsmöglichkeiten. Der Umgang damit muss gelernt werden. Vor allem Mädchen erleben, dass sie infolge ihres veränderten Erscheinungsbildes verstärkt als Personen mit sexueller Ausstrahlung wahrgenommen und angesprochen werden. Dies dürfte faszinierend und ängstigend zugleich sein, ist aber auch mit vielen Selbstzweifeln behaftet.

Diese Auflistung verdeutlicht, dass die psychischen Folgen der körperlichen Entwicklung nicht isoliert betrachtet werden können, sondern eng verkoppelt sind mit den veränderten sozialen Erwartungen, die den Heranwachsenden entgegentreten: Welche Sexualmoral beansprucht Gültigkeit? In welchen Bereichen werden die Heranwachsenden nun als ‹Erwachsene› akzeptiert (z. B. als Konsumenten), in welchen Bereichen wird ihnen dies hingegen weiterhin verweigert (z. B. durch den Jugendschutz)? Aus dieser Verkoppelung folgt, dass die Einsichten über die psychischen Folgen der Pubertät einzubringen sind in eine umfassendere Analyse, die die Veränderung der Lebenssituation nach Abschluss der Kindheit insgesamt in den Blick nimmt.

Damit ist nicht mehr Pubertät als eine biologische, sondern Jugend als eine soziologische Kategorie angesprochen. Fragt man, was gegenwärtig unter Jugend verstanden werden soll, so ist es gar nicht einfach, mit einer Definition zur Klärung beizutragen. Der Begriff des gesellschaftlichen Moratoriums – des Aufschubs – kann wohl noch am ehesten erklärend wirken: Mit der Pubertät sind die Heranwachsenden zwar geschlechtsreif, werden aber noch nicht in die Rechte und Pflichten eines vollgültigen Erwachsenen eingesetzt. Aufgeschoben ist vor allem die Verpflichtung, durch Berufsarbeit den eigenen Unterhalt zu sichern. In dieser Zeit befinden sich Jungen und Mädchen überwiegend in Bildungs- und Ausbildungsinstitutionen, in denen sie auf das Erwachsenendasein vorbereitet werden. Aufgeschoben ist auch die Notwendigkeit, für eine eigene Familie mit eigenen Kindern sorgen zu müssen. Gesellschaftlich eingeräumt wird zugleich, dass die Heranwachsenden – in Grenzen – mit Verhaltenskonzepten, Beziehungen und Überzeugungen experimentieren dürfen, um einen eigenen Standort zu gewinnen. Mit diesem Moratorium sind jedoch soziale Anforderungen verbunden, denen sich die Jugendlichen stellen müssen: Die schrittweise Ablösung vom Elternhaus gehört ebenso dazu wie die Wahl eines Ausbildungsgangs und eines Berufs; die eigene Geschlechterrolle muss entwickelt werden; die Leistungsansprüche in Schule und Berufsausbildung gilt es zu erfüllen. Jugend als Moratorium ist zwar einerseits so etwas wie ein Schonraum für Selbstfindung und Selbsterprobung; andererseits wird aber die erfolgreiche Bewältigung biographisch höchst bedeutsamer Aufgaben gefordert (vgl. Oerter/Dreher 2008, S. 279 ff.). Während der Eintritt in diese Jugendzeit mit der Pubertät (also ca. mit 13 Jahren) erreicht wird, kann das Ende weit weniger präzise – und schon gar nicht mit einer exakten Altersangabe – gekennzeichnet werden. Als traditionelle Kriterien hierzu wurden in der Jugendsoziologie vor allem die volle Berufstätigkeit und die Heirat genannt (vgl. Hurrelmann 2004, S. 28 f.).

Die gesellschaftlichen Entwicklungen der letzten 40 Jahre haben diese Kriterien jedoch immer unschärfer, tendenziell sogar unbrauchbar werden lassen. Ausbildungszeiten wurden immer länger, sodass etwa bei Studierenden der Berufseintritt nicht selten erst um das 30. Lebensjahr erfolgt. Die Ehe hat ihr Monopol als einzig ‹normale› Lebensform für Erwachsene verloren; nichteheliche Partnerschaften, Wohngemeinschaften oder auch ein Leben als Single spielen gerade bei den 20- bis 30-Jährigen inzwischen eine erhebliche Rolle. Die Lebenswege sind individuell so unterschiedlich geworden, dass über das ‹Ende› der Jugend nur noch eine globale Angabe möglich ist (vgl. Fend/Berger 2001): Gegenwärtig wechseln die meisten Menschen irgendwann zwischen dem 20. und

30. Lebensjahr in den Status eines ‹vollgültigen› Erwachsenen über; dabei hängt der genaue Zeitpunkt vor allem von der Länge der Ausbildung ab. Eine Hauptschülerin, die nach dreijähriger Lehre mit etwa 20 Jahren heiratet, hat nur eine ‹kurze› Jugend durchlaufen. Eine Abiturientin, die ein Universitätsstudium absolviert und die Gründung einer eigenen Familie hinausschiebt, erlebt hingegen eine erheblich längere Jugend. Während ‹Jugend› früher als feste Statuspassage mit deutlich benennbaren Übergängen beschrieben werden konnte, finden sich heute immer unterschiedlichere Lebenswege durch die Jugendphase. Dies wird als «Pluralisierung» oder auch als «Destandardisierung» des Jugendalters bezeichnet (vgl. Junge 2004; vgl. auch Kap. 4.4.2). Allerdings: Durch die Schul- und Berufsschulpflicht ist in unserer Gesellschaft jedem Heranwachsenden ein zeitliches Minimum an Jugend garantiert.

4.1.2 Jugend im historischen Wandel

Diese Form von Jugend als psychosoziales Moratorium zwischen Geschlechtsreife und vollgültigem Erwachsenenstatus ist eine recht junge Errungenschaft industrialisierter Gesellschaften. Herrmann (1982, S. 16) weist darauf hin, dass im vorindustriellen Europa des 18. Jahrhunderts die Lebenshorizonte der Heranwachsenden an dem jeweiligen ‹Stand› fixiert waren. Die meisten Kinder wuchsen in bäuerlichen oder handwerklichen Verhältnissen auf, in denen gesonderte Prozesse schulischer Ausbildung oder gar beruflicher Entscheidungen nicht erforderlich waren. Der Übergang vom Kind zur Arbeitskraft vollzog sich etwa zwischen dem 8. und 10. Lebensjahr, die Pubertät trat sehr viel später ein. Einige Autoren haben daraus sogar die These abgeleitet, das soziale Phänomen ‹Jugend› gäbe es erst seit dem Aufkommen der bürgerlichen Gesellschaft – also seit Ende des 18. Jahrhunderts (vgl. z. B. Gillis 1980, S. 19 ff.). Pointiert formulierte Musgrove: «Die Jugend wurde zur selben Zeit erfunden wie die Dampfmaschine. Der Konstrukteur der letztgenannten war Watt im Jahre 1765, der Erfinder der erstgenannten Rousseau im Jahre 1762» (1968, S. 33). Diese Thesen machen zwar nachdrücklich auf den historischen Wandel in der inhaltlichen und strukturellen Gestaltung des Lebenslaufs aufmerksam, halten in ihrer Radikalität jedoch einer genaueren historischen Analyse nicht stand. Mitterauer (1986) hat für das vorindustrielle Europa des 16. bis 18. Jahrhunderts aufgezeigt, welche Formen des Jugendlich-Seins es in unterschiedlichen agrarischen und handwerklichen Lebenszusammenhängen gab. Dabei spielten vor allem im dörflichen Leben die Aktivitäten der schon geschlechtsreifen, aber noch nicht verheirateten jungen Leute eine große Rolle (vgl. auch Sieder 1987, S. 46 ff.). Allerdings waren bestimmte Probleme, die heute die Situation Jugendlicher prägen – etwa die Berufswahl oder die Identitätsfindung angesichts pluralistischer Wertangebote –, in dieser ständischen Gesellschaft unbekannt. Insofern existierte auch in der vorindustriellen Gesellschaft ‹Jugend›, allerdings ohne vergleichbare Entscheidungs-, Orientierungs- und Identitätsprobleme (vgl. ebd., S. 31 ff.). Aber als Zeitspanne, in der die Heranwachsenden (nicht nur die Privilegierten) von Erwerbsarbeit freigesetzt werden, um den institutionellen Zugang zu Bildung und Ausbildung zu erhalten, ist «Jugend» erst gemeinsam mit der Industriegesellschaft entstanden (vgl. Oerter/Dreher 2008, S. 271).

Denn die industriellen Umwälzungen des 19. Jahrhunderts führten dazu, dass immer mehr Arbeitskräfte aus der Landwirtschaft abwanderten und in die Fabriken gingen – das Proletariat als neue Klasse entstand. Die Situation der Heranwachsenden war bis Ende dieses Jahrhunderts geprägt durch Kinderarbeit, durch ein häufiges Unterlaufen der mittlerweile bestehenden Schulpflicht und durch einen relativ nahtlosen Übergang von der Schulentlassung zur Fabrikarbeit (spätestens im 14. Lebensjahr). Formen beruflicher Ausbildung von Proletarierkindern waren extrem selten, der Besuch weiterführender Schulen kam praktisch nicht vor. Somit hatte sich durch die zwischenzeitliche Verbreiterung der Schule das Ende der Kindheit zwar hinausgeschoben, doch die Lebensphase ‹Jugend› war bis weit in das 20. Jahrhundert hinein auf eine kurze Zeit zusammengedrängt: Schulentlassung, Fabrikarbeit und auch meist eine frühe Heirat folgten in der Arbeiterschaft dicht aufeinander. So setzt Reh (1992, S. 105), die dies für Hamburger Arbeitermädchen nach dem Ersten Weltkrieg untersucht hat, deren Jugendzeit auf die Phase zwischen dem 13. und 18. Lebensjahr an.

Mit der heranwachsenden Industrie entstand jedoch nicht nur das Proletariat, es entwickelte sich zugleich – als wirtschaftlich mächtige

Klasse – das Bürgertum. Oberstes Ziel des familialen Handelns in dieser Klasse war die Bewahrung und Vergrößerung des väterlichen Unternehmens. Damit stellte sich als entscheidende Frage der Zukunftssicherung die qualifizierte Ausbildung des männlichen Nachwuchses: Die jungen Männer mussten die Qualifikationen und Werthaltungen erlernen, die sie in der nächsten Generation befähigten, als Unternehmer erfolgreich agieren zu können. In ähnlicher Weise stellte sich das Problem für die angrenzende Schicht des Bildungsbürgertums (höhere Beamte, Professoren, Ärzte, Rechtsanwälte). Der soziale und ökonomische Status dieser Familien konnte nur dann in die nächste Generation verpflanzt werden, wenn die Söhne wiederum ein Studium erfolgreich abschlossen. Weil es unter solchen Bedingungen leichtfertig gewesen wäre, die «prekäre Zukunft des einzelnen, seiner Familie, seiner Gruppe und Schicht ... dem Zufall oder der Willkür zu überlassen» (Herrmann 1982, S. 18), konzentrierte sich das Bürgertum auf eine länger dauernde Bildung und Ausbildung der männlichen Nachkommen. Dieser Sachverhalt lässt sich als historische Geburtsstunde der uns heute bekannten Jugendzeit ansprechen (vgl. Dudek 2002, S. 336 ff.). Diese bürgerliche Jugend kennzeichnete sich bis weit in das 20. Jahrhundert hinein durch Askese vor allem im sexuellen Bereich, durch lang andauernde Abhängigkeit vom Elternhaus und Forderungen wie Fleiß, Disziplin und Lernanstrengungen. Sie war fast immer mit dem Besuch des Gymnasiums verbunden und galt als eine versagungsreiche Investition für ein späteres privilegiertes Leben. Der weibliche Nachwuchs des Bürgertums wurde hingegen im häuslichen Kontext auf die Ehe vorbereitet und erst im Verlauf des 20. Jahrhunderts in die ‹höhere› Schulbildung und damit auch in die bürgerliche Jugend einbezogen (vgl. Bilden/Diezinger 1993). Für Proletarierkinder beiderlei Geschlechts war bis in die 1950er Jahre eine kurze Jugendphase typisch. Solange sie die Volksschule besuchten, galten sie als Kinder, der Übergang zum Erwachsenenalter vollzog sich dann sehr rasch: «Verselbständigung gegenüber der elterlichen Kontrolle, erste sexuelle Erfahrungen, Abschluß der Schulausbildung und Beginn der Arbeitsbiographie werden etwa zwischen dem 14. und dem 16. Lebensjahr erreicht» (Fuchs 1985, S. 242). Die Sozialhistoriker belehren uns somit, dass die uns bekannte Erscheinungsform von Jugend gemeinsam mit dem Bürgertum entstanden ist und zunächst nur von einer Minderheit der männlichen Gymnasiasten aus privilegierten Elternhäusern gelebt werden konnte.

Seit Mitte des 20. Jahrhunderts hat sich ein Wandel vollzogen, der von Zinnecker als «Wendepunkt in der Epochalgeschichte von Jugend seit dem 18. Jahrhundert» (1985, S. 33) bezeichnet wird. Vor allem der kräftige Trend zu längerem Schulbesuch führte dazu, dass zunehmend auch Arbeiterkinder und Mädchen in den Genuss weiterführender Bildung kamen, dass ‹Jugend› auch für sie von einer kurzen Episode zu einer gesonderten Lebensphase wurde. Während 1960 nur 38 Prozent aller 15-Jährigen eine Vollzeitschule besuchten, waren es 1997 95 Prozent; bei den 16-Jährigen stieg der entsprechende Anteil von 25 auf 77 Prozent, bei den 17-Jährigen von 18 auf 58 Prozent (vgl. BMBF 1998/99, S. 26 f.). Inzwischen besuchen etwa 80 Prozent aller 16-Jährigen und 70 Prozent aller 17-Jährigen eine Vollzeitschule (vgl. BMBF 2003/2004, S. 32 f.). Diese durchschnittliche Verlängerung der Schulbesuchszeit bedeutet, dass vor allem für Arbeiterkinder der ‹Ernst des Lebens› in spätere Lebensjahre zurückgetreten ist. Die Bildungsexpansion hat für weite Kreise der Heranwachsenden eine Verlängerung der Jugendphase gebracht. Damit ging eine umgreifende ‹Verschulung› der Jugendzeit einher: Die große Mehrheit der 15- bis 18-Jährigen besucht seit den 1990er Jahren eine Vollzeitschule; gegenüber der Situation um 1960 hat sich gerade an dieser Stelle die ‹Normalbiographie› stark verändert. Mit dieser Veränderung ist eine partielle Angleichung von bürgerlicher und proletarischer Jugend verbunden. Betrachtet man dies im Verhältnis zu den Klassenunterschieden in der ersten Hälfte des 20. Jahrhunderts, so lässt sich durchaus von einer «Homogenisierung von Jugend durch Verschulung» reden (Fuchs 1983, S. 245). Während soziale Unterschiede an der einen Stelle eingeebnet wurden, etablieren sie sich an anderer Stelle neu. Gemeint ist damit die Lebensphase der ‹Post-Adoleszenz›, der Nach-Jugend, die in der Bundesrepublik seit den 1980er Jahren als «massenhaftes Phänomen» zu beobachten ist (Jugendwerk 1981, Bd. 1, S. 101). In dem Maß, in dem Bildungs- und Ausbildungswege immer länger werden und ein immer größerer Anteil von jungen Menschen daran teilnimmt, hat sich zwischen die Jugend und das Erwachsenenalter für viele eine neue Lebensform geschoben: Wirtschaftliche Abhängigkeit (z. B. vom Monatsscheck der Eltern) ist gekoppelt mit Selbständigkeit in allen anderen Lebensbereichen. Der typische Ort dieser Post-Adoleszenz ist die studentische Wohngemeinschaft, an der aus naheliegenden Gründen (soziale Herkunft von Studierenden, Finanzkraft der Eltern) Angehörige gehobener Sozialschichten weit häufiger teilnehmen als Arbeiterkinder. Der Verbleib in dieser Situation kann ökonomische Gründe haben (Akademiker-Arbeitslosigkeit), wird jedoch vielfach auch ohne ökonomischen Zwang als Lebensform gewählt.

Neben den geschilderten strukturellen Verschiebungen, die alle darauf hinauslaufen, dass sich in den letzten Jahrzehnten die Jugendphase verlängert hat, veränderte sich auch die alltägliche Lebenssituation der Jugendlichen etwa seit 1960 massiv. Während z. B. bis Mitte der 1960er Jahre vor allem die Töchter behütet und beaufsichtigt wurden, um vor vorehelichen ‹Fehltritten› bewahrt zu werden, geben seit den 1990er Jahren mehr als 70 Prozent der Jugendlichen beiderlei Geschlechts an, vor dem 18. Geburtstag die ersten sexuellen Erfahrungen gemacht zu haben (vgl. Jugendwerk 1992, Bd. 4, S. 164). Während noch 1966 für 98 Prozent aller 15- bis 19-jährigen Jugendlichen eine elterliche Ausgehkontrolle bestand, war der Anteil schon 1976 auf 45 Prozent gesunken (vgl. Jugendwerk 1981, Bd. 1, S. 98); Anfang der 1990er Jahre lag er bei etwa 20 Prozent (vgl. Jugendwerk 1992, Bd. 4, S. 163). Damit lassen sich zwei wichtige Feststellungen treffen: Die bürgerliche Jugend, ursprünglich ein Privileg, hat sich so verallgemeinert, dass inzwischen fast alle Heranwachsenden (unabhängig von Sozialschicht und Geschlecht) daran teilhaben. Zugleich änderten sich die Lebensformen des Jugendlich-Seins massiv: An die Stelle von Askese und Kontrolle ist in weiten Bereichen eine Jugendkultur getreten, die von unmittelbarer Aufsicht der Erwachsenen befreit ist und vielfältige Formen des Genusses einschließt. Zugleich zeigen sich ausdifferenzierte Formen jugendlicher Lebensstile und unterschiedlicher Jugendkulturen, wie sie verschiedener kaum sein können, sodass sich «die Jugend» als soziologische Kategorie immer schwerer fassen lässt (vgl. Baacke 1999; Ferchhoff 1999).

Dieser Wandel der Lebensformen und der Wertorientierungen hat allerdings wenig an den Entwicklungsaufgaben geändert, die die Jugendlichen zu bewältigen haben: Sie müssen schulische und berufliche Qualifikationen erwerben, um durch eigene Erwerbsarbeit ökonomisch unabhängig zu werden; sie müssen eine eigene Geschlechterrolle entwickeln, die die Basis für eine langfristige Partnerbeziehung und für die eigene Kindererziehung bildet; sie müssen sich mit dem pluralistischen Angebot an Wert-, Glaubens- und Sinnorientierungen auseinandersetzen, um ein eigenständiges ethisches und politisches Bewusstsein zu entwickeln (vgl. Hurrelmann 2004, S. 143 ff.; Kuhn 2005). An dieser Aufzählung wird noch einmal deutlich, dass Jugendliche in unserer Gesellschaft vor umfängliche Anforderungen der Umstrukturierung gestellt werden. Diese Anforderungen beziehen sich auf die äußeren Lebensumstände (Ablösung vom Elternhaus, Berufswahl) wie auf die Gestaltung der eigenen Persönlichkeit. In fast allen Arbeiten wird dies als eine konflikthafte, schwierig zu bewältigende und auch von Misslingen bedrohte Lebenssituation beschrieben, deren psychische Probleme als ‹Adoleszenzkrise› bezeichnet und analysiert werden; diese Krise gilt als eine für die Persönlichkeitsentwicklung besonders sensible Phase. Aus all diesen Gründen hat sich die Sozialisationsforschung mit dem Jugendalter besonders intensiv befasst.

4.1.3 Fazit und Forschungsperspektive

Es ist deutlich geworden, dass mit dem Thema Jugend eine komplexe Sozialisationsproblematik angesprochen wird. Es geht dabei nicht nur um einen bestimmten Aspekt der Persönlichkeit (etwa den der kognitiven Fähigkeiten), sondern um die Gesamtheit der Subjektentwicklung in einer Umbruchphase (vgl. Grundmann 2004). Es geht auch nicht um die sozialisatorische Wirkung nur einer Institution (etwa der Schule), sondern um das Zusammenwirken verschiedener Institutionen und Gruppen (Familie, Schule, Betrieb, Peergroup etc.) innerhalb eines Lebensabschnitts. Insofern führt die Struktur des Gegenstandsbereichs zu vielfältigen Forderungen an die Theoriebildung: Die gesellschaftliche Seite der Sozialisation im Jugendalter umfasst unterschiedliche Institutionen, die untereinander ins Verhältnis gesetzt werden müssen und auch in ihrer Bedeutung und Wirkung für die Jugendlichen beschrieben werden müssen. Die subjektive Seite – Persönlichkeit und Individualität des Jugendlichen – scheint in dieser Zeit in so umfassender Weise von Veränderungen erfasst zu sein, dass eine Ausgliederung einzelner Aspekte (z. B. Motivation, politische Einstellungen, Kognitionen) nicht angemessen erscheint. Daraus folgt, dass eine Theorie der Sozialisation im Jugendalter mit einem ganzheitlichen Konzept von Persönlichkeitsentwicklung arbeiten muss, die Frage nach der Umstrukturierung von der kindlichen zur erwachsenen Persönlichkeit umfassend zu stellen hat und die Bezüge zum gesellschaftlichen Kontext nicht aus dem Auge verlieren darf: Welche Bedingungen in Familie, Schule und Peergroup nehmen welchen Einfluss auf die Persönlichkeitsbildung in diesem Alter? Dabei muss auch die Frage nach der gelungenen bzw. misslungenen Sozialisation im Jugendalter angesprochen werden: Nach welchen Kriterien wird ‹Normalität› und ‹Abweichung› definiert, wie wird der experimentelle Umgang von Jugendlichen mit gesellschaftlichen Normen behandelt und bewertet? Schließlich ist bei diesen Theorieentwürfen darauf zu achten, ob gesellschaftliche Differenzierungen in der Beschreibung und Analyse hinreichend berücksichtigt werden: Wird zwischen bürgerlicher und proletarischer Jugendphase unterschieden? Werden Unterschiede zwischen männlicher und weiblicher Adoleszenzkrise gesehen?

Diese Fragen sind an die Theorieentwürfe zu richten, die nun vorgestellt werden: Weiter vorn haben wir dargelegt, dass es sich in allen drei Fällen um Theorieverbindungen handelt, in denen makrosoziologische und subjektbezogene Theorieelemente miteinander verknüpft werden. Es ist daher nicht nur darauf zu achten, ob sie das Feld der Jugendsozialisation hinreichend komplex und umfassend erfassen. Darüber hinaus stellt sich die Frage, ob die Verkoppelung verschiedener Theorieelemente als in sich widersprüchlicher Eklektizismus zu kritisieren ist – oder ob damit Wege zu einer umfassenden Theoriebildung beschritten werden.

4.2 Jugend in der modernen Industriegesellschaft: Das Interesse an der gesellschaftlichen Integration

Im Folgenden geht es um zwei Theorien zum Jugendalter, die sich – so unsere These – wechselseitig ergänzen und zu einem Theorieverbund zusammenfügen lassen. In diesen beiden Theorien finden wir in geradezu klassischer Weise den Unterschied zwischen einem soziologischen und einem psychologischen Zugang zur Sozialisationsproblematik: Der (struktur-funktionale) Soziologe Eisenstadt fragt, welche systembezogene Funktion Jugend hat, unter welchen gesellschaftlichen Bedingungen sie auftritt und wann von ihr eher integrierende oder eher konflikthafte Impulse ausgehen. Der (psychoanalytisch orientierte) Psychologe Erikson fragt, welche Bedeutung die Adoleszenz im Lebenslauf des Einzelnen hat, welche Prozesse der Identitätsfindung bzw. Identitätsgefährdung in dieser Phase ablaufen und welche Auswirkungen auf die Prägung der Persönlichkeit sich daraus ergeben. Beide Theorieansätze blicken aus einer sehr unterschiedlichen Perspektive auf den gleichen Bereich sozialer Wirklichkeit. Während der eine vor allem die makrosozialen Zusammenhänge des Jugendalters thematisiert, analysiert der andere vor allem die innerpsychischen Prozesse. Genau dieser Unterschied führt zu dem Gedanken, durch eine Zusammenfügung beider Ansätze ein umfassendes Konzept der Sozialisation im Jugendalter zu entwerfen. Gestützt wird diese Idee dadurch, dass beide Theoriekonzepte das Jugendalter unter einer Integrationsperspektive betrachten: Eisenstadt beschreibt die jugendliche Altersgruppe vor allem in ihrer *Integrationsleistung* für das gesellschaftliche Gesamtsystem; Erikson stellt dar, wie der (gelungene) Durchgang durch die Adoleszenzkrise zu einer stabilen Identität und einer *integrierten* Persönlichkeit führt.

4.2.1 Eisenstadts soziologisches Konzept

Noch zu Beginn der 1970er Jahre wurde unter Soziologen häufig beklagt, dass es zwar eine Fülle von empirischen Daten über die Situation Jugendlicher gäbe, dem jedoch ein erheblicher theoretischer Mangel gegenüberstände (vgl. z. B. Neidhardt 1970, S. 11). Als erste umfassende

Theorie über das Jugendalter und die damit verbundenen Sozialisationsprozesse wurde zugleich die (1966 ins Deutsche übersetzte) Arbeit des Israeli Shmul N. Eisenstadt aufgenommen und intensiv diskutiert. Noch 1987 stellte Griese fest, «daß Eisenstadt wie kein anderer Soziologe vor oder nach ihm die jugendtheoretische Diskussion angeregt und vorangebracht hat. Bei Eisenstadt liegt der geschlossenste theoretische Entwurf einer Jugendsoziologie innerhalb einer umfassenden allgemeinen Theorie vor» (S. 123). Diese Einschätzung ergibt sich aus der konsequenten Einbindung der Eisenstadt'schen Theorie in das struktur-funktionale Konzept von Parsons. Außerdem ist anzumerken, dass gewisse Einflüsse auf Eisenstadt auch von Erikson ausgingen: Die Gastvorlesungen, die der (damals bereits berühmte) Psychologe Erikson Anfang der 1950er Jahre in Jerusalem hielt, haben den (damals noch jungen) Soziologen Eisenstadt bei den psychologischen Aspekten seiner Arbeit stark inspiriert (vgl. Eisenstadt 1966, S. 302).

Grundannahmen und zentrale Begriffe

Die Grundannahmen und Begriffe dieses Theorieansatzes sind zunächst – und ohne jede Modifikation – identisch mit den Basiskategorien der Parsons'schen Soziologie (vgl. Kap. 3.2): Das soziale System und seine Stabilität, Status und Rolle, Sozialisation und Rollenlernen sind auch bei Eisenstadt das begriffliche Instrumentarium. Darüber hinaus sind die ‹pattern variables› und die darin getroffene Unterscheidung zwischen ‹partikularistischen› und ‹universalistischen› Wertorientierungen von zentraler Bedeutung. Wenn Eisenstadt sich in seiner Analyse auf gegenwärtige westliche Industriegesellschaften bezieht, spricht er von «modernen Gesellschaften» (1966, S. 230), die sich durch Arbeitsteilung und Spezialisierung kennzeichnen und in denen universalistische Wertmuster – insbesondere die individuelle Leistungsorientierung – herrschen. Diese Gesellschaftsformation wird in Anlehnung an Parsons als soziales System begriffen, das durch funktionale Prozesse die eigene Stabilität immer wieder herzustellen hat. Mit diesem theoretischen Konzept wendet er sich dem Jugendproblem – und damit dem Problem der Altersstruktur und der Altersgruppen in einer Gesellschaft – zu. Dabei unterscheidet Eisenstadt zwischen altersheterogenen Gruppen (z. B. der Familie) und altershomogenen Gruppen (z.B. spielenden Kindern). Systematisch führt er damit den Begriff der Altersgruppe (genauer: der altershomogenen Gruppe) in den struktur-funktionalen Theoriezusammenhang ein. In seiner Arbeit konzentriert er sich auf Altersgruppen, die am Übergang zwischen Kindheit und Erwachsenenalter angesiedelt sind – und damit auf die Jugendlichen. Zum einen interessiert ihn, unter welchen gesellschaftlich-strukturellen Bedingungen ‹Jugend› als gesonderte Altersphase überhaupt auftritt; zum Zweiten fragt er (als Parsons-Schüler folgerichtig), welchen Beitrag diese Jugend zur Stabilität des sozialen Systems leistet. Um diese Fragen zu beantworten, vergleicht er historische und kulturvergleichende Berichte über unterschiedliche Gesellschaften systematisch unter dem Aspekt ihrer Gliederung nach Altersgruppen, um von dort aus seine theoretischen Schlüsse zu ziehen.

Entstehung und Funktion der jugendlichen Altersgruppe

Eisenstadt stellt fest, dass es in allen Gesellschaften eine Definition des Erwachsenen als Vollmitglied der Gesellschaft und es immer eine Schwelle gibt, an der die Heranwachsenden diesen Status einnehmen dürfen. Diese Schwelle fällt gewöhnlich mit dem Übergang von der Herkunftsfamilie zur eigenen Familie zusammen (vgl. 1966, S. 23). In wenig komplexen Gesellschaften wird dieser Übergang über Initiationsriten geregelt, etwa durch «Beschneidung, Annahme eines neuen Namens, symbolische Wiedergeburt» (S. 24). Eine Altersstufe, die man Jugend nennen könnte, kommt in solchen Gesellschaften nicht oder nur rudimentär vor; der Übergang von der Kindheit zum gesellschaftlichen Vollmitglied wird vielmehr direkt vollzogen. In solchen Gesellschaften ist es offensichtlich möglich, dass die Kinder im Sozialisationsprozess bereits all die Rollendispositionen lernen, die sie als Erwachsene benötigen. In anderen Gesellschaften hingegen ist zwischen Kindheit und Erwachsenenalter eine weitere Altersphase gesetzt, die einen gewissen Übergangscharakter hat. Dass dieser Übergang historisch sehr unterschiedlich geregelt sein kann, haben wir weiter vorn deutlich gemacht. Eisenstadt fasst diesen Sachverhalt präziser, indem er nach der Existenz bzw. Nichtexistenz von altershomogenen Gruppen in diesem Übergangsbereich fragt: Für Eisenstadt gibt es in einer Gesellschaft die Lebensphase ‹Jugend› dann, wenn man feststellen kann, dass Heranwachsende am Ende der Kindheit einen erheblichen Teil ihrer Zeit mit Altersgleichen – also in Peergroups – verbringen, sodass diese Gruppen zu einem Ort der Sozialisation werden. Eisenstadt fragt daher, welche Bedingungen des gesellschaftlichen Systems die Entstehung jugendlicher Altersgruppen begünstigen bzw. verhindern.

Bei der Beantwortung dieser Frage knüpft er bei den Kategorien der ‹pattern variables› an, mit denen Parsons partikularistische und universalistische Gesellschaftsformationen und die darin eingelagerten Handlungsorientierungen beschreibt (vgl. Kap. 3.2.2). Nun gilt für jede Gesellschaft, dass die erste und grundsätzliche Beziehung, in die ein Kind eintritt, partikularistisch ist – also altersheterogen, zugeschrieben und diffus; denn diese «Kriterien charakterisieren Familien- und Verwandtschaftsbeziehungen in allen Gesellschaften. Diese Gruppen und Beziehungen wiederum sind die ersten und fundamentalsten Sozialisierungs-Instanzen in jeder Gesellschaft» (S. 30). Gesellschaften unterscheiden sich jedoch darin, ob diese familiär(-partikularistischen) Beziehungsmuster auch für die Sozialbeziehungen außerhalb der Familie gelten – oder ob dort andere (universalistische) Wertorientierungen herrschen. Während in vormodernen Gesellschaften (etwa bei nordamerikanischen Indianern) die partikularistischen Werte, die das Familienleben regeln, auch im wirtschaftlichen, politischen und religiösen Feld dieser Gesellschaft Gültigkeit hatten, besteht in entwickelten Industriegesellschaften ein deutlicher Bruch zwischen privatem und öffentlichem Bereich; denn im

> «urbanisierten Europa und in Amerika pflegt sich der moderne Vater in der Familie daheim anders zu verhalten als an seinem Arbeitsplatz. Wenn also sein Kind irgendeinen beruflichen Status erreichen soll, so muß es sich anders zu verhalten lernen als gegenüber dem Vater im Bereich der Familie» (S. 38).

In partikularistischen Gesellschaften reicht die familiäre Sozialisation aus, um auf die Erwachsenenrolle vorzubereiten; in universalistischen Gesellschaften stellen sich hingegen vor allem am Ende der Kindheit erhebliche Integrations- und ‹Umlern›-Probleme; denn Familie und sekundäre Systeme klaffen auseinander (vgl. Grundmann 2004, S. 19).

Eisenstadt folgert daraus, dass in entwickelten Gesellschaften ein vermittelndes soziales Feld funktional notwendig wird. Dort müssen die Heranwachsenden die Gelegenheit erhalten, sich zusätzlich zu den familiären Primärrollen die universalistischen Rollenanforderungen der Gesellschaft anzueignen. Diese Funktion erfüllen in komplexen Gesellschaften vor allem die altershomogenen Gruppen Jugendlicher; sie bilden «einen Verbindungsbereich zwischen der Familie und anderen institutionellen Bereichen der Gesellschaft (politischen, wirtschaftlichen usw.)» (1966, S. 280 f.).

Eine solche Argumentation macht zunächst deutlich, warum aus einem gesellschaftlichen Systeminteresse jugendliche Peergroups funktional notwendig werden. Warum sie tatsächlich existieren (also warum Jugendliche sich in dieser Weise freiwillig zusammenfinden), wird damit noch nicht erklärt. An dieser Stelle übernimmt Eisenstadt eine Argumentationsfigur von Parsons, bei der gesellschaftliche Systeminteressen und subjektive Bedürfnisse in eins gesetzt werden: Unter den geschilderten strukturellen Bedingungen entsteht bei dem Heranwachsenden das Bedürfnis nach einem Kommunikations- und Handlungsfeld außerhalb der Familie, nach einer «neue(n) Art von Interaktion mit anderen Individuen, die ihm den Übergang erleichtern» (S. 39). Dabei richtet sich das Bedürfnis auf ein Feld, das einerseits (ähnlich wie die Familie) emotionale Sicherheit bietet, aber andererseits (im Unterschied zur Familie) universalistische Verhaltensweisen und heterosexuelle Kontakte erlaubt. Es muss zugleich ein Feld sein, in dem sich die subjektiven Probleme, die mit der Ablösung vom Elternhaus verbunden sind, bearbeiten lassen.

«Unter allen Arten von Beziehungen genügen wahrscheinlich nur die mit Altersgenossen, mit Mitgliedern altershomogener Gruppen diesen Typen von Bedürfnisdispositionen ... Altersgenossen haben ähnliche sexuelle Bedürfnisse, heterosexuelle Bestrebungen und Ängste, die mit der Notwendigkeit zum Verlassen der Familie im entscheidenden Alter der sexuellen Reifung verbunden sein können. In der Regel empfinden sie dieselben Schwächen und Unsicherheiten hinsichtlich ihrer zukünftigen Rollen und ein gemeinsames Bedürfnis nach Gemeinschaft und Teilhabe. In manchen Fällen können sie sogar gemeinsame geistige und ideologische Bedürfnisse haben, ‹sich selbst zu finden›, ihre Identität auszubilden. Aus allen diesen Gründen fühlen sie sich zueinander hingezogen» (1966, S. 40).

In einer solchen Sichtweise sind jugendliche Altersgruppen Handlungsfelder, in denen die Heranwachsenden in der Orientierung an den eigenen Bedürfnissen ihre Übergangsproblematik bearbeiten und sich damit auf universalistische Anforderungen der Gesellschaft einstellen. Zentral für den Eisenstadt'schen Theorieansatz ist das Zusammenfallen von subjektiven Bedürfnissen und funktionalen Notwendigkeiten; denn die jugendliche Altersgruppe befriedigt nicht nur die Bedürfnisse ihrer Mitglieder, sondern löst auch die Folgeprobleme der wachsenden gesellschaftlichen Differenzierung, indem sie die möglichst reibungslose Internalisierung gesamtgesellschaftlicher Normen und Werte beim Übergang in den außerfamiliären Bereichen ermöglicht. In einer solchen Sichtweise ist die Sozialisation im Jugendalter gelungen, wenn die Kommunikation in der Peergroup einen hinreichenden Beitrag geleistet hat, damit der junge Erwachsene die universalistisch orientierten Rollen in Beruf und Öffentlichkeit systemkonform spielen kann.

Eine Theorie, die soziale Integration als funktional notwendig, als wünschenswert und als bedürfnisbefriedigend interpretiert, blickt in gewisser Weise ängstlich auf alle Prozesse und Sachverhalte, die diese Integration gefährden könnten. Dementsprechend stellt Eisenstadt fest, dass sich der Übergang zum Erwachsenen nicht in stabilen Kanälen vollzieht, sondern sich häufig Tendenzen «der Anomie, der potenziellen Abweichung und Rebellion» einstellen (1966, S. 303). Gerade im jugendlichen Sozialisationsprozess sind Elemente vorhanden, die die gewünschte Integration gefährden; denn der Umlernprozess kann auch dazu führen, dass die gesellschaftlichen Werte abgelehnt und die Jugendlichen stattdessen distanzierte oder gar gesellschaftsfeindliche Orientierungen übernehmen. In den meisten jugendlichen Altersgruppen werden solche potenziell abweichende Tendenzen zwar isoliert, es gibt aber Altersgruppen, die genau diese integrative Funktion nicht erfüllen. Sie zeigen

«ein total nonkonformistisches Verhalten, ... das die Übertragung des sozialen Erbes und die Kontinuität des sozialen Systems verhindert. In solchen abweichenden Altersgruppen besteht eine völlige Diskrepanz zwischen den Erwartungen und Bestrebungen der Jugendgruppe und ihren Mitgliedern einerseits und den Erwartungen, die an sie von den Erwachsenen gerichtet werden, andererseits» (1966, S. 318).

Zu solchen Gruppen zählt Eisenstadt jugendliche Verbrecherbanden, Jugendorganisationen revolutionärer Parteien und «aufruhrerische ... Jugendbewegungen» (S. 328). In einer ausführlichen Analyse dieser abweichenden Altersgruppen will er plausibel machen, dass zu hohe Diskrepanzen zwischen familiären und gesamtgesellschaftlichen Orientierungen zu solchen Abweichungen führen. Dies gelte bei der jugendlichen Bandenkriminalität wie bei den politisch motivierten Abweichlergruppen. Bei dieser Argumentation fasst er historisch und inhaltlich sehr verschiedene politische Jugendbewegungen (studentische Oppositionsgruppen, aber auch faschistische und kommunistische Jugendorganisationen) unterschiedslos zusammen und versucht, durch eine soziostrukturelle Argumentation (Verschiebungen von der Agrar- zur Industriegesellschaft) auch hier plausibel zu machen, dass sich solche «abweichende(n) Jugendgruppen ... durch die fehlende Harmonie zwischen der Familienstruktur, in der ihre Mitglieder aufwachsen, und der Gesamtgesellschaft, von der die Familie einen Teil bildet», erklären lassen (S. 326).

Einordnung und Kritik

Die Bedeutung des Theorieentwurfs von Eisenstadt liegt darin, dass die Parsons'sche Soziologie konsequent auf den Bereich der Jugend angewendet wurde. Dabei wählt er das interessante Verfahren, aus kulturvergleichendem und historischem Fallmaterial eine systematische Theorie zu entwickeln. Während diese Theorie in der Gegenüberstellung zwischen vormodernen (partikularistischen) und industrialisierten (universalistischen) Gesellschaften zu überzeugen vermag, bleibt die Einordnung handwerklich-agrarischer Gesellschaften und ihrer dörflichen Jugend (vgl. Mitterauer 1986) weitgehend unklar. Hier entsteht gelegentlich der Eindruck, dass sich bei der Theoriebildung die systematischen Kategorien gegen das historische Material durchgesetzt haben. Insgesamt liegt mit der Arbeit von Eisenstadt jedoch ein jugendsoziologisches Konzept vor, das alle analytischen Stärken, aber auch alle systematischen Schwächen des strukturfunktionalen Ansatzes aufweist. Die Stärke liegt vor allem in der theoretischen Einbindung von ‹Jugend› (genauer: der jugendlichen Altersgruppen) in einen gesamtgesellschaftlichen Zusammenhang und in dem Aufweis der dabei bestehenden funktionalen Bezüge. Eine Schwäche dieser strukturellen Beschreibung liegt in ihrer fehlenden Differenzierung für unterschiedliche soziale Gruppen; Jugend erscheint lediglich als generelle Kategorie, ohne dass z. B. schicht- oder geschlechtsspezifische Unterschiede gemacht werden. Eine weitere Schwäche liegt in der Fixierung auf die immer wieder neu herzustellende gesellschaftliche Stabilität, die dazu führt, dass auch Eisenstadt alle Aspekte des sozialen Wandels in seiner Betrachtung ausklammert.

Diese Begrenzung wird besonders an den Stellen deutlich, an denen Eisenstadt alle Arten von ‹abweichendem Verhalten› gleich behandelt, weil sie ihm stets als Bedrohung von Integration erscheinen. Die unterschiedlichen (subjektiven wie gesellschaftlichen) Bedeutungen von Jugendkriminalität und Studentenunruhen werden in einer solchen Sichtweise völlig verwischt. Damit entfällt die Möglichkeit, bestimmte Formen jugendlicher Unruhen, jugendlichen Protests und fehlender Anpassung als positive Erscheinung zu betrachten: als subjektive Äußerung kritischen Bewusstseins, das zugleich als Quelle des sozialen Wandels wirken kann. Wenig überzeugend ist auch der Ansatz, alle Formen der Nicht-Anpassung auf eine zu hohe Diskrepanz zwischen familiären und gesamtgesellschaftlichen Werten zurückzuführen. Unterschiedliche Formen von Jugendunruhen und Jugendprotest, wie es sie seit den 1960er Jahren sowohl in den USA wie auch in Europa gegeben hat, lassen sich damit jedenfalls nicht erklären (vgl. auch Griese 1987).

4.2.2 Eriksons psychologisches Konzept

Die von Eisenstadt zentral behandelte Frage, unter welchen gesellschaftlichen Bedingungen Jugend als Lebensphase entsteht, ist für Erikson ohne jedes Interesse. Er geht vielmehr von der Existenz einer arbeitsteiligen Industriegesellschaft (und damit auch von der Existenz von Jugend) aus und beschäftigt sich vor diesem Hintergrund mit der psychischen Entwicklung der einzelnen Subjekte. Erikson steht mit seinen Arbeiten in der psychoanalytischen Tradition Sigmund Freuds; er übernimmt sowohl dessen triebtheoretische Annahmen zur frühkindlichen Entwicklung als auch das psychische Instanzenmodell (Es, Ich, Über-Ich).

Zugleich stellt Eriksons Konzept eine sozialisationstheoretische Weiterentwicklung der Psychoanalyse dar, weil sich sein Interesse nicht primär auf die Erklärung pathologischer Fälle, sondern auf die Beschreibung der ‹gesunden› Persönlichkeit und ihrer Entwicklung richtet. Insgesamt ist Erikson bemüht, den bei Freud so scharf herausgearbeiteten Gegensatz zwischen Individuum und Gesellschaft zu überwinden, indem er den Identitätsbegriff in den Mittelpunkt rückt. Sein besonderes Verdienst ist es, auf psychoanalytischer Grundlage die Kategorien ‹Identität› und ‹Identitätskrise› in ein systematisches Konzept der Persönlichkeitsentwicklung eingebracht zu haben. Dabei kommt der Jugendphase im Gesamtzusammenhang des Lebenszyklus eine hervorgehobene Bedeutung zu.

Grundannahmen und zentrale Begriffe

Um Wachstum und Entwicklung der ‹normalen› Persönlichkeit zu beschreiben, orientiert sich Erikson zwar an den von Freud entwickelten Phasen der psychosexuellen Entwicklung des Kindes, geht darüber jedoch deutlich hinaus: Zum einen interpretiert er die kindlichen Entwicklungsphasen nicht ausschließlich triebtheoretisch, sondern in gleicher Weise als soziokulturellen Lernprozess. Zum anderen bezieht er das Erwachsenenalter in seinen Theorieentwurf ein und überwindet damit die psychoanalytische Begrenzung auf das frühe Kindesalter. ‹Identität› und ‹Krise› sind dabei die zentralen Kategorien seiner Theorie (vgl. auch Abels 2006, S. 273 ff.). Erikson knüpft mit seinem Identitätsbegriff zunächst bei der Instanz des Ich an, die zwischen Es, Über-Ich und Realität zu vermitteln hat. Er versteht sein Konzept insofern als eine Weiterführung der psychoanalytischen Ich-Theorie (vgl. 1966, S. 123 ff.). Dabei beschreibt er Identität als eine selbstreflexive Leistung des Subjekts, die auf Ich-Synthese ausgerichtet ist: Die eigene Person wird als einheitlich und handlungsfähig wahrgenommen, die eigenen Intentionen sind darauf ausgerichtet, «daß auch andere diese Gleichheit und Kontinuität erkennen» (S. 18). Identität beschreibt einerseits die Beziehung des Subjekts zu sich selbst als ein «dauerndes inneres Sich-selbst-Gleichsein» (S. 124); zum anderen kennzeichnet es die Beziehung zur sozialen Umwelt als Teilhabe am Kommunikationsprozess und den damit verbundenen «gruppenspezifischen Charakterzügen» (ebd.). Erikson betrachtet die Persönlichkeit vor allem unter dem Aspekt ihrer ontogenetischen Entwicklung und verweist darauf, dass bereits frühkindliche Erfahrungen identitätsbedeutsam sind: «Jemand zu sein, der laufen kann, wird zu einem der vielen Schritte in der Entwicklung des Kindes, die ... zu einem realistischen Selbstgefühl beitragen» (1966, S. 17). Diese kindlichen Erfahrungen, bei denen vor allem die Identifikationen mit Erwachsenen eine große Rolle spielen, sind jedoch lediglich als Vorbereitung für die Bildung einer eigenständigen Identität anzusehen. Denn als Identität bzw. Ich-Identität bezeichnet Erikson erst einen «spezifische(n) Zuwachs an Persönlichkeitsreife ..., den das Individuum am Ende der Adoleszenz der Fülle seiner Kindheitserfahrungen entnommen haben muß, um für die Aufgaben des Erwachsenenlebens gerüstet zu sein» (S. 123).

Erikson verweist darauf, dass bei aller Kontinuität und Einheitlichkeit des Subjekts sich die Identität[23] stets in Veränderung befindet, dass sie «subjektive Erfahrung und dynamische Tatsache» (S. 17) gleichzeitig ist. Ein solches Wachstum der Persönlichkeit steht in einem systematischen Zusammenhang mit Konflikten und Krisen, die das Subjekt im Laufe seines Lebens durchzustehen hat. Dabei bezeichnet der Begriff der Krise keine Katastrophe, sondern eher einen normalen Sachverhalt: Es geht um notwendige Wendepunkte in der subjektiven Entwicklung, um «den entscheidenden Moment, wenn die Entwicklung den einen oder den anderen Weg einschlagen muß» (1970, S. 12). Dementsprechend beschreibt er das menschliche Wachstum

> «unter dem Gesichtspunkt der inneren und äußeren Konflikte ..., welche die gesunde Persönlichkeit durchzustehen hat und aus denen sie immer wieder mit einem gestärkten Gefühl innerer Einheit, einem Zuwachs an Urteilskraft und der Fähigkeit hervorgeht, ihre Sache ‹gut zu machen›, und zwar gemäß den Standards derjenigen Umwelt, die für diesen Menschen bedeutsam ist» (1966, S. 56).

Erikson konstruiert den menschlichen Lebenszyklus, indem er acht Phasen (von der Geburt bis zum Tod) systematisch mit Entwicklungskrisen in Zusammenhang bringt: Jede Phase «kommt zu ihrem Höhepunkt, tritt in ihre kritische Phase und erfährt ihre bleibende Lösung ... *gegen Ende* des betreffenden Stadiums» (S. 60). Sein Entwicklungsmodell baut

	1	2	3	4	5	6	7	8
I Säuglingsalter	Urvertrauen gg. Misstrauen				Unipolarität gg. vorzeitige Selbstdifferenzierung			
II Kleinkindalter		Autonomie gg. Scham und Zweifel			Bipolarität gg. Autismus			
III Spielalter			Initiative gg. Schuldgefühl		Spiel-Identifikation gg. (ödipale) Phantasie-Identitäten			
IV Schulalter				Werksinn gg. Minderwertigkeitsgefühl	Arbeitsidentifikation gg. Identitätssperre			
V Adoleszenz	Zeitperspektive gg. Zeitdiffusion	Selbstgewissheit gg. peinliche Identitätsbewusstheit	Experimentieren mit Rollen gg. negative Identitätswahl	Zutrauen zur eigenen Leistung gg. Arbeitslähmung	Identität gg. Identitätsdiffusion	Sexuelle Identität gg. Bisexuelle Diffusion	Führungspolarisierung gg. Autoritätsdiffusion	Ideologische Polarisierung gg. Diffusion der Ideale
VI Frühes Erwachsenenalter					Solidarität gg. soziale Isolierung	Intimität gg. Isolierung		
VII Erwachsenenalter							Generativität gg. Selbst-Absorption	
VIII Reifes Erwachsenenalter								Integrität gg. Lebens-Ekel

Abb. 6: Lebenszyklus nach Erikson (Quelle: Erikson 1966, S. 150 f.)

zwar auf Freuds ontogenetischen Vorstellungen auf, differenziert und erweitert diese aber erheblich. Von Freud übernommen wird die Vorstellung, dass jedes Kind in seiner Entwicklung bestimmte psychosexuelle Phasen (oral, anal, phallisch) durchlaufen muss, die eng an biologische Reifungsmerkmale geknüpft sind (vgl. Kap. 2.2). Für die Entwicklung bis zur Pubertät lehnt er sich an diese Phaseneinteilung an, erweitert sie aber inhaltlich durch die Darstellung der soziokulturellen Anforderungen, mit denen sich die Subjekte jeweils auseinandersetzen müssen. Damit ergänzt er in gleichgewichtiger Weise den Reifungsaspekt durch den Umweltaspekt. Für die Zeit nach der Adoleszenz – bis hin zum Tode – konstruiert Erikson weitere Phasen, sodass der Entwurf eines umfassenden Lebenszyklus entsteht (vgl. auch 1988). Dabei entfernen sich die Phasen des Erwachsenenalters völlig von psychosexuellen Reifungsvorstellungen und orientieren sich weitgehend an soziokulturellen Aufgaben.

Erikson hat sein Gesamtkonzept in ein Diagramm gebracht, das er (leicht voneinander abgewandelt) mehrfach veröffentlicht hat. Dabei hat er stets betont, dass es sich um ein vorläufiges, noch zu variierendes Modell handelt (1966, S. 149). In Abbildung 6 wird dieses Lebenszyklus-Diagramm als Gesamtübersicht präsentiert.

Eriksons Erläuterungen verdeutlichen noch einmal den Grundansatz seiner Theorie:

«Die Diagonale zeigt die Aufeinanderfolge der psychosozialen Krisen. In jedem Feld steht ein Kriterium relativer psychosozialer Gesundheit und darunter das korrespondierende Kriterium relativer psychosozialer Störung. In der ‹normalen› Entwicklung wird das erstere dauerhaft überwiegen, wenn auch nie ganz das zweite verdrängen. Die Folge der Stadien ist zugleich die Entwicklungslinie der Komponenten der psychosozialen Persönlichkeit. Jede Komponente existiert in einer gewissen Form (vertikale Spalten) auch schon vor der Zeit, in welcher sie ‹phasen-spezifisch› wird, d. h. in welcher eine spezifische psychosoziale Krise entsteht, und dies sowohl durch die entsprechende Reife des Individuums als auch durch die zu erwartenden Ansprüche seiner Gesellschaft. So steigt jede Komponente langsam empor und erhält am Schluß ‹ihres› Stadiums ihre mehr oder weniger dauernde Lösung» (1966, S. 149).

Das Diagramm lässt erkennen, dass die Identitätsproblematik in der Adoleszenz (horizontale Zeile V) phasenspezifisch wird. Während die Spalte 5 somit ‹Vorformen› der Adoleszenzkrise in anderen Phasen darstellt, verweist die Zeile V auf Teilaspekte der Jugend-Krise.[24] Dem Jugendalter kommt insofern besondere Bedeutung zu, weil sich die Ich-Identität in dieser Zeit konstituiert. Dabei gehen vier Phasen dem Eintritt in das Jugendalter voran.

1. Der erste Lebensabschnitt, von Freud orale Phase genannt, kennzeichnet sich durch den Konflikt zwischen Urvertrauen und Ur-Misstrauen (vgl. S. 62 f.). Erikson bezeichnet das Urvertrauen als «Eckstein der gesunden Persönlichkeit» (S. 63). Es entsteht in einer Phase der völligen Abhängigkeit des Säuglings von der Mutter, wenn dieser die Verlässlichkeit der Bedürfnisbefriedigung erfährt. Wenn in dieser Zeit die Regulation zwischen Säugling und Mutter nachhaltig gestört ist, wenn keine

Verlässlichkeit in der Bedürfnisbefriedigung erfahren wird, so kann sich «in der Frühgeschichte der Persönlichkeit ein grundsätzliches Verlustgefühl einschleichen» (S. 68), das eine weitere gesunde psychische Entwicklung extrem erschwert oder gar unmöglich macht.

2. Der von Freud als anale Phase bezeichnete Lebensabschnitt – etwa die Zeit zwischen dem 1. und dem 3. Geburtstag – wird von Erikson mit «Autonomie gegen Scham und Zweifel» überschrieben (S. 75). Der Hauptakzent liegt in dieser Phase auf der Reifung des Muskelsystems, der daraus erwachsenden Fähigkeit (und der empfundenen Unfähigkeit), eine Anzahl höchst komplizierter Akte wie «Festhalten» und «Loslassen» zu koordinieren (S. 76). Das Kind erlebt, dass es die eigene Muskulatur auch im Afterbereich beherrschen und dadurch Lust und Unlust beeinflussen kann. Wenn es dem Kind gelingt, die Selbstbeherrschung über seinen Körper zu erlangen, ohne dass die zwischenzeitlichen Niederlagen zu einem Verlust an Selbstgefühl führen, «entsteht ein dauerndes Gefühl von Autonomie und Stolz» (S. 78). Aus den Erfahrungen des muskulären Unvermögens, verbunden mit übermäßigen Eingriffen der Eltern, kann jedoch auch «ein dauerndes Gefühl von Zweifel und Scham» (S. 79) entstehen.

3. Freuds phallische Phase wird von Erikson mit dem Gegensatzpaar «Initiative gegen Schuldgefühl» überschrieben. Kinder dieses Alters zeichnen sich durch ein hohes Maß an Initiative und Neugier aus. Der mit der ödipalen Situation verbundene Kampf um die Liebe des andersgeschlechtlichen Elternteils und die Reaktion der Umwelt darauf sind aber mit massiven Ängsten, mit Schuldgefühl und resignativen Einbrüchen verknüpft: «Das Kind ergeht sich in Phantasien, daß es ein Riese und ein Tiger sei; in seinen Träumen aber rennt es angsterfüllt ums nackte Leben» (1966, S. 93). In Kapitel 2.2 wurde dargestellt, dass dieser ödipale Konflikt durch die Aufrichtung des Über-Ichs und durch die Identifikation mit dem gleichgeschlechtlichen Elternteil überwunden wird. Dabei ist wichtig, dass das Kind diese schwere Krise so übersteht, dass die Schuldgefühle nicht zum dauerhaften Charakterzug werden, sondern dass es «mit einem Gefühl *ungebrochener Initiative* als Grundlage eines hochgespannten und doch realistischen Strebens nach Leistung und Unabhängigkeit» (1968, S. 88) daraus hervorgeht.

4. Mit der Aufrichtung des Über-Ichs und der Überwindung der ödipalen Wünsche beginnt nach Freud die Latenzzeit; biologisch tritt ein gewisses Abklingen der Keimdrüsentätigkeit ein, neue Körperzonen werden nicht aktiviert, die «heftigen Triebe ... ruhen. Aber es ist die Ruhe vor dem Sturm der Pubertät» (S. 105). Der Beginn der Latenzphase etwa im 7. Lebensjahr fällt in entwickelten Gesellschaften mit dem Schuleintritt zusammen. Erikson überschreibt diese Phase mit dem Gegensatzpaar «Werksinn gegen Minderwertigkeitsgefühl» (1966, S. 98). Zu Anfang der Latenzperiode vergisst das «Kind den Drang, die Welt der Menschen im direkten Angriff zu erobern, und den Wunsch, auf der Stelle Papa oder Mama zu werden» (1968, S. 103). Vielmehr wendet es «seine Energien auf nützlichere Beschäftigungen und anerkannte Ziele ...; es lernt, sich Anerkennung zu verschaffen, indem es Dinge produziert ... Es entwickelt eine Lust an der *Vollendung eines Werkes* durch Stetigkeit und ausdauernden Fleiß» (ebd.). In der Latenzphase wendet sich das Kind somit – entlastet vom unmittelbaren Triebdruck – vor allem der lernenden Aneignung der Umwelt zu. Die Gefahr dieses Stadiums besteht in der Erfahrung, bei der Lösung von Aufgaben zu versagen und geforderte Leistungen nicht zu erbringen. Dies kann dazu führen, dass sich ein dauerhaftes Gefühl von Unzulänglichkeit und Minderwertigkeit einstellt. Bis zum Eintritt in die Adoleszenzkrise hat der Heranwachsende damit bereits vier Phasen des Lebenszyklus durchlaufen.

Die Herausbildung der Ich-Identität im Jugendalter

«Mit der Aufnahme guter Beziehungen zu der Welt des Schaffens» (1966, S. 106) endet die Kindheit im engeren Sinn. Der Heranwachsende tritt in die Pubertät und – mit gewisser zeitlicher Verzögerung – in die Adoleszenzkrise ein, die Erikson mit dem Gegensatzpaar «Identität gegen Identitätsdiffusion» (S. 106) umschreibt. Diese Bezeichnung, die den Identitätsbegriff als phasenspezifisches Problem erneut aufgreift, macht die besondere Bedeutung deutlich, die Erikson dem Jugendalter zuspricht: In der Adoleszenz werden in einem krisenhaften Prozess alle bisherigen Kindheitserfahrungen in Frage gestellt und in qualitativ neuer Weise zusammengefasst. Der Heranwachsende ist hier vor die Aufgabe gestellt, die «in der Kindheit gesammelten Ich-Werte» zu rekonstruieren und zu integrieren. Die Integration, die nun in der Form der Ich-Identität stattfindet, ist mehr als die Summe der Kindheitsidentifikationen; sie stellt sich – wenn sie gelingt – als Überzeugung dar, «daß man sich zu einer bestimmten Persönlichkeit innerhalb einer nunmehr verstandenen sozialen Wirklichkeit entwickelt» (1966, S. 107). Einer solchen Konstituierung von Ich-Identität steht als Gefahr die Identitätsdiffusion entgegen: die Befürchtung, den unterschiedlichen Anforderungen nicht gerecht zu werden; die Angst, dass die geforderte Integration misslingt und ein stabiles, selbstreflexives Ich nicht entsteht. Die Jugendzeit wird damit als eine Phase der besonders heftigen, besonders tiefen Identitätskrise beschrieben. Der Heranwachsende tritt in diese Phase ein, weil sich mit der Pubertät massive körperliche Veränderungen einstellen. Doch diese physische «Revolution» (S. 106) wird von Erikson nicht isoliert gesehen; der Heranwachsende muss zugleich eine sozial definierte Übergangssituation bewältigen, die als «psycho-soziales Moratorium» (S. 137) bezeichnet wird: Den Heranwachsenden wird ein gewisses Experimentieren mit Rollen, Leitbildern und Verhaltensweisen gestattet; doch sie werden gezwungen, «Entscheidungen zu treffen, die mit wachsender Beschleunigung zu immer endgültigeren Selbstdefinitionen, zu irreversiblen Rollen und so zu Festlegungen ‹fürs Leben› führen» (ebd.). Hierzu gehört vor allem der Zwang, einen bestimmten Berufsweg zu wählen. Die jugendliche Reaktion auf diese doppelte Verunsicherung durch körperliche Veränderungen und soziale Anforderungen wird als Konzentration auf das eigene Selbst beschrieben.

«Der wachsende und sich entwickelnde Jugendliche ist ... in manchmal krankhafter, oft absonderlicher Weise darauf konzentriert herauszufinden, wie er, im Vergleich zu seinem eigenen Selbstgefühl, in den Augen anderer erscheint und wie er seine früher aufgebauten Rollen und Fertigkeiten mit den gerade modernen Idealen und Leitbildern verknüpfen kann» (S. 106).

Dies wird häufig ergänzt durch Reaktionen, die Erikson als Abwehr gegen Identitätsdiffusion beschreibt: Um sich angesichts der Unsicherheit über das eigene Selbst und die eigene Zukunft zusammenzuhalten, überidentifizieren sich die Heranwachsenden mit selbst gewählten ‹Helden›, die ihnen meist von den Medien angeboten werden. Gelegentlich werden sie erstaunlich intolerant gegenüber anderen Menschen, die in Herkunft, Geschmack und Habitus ‹verschieden› sind. Oft werden dann gewisse Momente «der Kleidung und Gestik ... als *die* Kennzeichen der Gruppenzugehörigkeit gewählt» (S. 110). Intoleranz und Überidentifikation sind somit Reaktionsformen, mit denen Jugendliche gegen das eigene Gefühl der Identitätsdiffusion ankämpfen; denn es

> «ist schwer, tolerant zu sein, wenn man im tiefsten Innern noch nicht ganz sicher ist, ob man ein richtiger Mann (eine richtige Frau) ist, ob man jemals einen Zusammenhang in sich finden und liebenswert erscheinen wird, ob man imstande sein wird, seine Triebe zu beherrschen, ob man einmal wirklich weiß, wer man ist, ob man weiß, was man werden will, weiß, wie einen die anderen sehen, und ob man jemals verstehen wird, die richtigen Entscheidungen zu treffen, ohne sich ein für allemal mit dem falschen ... Geschlechtspartner, Führer oder Beruf anzulegen» (1966, S. 111 f.).

Vor diesem Hintergrund empfiehlt Erikson einen verständnisvollen und liberalen Umgang mit jugendlicher Intoleranz. Zugleich macht er deutlich, dass diese Identitätskrise von massiven Gefährdungen begleitet wird, dass ihr Ausgang gelingen und misslingen kann. So kommen viele Jugendliche mit den neuen Anforderungen nicht zurecht und flüchten, «lassen Schule oder Arbeitsplatz im Stich, bleiben nächtelang fort oder verkriechen sich in ausgefallene oder unzugängliche Stimmungen» (S. 110). Solche Formen des Aussteigens und Weglaufens führen leicht in den Bereich der Jugendkriminalität. Eine andere Gefahr sieht Erikson in der Anfälligkeit von Jugendlichen für totalitäre Ideologien; dem setzt er die Forderung entgegen, dass «unsere Demokratie den Jugendlichen Ideale bieten (muss), die von jungen Menschen der verschiedenen Herkunft geteilt werden können und auf Autonomie in Form von Unabhängigkeit und Unternehmungslust ausgerichtet sind» (S. 112). Daran wird deutlich, dass Erikson mit seinem Konzept von Ich-Identität auch Aspekte einer *gesellschaftlichen* Integration anspricht; denn Charaktereigenschaften wie Autonomie, Initiative oder auch «Unternehmungsgeist» (S. 97) werden im kapitalistischen Amerika besonders hoch geschätzt. Dementsprechend wird der Ich-Identität in einem Land wie den USA die Aufgabe zugewiesen, die jungen Menschen bereit und fähig zu machen, «unvorhergesehene Chancen zu ergreifen und sich dem Wechsel von Boom und Baisse, Frieden und Krieg, Mobilität und Seßhaftigkeit anzupassen» (S. 112).

Obwohl Erikson in seinem psychologischen Theorieentwurf keine systematischen Aussagen zur Struktur der Gesellschaft macht, wird anhand dieser (und anderer) Anmerkungen deutlich, welches Gesellschaftsbild er dabei unterlegt: Er findet in den USA eine Gesellschaft vor, die im ökonomischen Bereich von privatwirtschaftlicher Konkurrenz geprägt und die politisch als bürgerliche Demokratie verfasst ist. Diese Gesellschaftsformation wird von Erikson (ähnlich wie von Parsons) recht unkritisch gesehen und gelegentlich sogar idealisiert. Daraus ergibt sich mit einer gewissen Konsequenz, dass Prozesse der gesellschaftlichen Integration als wünschens- und erstrebenswert gelten. Der gelungene Ausgang aus der Adoleszenzkrise wird von Erikson zwar als Integration auf der Persönlichkeitsebene, als Ich-Identität, beschrieben. Zugleich unterstellt er, dass diese gut integrierte Persönlichkeit sich relativ konfliktfrei und erfolgreich in das bestehende gesellschaftliche System einordnet: Sie ist in der Lage, sich dem kapitalistischen ‹Wechsel von Boom und Baisse› gut anzupassen. Ich-Identität und soziale Integration erscheinen damit bei Erikson als zwei Seiten der gleichen Medaille.

Einordnung und Kritik

Erikson hat die Phasentheorie Freuds aufgegriffen und so weiterentwickelt, dass ein detailliertes und umfassendes Lebenszyklus-Modell entstanden ist. In ihrer komplexen Beschreibung des Verhältnisses von Entwicklung und Identität wird dieser Ansatz auch in aktuellen theoretischen Diskursen immer wieder herangezogen (vgl. z.B. Geulen 2005, S. 252f.; Abels 2006; Faltermaier 2008). Dabei besteht auch für Erikson die Ontogenese in einer bestimmten Abfolge von Krisen, die bewältigt werden müssen. Im Unterschied zu Freud betrachtet er dies jedoch nicht ausschließlich von der Entfaltung der kindlichen Trieborganisation her, sondern stellt die Entwicklung des Ichs (der Identität) über die gesamte Lebensspanne in den Mittelpunkt. Dadurch gewinnt er gegenüber Freud zwei zusätzliche Perspektiven: Zum einen überwindet Erikson die in der Psychoanalyse häufig anzutreffende Begrenzung auf die (früh-)

kindliche Entwicklung, zum anderen werden die Einflüsse der sozialen Umwelt stärker in die Theoriebildung einbezogen. Dies trifft bereits für die kindlichen Entwicklungsphasen zu, die zwar – in Anlehnung an Freud – triebdynamisch gegliedert werden, inhaltlich jedoch differenziert auf die damit verbundenen Prozesse des sozialen Lernens (z.B. in der Schule) eingehen. Bei der Beschreibung der Phasen und Krisen des Erwachsenenalters löst sich Erikson völlig von den triebtheoretischen Vorgaben; die zu bewältigenden Lebensaufgaben werden hier fast ausschließlich durch soziale Anforderungen definiert. Allerdings sind seine Ausführungen an dieser Stelle unklar, sodass unterschiedliche Lesarten möglich sind: Während die Lebensphasen bis zur Adoleszenz durch den biologischen Wachstumsplan vorgegeben sind, bleibt undeutlich, nach welchen Kriterien die Phasen des Erwachsenenalters gegliedert werden. Einige Aussagen Eriksons lassen darauf schließen, dass er auch hier von endogen vorprogrammierten Phasen und Krisen ausgeht. Träfe dies zu, so wäre sein Entwurf als ein kulturübergreifendes und historisch invariantes Modell eines Lebenszyklus zu verstehen (und entsprechend zu kritisieren). Dies kann aber angesichts der von Erikson beschriebenen Lebensstationen des Erwachsenenalters kaum gemeint sein; denn von der Berufswahl (als Problem in der Adoleszenz) über die Leistungsorientierung bis zum Ausscheiden aus der Berufstätigkeit werden ständig Sachverhalte angesprochen, die auf die soziale Realität in (kapitalistischen) Industriegesellschaften verweisen. Insofern scheint es angemessen, Eriksons Theorie als umfassendes Modell eines Lebenszyklus in gegenwärtigen Gesellschaften zu verstehen.

Im Mittelpunkt dieser Theorie steht die Annahme, dass das Subjekt im Laufe seines Lebens vor Anforderungen gestellt wird, die in krisenhaften Situationen gelöst werden müssen. Dabei ist die Krisenbewältigung auf der einen Stufe vor allem abhängig von den vorangegangenen Konfliktlösungen. Auf diese Weise ist in jeder Phase eine Verzweigung möglich, sodass es unterschiedliche Entwicklungsverläufe mit unterschiedlichen Ergebnissen gibt; dabei sind Entscheidungen über den weiteren Verlauf in jedem Stadium – auch in späteren – möglich. Mit einem solchen Konzept lässt sich systematisch die Herausbildung von Vergesellschaftung und Individuierung im Sozialisationsprozess beschreiben: Die gesellschaftlich-normierende Seite ergibt sich aus dem Lebenszyklus und den darin eingelagerten Aufgaben, vor die (fast) alle Mitglieder der Gesellschaft in ähnlicher Weise gestellt sind. Der Individuierungsprozess ergibt sich aus den unterschiedlichen Lösungsweisen und der daraus entstehenden individuellen Konfliktbiographie, die sich in unterschiedlichen Identitätsformationen niederschlagen. Dabei wird Subjektentwicklung als Gewinn von Handlungsfähigkeit und Autonomie, als Ablösung vorangegangener Abhängigkeiten und Integration früherer Erfahrungen in eine weiterentwickelte Identität beschrieben. Dieses allgemeine Modell der Entwicklung wird auch von solchen Autoren als höchst bedeutsam eingeschätzt, die das vorliegende Lebenszyklus-Modell (Zahl und Reihenfolge der Krisen etc.) für wenig plausibel halten (vgl. z. B. Geulen 1987, S. 11).

Kritisch einzuwenden ist allerdings, dass Eriksons Verständnis von der ‹gesunden› Persönlichkeit, vom autonomen und handlungsfähigen Subjekt in auffälliger Weise konformistisch angelegt ist; denn – so Eriksons generelle Aussage – eine ‹gesunde› Persönlichkeit handelt «gemäß den Standards derjenigen Umwelt, die für diesen Menschen bedeutsam ist» (1966, S. 56). Dem entspricht, dass die am Ausgang der Adoleszenz zu erwerbenden positiven Grundtugenden die typischen Merkmale eines erfolgreichen Mittelschicht-Amerikaners sind: Leistung, Initiative, Unternehmungsgeist. Griese (1987) spitzt diese Kritik zu, indem er feststellt, dass

> «bei Erikson eine rigide Orientierung an US-amerikanischen Verhältnissen auf(fällt), die in der positiven Bewertung mittelschichtspezifischer Kriterien zum Ausdruck kommt ... Wer diese Eigenschaften nicht besitzt, kann als nicht gesunde Persönlichkeit abqualifiziert werden ... d. h., der Gesunde ist der Wohlangepaßte, und wer sich abweichend von den Standards verhält, ist krank» (S. 75).

Erikson übernimmt auf diese Weise die Normen und Werte seiner Gesellschaft unkritisch; sein Theorieentwurf lässt zudem nicht hinreichend erkennen, wie unterschiedliche gesellschaftliche Bedingungen auf den Prozess der Subjektwerdung Einfluss nehmen können: Historisch-ökonomische Faktoren werden ebenso wenig erwähnt wie Formen gesellschaftlicher Herrschaft; eine Differenzierung seiner Aussagen für verschiedene Schichten und Klassen der Gesellschaft findet sich ebenso wenig wie eine Behandlung geschlechtsspezifischer Aspekte. Insgesamt erfahren Erikson und sein Theorieentwurf eine ambivalente Bewertung, die sich auch in der weiteren Theoriegeschichte fortsetzt: Erikson kann verstanden werden als Theoretiker der normalen, angepassten Persönlichkeit, die sich in Krisen entwickelt. In dieser Interpretation ist er gut verbindbar mit struktur-funktionalen Konzepten, die an den Bedingungen gesellschaftlicher Stabilität interessiert sind. Es kann aber auch versucht werden, die emanzipatorischen Momente, die in Kategorien wie ‹Krise› und ‹Autonomie› enthalten sind, hervorzuheben. Wie die psychoanalytische Forschung und Theoriebildung in diese Richtung vorangetrieben wurde, zeigt Erdheim (2002) auf.

4.2.3 Die Verbindung von Eisenstadts und Eriksons Konzepten

Eisenstadts soziologisches Konzept nimmt das Verhältnis zwischen dem gesamtgesellschaftlichen System und seinen Subsystemen in den Blick. Es geht ihm vor allem um gesellschaftliche Zusammenhänge, um funktionalistische Austauschbeziehungen, um Jugend als strukturelle und kollektive Erscheinung. Der einzelne Heranwachsende kommt in diesem Theoriekonzept nur insoweit vor, als er Teil einer umfassenden gesellschaftlichen Struktur ist. Eine differenzierte Analyse der subjektiven Entwicklung von Jugendlichen, ihrer innerpsychischen Situation und ihrer Identitätsprobleme wird von Eisenstadt nicht geleistet. Hier hält er sich an die ‹klassische› Arbeitsteilung zwischen Soziologie und Psychologie, indem er psychische Dispositionen nur global anspricht: Aufgrund gesellschaftlicher Strukturprobleme sind die Jugendlichen aufgefordert, ihre Verhaltensorientierungen von ‹partikularistisch› auf ‹universalistisch› umzustellen. Mit den damit verbundenen innerpsychischen Prozessen und Problemen beschäftigt er sich allenfalls am Rande. Legt man das Modell der vier Ebenen des Sozialisationsprozesses zugrunde, so thematisiert Eisenstadt vor allem die gesellschaftliche Seite. Das gesamtgesellschaftliche System im Verhältnis zu institutionalisierten Teilsystemen (Familie, Altersgruppe) steht in seinem Theorieansatz im

Mittelpunkt; von dort aus werden lediglich punktuelle Aussagen zu den beiden anderen Ebenen (Interaktion, Subjekt) gemacht.

Ganz anders angelegt ist die psychologische Theorie von Erikson. Im Mittelpunkt steht das einzelne Subjekt, seine Biographie und seine Identität. Dabei beschreibt Erikson vor allem die psychischen Verarbeitungsformen gesellschaftlicher Erfahrungen; seine zentralen Begriffe (Urvertrauen, Ich-Identität etc.) bezeichnen daher auch innerpsychische Zustände. Gesellschaftliche Bedingungen und Strukturen werden von Erikson zwar nicht ausgeklammert, aber auch nicht gesondert thematisiert. Vielmehr setzt er die US-amerikanische Gesellschaft, in der er selbst gelebt hat, für seine Theorie als existent voraus. Diese gesellschaftlichen Bedingungen fließen in sein Konzept insoweit ein, als sich daraus für den individuellen Lebensweg subjektiv zu bearbeitende Anforderungen und Probleme ergeben. Kleinfamilie, Schule, jugendliche Altersgruppe und berufliche Einmündung stellen den selbstverständlichen Hintergrund eines ‹Lebenszyklus› dar. Indem Erikson vor allem die Subjektseite des Sozialisationsprozesses thematisiert, hält auch er sich an die ‹klassische› Arbeitsteilung zwischen Soziologen und Psychologen. Legt man auch hier das Vier-Ebenen-Modell zugrunde, so konzentriert sich Eriksons Theorie auf die Ebene des Subjekts und seine innerpsychische Entwicklung, dabei wird auch die Ebene der Interaktion ausführlich behandelt. Die ‹darüber› liegenden Ebenen (Institution, gesamtgesellschaftliches System) werden jedoch nur sehr global angesprochen.

Beide Theorien beschäftigen sich zwar mit der Sozialisation im Jugendalter, machen hierzu jedoch sehr unterschiedliche Aussagen. Der Unterschied liegt weniger in unverträglichen Positionen als in einer arbeitsteiligen Beschäftigung: Während Eisenstadt Jugend als gesellschaftlich-strukturelles Problem behandelt, wird sie von Erikson als Problem von Psyche und Identität thematisiert. Doch betreiben beide Autoren diese Arbeitsteilung nicht borniert; denn Eisenstadt kommt auch auf psychische Dispositionen zu sprechen, während Erikson den gesellschaftlichen Rahmen von Identitätsproblemen einbezieht. Damit haben wir hier einen Ausgangspunkt ermittelt, der zu einer Verbindung von zwei Theorieentwürfen führen kann: Es wurden zum gleichen Gegenstandsbereich Erkenntnisse erarbeitet, die wechselseitig ergänzungsfähig erscheinen. Ein weiteres Kriterium kommt hinzu: Beide Theorieansätze verfolgen ein gleichgerichtetes Erkenntnisinteresse, sodass sie als ineinander transformierbare Paradigmen angesehen werden können; denn sie sind beide darauf ausgerichtet, Bedingungen und Verläufe der gesellschaftlichen Integration von Heranwachsenden zu ermitteln.

Dabei gehen sie mehr oder weniger implizit von einem ähnlichen Gesellschaftsverständnis aus: Die bürgerlich-kapitalistische Gesellschaftsformation wird als funktionaler Rahmen einer anzustrebenden Integration angesehen. In dieser gemeinsamen Ausrichtung des Erkenntnisinteresses auf die gesellschaftliche Integration der Jugendlichen in eine bürgerlich-kapitalistische Gesellschaft liegt aber die Einseitigkeit und Beschränkung, die auch durch die Verbindung beider Ansätze nicht überwunden werden kann.

Eisenstadt zeigt auf, dass ‹Jugend› funktional erforderlich wird, wenn die Heranwachsenden sich von partikularistischen zu universalistischen Orientierungen umstellen müssen. Mit dieser soziologischen Begründung für die Entstehung des Jugendalters ist die Zuweisung einer sozialisatorischen Integrationsfunktion verbunden: Die Heranwachsenden sind vor neue Aufgaben gestellt, die Sozialisation in der Altersgruppe hilft ihnen, diese zu bewältigen. Dieser Prozess gilt als gelungen, wenn die Jugendlichen in die Erwachsenengesellschaft – so wie sie ist – integriert werden. Wie dieser Integrationsprozess psychisch abläuft, wird von Eisenstadt jedoch nicht ausgeführt. An dieser Stelle liefert nun das Konzept von Erikson ergänzende und differenzierende Aussagen: Erikson sieht die Integrationsaufgabe nicht unter gesellschaftlich-struktureller, sondern unter subjektiver Perspektive. Der von ihm entworfene Lebenszyklus der ‹gesunden› Persönlichkeit ist zwar konflikthaft angelegt, doch führt seine gelungene Bewältigung ebenfalls zu einer konformen gesellschaftlichen Teilhabe. Erikson macht somit deutlich, dass das psychische Äquivalent zur gesellschaftlichen Integration das Erreichen der Ich-Identität ist (vgl. 1966, S. 106). Während Eisenstadt nur global vom Erwerb einer universalistischen Orientierung spricht, erlaubt das Konzept von Erikson, die damit verbundenen psychischen Prozesse als Identitätskrise und als Erwerb von Ich-Identität zu beschreiben. Dieser Integrationsprozess läuft als individuelle Biographie ab und führt auch zu individualisierten Persönlichkeiten; denn keine Ich-Identität ist wie die andere. Dennoch findet sich bei allen ‹gesunden› Persönlichkeiten eine Orientierung an Autonomie, Leistung und Initiative. Diese Begriffe wiederum bezeichnen nichts anderes als die universalistischen Werte, die unter den gegenwärtigen gesellschaftlichen Bedingungen alle Individualisierungsprozesse durchdringen. Die von Eisenstadt nur gesellschaftlich-strukturell und kollektiv beschriebene Übergangsphase ‹Jugend› wird von Erikson somit in ihrer subjektiven Dimension ausgeleuchtet. Dabei zeigt Erikson, welch hohe Bedeutung für den Gewinn einer stabilen Identität eine erfolgreich durchlaufene Adoleszenzkrise hat. Gelungene oder misslungene Integration im Jugendalter ist das gemeinsame Thema beider Theorieansätze, die sich in ihren arbeitsteiligen Aussagen gut ergänzen. In ihrer Zusammenfügung fassen sie den Prozess der Sozialisation im Jugendalter erheblich umfassender, als sie es – je allein für sich stehend – tun können.

Erklärt wird auf diese Weise allerdings vor allem die ‹gelungene› Sozialisation, die Reproduktion der bestehenden sozialen Struktur, das Entstehen einer zwar handlungsfähigen, aber angepassten Persönlichkeit. Sobald dieser Theorieverbund sich mit nicht angepasstem, mit ‹abweichendem› Verhalten zu beschäftigen versucht, ist seine Erklärungskraft gering. Damit versagt er vor allem, wenn es um die differenzierte Erklärung von Jugendunruhen, Jugendopposition und Jugendsubkultur geht. Dies ist aber spätestens seit den 1950er Jahren in westlichen Ländern eine immer wieder auftretende Normalität, die von einer Sozialisationstheorie gefasst werden müsste. Die Zusammenfügung der Konzepte von Eisenstadt und Erikson vermag zwar die integrative Dimension des Sozialisationsprozesses umfassender als die jeweilige Einzeltheorie zu beschreiben; die grundsätzlichen Schwächen einer funktionalistischen Sichtweise werden aber nicht überwunden. Zu suchen ist daher nach einer umfassenden Theorie der Jugendsozialisation, die diese Verkürzungen überwindet, indem sie die gesellschaftliche Macht- und Herrschaftsdimension wie auch das Verhältnis von nonkonformem Verhalten und sozialem Wandel angemessen behandelt.

4.3 Jugend im Spätkapitalismus: Das Interesse am gesellschaftskritischen Potenzial

In deutlicher Gegnerschaft zu funktionalistischen Ansätzen aller Art hat sich Jürgen Habermas seit Ende der 1960er Jahre bemüht, ein sozialisationstheoretisches Konzept zu entwerfen, das von den zuvor dargestellten Verkürzungen frei ist. Dieses Konzept will auf der Basis eines interaktionistischen Grundverständnisses unterschiedliche Theorieansätze aufeinander beziehen und aus einer solchen Verbindung eine größere Erklärungskraft gewinnen. Das übergreifende Erkenntnisinteresse ist auf Emanzipation der Subjekte und auf Demokratisierung der Gesellschaft ausgerichtet. Dementsprechend werden mit Begriffen wie ‹Ich-Identität› und ‹kommunikative Kompetenz› die Strukturen einer handlungsfähigen, zur gesellschaftlichen Beteiligung fähigen Persönlichkeit beschrieben und zugleich als wünschenswerte Sozialisationsergebnisse ausgewiesen. Unverkennbar fließen in diese Theoriebildung normative Vorstellungen von Gerechtigkeit, Gleichheit und Herrschaftsfreiheit ein. Sie beziehen sich auf zwischenmenschliche Beziehungen wie auf gesellschaftlich-politische Verhältnisse; denn was auf der kommunikativen Ebene als die Anerkennung des anderen als kompetenten Interaktionspartners beschrieben wird, stellt sich auf der gesamtgesellschaftlichen Ebene als Anspruch auf Gleichbehandlung und gleichberechtigte Teilhabe dar. Die mit diesem Erkenntnisinteresse verbundenen egalitären Normen werden von Habermas offensiv vertreten; die Begründung dafür leitet er aus der potenziell egalitären Struktur menschlicher Verständigung ab.

Habermas hat in den 1970er und 1980er Jahren die sozialisationstheoretische Diskussion wie kaum ein anderer beeinflusst. Seine theorieintegrierenden Konzepte sind breit rezipiert, aber auch massiv kritisiert worden. Im Folgenden wird dieses Sozialisationskonzept in seinen Grundzügen dargestellt. Anschließend beschreiben wir, wie auf dieser Basis von seinen Mitarbeitern Rainer Döbert und Gertrud Nunner-Winkler eine Theorie zur Sozialisation im Jugendalter erarbeitet wurde.

4.3.1 Grundannahmen und zentrale Begriffe der Habermas'schen Theoriebildung

Ausgangspunkt des subjekttheoretischen Entwurfs von Habermas ist seine Unterscheidung zwischen Arbeit (als zweckrationalem Handeln) und Interaktion (als kommunikativem Handeln). Beide Handlungsfelder folgen unterschiedlichen Regeln, sodass eine «Zurückführung der Interaktion auf Arbeit oder eine Ableitung der Arbeit aus Interaktion ... nicht möglich» ist (Habermas 1968, S. 33). In seinen weiteren Analysen beschäftigt er sich allerdings ausnahmslos mit Interaktionen, mit «kommunikativem Handeln». Insofern vertritt Habermas zumindest implizit die Auffassung, dass die entscheidenden Prozesse der Persönlichkeitsentwicklung sich nicht im zweckrationalen, sondern im kommunikativen Handeln vollziehen: Indem Subjekte in Kommunikation mit anderen treten, entwickeln sie ihre Identität und ihre (kommunikative) Handlungsfähigkeit. Im Mittelpunkt der Theorie, die Habermas hierzu entwirft, steht der Begriff der «kommunikativen Kompetenz», der synonym mit dem Begriff der «Ich-Identität» gebraucht wird (vgl. Döbert/ Nunner-Winkler 1975, S. 29). Bezeichnet wird damit die Fähigkeit eines Subjekts, sich innerhalb einer stets unklaren und brüchigen Rollenstruktur angemessen zu verständigen und dabei seine Identität zu wahren. Diese (vorläufige) Definition macht deutlich, dass der Begriff der kommunikativen Kompetenz unmittelbar anknüpft an die Theorie des Symbolischen Interaktionismus und die dort entwickelten Grundqualifikationen des Rollenhandelns (vgl. Kap. 3.3). Habermas ergänzt und erweitert dieses Konzept vor allem durch die ontogenetische Dimension: Während der Symbolische Interaktionismus sich stets auf den kompetenten (erwachsenen) Sprecher bezieht, beschäftigt sich Habermas besonders eingehend mit der Frage, wie diese kommunikative Kompetenz im Zuge des Heranwachsens erworben wird. Diesen Entwicklungsprozess beschreibt er in enger Anlehnung an Kohlbergs kognitive Stufentheorie des moralischen Urteils. Darüber hinaus bezieht er psychoanalytische Erkenntnisse über Entwicklungskrisen in seinen ontogenetischen Entwurf ein. Daran zeigt sich, dass für Habermas weniger die Unterschiede zwischen verschiedenen Theorien als ihre wechselseitigen Anschlussfähigkeiten von Interesse sind. Die Strategie seiner Theoriebildung besteht darin, unterschiedliche Theoriestücke aufeinander zuzuführen und sie (manchmal auch recht unkonventionell) miteinander zu verkoppeln.

Bei der Habermas'schen Theorie zur Entwicklung der kommunikativen Kompetenz haben wir es mit einem hochkomplexen Verbund zu tun, bei dem einige der Basistheorien unter Ausrichtung auf das emanzipatorische Erkenntnisinteresse neu miteinander verknüpft werden: Der zentrale Begriff der kommunikativen Kompetenz wird aus der Theorie des Symbolischen Interaktionismus (G. H. Mead) und aus linguistischen Konzepten abgeleitet. Aus der kognitiven Psychologie (Piaget/Kohlberg) wird vor allem das entwicklungslogische Stufenmodell, aus der Psychoanalyse (Freud/Erikson) das Konzept der Reifungskrisen übernommen. Mit dieser kombinierten Theorie der Subjektentwicklung wird an die marxistische Gesellschaftstheorie angeknüpft, indem Sozialisationsprozesse im Spätkapitalismus analysiert werden.

Für Habermas sind die methodologischen Voraussetzungen für die Verknüpfung dieser verschiedenen Theorieelemente erfüllt, weil sie sich in übergreifender Weise am emanzipatorischen Erkenntnisinteresse orientieren: «Die psychologischen und die soziologischen Grundbegriffe können ineinandergreifen, weil die in ihnen entworfenen Perspektiven des autonomen Ich und der emanzipierten Gesellschaft sich wechselseitig fordern» (1976, S. 64). Dieses theoriestrategische Vorgehen – das Zusammenfügen von drei subjekttheoretischen und einem gesellschaftstheoretischen Konzept zu einer eigenen Sozialisationstheorie – soll schrittweise erläutert werden:

(a) Zunächst ist der Begriff der kommunikativen Kompetenz im Rahmen seiner interaktionistischen (und ansatzweise auch seiner sprachtheoretischen) Bezüge näher zu erläutern.

(b) Sodann ist darzulegen, welche Momente von Kohlbergs Moralstufentheorie für Habermas von besonderer Bedeutung sind und wie sie in Bezug zur kommunikativen Kompetenz gebracht werden.

(c) Danach ist darzustellen, wie in diesen Theorieverbund zusätzlich das psychoanalytische Konzept der Reifungskrisen (ödipale Krise, Adoleszenzkrise) eingebracht wird.

(d) Schließlich wird aufgezeigt, wie Habermas seine marxistisch angeleitete Analyse der spätkapitalistischen Klassengesellschaft mit seinem ontogenetischen Entwurf verknüpft.

Kommunikative Kompetenz und Diskursfähigkeit

Bei dem ersten ‹Versatzstück› des Theorieverbunds geht es um die Begrifflichkeiten, mit denen Persönlichkeitsstrukturen in ihrer unmittelbaren kommunikativen Einbindung beschrieben werden.[25] Dabei bezeichnen die Begriffe kommunikative Kompetenz und Ich-Identität den gleichen soziopsychischen Sachverhalt (vgl. Döbert/Nunner-Winkler 1975, S. 29): Es geht um die Struktur der Kommunikation zwischen Ego und Alter, um die erforderlichen Qualifikationen zur Beteiligung an dieser Kommunikation und um die darin eingelagerte Notwendigkeit zur Verständigung und zur Wahrung der eigenen Identität. Dies haben wir als Grundstruktur des interaktionistischen Rollenhandelns bereits beschrieben (vgl. Kap. 3.3) und dabei aufgezeigt, welche Fähigkeiten die Subjekte dazu benötigen. Neben der Beherrschung der Sprache als Regelsystem wurden Empathie, Rollendistanz und Ambiguitätstoleranz genannt. Diese Fähigkeiten gelten als Voraussetzungen, um auch bei widersprüchlichen Anforderungen Ich-Identität wahren zu können. Genau darauf heben Döbert/Nunner-Winkler (1975, S. 28) ab, wenn sie kommunikative Kompetenz als Fähigkeit zur prinzipiengeleiteten Balance zwischen unterschiedlichen Erwartungen im Rollenhandeln beschreiben. Die kommunikative Kompetenz bezieht sich aber nicht allein auf die alltägliche Rollenkommunikation; sie schließt auch die Fähigkeit ein, an ‹Diskursen› teilnehmen zu können. Damit ist eine metakommunikative Form der Verständigung gemeint, die in der Habermas'schen Theoriebildung eine wichtige Rolle spielt. Generell geht es bei einem Diskurs darum, dass die normal-alltägliche Kommunikation, auf die wir uns bisher bezogen haben, gelegentlich ins Stocken gerät, weil einer der Beteiligten eine unterstellte Selbstverständlichkeit nicht akzeptiert, sondern thematisiert. Dazu ein Beispiel: Ein Vater besucht seinen studierenden Sohn in der Universitätsstadt. Im Gespräch erkundigt er sich nachhaltig, wie häufig sein Sohn Seminare und Vorlesungen besucht, ob er Leistungsnachweise erworben habe, wie eifrig er die Bibliothek benutzt. Der Sohn, der zunächst bereitwillig Auskunft gibt, wird zunehmend reservierter, bis er schließlich sagt: «Bist du eigentlich gekommen, um mich hier zu kontrollieren?» Mit diesem Satz steigt der Sohn aus dem bisherigen Gespräch über sein Studium aus und thematisiert die Verhaltensweise, die sein Vater in der aktuellen Kommunikation zeigt. Der Sohn eröffnet damit eine Gesprächsform, die Habermas einen «praktischen Diskurs» (vgl. 1984, S. 246) nennt: Der Sohn ist mit den Normen, die vom Vater in der Rollenkommunikation als angemessen unterstellt werden, nicht länger einverstanden. Er interpretiert die Verhaltensweise seines Vaters als Einmischung und als Verletzung der eigenen Autonomie. In der Sicht des Sohnes passt die väterliche Äußerung nicht in den normativen Kontext, sie wird daher «nicht akzeptiert und dient nicht dem Zweck der Verständigung» (S. 250). Es kann gut sein, dass der Vater über diese Reaktion sehr überrascht ist; denn er hat sein Nachfragen womöglich als fürsorglich und unterstützend verstanden. Die Aussage des Sohnes macht nun offensichtlich, dass ein Konsens darüber, welches wechselseitige Verhalten als angemessen gilt, nicht mehr vorhanden ist. Ein bestimmter ‹Geltungsanspruch›, dessen wechselseitige Einlösung Gesprächspartner in der Regel unterstellen, wird auf einmal problematisch. Es ist unklar, welche Norm als ‹angemessen›, als ‹richtig› von beiden akzeptiert werden kann. Wollen beide zu einer befriedigenden Kommunikation zurückkehren, müssen sie zunächst auf einer Metaebene klären, welche Normen künftig gelten sollen. Ein solcher Diskurs kann – allgemein gesprochen – dann beginnen, wenn «die Beteiligten einen Handlungskonflikt übereinstimmend identifizieren und auf eine Kontroverse um den Geltungsanspruch mindestens einer ... Handlungsnorm» zurückführen (Habermas 1976, S. 343). Man kann unterstellen, dass diese Voraussetzung hier erfüllt ist: Vater und Sohn stellen fest, dass es zwischen ihnen strittig ist, in welchem Ausmaß der Vater Informationen über Studienleistungen abfragen darf. Allerdings erfordert der darauf bezogene Diskurs die wechselseitige Unterstellung einer ‹idealen Sprechsituation›: Gleichberechtigung und Herrschaftsfreiheit sollen dazu führen, dass «die Beteiligten einzig und allein durch die Kraft des besseren Argumentes zu einem zwanglosen Konsens» gelangen (ebd., S. 343 f.). In diesem Fall kann eine Verständigung nur erzielt werden, wenn der Vater darauf verzichtet, eine Autoritätsposition zu beziehen oder gar mit dem Scheckbuch zu winken. Auf der anderen Seite muss der Sohn bereit sein, die Argumente des Vaters nicht bereits a priori als autoritär und verschroben zu etikettieren. Falls in diesem Fall der Diskurs gelingt, kommen beide zu einer neuen Verständigung darüber, was als Fürsorglichkeit akzeptiert, was hingegen als Einmischung nicht mehr akzeptiert wird. Der Geltungsanspruch dieser neu gefundenen Norm ist dann bei beiden unbestritten und kann bei künftigen Gesprächen wieder unthematisiert unterstellt werden. Eine solche metakommunikative Verständigungsform – der Diskurs – stellt die höchsten Anforderungen an den kompetenten Sprecher. Das bedeutet, dass sich die kommunikative Kompetenz erst im Diskurs voll entfalten und beweisen kann.

Kommunikative Kompetenz bezeichnet somit die Fähigkeit zum flexiblen und zugleich prinzipiengeleiteten Rollenhandeln wie auch die Fähigkeit, in Diskursen in kompetenter Weise über Geltungsansprüche verhandeln zu können. In unserem Beispiel ging es um einen spezifischen Geltungsanspruch – um die normative ‹Richtigkeit› des Verhaltens. Dass es daneben weitere Geltungsansprüche an die Rede gibt (z. B. Verständlichkeit, Wahrheit), ist von Habermas (1984, S. 354) systematisch ausgeführt worden. Auch über diese Geltungsansprüche wird, wenn sie in Zweifel geraten, in einem Diskurs verhandelt.[26] Der Diskurs ist in der Habermas'schen Theorie die komplexeste sprachliche Situation und der ‹Ort›, von dem die universelle Gültigkeit egalitärer Normen begründet wird. Soll im Diskurs ein «wahrer Konsensus» (1971, S. 136) erzielt werden, bedarf es bestimmter Bedingungen, die Habermas «ideale Sprechsituation» (ebd.) nennt. Sie kennzeichnet sich vor allem dadurch,

- dass sie weder durch äußere Einwirkungen (z. B. Herrschaft) noch durch interne Zwänge (z. B. Angst eines Beteiligten) behindert wird;
- dass als einziger Zwang der «eigentümlich zwanglose Zwang des besseren Argumentes» (ebd., S. 137) zugelassen ist;
- dass für alle Beteiligten «eine symmetrische Verteilung der Chancen, Sprechakte zu wählen und auszuüben, gegeben ist» (ebd.).

Diese ideale Sprechsituation – auch als ‹herrschaftsfreier Diskurs› bezeichnet – ist empirisch keineswegs immer gegeben, muss aber als Idealisierung unterstellt werden, wenn ein Diskurs gelingen soll. Am Beispiel: Student und Professor können in einem Diskurs nur dann zu einem «wahren Konsensus» kommen, wenn sie für diese Zeit so tun, als sei Hierarchie und Abhängigkeit außer Kraft gesetzt. Diese Idealisierung der Sprechsituation schließt für Habermas die Idee der Mündigkeit ein; zugleich scheint dabei eine «in Zukunft zu realisierende(n) Lebensform» auf (1971, S. 297). Damit lassen sich vom «herrschaftsfreien Diskurs» her Normen wie Gerechtigkeit, Gleichheit und Freiheit begründen, an denen bestehende gesellschaftliche Verhältnisse gemessen werden können. Die Pointe dieser diskursethischen Begründung lautet somit: Wenn Subjekte sich um Verständigung bemühen, dann folgen sie dabei egalitären Normen und nehmen bereits eine Lebensform vorweg, die frei von Ungleichheit und Unterdrückung ist. Weil Verständigung in jeder Gesellschaft erforderlich ist, können diese Normen universelle Gültigkeit beanspruchen. Mit der idealen Sprechsituation ist ein Modell gegeben, das sich systematisch gegen alle Versuche wenden lässt, Ungleichheit und Herrschaft normativ zu begründen (vgl. Döbert/Nunner-Winkler 1975, S. 30).

Kommunikative Kompetenz und die Stufen des moralischen Urteils

Kommunikative Kompetenz beschreibt die entfalteten Fähigkeiten eines erwachsenen Menschen, an Rollenkommunikation und Diskursen teilzunehmen. In seinem Theorieentwurf beschäftigt sich Habermas insbesondere mit der Frage, wie Subjekte ihre kommunikative Kompetenz *entwickeln.* Auf diese ontogenetische Frage liefert der Symbolische Interaktionismus keine Antworten, weil es dort immer schon um bereits erwachsene Sprecher geht. Diese Leerstelle füllt Habermas aus, indem er vor allem die Erkenntnisse der kognitiven Entwicklungspsychologie heranzieht. Aufgrund seiner intensiven Rezeption der Arbeiten von Piaget und Kohlberg verfolgt er mit großer Hartnäckigkeit die Hypothese, dass die Entwicklung als invariante Abfolge qualitativ unterschiedlicher Stufen nicht nur für die kognitiven Fähigkeiten im engeren Sinn (vgl. Kap. 2.4), sondern in umfassender Weise für die gesamte Persönlichkeit gilt, sodass sich auch die Ontogenese der kommunikativen Kompetenz (der Identität) in dieser Weise beschreiben lässt. Um diese These auszufüllen, lehnt sich Habermas eng an die von Kohlberg beschriebenen Stufen des moralischen Urteils an. Für Habermas stellt die moralische Urteilsfähigkeit lediglich einen ‹Spezialfall› bei der Anwendung der kommunikativen Kompetenz dar. Wenn aber die spezielle Fähigkeit zum moralischen Urteil sich entwicklungslogisch in Stufen herausbilde, dann müsse das auch für die umfassende Fähigkeit der «kommunikativen Kompetenz» gelten (vgl. 1976, S. 74). Habermas bezeichnet den hier unterstellten Zusammenhang zwischen kognitiver Entwicklung, Stufen des moralischen Urteils und Identitätsbildung zwar immer wieder als eine noch nicht hinreichend gesicherte These (vgl. Döbert/Habermas/Nunner-Winkler 1980, S. 11); dennoch richtet er seine gesamten subjekttheoretischen Arbeiten daran aus. Kohlbergs Moralstufen erhalten auf diese Weise eine ontogenetische Leitfunktion innerhalb dieses sozialisationstheoretischen Entwurfs. Um den Habermas'schen Theorieverbund verstehen zu können, ist es deshalb erforderlich, zunächst diese Theorie kennenzulernen.

Kohlberg stellt dar, dass sich moralische Urteilsfähigkeit in sechs aufeinander folgenden Stadien entwickelt, die in einem systematischen Verhältnis zu Piagets Stufen des logischen Denkens stehen. Kohlberg ermittelt solche Moralvorstellungen bei Heranwachsenden unterschiedlichen Alters vor allem, indem er ihnen Konflikt-Geschichten vorlegt und sie um Stellungnahme bittet. So wird gefragt, ob ein Ehemann namens ‹Heinz› in eine Apotheke einbrechen darf, um für seine Frau ein lebensrettendes Medikament zu stehlen; er ist zu arm, um es kaufen zu können, und der Apotheker hat sich geweigert, es ohne Bezahlung abzugeben (vgl. Kohlberg 1974, S. 66 ff.). Dieses ‹Heinz-Dilemma› macht beispielhaft deutlich, dass sich ‹Moral› bei Kohlberg auf die soziale Interaktion und die dabei geltenden Normen und Werte bezieht. Moralische Urteilsfähigkeit kann damit beschrieben werden als das Vermögen, «für Lösungen sozialer Interessen-, Normen- und Wertkonflikte Begründungen zu finden, die man sowohl für sich selbst als auch für die übrigen Beteiligten als verbindlich ansieht» (Lempert 1982, S. 114). Bei den Antworten auf die Konfliktgeschichten kommt es zum einen darauf an, welches Handlungsergebnis die Befragten vorschlagen. So kann beim ‹Heinz-Dilemma› das Urteil auf fortgeschrittenem (postkonventionellem) moralischen Niveau nur lauten: Weil das Leben ein höherer Wert ist als das Recht auf Eigentum, ist der Apothekeneinbruch legitim. Die moralische Urteilsfähigkeit misst sich jedoch nicht nur an dem vorgeschlagenen Handlungsergebnis, sondern auch an dem Argumentationsniveau, mit dem die Handlungen jeweils begründet werden. Was damit gemeint ist, kann an einem weiteren Beispiel verdeutlicht werden (vgl. Colby/Kohlberg 1978, S. 358 f.): Auf die Frage, ob man in einem Laden stehlen darf, antwortet der zehnjährige Joe:

«Aus einem Geschäft zu stehlen ist nicht gut. Es ist gegen das Gesetz. Jemand könnte dich sehen und die Polizei holen.»

Sieben Jahre später wurde dem gleichen Joe diese Frage noch einmal gestellt. Der nunmehr 17-Jährige antwortete:

«Das ist eine Rechtsfrage. Es gehört zu den Regeln, daß wir uns bemühen, jedermann vor Schaden zu bewahren und das Eigentum zu beschützen ... Wenn wir dieses Gesetz nicht hätten, würden die Leute stehlen, sie brauchten nicht für ihren Lebensunterhalt zu arbeiten und unsere ganze Gesellschaft würde aus den Fugen geraten.»

Noch einmal sieben Jahre später entspinnt sich zwischen dem 24-jährigen Joe und dem Forscher ein differenzierter Dialog zu diesem Problem:

Joe: «Man verletzt damit die Rechte einer anderen Person, in diesem Fall das Recht auf Eigentum.»

Frage: «Ist dabei das kodifizierte Recht von Belang?»

Joe: «Nun, das Gesetz gründet sich meistenteils auf das moralisch Richtige, somit handelt es sich nicht um einen selbständigen Bereich, sondern um eine Betrachtungsweise.»

Frage: «Welche Bedeutung hat für Sie Moralität oder moralische Richtigkeit?»

Joe: «Die Rechte anderer Individuen anzuerkennen, vor allem das Recht zu leben, aber auch, sich zu verhalten, wie es ihnen gefällt, solange sie dabei nicht die Rechte von irgendjemand anderem verletzen.»

An diesem Beispiel wird deutlich, dass mit steigendem Alter die Argumentationen zu moralischen Problemen komplexer – also kognitiv anspruchsvoller – werden und die Begründungen sich in den verschiedenen Altersstufen deutlich voneinander unterscheiden. Der zehnjährige Joe verweist vor allem darauf, dass man ‹erwischt› werden könnte; moralisches Verhalten wird hier aus Angst vor negativen Konsequenzen empfohlen. Der 17-jährige Joe bezieht sich vor allem auf die Gesetze als geltendes Recht und begründet, warum diese einzuhalten sind. Der 24-jährige Joe schließlich bleibt bei der Frage des geltenden Rechts nicht stehen, sondern fragt nach der Legitimität solcher Gesetze: Ist es berechtigt, dass das Gesetz den Diebstahl verbietet? In seiner Antwort bezieht er sich auf Grundrechte, die er allen Menschen zuspricht. Jetzt werden die «Forderungen von Gesetz und Gesellschaft ... aus universalen moralischen Rechten abgeleitet und nicht umgekehrt» (Colby/Kohlberg 1978, S. 360). Mit diesen drei Antworten von Joe illustriert Kohlberg die drei Hauptniveaus des moralischen Urteils, die im Laufe der Ontogenese durchlaufen werden:

- Der Zehnjährige befindet sich auf dem Niveau *präkonventioneller* Moral (Stadium 1 und 2): Er ist noch nicht in der Lage, gesellschaftliche Regeln zu verstehen; die individuelle Konsequenz (z. B. Strafe) ist der zentrale Orientierungspunkt.
- Der 17-Jährige befindet sich auf dem Niveau der *konventionellen* Moral (Stadium 3 und 4): Das geltende Recht und die Gesetze sind einzuhalten, weil sie für alle nützlich sind.
- Der 24-jährige Joe vertritt *eine postkonventionelle* Moral (Stadium 5 und 6): Geltende Gesetze werden auf ihre Übereinstimmung mit selbst gewählten moralischen Prinzipien befragt und erhalten erst dadurch Legitimität und Azeptanz. Dabei handelt es sich um die universalen Prinzipien der Gerechtigkeit: Alle Menschen haben gleiche Rechte, die Würde des Einzelnen ist zu achten.

Kohlberg unterteilt jedes dieser drei Hauptniveaus in zwei Stadien und erhält auf diese Weise ein ontogenetisches Entwicklungsmodell von sechs hintereinander geschalteten Stadien des moralischen Urteils.

Im Zuge der Ontogenese durchlaufen die Individuen ein Stadium nach dem anderen, entwickeln sich also von Stadium 1 bis höchstens zu Stadium 6. Gemäß der kognitiven Entwicklungslogik kann dabei kein Stadium übersprungen werden; ein Rückfall hinter einen einmal erreichten Stand ist nicht möglich. Kohlberg behauptet, dass diese Stufenfolge und die darin eingelagerten Werte der Gleichheit und Gerechtigkeit eine universelle (d. h. für alle Gesellschaften und Kulturen gültige) ontogenetische Gesetzmäßigkeit beschreibe: «Jede Kultur und Subkultur der Welt beruht auf denselben moralischen Grundwerten und der gleichen schrittweisen Entwicklung moralischer Reife» (Kohlberg/Turiel 1978, S. 37). Die Analogie zu Piagets Theorie des logischen Denkens ist unverkennbar: So wie sich in allen Kulturen das Denken vom sensomotorischen Stadium hin zum Stadium des formalen Operierens entwickelt, so soll sich – nach Kohlberg – das moralische Urteil vom präkonventionellen zum postkonventionellen Stadium entwickeln: als in der Natur des Menschen angelegtes Potenzial, das in der individuellen Entwicklung auszuschöpfen ist. Insofern entwickelt sich die moralische Urteilsfähigkeit in der gleichen stufenförmigen Abfolge und in vergleichbarer Zielorientiertheit wie das logische Denken. Dabei ist eine bestimmte Stufe des logischen Denkens die kognitive Voraussetzung, um auf einem entsprechenden Niveau moralische Urteile fällen zu können: Nur wer z.B. in der Lage ist, formale Operationen zu vollziehen, kann auch postkonventionelle moralische Urteile fällen. Allerdings gilt diese Beziehung nicht in umgekehrter Richtung: Längst nicht jeder Erwachsene, der formal-operatorisches Denken beherrscht, fällt auch moralische Urteile auf postkonventionellem Niveau. Während Piaget aufgezeigt hat, dass die übergroße Mehrheit der Erwachsenen die höchste Stufe des logischen Denkens, die des formalen Operierens, erreicht, gilt dies für die höchste Stufe des moralischen Urteils, das postkonventionelle Niveau, keineswegs:

> «Auf dem präkonventionellen Niveau befinden sich die meisten Kinder unter neun Jahren, einige Heranwachsende und wenige Erwachsene. Die Mehrzahl der Jugendlichen und Erwachsenen in den meisten Gesellschaften bewegt sich auf dem konventionellen Niveau. Nur eine Minderheit von Erwachsenen erreicht das postkonventionelle Niveau, und dies gewöhnlich erst nach einem Alter von zwanzig Jahren» (Colby/Kohlberg 1978, S. 356).

Diese Feststellung ist höchst bedeutsam für die weitere Rezeption dieser Theorie durch Habermas und Mitarbeiter: Kohlberg entwirft eine Sequenz von sechs Entwicklungsstadien und teilt zugleich die empirische Beobachtung mit, dass die Mehrheit der Erwachsenen in ihrer Entwicklung lediglich das Stadium 4 erreichen: die konventionelle Erfüllung von

Pflichten und Gesetzen. Moralische Urteilsfähigkeit auf einem postkonventionellen Niveau (als Ausschöpfung der menschlichen Möglichkeiten) ist hingegen nur bei einer Minderheit der Erwachsenen anzutreffen. Gelingt dieser Übergang jedoch, so wird das postkonventionelle Niveau – also die Orientierung des eigenen Denkens an universalethischen Prinzipien – im frühen Erwachsenenalter erreicht. Damit ist die Fähigkeit verbunden, in umfassender Weise bestehende Gesetze, Regeln und Normen auf ihre Legitimität zu prüfen und nach ihrer realen Einlösung zu fragen. Die Fähigkeit zum postkonventionellen moralischen Urteil lässt sich damit auch als gesellschaftskritisches Moment deuten, weil auf diese Weise Prinzipien wie Gleichheit und Gerechtigkeit in Ansatz gebracht werden können, um die gesellschaftliche Wirklichkeit zu beurteilen.

Vor dem Hintergrund des emanzipatorischen Erkenntnisinteresses gerät für Habermas die folgende Frage in das Zentrum: Welche Lernerfahrungen führen dazu, dass ein Individuum auf dem konventionellen Niveau ‹stecken bleibt›, welche begünstigen hingegen die Entwicklung hin zur postkonventionellen Moral? Weil Menschen das postkonventionelle Niveau etwa mit dem 20. Lebensjahr erreichen, suchen Habermas und Mitarbeiter die Antwort auf diese Frage vor allem in der unmittelbar vorgeschalteten Lebensphase – im Jugendalter und in der Adoleszenzkrise. Damit ist ein erster Bogen zwischen Kohlbergs Theorie des moralischen Urteils und der Subjektentwicklung im Jugendalter gespannt.

An der Theorie des moralischen Urteils ist für Habermas die kognitive Entwicklungslogik von großer Bedeutung: Psychische Strukturen entwickeln sich in Auseinandersetzung mit der Umwelt und zugleich in ihrer eigenen, internen Gesetzmäßigkeit. Sie folgen dabei einer Entwicklungsrichtung hin zur Autonomie und zur höheren Problemlösungskompetenz. Dabei lässt sich jedes erreichte Niveau als eine ganzheitliche Form der Persönlichkeitsorganisation rekonstruieren. Weil die moralische Urteilsfähigkeit diesen Entwicklungsgesetzen folgt, unternimmt Habermas den Versuch, die Identitätsentwicklung insgesamt (und damit auch die der kommunikativen Kompetenz) in entwicklungslogischen Stufen zu beschreiben. Für Habermas ist dabei die Zielsetzung der Entwicklung, die bei Kohlberg mit «Stufe 6» angegeben und als Orientierung an universalethischen Prinzipien beschrieben wird, von besonderer Bedeutung. Dabei handelt es sich um «universale Prinzipien der Gerechtigkeit: alle Menschen haben gleiche Rechte, und die Würde des Einzelwesens ist zu achten» (Colby/Kohlberg 1978, S. 357). Wenn ein Sozialisationsprozess optimal verläuft, erreicht ein Individuum dieses Niveau. Kohlberg gibt somit wünschenswerte Ergebnisse der Persönlichkeitsentwicklung an und benennt dazu Wertmaßstäbe: Freiheit, Gerechtigkeit, Gleichwertigkeit. Mit der Behauptung, dass es einen universellen Entwicklungstrend hin zu diesen Werten gebe, versucht Kohlberg, sich von einer Begründung der darin enthaltenen Wertmaßstäbe zu entbinden. Diese Position ist vielfach kritisiert worden (vgl. z. B. Bertram 1980, S. 727 ff.; Greve 2007); sie wird auch von Habermas nicht mitvollzogen. Vielmehr fordert er Kohlberg ausdrücklich auf, sich zu der Normativität seiner Theorie zu bekennen. Kohlberg habe es nicht nötig, sich seinen normativen Gesichtspunkt zu ‹erschleichen›, indem er die sechste Stufe als gleichsam ‹natürliche› Entwicklung darstelle (vgl. Habermas 1983, S. 142). Die Pointe, die Habermas an dieser Stelle einbringt, lautet vielmehr: Die normativen Vorgaben von Kohlberg sind als richtige, als überlegene Zielzustände der Subjektentwicklung sehr gut zu begründen – und zwar mit der von Habermas vertretenen Diskursethik; denn in der prinzipiengeleiteten Moral der postkonventionellen Stufe «kann sich die Diskursethik in ihren wesentlichen Zügen wiedererkennen» (Habermas 1983, S. 128).

In seiner Diskursethik hat Habermas dargelegt, dass in einer auf Verständigung orientierten Kommunikation Ego und Alter wechselseitig die gleichen Ansprüche erheben und akzeptieren. In der ‹idealen Sprechsituation› sind gleichsam die egalitären Prinzipien (Gleichheit, Gerechtigkeit) strukturell eingelagert, die Kohlberg als universelle moralische Gesichtspunkte der sechsten Stufe bezeichnet: Am diskursiven Verfahren in der idealen Sprechsituation

> «können nämlich die Operationen abgelesen werden, die Kohlberg für moralische Urteile auf postkonventioneller Ebene fordert: die vollständige *Reversibilität* der Standpunkte, von denen aus die Beteiligten ihre Argumente vorbringen; *Universalität* im Sinne einer Inklusion aller Betroffenen; schließlich die *Reziprozität* der gleichmäßigen Anerkennung der Ansprüche eines jeden Beteiligten durch alle anderen» (S. 133).

Indem Habermas auf diese Weise den normativen Bezugspunkt der Kohlberg'schen Theorie herausarbeitet, liefert er die Begründung dafür, dass diese (und keine anderen) Normen universell gelten sollen, weil sie sich aus der Struktur der idealen Sprechsituation ergeben: Menschen, die sich verständigen wollen, orientieren sich bereits an diesen Normen und lassen in ihrer Kommunikation eine erwünschte, eine «ideale Lebensform» zum Vorschein kommen (vgl. Habermas 1971, S. 139 f.). Habermas füllt mit seiner Diskursethik damit ein Begründungsdefizit der Kohlberg'schen Theorie: Die ethischen Prinzipien der Stufe 6 müssen nicht mehr in wenig überzeugender Weise als ‹natürlich› behauptet, sondern können nun als universalistisch gültig *begründet* werden. Habermas verschafft mit seiner Diskursethik «der Moralpsychologie Rückendeckung» (Döbert 1986, S. 122 f.) – dies gilt aber auch umgekehrt: Kohlbergs ontogenetische Stufentheorie beschreibt so gesehen die Entwicklung der Subjekte bis zur Orientierung an den Fundamentalnormen, die auch für den herrschaftsfreien Diskurs konstitutiv sind. Kohlbergs entwicklungspsychologisches Modell füllt damit ein bedeutsames Defizit der Habermas'schen Sozialisationstheorie: Nunmehr wird plausibel dargestellt, wie sich die Fähigkeiten des kritischen, autonomen und diskursfähigen Subjekts – wie sich kommunikative Kompetenz – ontogenetisch entwickeln.

Kommunikative Kompetenz, Moralstufen und Entwicklungskrisen

Bei dem bisher beschriebenen subjekttheoretischen Entwurf handelt es sich um eine Zusammenführung von interaktionistischen und kognitivistischen Theoriestücken. Daraus ergibt sich ein Stufenmodell der Identitätsentwicklung, das von der ‹natürlichen Identität› des kleinen Kindes (präkonventionelle Moral) über die ‹Rollenidentität› des Schulkindes (konventionelle Moral) bis zur ‹Ich-Identität› des jungen Erwachsenen (postkonventionelle Moral) voranschreitet (Döbert/Habermas/Nunner-Winkler 1980, S. 11). Bei dieser Beschreibung der Identitätsentwicklung orientieren sich die Autoren nicht allein an dem kognitiven Konzept der Moralstufen, sondern beziehen außerdem das psychoanalytische Modell der Entwicklungskrisen ein. Damit wird zugestanden, dass die Identitätsentwicklung nicht nur als stufenförmige Umstrukturierung (des logischen Denkens, des moralischen Urteils) abläuft, sondern auch durch Krisenerfahrungen bestimmt wird: Stufenspezifische Entwicklungsprobleme stellen die bisherige Identität in Frage; der Heranwachsende erlebt dies als krisenhafte Erschütterung des bisher erworbenen Selbstvertrauens. Die produktive Auflösung der einen Krise ist dann die psychische Basis, um die nächste Krise bewältigen zu können (vgl. ebd., S. 12). Mit diesen Aussagen knüpfen Habermas u. a. an Eriksons Vorstellungen über den Zusammenhang von Entwicklungskrisen und Identitätsbildung an. Dabei heben sie die ödipale Krise und die Adoleszenzkrise als besonders bedeutsam hervor: Die natürliche, leibgebundene Identität des kleinen Kindes gerät in die ödipale Krise und konstituiert sich als rollengebundene Identität des Schulkindes neu. Diese Rollenidentität wiederum wird in der Adoleszenzkrise massiv erschüttert, daraus kann die flexibel-reflektierte Ich-Identität des jungen Erwachsenen entstehen.

Habermas u. a. betonen an dieser Stelle die Konvergenzen zwischen psychoanalytischer und kognitiver Entwicklungstheorie, indem sie die Phasierungen beider Theorien zu einem Stufenmodell zusammenfügen (Abb. 7):

Die vorödipale Phase der *natürlichen Identität* umfasst etwa die ersten sechs Lebensjahre. Sie ist identisch mit der prä-operationalen Stufe des Denkens (nach Piaget); moralische Probleme können auf dieser Stufe noch nicht auftauchen, sodass Kohlberg hier vom Stadium Null der moralischen Urteilsfähigkeit spricht. Das Kind in diesem Alter besitzt noch kein bewusst empfundenes Innenleben und verfügt auch noch nicht über die kognitiven Fähigkeiten, die Perspektive des anderen zu übernehmen, sodass die Erwartungen anderer gedanklich noch nicht vorweggenommen und eigene Handlungen daran nicht ausgerichtet werden können.

Die Errungenschaft der ödipalen Krise (ca. 6. Lebensjahr) besteht in der Internalisierung der Geschlechter- und der Generationenrolle. Daher wird von der Stufe der kindlichen *Rollenidentität* gesprochen. Sie fällt zusammen mit der Stufe des konkret-operationalen Denkens (nach Piaget). Was die moralische Urteilsfähigkeit betrifft, so durchlaufen die Kinder zwischen dem 6. und dem 13. Lebensjahr normalerweise die ersten vier Stadien, jenseits des 10. Lebensjahres fällen sie Urteile nicht mehr auf präkonventionellem, sondern bereits auf konventionellem Niveau. Die Lebenssituation wird durch die Rollen als Kind in der Familie bestimmt, andere Rollen sind darin integriert.

Mit dem Eintritt in die Pubertät – also etwa im 13. Lebensjahr – wird die Sicherheit dieser kindlichen Rollenidentität erschüttert. In der einsetzenden Adoleszenzkrise ist der Heranwachsende gezwungen, seine Identität umzustrukturieren und ein neues, elternunabhängiges Bild seiner eigenen Person zu gewinnen. Wenn dieser Prozess optimal verläuft, entsteht am Ausgang des Jugendalters eine flexible, prinzipiengeleitete Ich-Identität. Ebenso gut möglich ist aber, dass dieser Übergang zur Ich-Identität nicht gelingt und die Rollenidentität – nunmehr an Berufen orientiert – sich auf konventionellem Niveau stabilisiert. Habermas hat die Verbindung unterschiedlicher Theoriestücke, die in dieses ontogenetische Konzept einfließen, mehrfach tabellarisch dargestellt. Abbildung 7 (s. S. 290) fasst diese verschiedenen Tabellen zusammen und stellt den bisher beschriebenen Theorieverbund noch einmal dar. Dieses komplexe ontogenetische Modell bildet auch für Döbert/Nunner-Winkler (1975) und ihren Theorieentwurf über «Adoleszenzkrise und Identitätsbildung» die Grundlage.

Der bisher beschriebene Theorieverbund von interaktionistischen, kognitivistischen und psychoanalytischen Versatzstücken beschreibt den Sozialisationsprozess zwar in sehr komplexer Weise, verbleibt allerdings auf der Ebene des Subjekts und seiner unmittelbaren kommunikativen Umgebung. Habermas hat sich in seinem Theorieentwurf jedoch nicht auf diesen Mikrobereich beschränkt, sondern seine Überlegungen von Anfang an in den Kontext gesellschaftstheoretischer Analysen gestellt. Dies wird besonders deutlich an den Stellen, an denen er fragt, unter welchen gesellschaftlichen Bedingungen denn Ich-Identität als Persönlichkeitsstruktur möglich oder gar notwendig wird. In einer historischen Argumentation weist er aus, dass erst die wachsende Komplexität moderner Gesellschaften (Arbeits- und Rollenteilung, bürgerliche Öffentlichkeit) Anforderungen an die Subjekte stellt, die sich optimal mit den kommunikativen Fähigkeiten der Ich-Identität erfüllen lassen (vgl. Habermas 1976, S. 97 ff.). Anders formuliert: Die im Konzept der Ich-Identität enthaltene «Form der prinzipiengeleiteten Flexibilität (ist) ein Element hochkomplexer Gesellschaften ... und zugleich die optimale Organisation des Persönlichkeitssystems unter diesen Bedingungen» (Döbert/ Nunner-Winkler 1975, S. 37). Damit wird der subjekttheoretische Kernbegriff der Ich-Identität auf eine bestimmte Gesellschaftsform bezogen: auf entwickelte Gesellschaften der Gegenwart, die Habermas selbst als spätkapitalistisch bezeichnet. Indem er nach der Struktur und den Bewegungsgesetzen gegenwärtiger Gesellschaftsformationen fragt und diese Frage auch auf Sozialisationsprozesse bezieht, fügt er sein Modell der Ontogenese von Anbeginn in einen gesamtgesellschaftlichen Zusammenhang ein. Diese makrosoziologische Einbindung des Habermas'schen Sozialisationskonzepts soll im Folgenden dargestellt werden.

Legitimationsprobleme im Spätkapitalismus

Indem Habermas die gegenwärtigen westlichen Gesellschaften als spätkapitalistisch bezeichnet, unterstellt er zum einen, dass die von Marx herausgearbeiteten Momente der warenproduzierenden Gesellschaft nach wie vor die gesellschaftlichen Verhältnisse bestimmen (vgl. Kap. 3.4). Insofern spricht Habermas von Klassenverhältnissen (und ihrer Veränderung), von der Kapitalakkumulation (und den dabei auftretenden Störungen) und von der Massenloyalität (und ihrer prinzipiellen Gefährdung). Der Begriff ‹Spätkapitalismus› signalisiert aber auch, dass sich seit der zweiten Hälfte des 19. Jahrhunderts (aus der die Werke von Marx/Engels stammen) massive Veränderungen in den kapitalistischen Gesellschaften vollzogen haben, die theoretisch begriffen werden müssen. In umfangreichen Analysen kommt Habermas zu dem Schluss, dass einige Positionen des ‹orthodoxen› Marxismus zu revidieren seien (vgl. 1973*b;* 1976, S. 314 ff.). Hier ist zuallererst die ‹Verelendungstheorie› zu nennen – also die Marx'sche Behauptung, dass die ökonomischen Krisen im Kapitalismus zu einer immer schärferen Ausbeutung der Arbeiterklasse führen, sodass die Mehrheit der Bevölkerung auf diese Weise ins Elend gestürzt werde. Damit zusammen hängt die These vom ‹revolutionären Klassenbewusstsein›: In dem Maß, in dem Ausbeutung und Elend zunähmen, steige auch das Klassenbewusstsein der Arbeiter, das schließlich zur proletarischen Revolution führe. In dieser ‹orthodoxen› Theorie kommt dem Staat lediglich die Aufgabe zu, die Bestandsvoraussetzungen für die ‹freie Wirtschaft› zu sichern; ansonsten habe er sich aus gesellschaftlich-ökonomischen Prozessen herauszuhalten und den privatkapitalistischen Kräften das Feld zu überlassen. Diese Thesen – so

Habermas – seien vor allem zu revidieren, um die spätkapitalistischen Strukturen angemessen zu begreifen: Weder ‹Verelendung› noch ‹Klassenbewusstsein› seien bestimmende Momente der gegenwärtigen Gesellschaft, zugleich habe die Staatstätigkeit in Umfang und Intensität erheblich zugenommen. An die Stelle einer scharfen Klassenkonfrontation sei eine Art ‹Klassenkompromiss› bei relativem Wohlstand getreten, der vor allem durch staatliche Aktivitäten geregelt und gesteuert werde (vgl. Habermas 1976, S. 310). Der spätkapitalistische Staat «reguliert ... den gesamtwirtschaftlichen Kreislauf mit Mitteln globaler Planung» (S. 307) und springt «in die wachsenden Funktionslücken des Marktes» (S. 306); er schafft in umfassender Weise die Voraussetzungen für die Produktion (z. B. durch das Bildungssystem) und sorgt für die soziale Absicherung der Folgen (z. B. durch die Sozialversicherungen). Diese staatlichen Aktivitäten sollen den ‹Klassenkompromiss› sichern – zugleich werden aber Erwartungen der Bevölkerung (soziale Sicherheit, Lebensstandard) geweckt, die durch staatliches Handeln eingelöst werden müssen. Solange dies dem spätkapitalistischen Staat gelingt, habe er in den Augen der meisten Menschen eine hohe Legitimität; denn «Legitimationsglauben und Konformität lassen sich durch Produktion eines immer größeren Volumens von gesellschaftlichem Reichtum, d. h. mehr Wohlfahrt für alle» erreichen (Döbert/Nunner-Winkler 1975, S. 51).

Mit dieser Feststellung sind wir zu dem makrosoziologischen Problem vorgedrungen, dem Habermas zentrale Bedeutung für Sozialisationsprozesse zuspricht: Es geht um die Legitimation spätkapitalistischer Herrschaft, um die notwendige ‹Massenloyalität›, um ihre Beschaffung und ihre Gefährdung. Während in feudalistischen Systemen Massenloyalität vor allem durch religiöse Ideologien (‹von Gottes Gnaden›) im Rahmen traditioneller Weltbilder gesichert wurde, sind die Begründungsargumente in kapitalistischen Gesellschaften mit parlamentarischer Verfassung grundlegend andere geworden. Zum einen legitimiert sich der spätkapitalistische Staat durch die Sicherung der allgemeinen Wohlfahrt. Weil aber Wohlstand auch im industriellen Kapitalismus nicht beliebig vermehrbar ist und weil die Kapitalinteressen auf jeden Fall gewahrt werden müssen, stellt sich für den Staat eine prekäre Aufgabe. Dies wird gerade in Zeiten von Massenarbeitslosigkeit und Abbau

Kognitive Voraussetzungen	Stadien des moralischen Bewusstseins	Formen der Identität	Altersstufen und Entwicklungskrisen
I. prä-operatives Denken	–	‹natürliche› Identität	I. frühe Kindheit
IIa. konkret-operatives Denken	Stadien 1 und 2: prä-konventionelle Moral	kindliche Rollen-identität	II. ödipale Krise und Übergang in mittlere Kindheit
IIb. konkret-operatives Denken	Stadien 3 und 4: konventionelle Moral		
III. formal-operatives Denken	Verbleib in Stadium 4 *oder* Stadien 5 und 6: postkonventionelle (prinzipiengeleitete) Moral	berufsbezogene Rollen-identität *oder* Ich-Identität	III. Adoleszenz-krise und Übergang ins Erwachsenen-alter

Abb. 7: Kognitive Entwicklung, moralisches Urteil und kommunikative Kompetenz nach Habermas (Quellen: Habermas 1973*a*, S. 198 ff.; 1976, S. 75 f.; 1983, S. 176 f.; 1984, S. 220)

staatlicher Sozialleistungen überdeutlich. Zum Zweiten legitimiert sich der kapitalistische Staat durch die demokratischen Prinzipien der bürgerlichen Revolution (Freiheit, Gleichheit, Brüderlichkeit), in deren Tradition er sich sieht: Der Staat ist als parlamentarische Demokratie verfasst, dem Anspruch nach geht alle Herrschaft ‹vom Volke aus›. Staatliche Herrschaft kann diesen Demokratie-Anspruch nicht negieren, sondern muss ihn zumindest einkalkulieren; denn Regierungen können abgewählt werden, möglicherweise gerät gar das gesamte System in eine Glaubwürdigkeitskrise. Die Legitimationsproblematik im Spätkapitalismus besteht somit – zugespitzt formuliert – in einem doppelten Widerspruch: Das bürgerlich-demokratische Prinzip von ‹Gleichheit› muss glaubwürdig sein in einer Gesellschaft, die von Ungleichheit geprägt ist, und das Prinzip der ‹Herrschaft durch das Volk› muss glaubwürdig sein in einer Gesellschaft, in der politische Entscheidungen vor allem durch die Interessen einer privilegierten Minderheit bestimmt werden.

Auf den erstgenannten Widerspruch antwortet das bürgerliche Legitimationssystem klassischerweise mit der Leistungsideologie: Gleichheit wird zur Chancengleichheit umdefiniert, mit der sich die Individuen in den Konkurrenzkampf begeben. Das Ergebnis dieser Konkurrenz sind unterschiedliche Leistungen, die es auf eine einzigartige Weise erlauben, die Existenz gesellschaftlicher Ungleichheit als ‹gerecht› auszuweisen (vgl. Offe 1977; Habermas 1976, S. 322 ff.). Auf den zweitgenannten Widerspruch wird mit einem Legitimationsprozess geantwortet, der «Massenloyalität beschafft, aber Partizipation vermeidet» (Habermas 1976, S. 309): Das politische Recht, an Entscheidungen mitzuwirken, wird in einer entpolitisierten Öffentlichkeit auf die Beteiligung an Wahlen (bzw. der Wahlenthaltung) reduziert. ‹Leistungsideologie› und ‹politische Passivität› sind somit zwei zentrale sozialpsychologische Elemente, die im Bewusstsein der Bevölkerung die Basis für die (im Systeminteresse notwendige) Massenloyalität sichern.

In ausführlichen makrosoziologischen Analysen kommt Habermas zu der Einschätzung, dass aufgrund sozialstruktureller Veränderungen die Kernbestandteile der bürgerlichen Ideologie einer schleichenden Erosion ausgesetzt sind (vgl. 1973*b*, S. 111), sodass die Legitimationsprobleme im Spätkapitalismus sich tendenziell verschärfen. Weil diese These für die noch zu präsentierende Theorie zur Sozialisation im Jugendalter von besonderer Bedeutung ist, soll sie am Beispiel der Leistungsideologie ausgeführt werden: Dass mit der ursprünglichen Ideologie von Leistung und Wettbewerb als freiem Zugang zum Markt (‹Jeder sein eigener Unternehmer›) soziale Gewalt ausgeübt wurde, ist – so Habermas – für breite Kreise der Bevölkerung längst durchschaubar geworden. Deshalb tritt die Leistungsideologie heute in einer neuen Version auf: Nicht mehr der Markterfolg, sondern der berufliche Erfolg durch formale Schulbildung steht im Mittelpunkt. Allerdings kann diese Version nur dann Glaubwürdigkeit beanspruchen, wenn nicht nur (a) der chancengleiche Zugang zu weiterführenden Schulen realisiert wird, sondern sich außerdem (b) das Bildungs- und das Beschäftigungssystem synchron entwickelt und (c) im Arbeitsprozess Leistungen auch individuell zugerechnet werden können (vgl. Habermas 1973*b*, S. 114). Die mit (a) angesprochene ‹Schulgerechtigkeit› ist zwar bei weitem nicht erreicht (vgl. Kap. 3.4), doch hat sie «seit dem Zweiten Weltkrieg in allen fortgeschrittenen kapitalistischen Ländern zugenommen» (ebd.). Demgegenüber sind in den beiden anderen Dimensionen gegenläufige Tendenzen zu verzeichnen: Die Expansion des Bildungssystems wurde zunehmend unabhängig vom Beschäftigungssystem, sodass sich der Zusammenhang zwischen formaler Schulausbildung und beruflichem Erfolg immer mehr gelockert hat (b). Dies bedeutet auf den Einzelnen bezogen: Ob sich Leistungen in Schule und Studium wirklich eines Tages ‹lohnen›, ist höchst unsicher geworden. Die Glaubwürdigkeit des Leistungsprinzips und die dahinterstehende Ideologie der Chancengleichheit wird auf diese Weise zunehmend ausgehöhlt. Darüber hinaus verweist Habermas auf Entwicklungen in der beruflichen Arbeit, die in die gleiche Richtung wirken (c): Veränderungen der Produktionsabläufe führen dazu, dass eine Bewertung nach individuell zurechenbarer Leistung immer unwahrscheinlicher wird; darüber hinaus dringen monotone Arbeitsvorgänge zunehmend auch in Berufsbereiche (z. B. Büroberufe) ein, die früher aufgrund ihres Gestaltungsspielraums in hohem Maß identitätsstiftend waren. Dies alles führt dazu, dass

«zumindest für die Teile der Bevölkerung, die von Monotonisierungs- und Fragmentierungsprozessen und Tendenzen zu zunehmender Fremdbestimmtheit der Arbeit betroffen sind ... das übergreifende Lebensziel ‹Berufskarriere› an Überzeugungskraft» verliert (Döbert/Nunner-Winkler 1975, S. 56).

Eine solche Analyse, die auf die Erosion der bürgerlichen Legitimationsargumente verweist, ist nicht nur für ‹Leistungsideologie› und ‹Berufskarriere›, sondern auch für andere inhaltliche Bereiche vorgelegt worden: Die These vom Wohlfahrtsstaat wird in dem Maß unglaubwürdig, in dem der Staat seine Versprechungen auf Vollbeschäftigung und soziale Sicherung nicht mehr hinreichend erfüllen kann. Dauerhafte Massenarbeitslosigkeit und Reduzierung von Leistungen (z. B. bei Sozialversicherung und Sozialhilfe) machen dies offensichtlich. Die kapitalistische These von der Notwendigkeit des ökonomischen Wachstums wird in dem Maß unglaubwürdig, in dem die ökologischen Schäden dieses Wachstums unübersehbar werden. Was hier nur skizzenhaft angesprochen werden kann, ist an anderer Stelle ausführlich dargestellt (vgl. Habermas 1973*b*; Döbert/Nunner-Winkler 1975, S. 55 ff.). All diese Analysen laufen darauf hinaus, plausibel zu machen, dass spätkapitalistische Gesellschaften zunehmend in eine Legitimationskrise geraten.

Diese Analyse von Legitimationsdefiziten im Spätkapitalismus wird sozialisationstheoretisch bedeutsam, wenn man nach den Persönlichkeitsstrukturen fragt, die unter solchen Bedingungen entweder die Legitimität des Systems bestätigen oder die Loyalität verweigern. Anders formuliert: Welche Chancen bestehen, dass im Sozialisationsprozess Subjekte sich über eine konforme bürgerliche Identität hinaus entwickeln, dass sie die skizzierten gesellschaftlichen Bedingungen durchschauen, dass sie die bürgerlichen Fundamentalnormen auch real einklagen? Eine solche Fragestellung lässt sich nicht allein auf gesamtgesellschaftlicher Ebene beantworten, sondern erfordert theoretisch durchdachte Analysen zur Subjektentwicklung. Mit welchem begrifflichen Instrumentarium (‹kommunikative Kompetenz›, ‹Ich-Identität›, ‹prinzipiengeleitete Moral›) Habermas und Mitarbeiter bei diesen Analysen arbeiten, wurde bereits dargestellt. Das Interesse dieser Autoren besteht nun darin, die Zusammenhänge zwischen gesamtgesellschaftlichen Strukturen (Legitimationsprobleme) und der Entwicklung von Subjekten (Identitätsprobleme) herauszuarbeiten. Dieser Zusammenhang ist eingehend von Döbert und Nunner-Winkler für das Jugendalter aufgezeigt worden.

Einordnung und Kritik

Der Habermas'sche Theorieentwurf erfüllt in seiner komplexen Architektur viele Ansprüche (vgl. Kap. 1.2.2): Er stellt die Entwicklung eines aktiven, (sprachlich) handelnden Subjekts in den Mittelpunkt, beschreibt den Zusammenhang zwischen der Subjektentwicklung und den ‹übergeordneten› Ebenen des Sozialisationsprozesses und arbeitet insbesondere das Verhältnis zwischen der bestehenden Gesellschaftsformation und den sich herausbildenden Identitätsstrukturen heraus. Dabei ist dieser theoretische Ansatz in der Lage, Sozialisation als Einheit von

Vergesellschaftung und Individuierung zu begreifen und den Prozess der Subjektwerdung als eine Interaktion zwischen dem Individuum und den Bedingungen der sozialen Umwelt darzustellen. Schließlich ergibt sich aus dem engen Bezug zu Kohlberg, dass er ontogenetisch gehaltvoll und empirisch überprüfbar ist. Die Arbeiten von Habermas sind somit als perspektivenreiche theoretische Weiterführungen von bisher unverbunden nebeneinander stehenden Einzelansätzen anzusehen. Zumindest für den deutschsprachigen Raum gilt, dass in den 1970er und 1980er Jahren kein anderer Autor mit seinen sozialisationstheoretischen Entwürfen so viel Interesse geweckt, aber auch so viel Widerspruch ausgelöst hat wie er. Dabei ergibt sich das Interesse vor allem aus der umfassenden Herangehensweise, die diese Arbeiten kennzeichnet: Habermas versucht, den gesellschaftlichen Gesamtzusammenhang und die psychische Individualität durchschaubar zu machen und aufeinander zu beziehen. Hierzu greift er disziplinübergreifend auf Erkenntnisse unterschiedlicher Wissenschaften (Philosophie, Geschichte, Soziologie, Sprachwissenschaft, Psychologie, Erziehungswissenschaft etc.) zurück und fügt sie zu einem eigenständigen Konzept zusammen. Eine gewisse Faszination, aber auch viel Kritik ergibt sich aus seiner ausgeprägten Bereitschaft, ‹starke› Thesen ohne umfassende Absicherung zu wagen, vorhandene Theoriegebäude unkonventionell umzuinterpretieren und unterschiedliche Theorieansätze in einer Weise zusammenzufügen, die nicht nur von seinen Kritikern, sondern gelegentlich auch von ihm selbst als «mehr oder weniger eklektizistisch» bezeichnet wird (Döbert/Habermas/Nunner-Winkler 1980, S. 12). Faszination (und Kritik) erwächst schließlich aus seinem konsequent durchgehaltenen Erkenntnisinteresse: Es geht ihm um die Emanzipation der Subjekte, um die Bedingungen der Mündigkeit und um die Identifizierung und den Abbau gesellschaftlicher Herrschaft. Habermas' sozialisationstheoretische Arbeiten gewinnen ein zusätzliches Gewicht durch die Einbindung der kognitiven Theorie der moralischen Urteilsfähigkeit. Indem Habermas für die Beschreibung der Ontogenese in umfassender Weise Kohlberg in Anspruch nimmt, nutzt er die Überzeugungskraft des kognitiven Ansatzes, zieht aber auch all die kritischen Argumente auf sich, die seit einiger Zeit gegen Kohlbergs Moralstufentheorie ins Feld geführt werden.

An dieser Stelle ist es unmöglich, die umfangreiche Debatte zur Habermas'schen Sozialisationstheorie (vgl. v. a. Bilden 1977) einschließlich der nicht weniger umfangreichen Diskussion zu Kohlbergs Moralstufentheorie (vgl. Bertram 1980, 1986) auch nur annähernd vollständig zu referieren. Die kritische Argumentation konzentriert sich daher auf zwei zentrale Einwände: Als erster und wohl fundamentalster Kritikpunkt ist Habermas immer wieder entgegengehalten worden, dass er Gesellschaftlichkeit auf Sprache verkürzt, als einzige menschliche Äußerungsform sprachliches Handeln analysiert und auf diese Weise Subjektentwicklung und Aneignung sprachlicher Fähigkeiten in eins setzt. Diese Kritik setzt an bei der strikten Unterscheidung zwischen ‹Arbeit› und ‹Interaktion›, aus der sich bei Habermas die ebenso scharfe Trennung zwischen ‹instrumentellem Handeln› und ‹kommunikativem Handeln› ergibt (vgl. Habermas 1968, S. 33). Bilden ist – gemeinsam mit anderen Kritikern – der Meinung, dass hier der Ausgangspunkt für die interaktionistische Vereinseitigung der gesamten Habermas'schen Theorie liege; denn statt – wie bei Marx angelegt (vgl. Kap. 3.4) – den *Zusammenhang* zwischen Arbeit und Interaktion in den Blick zu nehmen, betrachtet Habermas beide Felder streng getrennt: Arbeit wird als «quasi-isoliertes, nicht interaktives, nicht kommunikatives Handeln in der Auseinandersetzung mit der Natur» (Bilden 1977, S. 38) gesehen. Auf der anderen Seite wird das kommunikative Handeln «von kooperativer Arbeit und damit von jedem vergegenständlichten Effekt» (ebd., S. 39) gereinigt. Gegenstand der weiteren Theoriebildung ist dann nur noch der sprachliche Austausch zwischen den Subjekten: Arbeit bzw. Produktion werde allenfalls als vager Hintergrund kommunizierender Individuen angesprochen. Gesellschaftlichkeit werde auf diese Weise zum Kommunikationszusammenhang autonomer Privatleute reduziert; Subjekthaftigkeit und Identität erscheine lediglich als sprachliche Darstellungsfähigkeit (vgl. Bilden 1977, S. 39 ff.).

Man muss das marxistische Verständnis von ‹Arbeit›, das dieser Kritik unterlegt ist, nicht teilen, um diesen Argumenten einiges abgewinnen zu können. In der Tat ist der analytische und theoretisierende Blick von Habermas fast ausnahmslos auf den sprachlichen Austausch zwischen Subjekten gerichtet; Autonomie und Handlungsfähigkeit realisieren sich in dieser kommunikativen Situation, auch die ontogenetische Frage des Erwerbs von Fähigkeiten wird davon ausgehend rekonstruiert. Demgegenüber gerät die Realisierung anderer menschlicher Möglichkeiten weitgehend aus dem Blick. Das gilt vor allem für den Umgang mit der gegenständlichen Umwelt, die in den Kategorien der Arbeit und des Spiels keine geringe Bedeutung für menschliche Entwicklung hat. In ähnlicher Weise wird von der leiblich-materiellen Existenz des Menschen abstrahiert: Die Aneignung der eigenen Körperlichkeit, der Umgang mit Trieben und Emotionen, der Erwerb manueller Fähigkeiten erscheinen in den Habermas'schen Überlegungen allenfalls am Rande. Vielmehr wird das «Gattungssubjekt, das Habermas sucht, ... zum *homo loquens*» (Bilden 1977, S. 219). Von Kritikern wird darüber hinaus angeführt, dass sein einseitiger Blick auf die Interaktionsprozesse zu einer Verschiebung gesellschaftstheoretischer Aussagen führt, die es zweifelhaft erscheinen lasse, ob seine Berufung auf die Marx'sche Theorie noch gedeckt sei: Zwar nehme Habermas auf die ‹spätkapitalistische› Gesellschaft und ihre Klassenstruktur Bezug; die bestimmenden Momente seiner gesellschaftlichen Analyse seien jedoch nicht die Produktionsverhältnisse, vielmehr erscheine die Gesellschaft bei ihm ausschließlich als ein Normensystem (vgl. ebd., S. 217). Dem entspricht es, dass auf gesamtgesellschaftlicher Ebene vor allem die Legitimationsprobleme (also die Glaubwürdigkeit von Normen) thematisiert werden, während die ökonomisch bestimmten Lebensbedingungen der spätkapitalistischen Gesellschaften kaum behandelt werden.

Der zweite zentrale Kritikpunkt bezieht sich auf Kohlbergs kognitive Theorie der moralischen Urteilsfähigkeit, die von Habermas in sein Konzept der ‹kommunikativen Kompetenz› vollständig und weitgehend unkritisiert integriert wurde. Das Konzept der Moralstufenentwicklung hat seit den 1970er Jahren eine große wissenschaftliche Bedeutung und sogar eine gewisse bildungspolitische Popularität (vgl. Lind/Raschert 1987) erlangt, zu der Habermas mit seiner Adaptation erheblich beigetragen hat. Nicht zuletzt die große Bedeutung dieses Ansatzes hat dazu geführt, dass er intensiv diskutiert und in vielfältiger Weise kritisiert wurde. Habermas hat sich zu den Kritikpunkten an Kohlberg relativ spät geäußert, ohne daraus Konsequenzen für sein eigenes sozialisationstheoretisches

Gesamtkonzept zu ziehen (vgl. Habermas 1983, S. 182 ff.). Die Kritik an Kohlberg wird zunächst immanent geführt, indem aufgezeigt wird, dass die hier in Anspruch genommene kognitive Entwicklungslogik im Bereich des moralischen Urteils empirisch nicht hinreichend belegt werden kann. So wurde in mehreren empirischen Untersuchungen nachgewiesen, dass Versuchspersonen einzelne Stadien überspringen, sodass die behauptete ‹Invarianz› der Stufenfolge fragwürdig ist. Darüber hinaus wurde aufgezeigt, dass Befragte die moralischen Dilemmata aus verschiedenen Lebensbereichen auf unterschiedlichem Niveau bearbeiten, sodass auch das Kriterium der ‹strukturierten Ganzheit› nicht voll eingelöst werden kann (vgl. Bertram 1980, S. 731). Lempert (1982, S. 115) kommt daher zu dem Ergebnis, dass «das moralische Bewußtsein insgesamt weniger konstant (ist) als von Kohlberg postuliert, vielmehr variiert es nach Themen, Situationen und Bereichen». Neben dieser immanenten Kritik, die sich vor allem an der mangelnden empirischen Einlösung der eigenen ‹starken› Behauptungen entzündet, hat Kohlberg massiven Widerspruch bei einer seiner theoretischen Grundannahmen erfahren: Kohlberg geht von der universellen (d.h. kultur- und geschichtsübergreifenden) Bedeutung der Stufen des moralischen Urteils aus. Für ihn sind die Grundprinzipien der Menschenrechte – wie sie etwa in der amerikanischen Unabhängigkeitserklärung festgelegt wurden – in der Natur des Menschen angelegt und damit von universeller Gültigkeit (vgl. Kohlberg/Turiel 1978, S. 37; Bertram 1980, S. 727). Auf diese Weise lehnt er jeden ethischen Relativismus ab, zugleich entbindet er sich von einem Begründungszwang; denn wenn der

> «Entwicklungsverlauf in Richtung auf Gerechtigkeit und Gleichheit ein universell gültiges Muster darstellt, braucht man nicht mehr zu begründen ... warum die Erziehung von Kindern an diesen Prinzipien orientiert werden muss» (Bertram 1980, S. 727).

Kohlberg hat versucht, diese Universalismus-These durch empirische Studien in verschiedenen Ländern (u.a. Taiwan, Türkei, Yukatan, USA) zu erhärten. Da die Auswahl der Länder eher zufällig erfolgte und andere Studien eher zu falsifizierenden Ergebnissen gekommen sind, kann Bertram (vgl. 1980, S. 730) darin keine empirischen Stützen für die Universalismusthese entdecken. Dass ausgerechnet die Prinzipien der US-amerikanischen Verfassung die Orientierungspunkte für einen optimalen Sozialisationsprozess aller Menschen markieren, «legt zumindest den Verdacht nahe, dass Kohlbergs Modell *ethnozentristisch* orientiert ist» (ebd., S. 727). Damit wird Kohlberg vorgeworfen, die Werte der eigenen Kultur nicht in der notwendigen Relativität zu sehen, sondern sie zum absoluten Maßstab für alle Individuen und alle Völker der Welt zu machen. Kohlbergs universeller Anspruch für die Werte, die gegenwärtig in westlichen Ländern Verfassungsrang haben, ist jedoch nicht nur als ethnozentristisch (gegenüber anderen Kulturen), sondern auch als sexistisch (gegenüber den Frauen in der eigenen Kultur) kritisiert worden: Gilligan (1999) greift geschlechtsspezifische Antwortdifferenzen auf und analysiert im Einzelnen die weiblichen und männlichen Reaktionen auf die moralischen Dilemma-Geschichten. Sie kommt dabei zu dem Ergebnis, dass Männer sich stärker an einer Prinzipienlogik der Gerechtigkeit orientieren, während für Frauen viel stärker die Beziehung zwischen den Betroffenen (und mögliche Auswirkungen darauf) von Bedeutung sind. Für Männer sind die dargestellten moralischen Entscheidungsprobleme somit eher Ausgangspunkt für eine Art Gerechtigkeitsmathematik (vgl. Gilligan 1999, S. 39), während Frauen eher eine «Ethik der Anteilnahme» (ebd., S. 94) entwickeln. Nun hat Kohlberg sein empirisches Material nahezu ausnahmslos bei der Befragung von Knaben und jungen Männern erhoben, die Stadien seiner Theorie bilden daher vor allem – so Gilligan – die Entwicklung eines männlichen Moralbewusstseins ab; weibliche Abweichungen davon würden nur zu leicht als «Entwicklungsmängel verstanden» (ebd., S. 89). Allerdings wird Gilligans eigener Versuch, eine weibliche «Moral der Fürsorge» und deren stufenförmige Ausbildung empirisch nachzuweisen, als wenig überzeugend eingeschätzt (vgl. Garz 1994, S. 198f.; Bilden 1991, S. 296). Dieser Streit über Unterschiede zwischen männlichem und weiblichem Moralbewusstsein konnte bis heute empirisch nicht geklärt werden (vgl. Montada 1994, S. 334f.) und wird deshalb kontrovers weitergeführt (vgl. Horster 1998).

Dennoch wird Kohlbergs universalistischer Anspruch durch beide Vorwürfe (Ethnozentrismus, Sexismus) stark in Zweifel gezogen, zugleich wird die kulturelle Relativität seines Standpunkts behauptet.

Diese Kritik richtet sich in ähnlicher Weise gegen Habermas, der den Universalitätsanspruch ebenfalls erhebt, allerdings anders begründet: Während Kohlberg schlicht eine Art natürliche Entwicklung hin zur Stufe 6 unterstellt, leitet Habermas die universalethischen Prinzipien der Stufe 6 aus den Strukturen der ‹idealen Sprechsituation› ab. Selbst Döbert (1986, S. 122) und Nunner-Winkler (1986, S. 126 ff.) sprechen an dieser Stelle davon, dass auch Habermas einen überzogenen Universalismus vertrete: Zwar lasse sich nach den Grundsätzen der Diskursethik jede Norm auf ihre Gültigkeit prüfen; doch die Anwendung in konkreten sozialen Konflikten sei von individuellen Bewertungen und damit von subjektiven Wertpräferenzen abhängig (vgl. ebd., S. 139 f.).

Festzuhalten ist somit, dass grundlegende Prämissen und zentrale ‹Versatzstücke› der Habermas'schen Theoriebildung massiv kritisiert werden: Seine kommunikationsorientierte Sicht der Gesellschaft wird als einseitig oder gar idealistisch angesehen, sein ontogenetisches Grundkonzept als unzureichend belegt und als ethnozentristisch ausgerichtet kritisiert, der diskursethische Universalitätsanspruch gilt selbst bei seinen Mitarbeitern als überzogen. Diese vielfältige Kritik macht deutlich, dass sich viele Sozialisationswissenschaftler an den Entwürfen von Habermas (und Kohlberg) ‹gerieben› und ‹abgearbeitet› haben. Bei einigen hat diese Beschäftigung dazu geführt, grundsätzlich andere sozialisationstheoretische Ansätze zu fordern (vgl. z. B. Bilden 1977, S. 226 ff.). Andere hingegen halten – bei aller Kritik – dieses Konzept gegenwärtig für einen besonders gut entwickelten sozialisationstheoretischen Entwurf und bemühen sich um eine konstruktive Weiterentwicklung.

4.3.2 Adoleszenzkrise und Identitätsbildung

Ende der 1960er Jahre haben in weiten Teilen der westlichen Welt auffällige Verhaltensweisen von Jugendlichen die Öffentlichkeit erregt; denn nicht nur die Studentenbewegung, auch Schüler- und Lehrlingsrevolten, pazifistische Strömungen und die Anfänge der feministischen Bewegung wiesen auf eine deutliche Zunahme der systemkritischen Potenziale junger Menschen hin. Daneben entwickelten sich Formen der Jugendsubkultur, die sich als Rückzug aus der spätkapitalistischen

Leistungsgesellschaft deuten ließen: Hippies, Jesus-People, Kommunen, Drogenkultur etc. (vgl. Habermas 1976, S. 328; vgl. Baacke 1999). Diese Verhaltensweisen wurden als zunehmende Gefährdung einer reibungslosen Integration der nachwachsenden Generation in das gesellschaftliche System gedeutet; doch trotz aller ‹neuen› Erscheinungsformen akzeptierte die große Mehrheit der Heranwachsenden nach wie vor die herrschenden Wertorientierungen und gliederte sich relativ reibungslos in das gesellschaftliche System ein. Für Habermas, damals als Frankfurter Hochschullehrer in konflikthafter Weise mit der Studentenbewegung verbunden, waren diese unterschiedlichen Formen jugendlichen Verhaltens der Auslöser für eine intensive sozialisationstheoretische Beschäftigung. Dabei wertet er jugendliche Protestformen nicht einfach (wie Eisenstadt) als unerwünschte Gefährdung der gesellschaftlichen Integration, sondern sah darin ein wichtiges emanzipatives Potenzial. Gemeinsam mit seinen Mitarbeitern Rainer Döbert und Gertrud Nunner-Winkler suchte er nach einer sozialisationstheoretischen Erklärung für solch unterschiedliche Verhaltensformen von Jugendlichen und jungen Erwachsenen. Ausgangspunkt der Überlegungen war die Vermutung, dass zwischen typischen Verläufen der Adoleszenz und den Formen der Identität ein Zusammenhang bestehe, der auch die Entstehung unterschiedlicher politischer Orientierungen bei Jugendlichen erklären kann (vgl. Habermas 1976, S. 63).

Habermas und Mitarbeiter entwarfen einen Theorieverbund, in dem die makrosoziologischen und entwicklungspsychologischen Theorieelemente miteinander verkoppelt und auf das Jugendalter bezogen wurden. Die marxistisch angeleitete Analyse der Legitimationsprobleme im Spätkapitalismus wird systematisch mit den ontogenetischen Stufen zur Entwicklung der kommunikativen Kompetenz in Beziehung gesetzt. Die Pointe dieses Konzepts besteht darin, die Legitimationskrise (der Gesellschaft) mit der Adoleszenzkrise (des Subjekts) in einen Zusammenhang zu bringen und zu folgender These zu verdichten: Die sich verschärfenden Legitimationsprobleme im Spätkapitalismus führen dazu, dass Adoleszenzkrisen zunehmend heftiger verlaufen. Dies wiederum ist eine günstige Voraussetzung für die Überwindung einer konventionellen Rollenidentität, in deren Folge sich im Jugendalter Identitätsformationen entwickeln, die zugleich ein systemkritisches Potenzial darstellen (vgl. Döbert/Nunner-Winkler 1975, S. 20). Diese zentrale These zur Identitätsentwicklung im Jugendalter ist in Abbildung 8 dargestellt.

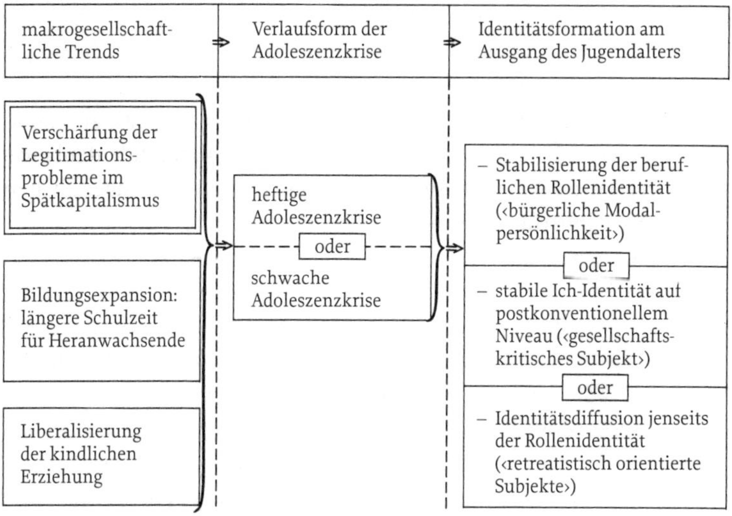

Abb. 8: Adoleszenzkrise und Identitätsbildung im Spätkapitalismus (nach Döbert/Nunner-Winkler 1975)

Der Stellenwert der Adoleszenzkrise

Habermas und Mitarbeiter beginnen ihre Beschreibung der Sozialisation im Jugendalter mit der Feststellung, dass in der frühen Adoleszenz (13–16 Jahre) inzwischen für fast alle gesellschaftlichen Gruppen ein psychosoziales Moratorium selbstverständlich geworden ist. Für die Heranwachsenden stellt sich in diesem Alter als zentrale Aufgabe

«die Rekonstruktion der an die Elternfamilie gebundenen Rollenidentität. Der Ablösung von der Familie muß der Versuch folgen, anstelle der Familienzugehörigkeit eine andere Identitätsbasis zu finden» (Döbert/Habermas/Nunner-Winkler 1980, S. 14).

Dies schließt ein, dass der Heranwachsende aus dem Familienverband heraustritt und sich auf Rollen vorbereitet, die auf das gesellschaftliche Gesamtsystem bezogen sind (Berufsrolle, Staatsbürgerrolle, Elternrolle etc.). Dieser Übergang wird unter Bezug auf Erikson als eine grundsätzlich konfliktanfällige Zeit beschrieben und insgesamt als «Adoleszenzkrise» bezeichnet. Kennzeichnend für diese Lebensphase, in der die eigene Identität so stark problematisiert wird, ist das hohe Maß an egozentrischer Selbstreflexion, sodass die Frage nach dem «Wer bin ich?» und «Wer werde ich sein?» immer wieder neu gestellt wird. Parallel dazu findet eine (individuell unterschiedlich intensive) Auseinandersetzung mit gesellschaftlichen Deutungsmustern, kulturellen Überlieferungen und sozialen Standards statt; denn die bisher von den Eltern übernommenen Orientierungen werden fraglich; sie bedürfen einer eigenständigen ‹Durchmusterung›, um verworfen oder als Bestandteil von nunmehr selbst gewonnenen Überzeugungen übernommen zu werden. Dabei ist es von der individuellen Situation des Jugendlichen, seiner sozialen Lebenswelt und seiner bisherigen Biographie abhängig, welche kulturellen Traditionen zum bevorzugten Gegenstand der subjektiven Auseinandersetzung gemacht werden. Jenseits dieser individuellen Unterschiede rücken religiöse und politische Fragen häufig in den Mittelpunkt: Der Jugendliche bemüht sich um eine eigenständige Position gegenüber der Religion, die man ihm als Kind mitgegeben hat; und er (sie) stellt sehr häufig grundsätzliche Fragen gegenüber dem gesellschaftlichen System, in das er (sie) hineingeboren wurde. Dabei gilt die Beschäftigung auch den impliziten Prämissen und den expliziten Deutungsmustern der bestehenden politischen Ordnung. Was damit gemeint ist, kann anhand empirischer Studien (vgl. z. B. Jugendwerk 1981, 1985, 1997) beispielhaft verdeutlicht werden: So setzen gerade Jugendliche sich kritisch mit der Frage auseinander, ob Leistungsprinzip, Konkurrenz und ‹Wachstum› wirklich zu sozialem und humanem Fortschritt führen – oder ob damit nicht eher das Gegenteil bewirkt wird. Dass diese Gesellschaft zur Verteidigung ihrer demokratischen Ordnung ‹Berufsverbote›, eine Wehrpflicht und viele hundert Atomraketen benötigt, ist für viele Jugendliche ein Problem, dessen Durcharbeitung zur Entwicklung einer eigenständigen politischen Position beiträgt. Dabei geht es auch darum, die Präferenzen und Glaubenssätze der Eltern auf den Prüfstand zu stellen und sich eine Meinung als eigene Meinung zu erarbeiten. Insgesamt heben Habermas und Mitarbeiter hervor, dass die Adoleszenz als eine identitätsbedeutsame Reifungskrise anzusehen ist, in der sich die Heranwachsenden «in der Auseinandersetzung mit den überlieferten Traditionen eine eigene Definition ihrer Identität» aneignen (Döbert/Nunner-Winkler 1975, S. 60).

Bis zu diesem Punkt folgt die Beschreibung der Adoleszenz und ihrer ontogenetischen Bedeutung weitgehend den Ausführungen von Erikson: eine krisenhafte Phase von hoher Identitätsrelevanz, in der die Frage nach der gesellschaftlichen Integration und individueller Autonomie gestellt wird. Habermas u. a. gehen allerdings über Erikson hinaus, indem sie die Adoleszenzkrise systematisch in ihr ontogenetisches Konzept (entwicklungslogische Herausbildung der kommunikativen Kompetenz) eingliedern und dies wiederum im Rahmen gesamtgesellschaftlicher Entwicklungstendenzen im Spätkapitalismus betrachten.

Verlauf und Ergebnis der Adoleszenzkrise

Habermas u. a. verweisen auf die individuell sehr unterschiedlichen Verlaufsformen der Adoleszenzkrise: Sie kann eher unauffällig ablaufen, aber auch dramatische Formen annehmen; wenn sie intensiv verläuft, kann sie von den Jugendlichen eher intern verarbeitet oder eher konflikthaft ausagiert werden. Schließlich kann man unterscheiden zwischen einer ‹Lösungskrise› in der Frühadoleszenz, in der es vor allem um die Auseinandersetzung mit den erwachsenen Autoritäten geht, und der anschließenden ‹Identitätskrise›, in der sich die Fragen nach Selbstkonzept und Lebenssinn in den Vordergrund drängen (vgl. Döbert/Nunner-Winkler 1975, S. 83 ff.). Lösungskrise und Identitätskrise gemeinsam bilden die Adoleszenzkrise, die – vereinfacht gesprochen – eher heftiger oder eher moderat verläuft. Wenn Jugendliche eine stark konflikthafte Ablösung von den Eltern vollziehen (Kampf gegen die Autoritäten, Phasen familiärer Dauerkonflikte), die Werte der Erwachsenenwelt über längere Zeit kritisch auf Tragfähigkeit überprüft haben, die Fragen nach dem Sinn des Lebens und des eigenen Tuns häufig thematisiert und phasenweise ‹radikale› Positionen eingenommen werden, liegt eine heftige Adoleszenzkrise vor. Wenn all diese (oder die meisten) Anzeichen fehlen, sprechen die Autoren von einer schwachen Adoleszenzkrise (vgl. ebd., S. 90ff.). Zwischen dem (individuell unterschiedlichen) Verlauf der Adoleszenzkrise und der Identitätsformation des jungen Erwachsenen wird nun ein systematischer Zusammenhang postuliert: Vor allem von der Heftigkeit der Krise hänge es ab, welche Persönlichkeitsstruktur sich im Laufe des Jugendalters entwickelt. Dabei werden idealtypisch drei Identitätsformationen als mögliche Ausgänge der Adoleszenzkrise beschrieben: Identitätsbildung kann misslingen,

«wenn der Jugendliche eine zwanglose Integration in die Gesamtgesellschaft, eine Balancierung der verschiedenen Lebensbereiche und eine einheitsstiftende Interpretation seiner Lebensgeschichte nicht erreicht. Das Ergebnis sind *diffuse*, gespaltene, labile bzw. unsichere *Identitäten*» (Döbert/Habermas/Nunner-Winkler 1980, S. 14).

Mit dieser Variante wird keine ‹normale› Entwicklung, sondern ein Minderheitsphänomen im Grenzbereich zur Psychopathologie beschrieben (vgl. Döbert/Nunner-Winkler 1975, S. 63ff.). Diese Variante wird von den Autoren zwar angesprochen und als Aufgabe künftiger Forschung dargestellt, eine weitere Beschäftigung mit ihr erfolgt jedoch nicht.[27] Vielmehr konzentrieren sich die Autoren in ihren theoretischen und empirischen Analysen auf die beiden anderen, nichtpathologischen Ausgänge der Adoleszenzkrise. Biographischer Ausgangspunkt ist die familiengebundene Rollenidentität des Kindes, die mit Eintritt in die Jugendphase auf jeden Fall zerbricht. Die Frage ist, welche Identität an diese Stelle tritt.

Nicht wenige Jugendliche stabilisieren und rekonstruieren die zerbrochene Identität auf gleichem strukturellem Niveau, indem sie sich eine berufsbezogene Rollenidentität aneignen und weiterhin moralische Urteile auf konventionellem Niveau fällen.
Andere Jugendliche überwinden das strukturelle Niveau der Rollenidentität zugunsten einer flexiblen und prinzipiengeleiteten Ich-Identität und fällen moralische Urteile auf postkonventionellem Niveau.

Beide Identitätsformationen sind unmittelbar eingebunden in das (weiter vorn beschriebene) ontogenetische Modell. Vor dem Hintergrund der Kohlberg'schen Theorie stellt sich somit die Frage, ob der Übergang von der konventionellen zur postkonventionellen moralischen Urteilsfähigkeit gelingt. Habermas u. a. verbinden diesen Übergang mit dem Erwerb einer entwickelten kommunikativen Kompetenz (Diskursfähigkeit), die synonym als prinzipiengeleitete Ich-Identität bezeichnet wird. Dieses Konzept beziehen sie auf das Jugendalter, indem sie das Gelingen bzw. Misslingen des Übergangs als ein Problem der Adoleszenzkrise analysieren. Die These dabei lautet: Je heftiger diese Krise gelebt und erfahren wird, desto größer ist die Wahrscheinlichkeit, dass eine konventionelle Rollenidentität aufgebrochen und eine reflexive Ich-Identität[28] erreicht wird. Diese positive Auswirkung einer heftigen Adoleszenzkrise lässt sich theoretisch begründen: Wenn konventionelle Orientierungen überwunden werden sollen, müssen Wertmaßstäbe und die dahinter stehenden Autoritäten in Frage gestellt werden. Normen dürfen nicht mehr gelten, weil Autoritäten (z. B. die Eltern) sie postulieren, sondern weil der Jugendliche sie als vernünftig und konsensfähig erkannt hat. Je heftiger sich ein Jugendlicher mit den konventionellen Anteilen seiner bisherigen Identität auseinandersetzt, desto größer ist somit die Wahrscheinlichkeit, dass er sich davon zugunsten einer eigenständigen Ich-Identität lösen kann (vgl. Döbert/ Nunner-Winkler 1975, S. 138).

Dieser Zusammenhang wird von den Autoren nicht nur theoretisch abgeleitet, sondern auch durch eine empirische Vorstudie untermauert. Bei einer Befragung von 24 jungen Männern (zur Hälfte Wehrdienstverweigerer, zur Hälfte Bundeswehrfreiwillige) wurde festgestellt, dass nach einer heftigen Adoleszenzkrise fast immer eine moralische Urteilsfähigkeit auf postkonventionellem Niveau erreicht wird (vgl. ebd., S. 139). In diesen Fällen stellt eine prinzipiengeleitete Ich-Identität den Ausgang der (heftigen) Adoleszenzkrise dar. Allerdings gibt es bereits in dieser Vorstudie eine größere Zahl von Fällen (Ich-Identität bei schwacher Adoleszenzkrise), die sich nur schwer als Bestätigung der These interpretieren lassen (vgl. S. 139 f.). Aufgrund einer weiteren empirischen Studie (vgl. Nunner-Winkler 1985) musste diese These dann auch modifiziert werden; wir kommen darauf weiter unten zurück, erläutern hier jedoch weiterhin das ‹ursprüngliche› Konzept von 1975 mit der zentralen Theorieaussage: In der Adoleszenzkrise entscheidet sich, ob eine bedeutsame Umstrukturierung des Persönlichkeitssystems erfolgt (Rollenidentität oder Ich-Identität; konventionelle oder postkonventionelle Moralstufe). Eine heftige Adoleszenzkrise gilt als wesentliche Voraussetzung, um die wünschenswerte Stufe der Ich-Identität zu erreichen.

Adoleszenzkrise und gesellschaftliche Integration

Die ontogenetische These – über wesentliche Aspekte der Identitätsformation von Erwachsenen werde in der Adoleszenzkrise entschieden – wird von Habermas und Mitarbeitern in Verbindung gebracht mit einer gesellschaftstheoretischen These: ‹Rollenidentität› und ‹Ich-Identität› werden nicht nur als individualpsychologische, sondern auch als politisch bedeutsame Kategorien betrachtet, weil sie auf unterschiedliche Formen der gesellschaftlichen Integration der Subjekte in das spätkapitalistische System verweisen.

Döbert/Nunner-Winkler (1975) unterscheiden typologisch zwischen zwei subjektiven Umgangsweisen mit dem weiter vorn beschriebenen Legitimationsdefizit: Die Mehrheit der Bevölkerung ordnet sich – trotz aller Widersprüchlichkeiten – weitgehend funktional in ein solches Gesellschaftssystem ein, indem sie die herrschenden Orientierungen und die damit verbundenen Verhaltensimperative übernimmt. Ein solcher Persönlichkeitstyp, der als «bürgerliche Normalidentität» (S. 55) oder auch als «bürgerliche Modalpersönlichkeit» (S. 62) bezeichnet wird,

> «ist charakteristisch durch eine hohe ungerichtete Leistungsmotivation und die Bereitschaft, sich durch extrinsische Gratifikationen wie Geld, Ansehen, Karriere motivieren zu lassen. Weiterhin ist für ihn ein staatsbürgerlicher Privatismus typisch, d. h., er trägt das politische System durch generalisierte Zustimmung und nimmt zu konkreten politischen Fragen nur punktuell Stellung. Das bürgerliche Wirtschaftssubjekt mit einer dominierenden Berufsrollenorientierung ist der idealtypische und bislang auch durchschnittliche Repräsentant dieses Orientierungssyndroms» (S. 73 f.).

Der auf beruflichen Erfolg, auf Karriere und Leistung orientierte politisch apathische Mensch stellt somit den optimalen Fall einer systemangepassten Integration dar. Davon zu unterscheiden ist die (erheblich seltener auftretende) systemkritische Identitätsformation, die das gesellschaftliche Legitimationsdefizit nicht negiert, sondern bewusst verarbeitet. Döbert/Nunner-Winkler skizzieren dies idealtypisch am Beispiel junger Wehrdienstverweigerer: Bei ihnen ist die

«Basisloyalität gegenüber der Gesellschaft so weit aufgebrochen, daß sie sich nicht bruchlos in das Berufssystem integrieren und staatsbürgerliche Pflichten nicht als Selbstverständlichkeit hinnehmen ... Ihre Entscheidung, den Wehrdienst zu verweigern, ist das kombinierte Produkt ihrer krisenbedingten Systementfremdung und der Strukturen ihres moralischen Bewußtseins. Sie konkretisieren die abstrakten moralischen Prinzipien so, daß Verweigerung als Erfordernis moralischer Integrität erscheinen muß ... Die ‹idealtypischen› Verweigerer zögern den Eintritt in das Berufsleben hinaus, wählen marginale Berufe, suchen alternative Lebensformen und konfrontieren das System mit eigenen Ansprüchen» (S. 179 f.).

In diesen Fällen werden Beruf und Karriere als Orientierungsmaßstäbe hinterfragt; sie verlieren damit ihren zentralen gesellschaftlichen Integrationscharakter. Zugleich werden moralische Prinzipien ernst genommen und sowohl auf die eigene Person (Wehrdienstverweigerung) als auch auf das gesellschaftliche System angewandt. Derartige Persönlichkeitsstrukturen stellen, «falls sie nicht marginalisiert werden können, das gesamtgesellschaftliche System vor Probleme, weil sie dem politisch-ökonomischen Komplex generalisierte Basisloyalität und unspezifizierte Leistungsbereitschaft vorenthalten» (ebd., S. 179 f.).

Beschrieben werden somit in idealtypischer Weise zwei Persönlichkeitsstrukturen, die in je unterschiedlicher Weise auf die Legitimationsprobleme des Spätkapitalismus antworten. Diese Typologie unterschiedlicher politischer Orientierungen erhält ihre theoretische Brisanz dadurch, dass Habermas und Mitarbeiter sie mit ihrem ontogenetischen Modell koppeln. Beschrieben werden nicht einfach zwei unterschiedliche Ausprägungsformen des politischen Bewusstseins, sondern zwei verschiedene Stufen der Entwicklung von Identität und kommunikativer Kompetenz:

- Bei der systemstabilisierenden ‹bürgerlichen Modalpersönlichkeit› handelt es sich um ein Subjekt, das sich auf der Stufe der Rollenidentität befindet und konventionelle moralische Urteile (Kohlberg, Stufe 4) fällt.
- Demgegenüber handelt es sich bei dem systemkritischen Persönlichkeitstyp um ein Subjekt, das die Stufe der Rollenidentität überwunden und eine flexible, aber prinzipiengeleitete Ich-Identität ausgebildet hat. Dieses Subjekt fällt moralische Urteile auf postkonventionellem Niveau (Stufe 6).

Mit dieser Wendung erfolgt eine Verknüpfung zwischen einer ontogenetischen Entwicklungstheorie (ausgehend von Kohlberg) und dem Erwerb bestimmter gesellschaftspolitischer Einstellungen. Reflexionsprozesse auf dem entwickelten Niveau der Ich-Identität – so die These – führen überwiegend zu gesellschafts- und kapitalismuskritischen Ergebnissen (vgl. Nunner-Winkler 1985, S. 90). Zwischen den *Subjektstrukturen* und den Einstellungsinhalten wird ein enger Zusammenhang postuliert. Damit stellt sich die Frage nach der Adoleszenzkrise im Spätkapitalismus in neuer Weise: Wie vielen Heranwachsenden gelingt es, die eigene Persönlichkeitsentwicklung so weit voranzutreiben, dass sie die Stufe einer prinzipiengeleiteten Ich-Identität (bzw. der kommunikativen Kompetenz) erreichen und damit zu einem tendenziell systemkritischen Potenzial werden?

Diese Frage verweist zurück auf Verlauf und Intensität der Adoleszenzkrise; denn eine heftig verlaufende Adoleszenzkrise gilt als förderliche (oder gar notwendige) Bedingung bei der Überwindung der Rollenidentität zugunsten der Ich-Identität. Ob nun die Adoleszenzkrise in einer Gesellschaft bei den meisten Jugendlichen eher moderat oder eher heftig verläuft, hängt von den gesellschaftlichen wie kulturellen Rahmenbedingungen des Aufwachsens ab. Hierzu formulieren Döbert/Nunner-Winkler (1975, S. 74) ihre «makrosoziologische Trendhypothese»: Gesellschaftliche Entwicklungen im Spätkapitalismus führen dazu, dass Adoleszenzkrisen sich zunehmend verschärfen, sodass der Aufbau einer ‹bürgerlichen Modalpersönlichkeit› immer unwahrscheinlicher wird. Mit dieser These beziehen sie sich vor allem auf die (weiter vorn referierte) Analyse von Habermas, in der deutlich gemacht wird, dass die «Kernbestandteile der bürgerlichen Ideologie wie Besitzindividualismus und Leistungsorientierung» (1973*b*, S. 111) einer zunehmenden Erosion ausgesetzt sind. Weil aber gerade in der Adoleszenz solche Deutungsmuster einem «expliziten Test» (S. 127) unterzogen werden, liegt es nahe zu vermuten, dass gerade für diese Altersgruppe die sich verschärfende Legitimationskrise besonders starke Auswirkungen hat. Darüber hinaus verweisen die Autoren zur Stützung ihrer ‹Trendhypothese› auf weitere gesellschaftliche Entwicklungen, die sich nicht auf das bürgerliche Legitimationssystem, sondern auf die Lebenssituation im Jugendalter beziehen: Während in traditionellen Gesellschaften die Übergangsphase zwischen Kindheit und Erwachsenenalter sehr kurz ist, sieht die spätkapitalistische Gesellschaft ein zunehmend länger dauerndes Moratorium vor, das auch die Erprobung alternativer und individualisierter Lebensformen ermöglicht. Dieser Prozess ist unmittelbar verknüpft mit der Bildungsexpansion, mit der durchgängigen Verlängerung der Schulzeit und der Beteiligung von viel mehr Heranwachsenden an weiterführenden Bildungsgängen (vgl. Kap. 4.1). Bessere Bildung und verlängertes Moratorium erhöhen aber «die Wahrscheinlichkeit, daß Dissonanzen zwischen den angebotenen Deutungsmustern und der sozialen Realität wahrgenommen werden und die Identitätsproblematik verschärfen» (Habermas 1973*b*, S. 127). Schließlich wird auf eine gesellschaftliche Entwicklung verwiesen, die dem Jugendalter zeitlich vorgelagert ist: Der Wandel der familiären Erziehungsformen – weg vom autoritären Gehorsamkeitsmilieu hin zu liberaleren Formen des Umgangs –, der in der Bundesrepublik in den 1960er und 1970er Jahren das kindliche Aufwachsen massiv verändert hat (vgl. Büchner 1995), schafft bei den Heranwachsenden bessere subjektive Voraussetzungen, um im Jugendalter Konflikte durchstehen zu können.

Neben der Erosion des bürgerlichen Legitimationssystems finden sich also weitere gesellschaftliche Entwicklungstrends, die eine Verschärfung von Adoleszenzkrisen wahrscheinlicher werden lassen: Verlängerung des psychosozialen Moratoriums, Verbesserung der kognitiven Voraussetzungen, familiärer Liberalisierungsschub. Dies alles führt zu der Einschätzung, dass

> «die traditionelle Form der reibungslosen Integration in das Berufssystem und die damit einhergehende Verdrängung der Identitätsproblematik unwahrschein-

licher, ... systemkritische Verläufe und Ausgänge der Adoleszenzkrise hingegen wahrscheinlicher werden» (Döbert/Nunner-Winkler 1975, S. 61).

Sozialisation im Jugendalter – so lässt sich das Fazit dieser Theoriebildung festhalten – ist von hoher subjektiver wie gesellschaftlicher Bedeutung. Der damit notwendigerweise verbundene Prozess der Integration in die Erwachsenengesellschaft muss jedoch keinesfalls systemloyal und konformistisch verlaufen; eine optimale Persönlichkeitsentwicklung hin zur kommunikativen Kompetenz und zur prinzipiengeleiteten Ich-Identität kennzeichnet sich vielmehr durch ein kritisches, tendenziell systemtranszendierendes Potenzial. Zugleich ist in diese Theoriebildung eine optimistische These zur künftigen gesellschaftlichen Entwicklung eingewoben: Die bezeichneten gesellschaftlichen Trends sprechen dafür, dass sich die wünschenswerte (systemkritische) Persönlichkeitsbildung in Zukunft immer häufiger durchsetzt. Die Adoleszenzkrisen und ihre Ergebnisse werden auf diese Weise zum bedeutsamen Ort für die gesellschaftliche Weiterentwicklung erklärt.

4.3.3 Einordnung, Kritik und Weiterführung

Die grundsätzliche Kritik an dem Habermas'schen Sozialisationsentwurf entzündet sich an der sprachlichen Vereinseitigung, der unkritischen Kohlberg-Übernahme und dem problematischen Universalitätsanspruch. Weil Döbert/Nunner-Winkler dieses Habermas'sche Konzept zur Grundlage ihres jugendtheoretischen Entwurfs gemacht haben, richtet sich diese Kritik auch gegen ihre Theorie über «Adoleszenzkrise und Identitätsbildung»; die positiv eingeschätzten weiterführenden Aspekte des Habermas'schen Theorieentwurfs finden sich hier ebenfalls wieder. Dementsprechend gehen Döbert/Nunner-Winkler das Problem der Jugendsozialisation psychologisch und soziologisch umfassend an und bemühen sich, alle Ebenen des Sozialisationsprozesses in ihre Analyse einzubeziehen. Dabei gelingt es ihnen, die Adoleszenzkrise sowohl in ihrer individuellen als auch in ihrer gesellschaftlichen Bedeutung zu betrachten und beide Perspektiven systematisch aufeinander zu beziehen. Das Problem der gesellschaftlichen Integration von Jugendlichen wird nicht in funktionalistischer Einseitigkeit behandelt, sondern in seiner dialektischen Komplexität erfasst: Gesellschaftliche Teilhabe am Ende des Jugendalters kann zwar die Form der unkritischen Anpassung, aber auch die Form der kritischen Durchdringung annehmen. Jugend ist damit nicht nur der Ort der immer wieder neuen Stabilisierung der Gesellschaft (bzw. der Gefährdung von Stabilität), sondern vor allem eine Phase, in der sich ein kritisches Potenzial herausbilden kann, das auf eine humane Weiterentwicklung der Gesellschaft ausgerichtet ist. Während bei Eisenstadt «Kriminalität» und «radikale politische Bewegungen» unter der gemeinsamen Überschrift der «Abweichung» verhandelt werden, wird bei Döbert/Nunner-Winkler an dieser Stelle in theoretisch überzeugender Weise unterschieden: Politisch-nonkonformistisches Handeln reflektierter Subjekte (etwa in Form der Wehrdienstverweigerung) ist keineswegs ein unerwünschtes Sozialisationsergebnis, sondern ist als Ausdruck einer prinzipiengeleiteten Ich-Identität zu sehen; demgegenüber zeugen Formen der Jugendkriminalität, etwa Drogenabhängigkeit und Gewalttätigkeiten, eher von einer misslungenen Identitätsbildung – von Identitätsdiffusion statt Ich-Identität.

Schließlich ist positiv anzumerken, dass Döbert/Nunner-Winkler ihren theoretischen Ansatz so weit konkretisieren, dass er einer empirischen Überprüfung zugänglich und damit unter Verweis auf die Realität kritisierbar wird. Sie beginnen diese empirische Prüfung im Rahmen ihrer Pilotstudie (Döbert/Nunner-Winkler 1975) und fügen später weitere Untersuchungsergebnisse hinzu (Nunner-Winkler 1985). Auf diese empirischen Untersuchungen beziehen wir uns im Folgenden, indem wir danach fragen, ob der theoretisch behauptete Zusammenhang zwischen heftiger Adoleszenzkrise, postkonventioneller moralischer Urteilsfähigkeit und ‹systemgefährdenden Identitätsformationen› denn in der Realität tatsächlich vorzufinden ist. Relativierende Ergebnisse hierzu werden bereits in der Pilotstudie von Döbert/Nunner-Winkler (1975) selbst geliefert. Aufgrund intensiver qualitativer Interviews mit Wehrdienstverweigerern und Bundeswehr-Freiwilligen stellen sie zunächst fest, dass der Zusammenhang zwischen Krisenverlauf und Moralstufe nicht so eindeutig ist, wie er von ihnen postuliert wurde. Es ist zwar richtig, dass eine heftige Adoleszenzkrise in allen untersuchten Fällen zu einer postkonventionellen Moral führt; zugleich finden sich aber Befragte mit ‹schwacher› Adoleszenzkrise, die ebenfalls das postkonventionelle Niveau erreicht haben (vgl. ebd., S. 139f.). Die Ergebnisse einer zweiten, umfassenderen Untersuchung bei 112 Schülerinnen und Schülern zwischen 14 und 22 Jahren (vgl. Nunner-Winkler 1985, S. 90) führten zu weiteren Einsichten in das Verhältnis zwischen Adoleszenzkrise und Moralstufe: Von den männlichen Befragten, die ‹innere› und ‹äußere› Anzeichen für eine heftige Krise angaben, befanden sich 78 Prozent auf der postkonventionellen Moralstufe; bei den jungen Männern, die die Krise ausschließlich nach ‹außen› ausagierten, waren es jedoch nur sieben Prozent. Bei den männlichen Jugendlichen mit schwacher Adoleszenzkrise erreichten hingegen 35 Prozent die postkonventionelle Stufe. Da sich auch bei den weiblichen Jugendlichen ein ähnliches Bild zeigte (vgl. S. 107), ist insgesamt zu folgern: Eine heftige Adoleszenzkrise befördert das Erreichen des postkonventionellen Niveaus nur dann, wenn sie innerpsychisch mit selbstreflektorischen Auseinandersetzungen verbunden ist; diese Variante ist vor allem für Gymnasiasten und Realschüler typisch. Das heftige Ausagieren in der Adoleszenz, wie es vor allem bei Hauptschülern anzutreffen ist, erweist sich hingegen als ungünstig für die Persönlichkeitsentwicklung (vgl. S. 92f.). Es kommt hinzu, dass bei beiden Geschlechtern die postkonventionelle Moralstufe auch ohne (innere wie äußere) Krisensymptome erreicht werden kann; dies gilt zwar nur für eine Minderheit, kann aber nicht einfach übergangen werden. Aufgrund dieser empirischen Daten haben die Autoren ihre These modifizieren müssen: Die heftige Adoleszenzkrise ist nicht (im entwicklungslogischen Sinne) die notwendige und einzig relevante Erfahrung, die den Übergang zur prinzipiengeleiteten Ich-Identität bewirkt; sie ist allerdings ein wichtiger begünstigender Faktor (neben anderen) – wenn sie mit innerpsychischen Auseinandersetzungen verbunden ist (vgl. Nunner-Winkler 1985, S. 96).

Ein weiterer Zweifel an der empirischen Bestätigung kommt auf, wenn die nächste Stufe des Thesenzusammenhangs, das Verhältnis zwischen postkonventioneller Moralstufe und ‹systemgefährdenden Identitätsformationen›, betrachtet wird: Moralische Urteile auf dem konventionellen Niveau – so die These – fallen weitgehend zusammen mit einem konformistischen politischen Bewusstsein – mit der ‹bürgerlichen Normalidentität›, während Urteile auf dem postkonventionellen Niveau verbunden sind mit kritischen politischen Bewusstseinsformen, die sich als ‹systemgefährdend› erweisen können. Bereits die Pilotstudie (1975) erbrachte einige Abweichungen, die in der neuen Untersuchung weiter modifiziert wurden: Zwar besteht ein Zusammenhang zwischen Krisenverlauf, Moralstufen und gesellschaftspolitischen Positionen, doch ist dieser weniger eindeutig als ursprünglich angenommen. Nunner-Winkler (vgl. 1985, S. 92 ff.) zeigt dies am Beispiel der Einstellung zur Bundeswehr auf. Am ehesten entsprechen hier noch die jungen Männer mit heftiger, auch ‹innerer› Krisenerfahrung den Erwartungen; denn sie lehnen die Bundeswehr zu 89 Prozent ab, und zwar aus grundsätzlichen ethischen Gründen. Die männlichen ‹Ausagierer› sprechen sich ebenfalls mehrheitlich gegen die Bundeswehr aus; ihnen geht es jedoch nicht um die Gewissensprobleme, sondern um den ‹Drill›, dem sie sich nicht aussetzen wollen. Die weiblichen Befragten, per Gesetz von der Wehrpflicht ausgenommen, diskutieren das Problem ganz anders, indem sie vor allem nach dem Verhältnis von Geschlechterrolle und Wehrpflicht fragen. Nunner-Winkler folgert aus diesen Ergebnissen, dass die globale These, eine heftige Adoleszenzkrise führe zu einer Kritik an bestehenden gesellschaftlichen Verhältnissen, nicht haltbar sei (vgl. 1985, S. 90). Richtig sei allerdings, dass eine intensive Krise bei den Jugendlichen dazu führe, Kritik zu äußern. Wogegen sich diese Kritik dann richtet, sei jedoch abhängig von der je spezifischen Lebenslage und dem gesellschaftlichen Ort des Einzelnen. Damit wird nicht länger die These aufrechterhalten, dass sich aus einer bestimmten Struktur der Persönlichkeit (prinzipiengeleitete Ich-Identität) die Inhalte des Gesellschafts- und Weltbildes erschließen lassen (vgl. auch Döbert 1986, S. 120 f.).

Trotz dieser Modifizierung bleibt als empirisch gesicherter Sachverhalt bestehen, dass sich bei Jugendlichen der postkonventionellen Moralstufe die Kritik besonders häufig an bestehenden gesellschaftlichen Einrichtungen und Regelungen festmacht, dass sie sich in dieser Kritik besonders häufig auf universalethische Prinzipien und demokratische Grundnormen beziehen und dass sie sich am stärksten gegen Mechanismen zur Stabilisierung sozialer Ungleichheit wenden (vgl. Nunner-

Winkler 1985, S. 96 f.). Es findet sich somit kein entwicklungslogischer, sondern ein korrelativer Zusammenhang zwischen moralischem Urteilsvermögen und gesellschaftskritischen Einstellungen; dies schließt allerdings Ausnahmen ein, die von anderen Faktoren beeinflusst sind. Anders formuliert: Es gibt zwar eine klare Tendenz postkonventioneller Individuen, eher nonkonformistisch zu antworten. Dennoch ist der Zusammenhang zwischen ‹Struktur› und ‹Inhalt› so weit gelockert, dass am Ende der Adoleszenzkrise auch ein bewusst reflektierendes, aber konservativ denkendes (und damit systemstützendes) Subjekt stehen kann.

Bei der Frage nach der empirischen Haltbarkeit dieses Theorieansatzes kommt ein weiterer Punkt hinzu, der sich auf die ‹makrosoziologische Trendhypothese› von Döbert/Nunner-Winkler (vgl. 1975, S. 74) bezieht: Weil sich die Legitimationsprobleme im Spätkapitalismus zuspitzen – so die damalige These –, verlaufen Adoleszenzkrisen zunehmend schärfer, sodass die Herausbildung der ‹bürgerlichen Modalpersönlichkeit› immer unwahrscheinlicher wird. Weil mit dieser These Mitte der 1970er Jahre empirisch gehaltvolle Aussagen über die künftige gesellschaftliche Entwicklung (und ihre Auswirkung auf das Jugendalter) gemacht wurden, ist es inzwischen gut möglich, nach Anhaltspunkten für eine Bestätigung bzw. Widerlegung zu suchen. Allerdings ist die Frage, ob sich die Legitimationsprobleme im Spätkapitalismus seit Anfang der 1970er Jahre verschärft haben, aufgrund ihrer makrosozialen Komplexität empirisch kaum zu beantworten. Empirische Anhaltspunkte lassen sich jedoch für die Folgethese – Adoleszenzkrisen würden immer häufiger konflikthaft verlaufen – ins Feld führen. Hier zeigt die empirische Jugendforschung, dass es seit den 1970er Jahren zu Tendenzen einer stärker ‹postmateriellen› Orientierung bei Jugendlichen kommt, die sich sowohl in Umfrageergebnissen (vgl. z. B. Allerbeck/Hoag 1985, S. 69 ff.) als auch im Engagement in der Friedens- und Ökologiebewegung erkennen lassen. Diese Tendenzen könnten als Bestätigung der Trendhypothese von Döbert/Nunner-Winkler gewertet werden, lassen sich jedoch nicht als dominant bezeichnen. Mindestens ebenso bedeutsam sind seit den 1980er Jahren Erscheinungsformen im Jugendalter, die vom «Deutschen Jugendinstitut» (1982, S. 135) wie folgt beschrieben werden:

«Die Majorität der Jugend, nämlich die für einen Facharbeiter-, Handwerker- oder kaufmännischen Beruf Auszubildenden, steigt nicht aus, sondern will ‹einsteigen›, d. h. einen Beruf erlernen und arbeiten. Sie trägt auch nicht den sogenannten Jugendprotest, sondern konzentriert ihre Aktivität in allen gesellschaftlichen Bereichen auf das persönlich für nötig Erachtete.»

Bezieht man die Frage auf die Familie als den Ort, an dem die verschärften Adoleszenzkrisen vor allem aufbrechen müssten, so zeichnet die Jugendforschung ein überraschend konfrontationsfreies Bild: 1991 wohnten etwa 70 Prozent der Jugendlichen zwischen 17 und 20 in einem Haushalt mit beiden Eltern (vgl. Jugendwerk 1992, S. 11, 163). Das Verhältnis zu den Eltern wird von etwa 90 Prozent der Jugendlichen als positiv bezeichnet, gegenüber einer Befragung von 1962/63 finden sich kaum Veränderungen (vgl. Shell-Jugendstudie 2002, S. 57). Schließlich weist die Jugendstudie 1992 aus, dass für Jugendliche ihre Eltern (insbesondere die Mütter) als Gesprächspartner hoch im Kurs stehen (vgl. Jugendwerk 1992, S. 194 f.). Was die innerfamiliäre Kommunikation der 1980er und 1990er Jahre angeht, scheint jedenfalls die These von einem kooperativ-solidarischen Familienzusammenhang die Wirklichkeit besser zu treffen als die Behauptung von zunehmend schärfer werdenden Adoleszenzkonflikten.

Insgesamt bestätigen die beschriebenen Erscheinungsformen jedenfalls nicht die These, eine zunehmende Verschärfung der Adoleszenzkrise führe immer häufiger zu systemgefährdenden Identitätsformationen. Die Liberalisierung elterlicher Erziehungsvorstellungen hat – quer durch alle sozialen Schichten – vielmehr zu neuen Formen des Arrangements zwischen Eltern und Heranwachsenden geführt, die sich als weit weniger konfliktträchtig erweisen als unter den Bedingungen der ausgehenden 1960er Jahre.

Welche Bilanz lässt sich ziehen, nachdem die Theorie über ‹Adoleszenzkrise und Identitätsbildung› auf den empirischen Prüfstand gestellt wurde? Was die 1975 formulierte ‹makrosoziologische Trendhypothese› betrifft, haben die Autoren die künftige gesellschaftliche Entwicklung in der Bundesrepublik offensichtlich falsch eingeschätzt. Die antikapitalistische Aufbruchsstimmung zu Beginn der 1970er Jahre, in die hinein diese Theorie entworfen wurde, ist sehr bald von der ‹konservativen

Wende› eingeholt worden. Eine kontinuierliche Zunahme des jugendlichen Protestpotenzials – so die Hoffnung der Theorie – hat es jedenfalls nicht gegeben. Vielmehr zeigt sich im Zeitverlauf eine Abnahme des politischen Interesses bei Jugendlichen (vgl. Jugendwerk 1997, S. 304). Diese Feststellung verweist auf das grundsätzliche Problem gesellschaftlicher Prognosen: Sozialisationstheorien sollten sich besser auf die Analyse und Erklärung abgelaufener Prozesse konzentrieren, anstatt zukünftige vorherzusagen. Der analytische Teil der Theorie von Döbert/Nunner-Winkler ist von der Falsifizierung dieser Prognose nicht betroffen. Hier haben die empirischen Ergebnisse zwar zur Modifikation der ursprünglichen Thesen geführt, doch haben sich diese als wissenschaftlich fruchtbar erwiesen: Der Zusammenhang zwischen dem Verlauf der Adoleszenzkrise, der moralischen Urteilsfähigkeit und der politisch-sozialen Orientierung ist damit wesentlich durchschaubarer geworden. Wenn dieses Konzept stärker als andere aufgrund empirischer Ergebnisse kritisiert werden kann, spricht das nicht gegen, sondern grundsätzlich für diese Theorie; denn die empirische Widerlegung von Teilaussagen hat zur Modifikation ursprünglicher Konzepte und damit zur theoretischen Weiterentwicklung geführt. Dies ist aber nur dann möglich, wenn die Theoriearbeit von Anfang an auf Korrektur durch empirische Forschung angelegt ist. Die Arbeiten über ‹Adoleszenzkrise und Identitätsbildung› sind somit ein Beispiel für eine gelungene Wechselbeziehung zwischen komplexer Theoriebildung und selbstkritischer empirischer Forschung. Sie zeigen, wie Sozialisationstheorie und Sozialisationsforschung ineinander greifen können.

4.4 Jugend in der Risikogesellschaft: Individualisierung als sozialisationstheoretisches Konzept?

Bei aller Würdigung des komplexen sozialisationstheoretischen Ansatzes von Habermas und Mitarbeitern bleibt doch ein bedeutender Kritikpunkt unübersehbar: In diesen Theorieentwurf fließt – zwar implizit, aber deutlich erkennbar – eine ‹Zeitdiagnose› ein, die sich auf die bundesrepublikanische Gesellschaft der ausgehenden 1960er und beginnenden 1970er Jahre bezieht: auf die Zeit der 68er Studentenrevolte. Der Konflikt zwischen einer nachwachsenden ‹kritischen› Generation und einer etablierten Erwachsenengesellschaft bestimmte damals die politischen Auseinandersetzungen über etliche Jahre. Dabei erfasste die ursprünglich von den Hochschulen ausgehende politische Mobilisierung auch weite Kreise der Schülerschaft und der Lehrlinge. Im Zuge dieser Auseinandersetzungen wurde die autoritäre Erziehungskultur nicht nur in den Universitäten und Schulen heftig kritisiert; vielmehr erkämpften sich die Jugendlichen auch in den Familien wichtige Freiräume. Die theoretische Annahme, eine «heftige Lösungskrise» im Elternhaus sei nicht nur wünschenswert, sondern auch zunehmend häufiger zu beobachten, muss vor diesem historischen Hintergrund gesehen werden. Die Jugendforschung der 1970er und 1980er Jahre hat demgegenüber aufgezeigt, dass die Konflikte im Elternhaus seit dieser Zeit insgesamt nicht zu-, sondern eher abgenommen haben – und dass heftige Konflikte keineswegs die unhintergehbare Voraussetzung für ein ‹postkonventionelles› Bewusstsein sind.

Das bestehende (und zugleich massiv kritisierte) gesellschaftliche System wird von Habermas und Mitarbeitern als kapitalistische Klassengesellschaft – genauer: als «Spätkapitalismus» – verstanden. Die sich – so ihre Prognose – zunehmend verschärfenden «Legitimationsprobleme» des Spätkapitalismus ergeben sich vor allem als Folgeprobleme gesellschaftlichen Reichtums; deshalb habe der Staat Vollbeschäftigung und Sozialfürsorge zu sichern (vgl. Döbert/Nunner-Winkler 1975, S. 49 f.). Nun zeigt die gesellschaftliche Entwicklung seit den 1970er Jahren zum einen, dass trotz hoher Massen- und Dauerarbeitslosigkeit dem «Spätkapitalismus» keineswegs die Loyalität entzogen wurde. Hier wurden die Loyalitätsprobleme offensichtlich überschätzt. Auf der anderen Seite wurde seit den 1980er Jahren die ökologische Krise der Industriegesellschaft zum beherrschenden politischen Thema: Weil von der Wasser- und Luftverschmutzung potenziell jede(r) betroffen ist, passt diese Problemlage nun auch nicht mehr in das ‹klassische› Muster von Klassen und Klassengegensätzen. Gerade an dieser Stelle haben die etablierten politischen Kräfte am meisten mit Loyalitätsproblemen – insbesondere bei Jugendlichen – zu kämpfen. In der gesellschaftlichen Analyse von

Döbert/Nunner-Winkler (1975) kommt dieses Thema überhaupt nicht vor. Schließlich geht dieser Theorieansatz davon aus, dass sich das Jugendalter – wenn auch mit gewissen Brechungen und Einschränkungen – nach wie vor als eine «Statuspassage» beschreiben lässt: «Unter strukturellem Aspekt kann die Phase als beendet gelten, wenn der Jugendliche mit der Übernahme einer Berufsrolle und der Gründung einer eigenen Familie endgültig integriert ist» (S. 42). Diese Vorstellung von Jugend als einer klar definierbaren Lebensphase des Übergangs hat seit den 1980er Jahren an Plausibilität massiv eingebüßt; denn was der ‹Anfang›, was der ‹normale Durchlauf› und was das ‹Ende› von Jugend ist, ist aufgrund gesellschaftlicher Entwicklungen immer undeutlicher geworden.

Mit anderen Worten: Die gesellschaftliche Diagnose der frühen 1970er Jahre stimmt in wichtigen Teilen nicht mehr für die Bundesrepublik der 1990er Jahre – und dies gilt vor allem für die Situation von Jugendlichen. Vor dem Hintergrund dieser Veränderungen wurden neue gesellschaftliche Analysen vorgelegt, die nicht nur im Kreis der Jugendforscher für weit plausibler gehalten werden. Zu nennen sind hier vor allem die Arbeiten von Ulrich Beck (1983, 1986), dessen Buch über die «Risikogesellschaft. Auf dem Weg in eine andere Moderne» (1986) nicht nur in den Sozialwissenschaften, sondern auch in der Öffentlichkeit seit Jahren breit rezipiert wird.[29] Zugleich wurden in den 1980er und 1990er Jahren neuere jugendsoziologische Arbeiten vorgelegt, die – meist in enger Anlehnung an Beck – die These von einer massiven Umstrukturierung der Jugendphase plausibel machen (vgl. Fuchs 1983; Zinnecker 1985; Heitmeyer/Olk 1990; Böhnisch 2001).

Knapp gefasst lassen sich diese Arbeiten auf drei zentrale Thesen konzentrieren:

1. Die Begriffe «Industriegesellschaft» oder «kapitalistische Klassengesellschaft» beschreiben die gesellschaftliche Realität nicht mehr angemessen. Vielmehr hat sich die Gesellschaft der Bundesrepublik durch weitere «Modernisierungsschübe» auf den Weg zu einer «Risikogesellschaft» begeben: Darin eingelagert sind massive Konsequenzen für die Subjekte – auch und gerade für die Jugendlichen.

2. Auf dem Weg von der «Klassengesellschaft» zur «Risikogesellschaft» lösen sich traditionelle «gesellschaftliche Milieus» (z. B. das der Industriearbeiter-

schaft) immer mehr auf. Verhaltenssicherheit kann daher zunehmend weniger aus der Tradition des sozialen Umfelds gezogen werden. Der Einzelne wird nicht nur von den Zwängen, sondern auch von den Sicherheiten dieser Einbindungen befreit. Beck spricht hier von einem «Individualisierungsschub», dem die Subjekte ausgesetzt sind.

3. Diese gesellschaftlich-strukturellen Prozesse zeigen deutliche Auswirkungen auch im Jugendalter: Klassische Ablaufmuster der Jugendphase («bürgerliche Jugend», «proletarische Jugend») werden zunehmend aufgelöst, an ihre Stelle treten vielfältige und höchst unterschiedliche Lebensformen, Lebensstile, Problemlagen, die nebeneinander bestehen. Olk (1985) spricht daher von der «Entstrukturierung» des Jugendalters.

Insgesamt haben wir es hier (im Unterschied etwa zu Erikson oder zu Döbert/Nunner-Winkler) nicht mit einem ausgearbeiteten sozialisationstheoretischen Entwurf zu tun, sondern eher mit vorläufigen Thesen und suchenden Analysen vor allem auf der gesellschaftlichen Makro-Ebene, die sich um die Begriffe «Risikogesellschaft», «Individualisierung» und «Entstrukturierung der Jugendphase» gruppieren. Welche Bedeutung sich daraus für die Subjektentwicklung von Jugendlichen – für die Ausprägung von Kompetenzen, Persönlichkeitsmerkmalen, gesellschaftlichen Orientierungen – ergibt, wird in diesen Texten nicht systematisch entwickelt, sondern eher aspekthaft angesprochen. Ob sich dieser Argumentationszusammenhang als ein sozialisationstheoretisch relevanter Theorieverbund interpretieren lässt, wird im Folgenden zu fragen sein. Wir stellen zunächst die gesellschaftliche Analyse von Beck dar, um daran anschließend die gesellschaftlichen Veränderungen des Jugendalters zu skizzieren.

4.4.1 Grundannahmen und zentrale Begriffe der Beck'schen Gesellschaftsanalyse

Ulrich Beck argumentiert in seinen Veröffentlichungen (vgl. insb. 1983; 1986; Beck/Beck-Gernsheim 1990) weder in Kategorien innerpsychischer Zustände, noch beschreibt er subjektive Entwicklungsprozesse. Seine Analyse ist vielmehr eindeutig als eine «historisch-soziologische, als gesellschaftsgeschichtliche» (Beck 1986, S. 207) zu verstehen. Dabei betrachtet er nicht eine zurückliegende Epoche, sondern die Gegenwartsgesellschaft der (alten) Bundesrepublik. In seiner Analyse konzentriert er sich auf den Wandel, der sich in dieser Gesellschaft seit den 1950er Jahren vollzogen hat, und beschreibt ihn als Übergang von der Industriegesellschaft zur «Risikogesellschaft». Diese Analyse ist in der Folgezeit in der Soziologie weitergetrieben und differenziert worden (vgl. z. B. Vester u. a. 2001). Wir beziehen uns im Folgenden jedoch auf die Ausgangsanalysen von Beck.

Von der Industriegesellschaft zur Risikogesellschaft

Diesen Analysen von Beck liegt die Überzeugung zugrunde, dass wir Zeitzeugen eines tiefgehenden gesellschaftlichen Umbruchs waren: Das Alte (die traditionelle Industriegesellschaft) herrschte zwar auch in den 1980er Jahren in vielen Bereichen noch vor, doch das Neue (die «Risikogesellschaft») ließ sich an vielen Erscheinungsformen schon deutlich erkennen. Für die Zeit seit 1950 diagnostiziert Beck einen epochalen Entwicklungsschub:

«Auf dem Hintergrund eines vergleichsweise hohen materiellen Lebensstandards und weit vorangetriebenen sozialen Sicherheiten wurden die Menschen in einem historischen Kontinuitätsbruch aus traditionalen Klassenbedingungen und Versorgungsbezügen der Familie herausgelöst und verstärkt auf sich selbst und ihr individuelles Arbeitsmarktschicksal mit allen Risiken, Chancen und Widersprüchen verwiesen» (1986, S. 116).

Beschrieben wird damit ein *Modernisierungsschub*, der sich in einer entwickelten Industriegesellschaft auf hohem materiellen Niveau vollzieht: Steigender Wohlstand auch in unteren sozialen Schichten, weiter vorangetriebene soziale Sicherheit, Erweiterung von Bildungschancen, Verkürzung der Erwerbsarbeitszeit, Steigerung sozialer und regionaler Mobilität – aber auch drohende Arbeitslosigkeit und Flexibilisierung von Beschäftigungsverhältnissen – dies alles hat die Lebenssituation der Bevölkerung in (historisch gesehen) kurzer Zeit erheblich verändert. Insbesondere hat dadurch die «vorgängige Einbindung der Menschen in alltags- und lebensweltlich identifizierbare Klassenstrukturen an sozialer Evidenz und Bedeutung» (1983, S. 40) verloren. Wir erleben somit eine gesellschaftliche Entwicklung, in der das überkommene Hierarchiemodell sozialer Klassen und Schichten «unterlaufen und in seinem Realitätsgehalt zunehmend in Frage» (S. 36) gestellt wird.

Mit diesen abstrakten Formulierungen sind konkrete historische Erfahrungen gemeint, die die Menschen in der Bundesrepublik seit den 1950er Jahren – also im Wechsel von nur drei Generationen – gemacht haben. Um Becks These vom «Individualisierungsschub» zu verdeutlichen, soll zunächst möglichst konkret beschrieben werden, was denn mit den – inzwischen weitgehend aufgelösten – «klassenkulturellen Lebensformen» der 1950er Jahre gemeint ist. Im Folgenden wird deshalb ein solches Milieu beispielhaft beschrieben: das der Arbeiterschaft im Ruhrgebiet der 1950er Jahre.[30]

Der Stadtteil, der in den 1920er Jahren um die beiden Fördertürme einer Kohlenzeche gebaut wurde, besteht überwiegend aus Siedlungen, die von den Bergarbeitern und ihren Familien bewohnt werden: Man(n) arbeitet auf der gleichen Zeche, wohnt in der gleichen Siedlung, gehört wie selbstverständlich der Gewerkschaft – häufig auch der SPD – an, geht Sonntagnachmittags gemeinsam zum Fußballspiel des örtlichen Vereins – und anschließend in die Bierkneipe. Die damit verbundenen Wege werden allesamt zu Fuß oder per Fahrrad zurückgelegt; denn ein Auto besitzt damals niemand. Die Ehefrauen sind (fast) ausnahmslos nicht berufstätig; sie versorgen Haus, Kinder und Garten – und warten darauf, dass die Männer sonntags spätestens zum Abendessen wieder zu Hause sind.
Im Stadtteil gibt es insgesamt drei ‹Volksschulen› – zwei evangelische und eine katholische. Diese Schulen umfassen die Klassen eins bis acht und entlassen ihre Schüler(innen) im 14. Lebensjahr. Weiterführende Schulen gibt es in diesem Stadtteil nicht – wer eine Realschule oder gar ein Gymnasium besuchen will, muss in den Nachbar-Stadtteil oder in die Innenstadt fahren. Von etwa 35 Kindern einer 4. Volksschulklasse wechseln bestenfalls zwei bis drei zu einer dieser ‹weiter führenden› Schulen über – Bergarbeiterkinder sind so gut wie nie darunter. Für die ist es vielmehr selbstverständlich, bis zum Ende ihrer Schulzeit auf der Volksschule zu verbleiben. Der größte Teil der Jungen beginnt dann eine Ausbildung als Berglehrling auf der örtlichen Zeche; wer hingegen schneller mehr Geld verdienen will, fängt dort sofort als Hilfsarbeiter an. Einige, die sich in der Schule als besonders klug erwiesen haben, scheren ein wenig aus: Sie bemühen sich um eine Lehre als Schlosser, Elektriker oder Modellschreiner in dem großen Stahlwerk, das zwei Stadtteile weiter liegt. Von den Mädchen sucht nur ein Teil nach der Schule einen Ausbildungsplatz – überwiegend als Friseuse oder Verkäu-

ferin. Nicht wenige gehen als Jungarbeiterin in eine nahe gelegene feinmechanische Fabrik.
Für alle – für Jungen wie für Mädchen – ist die Schulentlassung ein lang herbeigesehntes Ereignis. Nun ist man endlich kein Schulkind mehr, sondern gilt als ‹Jugendliche(r)›. Man verfügt über selbstverdientes Taschengeld, darf abends länger (aber noch nicht allzu lange) fortbleiben – und am Wochenende stehen Tanzveranstaltungen und Kinobesuche auf dem Programm. Nach und nach bilden sich ‹feste Freundschaften› zwischen Jungen und Mädchen heraus; Sexualität in diesen Beziehungen gilt zwar offiziell als verboten, und die Eltern kämpfen auch mehr oder weniger entschieden dagegen an; doch die Jugendlichen finden hier ihre Wege. Hat die voreheliche Sexualität Folgen und wird ein Mädchen schwanger, so steht die soziale Konsequenz außer Frage: Die beiden jungen Leute ‹müssen› heiraten. Auf diese Weise werden viele Ehen zwischen 18- bis 20-Jährigen geschlossen. Die Heirat ist darüber hinaus eine unhintergehbare Voraussetzung, um eine gemeinsame Wohnung zu bekommen. Bis zur Heirat (ob nun ‹freiwillig› oder durch Schwangerschaft befördert) wohnen die jungen Leute selbstverständlich bei ihren Eltern. Wenn beide schon ‹ausgelernt› haben, können sie nun über einige Jahre von ihrem Lohn einiges zurücklegen, um für Haushalts- und Möbelanschaffungen zu sparen. Die Hochzeit wird dann als großes Ereignis – in das die Familien, die Arbeitskollegen und die Nachbarschaft einbezogen werden – gefeiert. Wenn noch keine Kinder da sind, arbeitet die junge Frau noch ein bis zwei Jahre mit, um die Möbel schneller abbezahlen zu können. Der junge Mann nutzt aus gleichem Grund alle Möglichkeiten, um auf der Zeche Überstunden zu machen. In seiner alten Fußball- und Kneipenclique lässt er sich auch deshalb immer seltener sehen. Spätestens im Alter von 24 oder 25 Jahren wird die junge Frau erstmals schwanger; mit der Geburt des Kindes scheidet sie für eine unabsehbare Zeit aus ihrem Beruf aus.

So weit also die beispielhafte Beschreibung eines «klassenkulturellen Lebenszusammenhangs» der 1950er Jahre. Solche «sozial-moralischen Milieus» (Beck 1983, S. 49) hat es keineswegs nur im Ruhrgebiet und nur in der Arbeiterschaft gegeben. Ähnlich umfassende und (scheinbar) stabile Milieus lassen sich in den 1950er Jahren auch im bäuerlich-ländlichen Bereich oder im kleinstädtischen Besitz- und Bildungsbürgertum festmachen. Damit waren stets auch spezifische Erziehungskulturen verbunden. Typisch für solche Milieus ist, dass mit der Zugehörigkeit zu einer gesellschaftlichen Klasse bzw. Schicht zugleich ein relativ fest gefügtes Netz von sozialen Beziehungen in Nachbarschaft, Verwandtschaft und Bekanntschaft verbunden ist. In solchen ständischen bzw. klassenspezifisch geprägten Lebenswelten sind Traditionen eingelagert, die sich nicht zuletzt auf die ‹Normalität› von biographischen Abfolgen beziehen: wie lange man zur Schule geht, ob und welche berufliche Ausbildung man durchläuft, wann und wen man heiratet, ob und wo man ein Haus baut.

Die hier beispielhaft beschriebene Gesellschaftsformation wird von Soziologen entweder als «klassische Industriegesellschaft» oder als «kapitalistische Klassengesellschaft» bezeichnet; Beck benutzt beide Begriffe, bezeichnet sie aber auch als «traditionale Großgruppengesellschaft» (1986, S. 139). Diese Gesellschaftsformation – so seine These – ist seit den 1980er Jahren dabei, sich aus der Geschichte zu verabschieden – und zwar nicht, wie Marx es prognostiziert hat, mit einem großen revolutionären Knall, sondern auf leisen Sohlen: Indem sich in dieser Gesellschaft weitere und tiefgreifende Modernisierungsprozesse durchsetzen, entsteht eine «andere Moderne» – eben die «Risikogesellschaft». Dabei bezieht sich der Risikobegriff einerseits auf die atomare und ökologische Globalgefährdung, bei der es keine Klassenunterschiede gibt. Andererseits bezieht sich dieser Begriff auf die individuellen Risiken und Verunsicherungen, die sich aus der Dynamik des sozialen Wandels ergeben (vgl. 1986, S. 115).

Dynamik der Modernisierung

Dieser Wandel soll nun beschrieben werden – und zwar unter Rückgriff auf das zuvor skizzierte Arbeitermilieu im Ruhrgebiet. Solche Milieus und damit auch die vorgegebenen Lebenslaufmuster «werden seit den 1950er Jahren kontinuierlich weggeschmolzen» (1983, S. 49). Verursacht werde dies durch die «wohlfahrtsstaatliche Modernisierung» (1986, S. 116) der Industriegesellschaft. Darunter fasst Beck vor allem drei eng miteinander verflochtene Prozesse:

1. *Dynamik der Arbeitsmarktentwicklung:* Dass Betriebe schließen oder verlagert werden, dass damit Arbeitsplätze wegfallen oder neu geschaffen werden, gehört zur Grunddynamik kapitalistischer Gesellschaften und ist somit nicht neu. Doch in dem Maße, in dem sich Innovationen in Produktion und Dienstleistung immer schneller ablösen, hat sich dieser Prozess massiv beschleunigt. In dem Maß, in

dem immer weitere Kreise der Bevölkerung vom Arbeitsmarkt abhängig sind (weniger mithelfende Familienangehörige, weniger Nur-Hausfrauen), haben die damit verbundenen Entwicklungen für immer mehr Menschen eine existenzielle Bedeutung. Und nachdem seit den 1970er Jahren die Massenarbeitslosigkeit zu einer Dauererscheinung geworden ist, sind die Anpassungszwänge an den sich wandelnden Arbeitsmarkt für Arbeitnehmer härter und zwingender. Kurz: «Der Arbeitsmarkt erweist sich ... als ein Motor der Individualisierung von Lebensläufen» (1983, S. 46).

Betrachtet man unter dieser Perspektive den Ruhrgebiets-Vorort, so lässt sich feststellen: In der ganzen Stadt gibt es seit Beginn der 1970er Jahre keine Kohlenzeche mehr. Damit ist die ökonomische Basis für das Bergarbeitermilieu verschwunden: Etliche Bergleute sind dem Kohlebergbau nachgezogen, andere arbeiten nun in einem Automobilwerk oder in einer Glasfabrik, viele sind vorzeitig Rentner geworden. In den Siedlungshäusern wohnen inzwischen nicht wenige Arbeiter (und Angestellte), die mit ihrem PKW täglich mehr als 50 km zu ihrem Arbeitsplatz pendeln. Nimmt man hinzu, dass am Rande der früheren Bergarbeitersiedlung ein Studentenheim gebaut wurde (seit 1970 besteht in der Stadt eine Universität), so kann von einem homogenen Milieu keine Rede mehr sein.

2. *Massenkonsum* an *höherer Bildung:* Die ‹selbstverständlichen› Schul- und Ausbildungswege der 1950er und 1960er Jahre sind verschwunden: Die Volksschule gibt es längst nicht mehr – und die (geschlossenen) Zechen sind auch kein Ort der Berufsausbildung mehr. Die Schulstruktur am Ort hat sich massiv verändert. Neben einer einzigen verbliebenen Hauptschule wurde eine Gesamtschule, die bis zum Abitur führt, neu errichtet. Parallel dazu wurden die Realschule und das Gymnasium im Nachbarort erheblich erweitert. Nur noch eine Minderheit der Schüler(innen) bzw. ihrer Eltern wählt am Ende der 4. Klasse die kürzeste Schulausbildung – die Hauptschule. Vielmehr ist der Besuch der Schule bis zur ‹mittleren Reife› inzwischen zur Normalität geworden. Der Weg bis zum Abitur wird weit seltener gewählt als in den bürgerlichen Vororten der Südstadt – doch er ist längst keine exotische Ausnahme mehr. Es gibt für die Schullaufbahn der Kinder keine unbefragte ‹Selbstverständlichkeit› mehr – vielmehr ist individuell zu entscheiden, was nach dem vierten, was nach dem zehnten Schuljahr geschehen soll. Inzwischen kennt im Verwandten- und Bekanntenkreis jede(r) mehrere Arbeiterkinder, die an der Universität studieren. Damit gilt auch für diese Ruhrgebiets-Stadt, was Beck allgemein formuliert: «Mit der Verlängerung schulischer Bildung werden traditionale Orientierungen, Denkweisen und Lebensstile durch universalistische ... Wissensinhalte und Sprachformen relativiert oder verdrängt ... Bezogen auf das proletarische Klassenmilieu der Arbeiterschaft ... bedeutet dies einen Kontinuitätsbruch, der im Generationswechsel erst allmählich hervor-

tritt» (1986, S. 128f.). In der Tat: Auch in dieser Region verfügen in den 1980er Jahren die meisten Jugendlichen über eine formal erheblich höhere Schul- und Berufsbildung als ihre Eltern. Dies mündet häufig in berufliche Tätigkeiten, die sozial und regional aus dem Herkunftsmilieu hinausführen.

3. *Soziale und geographische Mobilität:* Der steigende Wohlstand der 1960er und 1970er Jahre hat dazu geführt, dass die Bewohner längst motorisiert sind. Soziale und kulturelle Aktivitäten sind daher nicht mehr auf den Nahraum des Milieus beschränkt; vielmehr bietet sich nunmehr ein vielfältiger Möglichkeitsraum, der individuell sehr unterschiedlich genutzt wird. Für die Jugendlichen haben daher der lokale Fußballclub und die örtliche Kneipe ihre zentrale Bedeutung längst verloren; hingegen ist der Cliquenbesuch eines Rockkonzerts in Hamburg nichts Ungewöhnliches mehr. Es kommt hinzu, dass sowohl die Arbeitsmarktdynamik als auch die Bildungsexpansion die Sesshaftigkeit mindert: Betriebswechsel, Berufswechsel, Ortswechsel – mal erzwungen, mal selbst gewählt – werden innerhalb einer Biographie zunehmend zu normalen Ereignissen und tragen ihrerseits zum ‹Verblassen› der sozialen Milieus bei: «Die Lebenswege der Menschen verselbständigen sich gegenüber den Bedingungen und Bindungen, aus denen sie stammen oder die sie neu eingehen (Familie, Nachbarschaft, Freundschaft, Kooperation), und gewinnen diesen gegenüber eine Eigenständigkeit und Eigenrealität» (1983, S. 46). Dabei verselbständigt sich die Kleinfamilie zunehmend, sie wird zu einem mobilen Element in austauschbaren Umwelten (vgl. S. 54). Obwohl dies für die Situation im Ruhrgebiets-Vorort wohl eine Überzeichnung ist, weil dort die meisten Menschen nach wie vor in der weiteren Umgebung bleiben, wird damit doch eine richtige Tendenz bezeichnet: Während früher die Siedlungshäuser häufig in der Familie von Generation zu Generation weitergegeben wurden, sind solche stabilen Verhältnisse zunehmend seltener: Die Kinder wohnen entweder aus beruflichen Gründen – oder auch, weil sie bewusst räumlichen Abstand halten wollen – in anderen Stadtteilen oder Städten. Die Zechengesellschaft hat viele Siedlungshäuser verkauft, die Bewohner haben gewechselt; in einigen fein umgebauten Häusern wohnen nun Lehrer oder städtische Angestellte, aber auch ausländische Arbeitnehmer. Die ursprünglich eng aufeinander bezogene Nachbarschaft ist auch durch diese Mobilitätsprozesse deutlich distanzierter geworden.

Geblieben ist – so das Fazit – auch nach der Jahrtausendwende eine Wohngegend, in der überwiegend Arbeiter und ‹kleine Angestellte› wohnen. Doch die ursprüngliche Homogenität hat sich weitgehend aufgelöst – dies lässt sich auch an den lokalen Wahlergebnissen ablesen: Die Zeiten, in denen die SPD bei jeder Wahl etwa 70 Prozent der Stimmen erhielt, sind längst vorbei. Aufgelöst hat sich ebenfalls die klare Strukturierung der Lebensphase ‹Jugend› – an die Stelle einer eindeutigen und relativ kurzen Statuspassage sind vielfältige Möglichkeiten, zwischen denen zu wählen ist, getreten.

Individualisierungsschub

Bedeutsam an dieser Entwicklung ist, dass klassen- und schichtenspezifische Unterschiede nicht aufgehoben wurden – «die Herkunft als Bestimmungsfaktor für die Zuweisung sozial ungleicher Chancen bleibt in Geltung ... Die alten Abstände stellen sich auf dem neuen Niveau wieder her» (1986, S. 141 f.). Was die Einkommens- und Besitzverhältnisse angeht, spricht Beck auch von einem «Fahrstuhl-Effekt» (S. 124). Gebessert hat sich die Lebenslage in allen Schichten, ohne dass die Unterschiede geringer geworden sind. Allerdings sind dadurch gerade in den unteren Schichten die Entfaltungsmöglichkeiten (z. B. Konsum, Reisen) erheblich gewachsen. Zugleich hat sich – trotz fortbestehender Ungleichheiten – die klassenspezifische Vorab-Festlegung der individuellen Lebenswege wesentlich gelockert. Damit ist jede(r) Einzelne zunehmend stärker gezwungen, seinen Lebensweg immer wieder neu durch eigene Entscheidungen zu gestalten. Genau dies wird von Beck als *«Individualisierungsschub»* (1983, S. 41) bezeichnet[31] und als Teil der gesamtgesellschaftlichen Modernisierung des Spätkapitalismus beschrieben:

«Individualisierung bedeutet in diesem Sinne, daß die Biographie der Menschen aus vorgegebenen Fixierungen herausgelöst, offen, entscheidungsabhängig und als Aufgabe in das individuelle Handeln jedes einzelnen gelegt wird. Die Anteile der prinzipiell entscheidungsverschlossenen Lebensmöglichkeiten nehmen ab und die Anteile der entscheidungsoffenen, selbst herzustellenden Biographie nehmen zu. Individualisierung von Lebensläufen heißt also hier ...: sozial vorgegebene Biographie wird in selbst hergestellte und herzustellende transformiert, und zwar so, daß der einzelne selbst zum ‹Gestalter seines eigenen Lebens› wird und damit auch zum ‹Auslöffler der Suppe, die er sich selbst eingebrockt hat›» (1983, S. 58 f.).

Die Modernisierung unter Wohlstandsbedingungen führt somit nicht nur zu immer feineren Formen der Arbeitsteilung und immer komplexeren Marktbeziehungen, sondern sie produziert eben auch geänderte Anforderungen an die Subjekte: Diese lassen sich zunächst einmal beschreiben als Herauslösung aus historisch vorgegebenen Sozialformen, verbunden mit dem Verlust an traditionalen Sicherheiten (z. B. Religiosität, Klassenbewusstsein). Allerdings ist die Individualisierung nicht allein als Freisetzung zu verstehen, vielmehr etablieren sich zugleich neue Abhängigkeiten: Immer mehr Menschen werden vom persönlichen Arbeitsmarktschicksal abhängig, ebenso wächst die Abhängigkeit von anonymen Institutionen – von der Krankenversicherung über das Bildungssystem bis hin zum Altersheim (vgl. 1986, S. 211 ff.). Im Rahmen all dieser Abhängigkeiten wird der einzelne Mensch immer wieder vor Entscheidungszwänge gestellt, ohne dabei auf traditionelle Biographiemuster seines sozialen Milieus zurückgreifen zu können. Daher muss in «der individualisierten Gesellschaft ... der einzelne ... bei Strafe seiner permanenten Benachteiligung lernen, sich selbst als Handlungszentrum, als Planungsbüro in bezug auf seinen eigenen Lebenslauf ... zu begreifen» (S. 217).

Ein so angelegter Begriff von «Individualisierung» verweist zunächst einmal auf eine grundlegende Änderung der Sozialstruktur (weg von der traditionellen «Klassengesellschaft»), aus der sich Konsequenzen gerade auch für Sozialisationsinstanzen wie Familie und Schule ergeben. Diese Veränderungen werden von Beck als ambivalent beschrieben: Sie enthalten für die Subjekte nicht nur erweiterte Möglichkeiten, sondern auch gestiegene Risiken. Die Pointe der gesellschaftlich-historischen Analyse von Beck besteht in dieser *subjektorientierten Zuspitzung*: Der sich zunehmend durchsetzende Prozess der Individualisierung stellt die Menschen – und zwar in allen Schichten und Klassen – seit den 1980er Jahren vor wesentlich andere und schwierigere biographische Aufgaben als in den 1950er Jahren. Indem Beck diese komplexer gewordenen Handlungs- und Entscheidungssituationen der Subjekte (als Konsequenz gesellschaftlicher Strukturveränderungen) beschreibt, erhält seine historisch-soziologische Analyse auch eine erhebliche *sozialisationstheoretische* Relevanz. Allerdings: Die individuellen Formen der Bewältigung oder Nicht-Bewältigung dieser Situationen – also die psychologischen Aspekte dieses Prozesses – werden von Beck nicht thematisiert (vgl.

Heitmeyer/Olk 1990; S. 16)[32]. Gerade im Bereich der Jugendsozialisation finden sich jedoch etliche Arbeiten, in denen die Individualisierungs-Perspektive mit der Analyse innerpsychischer Prozesse verknüpft wird (vgl. z. B. Heitmeyer 1995, S. 77 ff.).

Die so beschriebene «Individualisierung» kann keineswegs als theoretisch eindeutig definiert angesehen werden; vielmehr gewinnt dieser Begriff gerade aufgrund seiner Unschärfe und seiner Mehrdeutigkeit eine gewisse Faszination und seine «vielseitige Verwendbarkeit» (Heitmeyer/Olk 1990, S. 12). Im Kontext der Sozialisationstheorie ist er vor allem deshalb mehrdeutig, weil er sich keiner der vier Ebenen des Sozialisationsprozesses (vgl. Abb. 1) klar zuordnen lässt: Obwohl er seiner Herkunft nach eher makrotheoretisch angelegt ist, werden die anderen drei Ebenen (Institution, Interaktion, Persönlichkeit) ebenfalls angesprochen. So gesehen ist «Individualisierung» als eine theoretische Perspektive anzusehen, die auf die *Verknüpfung* aller vier Ebenen des Sozialisationsprozesses verweist; denn dieser Begriff ist

> «gewissermaßen an der Nahtstelle unterschiedlicher Analyseebenen und Denktraditionen angesiedelt ...; mit dessen Hilfe lassen sich also sowohl gesellschaftstheoretische Diskurse führen als auch sozialisations- und identitätstheoretische Fragestellungen bearbeiten. Und gerade diese Lokalisierung an den Verbindungslinien zwischen subjektiven Lebensplänen, Sichtweisen und Kompetenzen der Individuen und gesellschaftlich verfaßten Gelegenheitsstrukturen macht ihn auch für die Jugendforschung so relevant» (Heitmeyer/Olk 1990, S. 12).

Genau um diese jugendtheoretische Relevanz geht es im Folgenden.

4.4.2 Gewandelte Lebensphase und jugendliche Subjektentwicklung

Die beschriebenen Modernisierungs- und Individualisierungsprozesse haben gerade in den Institutionen der primären und sekundären Sozialisation zu erheblichen Veränderungen geführt: Was die *Familie* betrifft, so ist auf das gestiegene Heiratsalter, die späteren Erstgeburten, sinkende Kinderzahlen, steigende weibliche Erwerbstätigkeit und die zunehmende Normalisierung von Scheidung und Wiederverheiratung zu verweisen (vgl. Beck/Beck-Gernsheim 1990; Lenz/Tillmann 1997; Ecarius/Fuchs/Wahl 2008). Dies alles sind Erscheinungsformen der Individualisierung, die das familiäre Aufwachsen so stark verändert haben, dass Kohli (1986, S. 203) von einer «Destandardisierung im ‹privaten› Bereich von Partnerschaft und Elternschaft» spricht. Parallel dazu finden sich Veränderungen im *Bildungssystem*, die bereits angesprochen wurden. Die Errichtung weiterführender Bildungseinrichtungen (Gesamtschulen, Gymnasien, Universitäten) in der Nähe von Arbeiterquartieren, die Aufhebung der Geschlechtertrennung in der Schule, der Abbau von Zugangsschranken zur ‹höheren› Bildung – dies alles hat die Schulen und das pädagogische Klima in ihnen erheblich verändert: Zwar bestehen in niveauverschobener Weise soziale Unterschiede fort (vgl. Baumert/Schümer 2001), doch zugleich sind die Bildungswege in allen sozialen Schichten offener geworden.

Strukturwandel der Jugendphase

Die vorliegenden Analysen zeigen nun, dass sich dieser gesellschaftliche Individualisierungsschub in besonders gravierender Weise in der Lebensphase ‹Jugend› bemerkbar macht: Eine in den 1950er und 1960er Jahren recht klar strukturierte Statuspassage von der Kindheit in das Erwachsenenalter verliert immer mehr Konturen und besitzt für den Einzelnen immer weniger von außen gesetzte Verbindlichkeiten. Aus den wenigen klassen- und geschlechtstypisch standardisierten Ablaufmustern von ‹Jugend› in den 1950er Jahren sind vielfältige Möglichkeiten und Varianten des Lebenslaufs entstanden: Jugend als ‹Statuspassage› fasert aus (entstrukturiert sich), Jugend als Lebensform wird in bisher unbekannter Weise vielfältig (pluralisiert sich). Dieser Strukturwandel im Jugendalter kann analytisch in drei – eng miteinander zusammenhängende – Teilprozesse ‹zerlegt› werden (vgl. Fuchs 1985; Jugendwerk 1992/2; Helsper/Böhme 2002):

1. *Verlängerung von Jugend durch ‹Verschulung›:* Während in den 1950er Jahren mehr als 70 Prozent der Heranwachsenden die Volksschule nach der 8. Klasse verließen, um in eine berufliche Ausbildung (bzw. ungelernte Tätigkeit) einzutreten, hat sich hier ein fundamentaler Wandel vollzogen. Die Verlängerung der Pflichtschulzeit und der zu-

nehmende Drang auf weiterführende Bildungsgänge, die Ausweitung beruflicher Vollzeitschulen und die Expansion der Hochschulen haben dazu geführt, dass seit den 1980er Jahren für die meisten jungen Leute (bis zum 20. Lebensjahr) neben der Familie die Schule die dominante Lebenssphäre geworden ist (vgl. Kap. 4.1.2). Indem nun auch Kinder aus der Arbeiterschaft an weiterführenden Bildungswegen partizipieren, gewinnen sie Zeit für ihre Persönlichkeitsentwicklung; zugleich steigt damit die Wahrscheinlichkeit, dass sie sich aus klassenspezifischen Milieus herausentwickeln. Doch nicht nur die Verlängerung von Schule, sondern auch die Verzweigung der Schullaufbahnen ist hier von Bedeutung: Während die klassenspezifischen Muster der 1950er Jahre einen milieuspezifischen Schulweg (Gymnasium oder Volksschule) klar vorgaben, werden nun zunehmend Entscheidungen über Schulbiographien verlangt: Gesamtschule oder Gymnasium? Wie weiter nach der 10. Klasse? Nach dem Abitur studieren? Solche Entscheidungen werden möglich, weil auch das Schulwesen seit den 1950er Jahren weit differenzierter und vielfältiger geworden ist; sie werden notwendig, weil weiterführende Bildung inzwischen von weiten Bevölkerungskreisen in die ‹normale› Lebensplanung einbezogen wird.

2. *Verunsicherung von Jugend durch Arbeitsmarktrisiken:* Nachdem etwa Mitte der 1950er Jahre die Nachkriegsarbeitslosigkeit überwunden war, trat die bundesrepublikanische Wirtschaft in eine relativ lange Phase wirtschaftlichen Wachstums, verbunden mit Vollbeschäftigung, ein. Etwa bis 1973 hatte es den Anschein, als würden sich Vollbeschäftigung, gute Arbeitsmarktchancen und steigendes Einkommen auf Dauer etablieren. Die Heranwachsenden, die in den 1960er Jahren Schulen oder Hochschulen verließen, fanden somit (wie sich rückblickend zeigt) historisch einmalig günstige Berufschancen vor. Dies galt – jeweils hierarchisch gestuft – für die Absolventen der unterschiedlichen Schulformen genauso wie für die jungen Menschen mit Hochschulabschluss: Die jeweiligen Abschlusswege waren klar vorgezeichnet und die jeweiligen Übergänge in den Beruf über lange Jahre stabil und sicher. Diese Situation hat sich seit der ersten Hälfte der 1970er Jahre drastisch geändert; seitdem hat sich in der Bundesrepublik ein hoher Sockel an Arbeitslosigkeit dauerhaft gebildet. Während die Jugendlichen also auf der einen Sei-

te durch die Schulzeitverlängerung mehr Entfaltungschancen erhalten haben, geraten sie auf der anderen Seite unter den massiven Konkurrenzdruck des Arbeitsmarkts. Die negativen Erfahrungen, die dabei

> «immer mehr Jugendliche mit unterschiedlichen Bildungszertifikaten und aus allen Bevölkerungsgruppen ... haben machen müssen, drücken sich in Arbeitslosigkeit, ausbildungsunspezifischen und unterwertigen Tätigkeiten, Unterbeschäftigungen und Nichtrealisierung von Berufswünschen aus. Die äußeren Folgen der anhaltenden Arbeitsmarktkrise kennen wir: zeitliche Verlängerung und Labilisierung der Passage zum Erwachsenen-Status für immer mehr Jugendliche» (Baethge 1985, S. 309).

Insgesamt lässt sich sagen: Die dauerhaften Arbeitsmarktprobleme haben «der Individualisierung eine weitere Drehung hinzugefügt» (Fuchs 1983, S. 368). Weil berufliche Einmündungen immer seltener direkt und problemlos erfolgen, weil immer häufiger Wartezeiten und Umwege zwischengeschaltet werden (müssen), werden die Lebenswege immer differenzierter, immer verwickelter. Dabei müssen sich Jugendliche nicht nur den notwendigen biographischen Entscheidungen stellen; sie müssen zugleich ‹Spürsinn› entwickeln, welche Möglichkeiten – von der ABM-Maßnahme über zeitweises ‹Jobben› bis zum ‹Parken› auf einem Studienplatz – sie sich denn in welcher Situation erschließen können. Auf diese Weise entstehen im Jugendalter hoch individualisierte Beschäftigungsbiographien; diese zu einem Erfolg (sprich: Einmündung in dauerhafte Berufstätigkeit) zu führen, verlangt von vielen Jugendlichen eine erhebliche Handlungskompetenz.

3. *Vervielfältigung des Übergangs in das Erwachsenenalter:* Bis Ende der 1960er Jahre war es weithin üblich, dass junge Männer und Frauen erst dann die elterliche Wohnung verließen, wenn sie in das selbst geschaffene eheliche Heim zogen. Nur die Studenten mit ihren ‹Buden› bildeten hier eine nennenswerte, aber klar umgrenzte Ausnahme. Dieser Umzug von der Herkunfts- in die selbst gegründete Familie war zugleich der deutlich erkennbare Schritt in das Erwachsenenalter. Er setzte den gelungenen Einstieg in die berufliche Arbeit (und damit die ökonomische Selbständigkeit) voraus. An die Stelle dieses einzigen ‹normalen› Ausgangs aus dem Jugendalter sind inzwischen vielfältige Übergangs-

möglichkeiten getreten: Damit hat sich die enge Koppelung von Auszug aus dem Elternhaus, ökonomischer Selbständigkeit und eigener Eheschließung weitgehend aufgelöst. Was das Verlassen des Elternhauses angeht, so haben sich verschiedene Austrittsmöglichkeiten etabliert: Der 18-jährige Gymnasiast, der in eine Wohngemeinschaft zieht, findet sich genauso wie der 25-jährige Angestellte mit fester Freundin, der im Dachgeschoss des elterlichen Hauses ein Apartment bewohnt. Beide so unterschiedliche ‹Fälle› weisen allerdings übereinstimmend darauf hin, dass die Verbindlichkeit der Lebensform Ehe rapide abgenommen hat. Dies ist insbesondere von jungen Leuten durchgesetzt worden, die seit den frühen 1970er Jahren zunehmend individuelle Lebensformen oder nichteheliche Lebensgemeinschaften bevorzugen.

«Insofern das Zusammenleben mit einem festen Partner (auf Zeit oder auf Dauer) weder den Segen des Staates hat noch endgültiges ‹commitment› verlangt, auch die beiden Herkunftsfamilien nicht ... in die Partnerschaft einbezieht, handelt es sich um eine Form des Miteinanderlebens, die *hoch individualisiert* ist» (Fuchs 1983, S. 357).

Das Zusammenleben ‹ohne Trauschein›, das noch in den 1960er Jahren gesellschaftlich geächtet war, hat seit den 1970er Jahren unter Jugendlichen weite Verbreitung gefunden. Die meisten Jugendlichen verlassen inzwischen ihr Elternhaus zwischen dem 18. und 22. Lebensjahr, um in eine solche Partnerschaft (oder auch in eine andere Wohnform) zu ziehen. Weil das Heiratsalter weit in das dritte Lebensjahrzehnt geschoben wird, «entsteht für vergleichsweise viele Jugendliche der 80er Jahre ein neuartiger Raum eines jugendlichen Moratoriums zwischen der Zeit in der Herkunfts- und der Zeit in der künftigen eigenen Familie» (Zinnecker 1985, S. 38).

Eine solche Lebensform war insbesondere für die weibliche Jugend der 1950er und 1960er Jahre völlig unbekannt. Auf solche Weise wurden seit den 1980er Jahren Lebensformen etabliert, die in «sozialer, moralischer, intellektueller, politischer, erotisch-sexueller ... Hinsicht» (Jugendwerk 1981/1, S. 101) die Selbständigkeit von Erwachsenen aufweisen. Weil sich diese jungen Leute jedoch häufig noch in Ausbildung oder Studium befinden, fehlt ihnen ein zentrales Merkmal von ‹Erwachsensein›: das eigene Einkommen durch dauerhafte Berufstätigkeit. Wie und wann sich angesichts solch unterschiedlicher Lebenslagen im Einzelfall der Übergang vom Jugendlichen zum Erwachsenen vollzieht, ist relativ offen und zugleich stark interpretationsbedürftig: So sind viele junge Familien – trotz abgeschlossener beruflicher Ausbildung – finanziell noch auf elterliche Zuschüsse angewiesen. Zugleich gibt es nicht wenige Studentinnen und Studenten, die sich bereits weit vor Studienabschluss über dauerhaftes ‹Jobben› von ihren Eltern finanziell unabhängig gemacht haben. Wer von ihnen kann bereits als ‹erwachsen› gelten, wer von ihnen ist noch ‹jugendlich›? Schließlich sind die vielen berufstätigen jungen Menschen zu erwähnen, die zwischen dem 20. und dem 30. Lebensjahr auch dann (gleichsam schleichend) in das Erwachsenenalter überwechseln, wenn sie nicht heiraten und keine Familie gründen. Kurz: Die Selbständigkeit in den verschiedenen Bereichen (Ausbildung, Finanzen, Partnerschaft) kann im Einzelfall zu sehr unterschiedlichen Zeiten erreicht werden – und beinahe jede Kombinationsmöglichkeit ist inzwischen möglich. Damit wird die Frage, ob jemand erwachsen ist, zunehmend davon abhängig, ob er (sie) sich selbst schon dafür hält (vgl. Behnken/Zinnecker 1992, S. 141).

4. *Fazit:* Fasst man diese vielfältigen Befunde zusammen, so lässt sich feststellen: Ob in Ausbildung und Beruf, ob in Partnerschaft und Familie – an die Stelle eindeutiger Übergänge ins Erwachsenenalter sind Verschiebungen, Überlappungen, Verfrühungen und Verzögerungen unterschiedlicher Art getreten. Als genereller Trend lässt sich jedoch festhalten, dass frühe Selbständigkeiten (z. B. im kulturellen Bereich oder als Konsument) in ein Spannungsverhältnis geraten mit der ökonomischen Unselbständigkeit, die immer länger anhält. Insgesamt werden sozial vorgegebene Lebensläufe zunehmend aufgeweicht; eine Normalbiographie verstanden als hohe Erwartbarkeit bestimmter Lebensereignisse und Lebensphasen zu bestimmten Zeiten, wird immer schwerer erkennbar. An die Stelle der vorgeprägten Statuspassage tritt die «individualisierte Jugendbiographie» (Fuchs 1983), die den Jugendlichen in ein zu gestaltendes Feld von biographischen Optionen setzt. Dort gibt es jedoch nicht nur neue Erfolgsperspektiven, sondern zugleich auch größere ‹Absturz›-Möglichkeiten. Aufgrund der Ambivalenz des Individualisierungs-

prozesses, der für Individuen zugleich Chancen und Risiken beinhalten kann, sprechen Heitmeyer und Olk auch von den «Sonnen-» bzw. «Schattenseiten» der Individualisierung (Heitmeyer/Olk 1990, S. 23). Im Vergleich zu früheren Generationen können Jugendliche nicht nur mehr entscheiden, sie müssen es auch. Sie stehen unter Entscheidungszwängen, ohne dass sie zumeist wissen, woraufhin sie denn entscheiden sollen; denn die «Kriterien der Entscheidungen sind unklar, und die Berechenbarkeit der Folgen» (Heitmeyer/Olk 1990, S. 27) ist höchst unübersichtlich geworden. Daraus entsteht «eine ständige latente Unsicherheit im Hinblick auf die Richtigkeit der Optionen, ein Grundgefühl wie beim Gang über zu dünnes Eis – der ‹Ritt über den Bodensee› als Dauerzustand» (Liebau 1985, S. 112). Allerdings darf bei dieser Beschreibung nicht übersehen werden: Trotz aller Tendenzen zur Auflösung klassenkultureller Milieus sind die Lebenschancen von Jugendlichen (und damit auch ihre biographischen Gestaltungsräume) nach wie vor klassenspezifisch massiv unterschiedlich. Es stimmt zwar, dass der Individualisierungsschub den Akademikersohn in der gymnasialen Oberstufe ebenso wenig verschont wie das Arbeitermädchen am Ausgang der Hauptschule; denn für beide gilt, dass sie sich in ihrer Lebensplanung nicht mehr von ‹alten› klassenspezifischen Selbstverständlichkeiten leiten lassen können. Doch während für den einen die Individualisierung eher als verlängertes und von vielen Zwängen befreites Moratorium erscheint, stellt sie sich für die Hauptschülerin vor allem als Zwang dar, trotz ungünstiger Startbedingungen auf dem Arbeitsmarkt Fuß zu fassen.

Allerdings sind ihre Möglichkeiten, sind ihre Freiräume zur Gestaltung des eigenen Lebens (und ihrer Subjektivität) nach wie vor erheblich eingeschränkt. Kurz: Auch wenn der Individualisierungsschub die Lebensphase Jugend insgesamt verändert hat, so sind damit die klassen- und geschlechtsspezifischen Chancenunterschiede keineswegs verschwunden.

Individualisierung und jugendliche Subjektentwicklung

Vergleicht man die soeben präsentierte Analyse einer ‹individualisierten› und ‹pluralisierten› Jugend mit den weiter vorn verhandelten Theorieansätzen – von Eisenstadt bis Döbert/Nunner-Winkler –, so entsteht in der Tat ein anderes Bild der *Lebensphase* Jugend: Bisher bekannte gesellschaftliche Regelungen, Normierungen, Selbstverständlichkeiten sind verloren gegangen, an ihre Stelle sind Unklarheiten, neue Möglichkeiten und erhöhte Risiken getreten. Die bisher referierten Analysen bleiben allerdings bei einer Beschreibung von Phasen- und Strukturveränderungen stehen: Wie die Subjekte diese Veränderungen verarbeiten, welche Prozesse der Persönlichkeitsentwicklung sich im Durchlauf durch eine ‹entstrukturierte› Jugendphase einstellen, von welchen spezifischen Bedingungen unterschiedliche Verarbeitungsformen (und damit unterschiedliche Subjektformationen) abhängen, dies alles blieb weitgehend unbearbeitet. Insofern bewegen sich die bisher referierten Analysen allesamt im Vorfeld einer Sozialisationstheorie: Sie beschreiben zwar sehr eindrucksvoll, in welche komplexer gewordene Situationen die Jugendlichen gesetzt werden. Doch was die Jugendlichen für ihre eigene Person daraus machen – bzw. was mit ihnen dabei ‹passiert› –, bleibt weitgehend unbeantwortet. Genau diese Begrenztheit des Individualisierungsansatzes sprechen Heitmeyer/Olk (1990, S. 21) an, wenn sie feststellen:

«Es kommt eben alles darauf an, wie die Individuen unter diesen Bedingungen die Erfahrung der eigenen Einzigartigkeit und Unverwechselbarkeit machen und gegen widrige äußere Bedingungen durchsetzen können. Auf der Ebene der Rekonstruktion und Beschreibung sowohl der Sozialstruktur als auch der kulturellen Infrastruktur individualisierter Gesellschaften allein ließe sich jedenfalls nicht entscheiden, ob diese Individualisierungsmöglichkeiten genutzt oder verfehlt werden. Zu diesem Zweck bedarf es zusätzlich einer Theorie der Genese des (jugendlichen) Subjekts, einer Theorie also, die die je individuellen Strategien der Herstellung und Sicherung von Einzigartigkeits- und Nicht-Austauschbarkeitserfahrungen spezifiziert und analysiert.»

Damit befinden wir uns theoriestrategisch wieder genau an der Stelle, an der sich die Frage nach einem Theorieverbund stellt; denn das Individualisierungskonzept beschreibt zwar den Wandel der gesellschaftlichen Verhältnisse – und zwar bis hin zu den unmittelbaren Lebensumständen von Jugendlichen –, aber es liefert keine Kategorien, um personale Entwicklungsprozesse zu analysieren. Innerhalb der Jugendforschung gibt es nun unterschiedliche Ansätze, die Bedingungen der individualisierten Gesellschaft mit einer Analyse jugendlicher Sozialisationsprozesse zu verbinden (vgl. z. B. du Bois-Reymond/Oechsle 1990; Fuchs-Heinritz/Krüger 1991; Hurrelmann 2004, S. 40 ff.). Ein weit ausgearbeitetes und auch empirisch gehaltvolles Konzept hierzu hat Wilhelm Heitmeyer vorgelegt. Im Kontext seiner Forschung zu rechtsextremistischen und gewaltbereiten Jugendlichen entwickelt er einen Erklärungsansatz, in dem die gesellschaftlichen Prozesse der Individualisierung (in Anlehnung an Beck) verknüpft werden mit subjekttheoretischen Analysen der Identitätsfindung (in Anlehnung vor allem an Habermas). Dabei betont Heitmeyer zunächst die Belastungsmomente, die sich «aus der Dynamik der Individualisierungsschübe» ergeben und die für viele Jugendliche «lange Schatten» werfen (Heitmeyer/Peter 1992, S. 27): Es verallgemeinern sich Vereinzelungstendenzen, die Gefahren des Statusverlustes und der sozialen Ausgrenzung erhöhen sich, und auch die Dauerhaftigkeit von sozialer Integration wird zunehmend unterminiert. Heitmeyer stellt sich nun die Aufgabe, die Bearbeitung dieser gesellschaftlichen Umstände «durch die Individuen im Hinblick auf ihre Identitätsprozesse zu analysieren ... Insbesondere wird dies für Jugendliche zentral, weil ‹Identität› als eine Kernaufgabe der Jugendphase gelten kann» (1995, S. 77).

In seinen metatheoretischen Begründungen für diesen Theorieverbund bezieht sich Heitmeyer (1986, S. 30 ff.) auf Hurrelmanns Vorstellungen von der interdisziplinären Verbindung unterschiedlicher Analyseebenen. Dabei führt Heitmeyer aus, dass sich das Konzept der ‹Identität› für solche verbindenden Analysen besonders gut eignet: Es enthalte ein umfassendes Verständnis vom aktiv handelnden Subjekt, sei auf der Interaktionsebene analytisch verwendbar und thematisiere auf der gesamtgesellschaftlichen Ebene ein Grundproblem moderner Industriegesellschaften (vgl. 1986, S. 33 f.): Lassen diese Gesellschaften die Herausbildung einer vernünftigen Identität zu? Die Kategorie der ‹Identität›, die primär auf der Subjektebene angesiedelt ist, erlaubt somit einen analytischen Zugriff auch auf die anderen Ebenen des Sozialisationsprozesses. In ähnlicher Weise – das wurde bereits gezeigt – ordnet Heitmeyer den primär gesellschaftstheoretischen Begriff der Individualisierung ein. In seinen Arbeiten verknüpft er nun beide Theorieelemente: An die Analyse der gesellschaftlichen Rahmenbedingungen (hier die

Beck'sche Gesellschaftsanalyse) wird auf der Subjektebene das Konzept der «Ich-Identität», ihrer Entwicklung und ihrer Balance, angeschlossen. Eine solche Theorieverbindung geht von der zentralen Prämisse aus, dass die gesellschaftlichen Individualisierungsprozesse die Jugendlichen vor zunehmend schwierigere Aufgaben stellen – und dass die subjektive Bearbeitung dieser Schwierigkeiten durch die einzelnen Jugendlichen zu unterschiedlichen Identitätsformationen führt. Eine solche Prämisse wiederum greift auf zwei theoretische Festlegungen zurück, die innerhalb der Jugendforschung lang etabliert sind, die aber im Zuge der Diskussion über eine ‹andere Moderne› zunehmend in die Kritik geraten sind:

Heitmeyer geht davon aus, dass das subjekttheoretische Konzept der «Ich-Identität» nach wie vor geeignet ist, personale Entwicklungsprozesse in dieser Gesellschaft zu beschreiben und zu analysieren. Es wird als ein erkenntnisträchtiges Konzept für die «Binnenperspektive des Individuums» (Heitmeyer/Olk 1990, S. 20) angesehen. Insofern wendet sich Heitmeyer gegen ‹postmoderne› Kritiker, die die Vorstellung von der Einheitlichkeit des Ich (= Identität) für einen Irrglauben der (auslaufenden) Moderne halten.[33]
Heitmeyer hält darüber hinaus fest an der Einsicht, dass die Bearbeitung von Identitätsproblemen eine besonders wichtige Aufgabe des Lebensabschnitts Jugend ist. Damit bezieht er sich auf die Vorstellung von Jugend als einer besonders identitätssensiblen Lebensphase, wie sie spätestens seit Erikson als Grunderkenntnis der Jugendtheorie gilt (vgl. Kap. 4.2.2). Insofern wendet er sich gegen Vorstellungen, die Identitätskrise als lebenslange Erscheinung anzusehen.[34]

Vor diesem sozialisationstheoretischen Hintergrund nimmt Heitmeyer (1995, S. 87) explizit Bezug auf die von Habermas (1973*a*) entworfene *ontogenetische* Fassung des Identitätskonzepts, in dem die Subjektentwicklung von der «natürlichen Identität» der Kindheit über die «Rollenidentität» zur «Ich-Identität» beschrieben wird (vgl. Kap. 4.3.1). Dabei stellt sich für das Jugendalter die spezielle Frage, ob der Übergang von der Rollenidentität zur Ich-Identität gelingt. Heitmeyer siedelt seine subjektbezogene Problemstellung genau an diesem Punkt an, indem er fragt: Ist es den Jugendlichen möglich, angesichts der zunehmenden gesellschaftlichen «Überkomplexität» (1995, S. 92) eine eigenständige (und potenziell gesellschaftskritische) Ich-Identität zu entwerfen – oder suchen sie Stabilität und vermeintliche Sicherheit in einer «Konformität mit gesellschaftlichen Normanforderungen, Rollendefinitionen und gesellschaftlichen Leitbildern» (S. 93), also in einer tendenziell rigiden, vereinfachenden Rollenidentität? Dabei werden mit dem Begriff «Überkomplexität» all die Entwicklungen zusammengefasst, die als Problemzuspitzung, als «neue Widersprüche» (Baacke/Heitmeyer 1985) die Lebenssituation von Jugendlichen von der gesellschaftlichen Seite her bestimmen. Damit verbunden sind nun aber zunehmend schwierigere Subjektprobleme, weil «nach der Individualisierungs-These ... diese Konstellationen von den einzelnen bearbeitet werden (müssen), obwohl sie sich der individuellen Bearbeitung an vielen Stellen entziehen» (Heitmeyer 1995, S. 93).

Was damit gemeint ist, wird an einem Beispiel deutlich:

> «Die Heranwachsenden werden normativ daraufhin orientiert, in den Produktionsprozeß einzutreten und einen Beitrag zur gesellschaftlichen Reproduktion zu leisten. Im Alltag lautet etwa die Mahnung: Wer soll eigentlich unsere Rente bezahlen, wenn du nicht arbeiten gehst. Gleichzeitig wird aber faktisch einer erheblichen Anzahl von Jugendlichen genau diese Arbeit verweigert. Daraus ergibt sich ein *subjektiv* unlösbarer Widerspruch, der gesellschaftlich verursacht wird durch Widersprüche in und zwischen komplexen sozialen Systemen. Das zentrale Problem besteht nun gerade darin, daß diese Widersprüche, die gewissermaßen fernab der eigenen Lebenswelt entstehen, *gerade aber in dieser Lebenswelt verarbeitet werden müssen* ... Dies führt zu Überforderungen» (Heitmeyer 1985, S. 190 f.).

Bereits an dieser Stelle lässt sich erkennen, dass es große theoriestrategische Ähnlichkeiten zwischen dem jugendtheoretischen Entwurf von Heitmeyer und dem von Döbert/Nunner-Winkler (1975) gibt: In beiden Ansätzen geht es darum, dass die gesellschaftlichen Widersprüche spätkapitalistischer Gesellschaften von den Heranwachsenden in der Adoleszenzphase als subjektive Orientierungsprobleme zu bearbeiten sind – und dass dabei unterschiedliche Identitätsformationen ausgebildet werden. Allerdings ist, entsprechend den jeweiligen historischen Umständen, die Fragestellung in beiden Studien sehr unterschiedlich: Während Döbert/

Nunner-Winkler Anfang der 1970er Jahre danach fragen, wie bei Jugendlichen die potenziell gesellschaftskritische Ich-Identität entsteht, fragt Heitmeyer angesichts der gesellschaftlichen Realitäten seit Ende der 1980er Jahre: Wie lassen sich Erscheinungsformen von Jugendgewalt und Rechtsextremismus erklären?

Anhand dieses Erklärungsversuchs soll im Folgenden die Heitmeyer'sche Theorieverknüpfung konkretisiert werden. Dabei lässt sich zunächst einmal durch einige Interviewbeispiele erläutern, was unter rechtsextremen Orientierungen bei Jugendlichen verstanden wird:

So fordert der 17-jährige Charly eine Regierung, bei der «endlich ein ordentlicher Mann oben hier an die Spitze kommt, da ne, der mal richtig hier aufräumt, der mal richtig sagt, das wird jetzt durchgesetzt, das machen wir jetzt ... Der da durchsetzt ...» (Heitmeyer u. a. 1993, S. 314).

Diese autoritäre Einstellung verbindet Charly mit einer massiven Fremdenfeindlichkeit: «Ist ja schließlich unser Land, die haben doch ihr Land da drüben, sollen sie hingehen, wo sie herkommen ... das ist ja schon gar nicht Deutschland mehr, das ist schon Mischland hier. Jetzt haben sie die ganzen Tamilen aus Sri Lanka ... wenn ich das sehe, könnte ich schon wieder das Kotzen kriegen» (1993, S. 315).

Charly ist der Meinung, dass zur Durchsetzung politischer Ziele – also etwa der Forderung «Deutschland den Deutschen» – auch Gewaltanwendung richtig und berechtigt ist: «Ich trete für die Sache ein, die ich meine, das ist eben meistens Gewalt, ist Gewalt» (S. 316).

Dieses Gefüge von autoritär-nationalistischen Vorstellungen, von Ausländerfeindlichkeit und Gewaltbereitschaft wird von Heitmeyer als «rechtsextremistisch» bezeichnet. In einer von ihm (1987) durchgeführten repräsentativen Studie wurden mehr als 1200 Jugendliche aus 10. Klassen von Hauptschulen, Realschulen und Gymnasien befragt. Dabei zeigte sich, dass etwa 16 Prozent der Jugendlichen rechtsextremistischen Positionen (einschließlich Akzeptanz von Gewalt) zuneigen (1995, S. 186). Eine 1992/93 durchgeführte Folgeuntersuchung zu Einstellungen bezüglich Gewalt bei mehr als 3400 Jugendlichen im Alter von 15 bis 20 Jahren bestätigt diese Ergebnisse, wobei die «Gruppe der gewaltbereiten Jugendlichen, die sich auch mit körperlicher Gewalt gegen Fremde durchsetzen würde, ... im Westen ... 12,9% und im Osten ... 19,5%

der Jugendlichen» umfasst (Heitmeyer u. a. 1995, S. 137). Empirisch und theoretisch weitergeführt wird diese Arbeit von Möller (2007).

Heitmeyer versucht, die Entstehung solcher Orientierungen zu erklären, indem er auf die häufig status- oder gar ausgrenzungsbedrohten Lebensumstände der Jugendlichen verweist und nachzeichnet, wie unter solchen Bedingungen autoritäre und rechtsradikale Orientierungsmuster ausgebildet werden. Er weist auf, dass in individualisierten Gesellschaften bereits unter den inzwischen ‹üblichen› Lebensbedingungen für Jugendliche ein erhebliches Maß an «Überkomplexität» besteht: Die Schwierigkeiten, sich in Schule und Ausbildung, im Privatleben, im öffentlichen Feld zurechtzufinden, sind bereits unter «Normalbedingungen» groß genug. Wenn sich hier zusätzliche Belastungen einstellen – etwa durch Deprivations- und Mangelerfahrungen in der eigenen Kindheit, durch Misserfolgserlebnisse in der Schule, durch Verdüsterung der beruflichen Zukunftsperspektive –, verschärfen sich die persönlichen Schwierigkeiten. Anders formuliert: Massive Identitätsprobleme «werden dann provoziert, wenn der gesellschaftliche ‹Einforderungsdruck› zu stark wird und gleichzeitig keine ‹Rückenstärkung› aus dem sozialen Milieu und den Familienbeziehungen erwartet werden kann» (S. 81).

Solche Situationen finden sich häufig bei den Jugendlichen aus der sozialen Unterschicht, die aufgrund schlechter Schulabschlüsse in besonderem Maße von Ausbildungs- und Arbeitslosigkeit bedroht sind. Daraus ergeben sich nur allzu leicht Tendenzen «zu regressiven Bewältigungsversuchen» (1995, S. 93). Eine Form einer solchen Regression ist der Versuch, aus einer (scheinbar) eindeutigen Rollenidentität Sicherheit zu ziehen. Dabei wird die personale Identität zugunsten einer «surrogathaften kollektiven Identität» etwa nach dem Motto «Ich bin nichts, das Volk ist alles» (ebd.) preisgegeben. Anders formuliert: Viele Jugendliche sind wohl außerstande, auf die «Überkomplexität» ihrer sozialen Situation mit dem Entwurf einer eigenständigen «Ich-Identität» zu antworten; dazu reichen die psychischen Ressourcen oft nicht aus, dazu ist das vorhandene Spannungsfeld häufig auch zu groß. Vielmehr liegt es für viele oft näher, nach Sicherheiten in einer konventionellen Rollenidentität zu suchen oder auch eine Fixierung auf eine Gruppe vorzunehmen, «die als Stütze für das Kontinuitätserleben und die Verhaltenssicherheit fungiert» (1995, S. 93).

Auf der Basis umfassender empirischer Forschung zeigt Heitmeyer auf, in welcher Weise die mit dem Modernisierungsschub verbundenen Prozesse der Anomie, Vereinzelung und Orientierungslosigkeit bei einer Minderheit von Jugendlichen zu rechtsextremistischen Positionen verarbeitet werden:

1. Aufgrund der Auflösung sozialer Milieus sind früher selbstverständliche Gruppenzugehörigkeiten zunehmend in Frage gestellt. «Wenn aber unklar ist, zu welchen sozialen Gruppierungen man sich zugehörig fühlen kann, dann gewinnen jene Gruppierungskategorien an Bedeutung, die gewissermaßen zugewiesene Naturmerkmale sind oder als solche verstanden werden. Damit sind vor allem Hautfarbe, Rasse und Nation gemeint, die einem keiner nehmen kann» (Heitmeyer 1989, S. 111 f.).

2. Mit der Auflösung der jugendlichen Normalbiographie sind Desorientierungen und Statusängste verbunden. «Ein Teil der Jugendlichen versucht, den Umgang mit diesen unübersichtlichen Situationen zu regeln, indem nach Gewißheiten gesucht wird, um diese Verhaltenssicherheit zu erlangen. Zu diesen Gewißheiten gehört auch der Bezug auf eindeutige Normanweisungen; gehört die Totalidentifikation mit Stärke verheißenden Symbolen und Ritualen; die Einordnung in ‹natürliche› Hierarchien ... Dazu gehört auch ‹Der Stärkere setzt sich durch› als klares Prinzip» (S. 112 f.).

3. Mit all den widersprüchlichen gesellschaftlichen Anforderungen sind für viele Jugendliche Ohnmachtserfahrungen verbunden. «Da Ohnmachtserfahrungen die Handlungsalternativen zur Realisierung eigener Lebensplanung einengen, kann Gewalt in ihren vielfältigen Variationen zu einem subjektiv sinnhaften Mittel» (S. 113) werden. So schafft Gewalt eine zumindest momentane Selbstdemonstration der Überwindung von Ohnmacht – und sie führt dazu, dass man von anderen wahrgenommen wird.

Durch eine solche empirische Beschreibung wird deutlich, wie gesellschaftlich induzierte Problemlagen von den Jugendlichen als Probleme der eigenen Identität zu verarbeiten sind und auf welche Weise dabei bei einer Minderheit eine autoritär-nationalistische Rollenidentität entsteht. Heitmeyer zeigt auf, dass Jugendliche aus *unterschiedlichen* beruflich-ökonomischen Situationen ihre Identitätsprobleme in dieser Weise bearbeiten. Zum einen gibt es die «klassische Konstellation» der sozial ausgegrenzten Jugendlichen,

«die sich im Ergebnis subjektiver Verarbeitung häufig in Minderwertigkeitsgefühlen niederschlägt, weil die gesellschaftliche Integration fehlgeschlagen ist. Diese Jugendlichen sind dann häufig in organisierten rechtsextremistischen Gruppen wiederzutreffen ..., in denen Ausgrenzung und Vereinzelung durch das zentrale Topos der ‹Kameradschaft› aufgehoben werden soll» (1995, S. 100).

Daneben besteht eine zweite Konstellation, die weniger bekannt ist. Dazu gehören Jugendliche, die allem Anschein nach gesellschaftlich gut integriert sind. Diese gelungene Integration schlägt sich nun in dem Bewusstsein nieder, es ‹geschafft› zu haben; daraus entstehen häufig Züge von Überlegenheitsgefühlen; «denn zu den Charakteristika der Individualisierungsschübe gehört es, dass man gezwungen ist, sich ständig abzugrenzen» (ebd.). Diejenigen, die es ‹geschafft› haben, demonstrieren auf diese Weise ihre Überlegenheit gegenüber dem «minderwertigen Rest». Solche Jugendliche vertreten häufig rechtsextremistische Positionen, allerdings ohne sich entsprechend politisch zu organisieren. In empirischen Studien aus den 1990er Jahren zeigen Heitmeyer u. a., dass der Anteil der Jugendlichen, die gegen Fremde Gewalt ausgeübt haben, mit dem Milieu variiert, gewaltbereite Jugendliche aber in fast allen Milieus anzutreffen sind (vgl. Heitmeyer 1994, S. 36).

Insgesamt zeigt Heitmeyer auf, dass im Zuge des gesellschaftlichen Individualisierungsschubs «die sozialen, ökonomischen, politischen Grundlagen», die Jugendliche für die Herausbildung einer autonomen Handlungsfähigkeit benötigen, zunehmend erodieren. Am Beispiel der rechtsradikalen und gewaltbereiten Orientierung lässt sich erkennen, wie die damit verbundenen Identitätsprobleme von Jugendlichen regressiv verarbeitet werden. Heitmeyer führt dies letztlich auf einen kaum auflösbaren Selbstwiderspruch der sich herausbildenden «Risikogesellschaft» zurück:

«Es spricht einiges für die Erklärungsfigur, daß einerseits die Individuen innerhalb der hochkomplexen Industriegesellschaft über eine eigenständige Identität verfügen müssen, um autonom handlungsfähig zu sein; daß andererseits die (spät)kapitalistische Produktionsweise immer stärker die Basis für identitätsstiftende Lebenswelten zerstört» (1995, S. 95).

Damit mündet auch dieser Theorieverbund in eine begründete Vermutung über künftige Entwicklungen: Die Chancen, dass in der Jugendphase autonome Handlungsfähigkeiten ausgebildet und eigenständige Ich-Identitäten entwickelt werden, dürften – so Heitmeyers These – in der individualisierten Gesellschaft zunehmend schwinden. Somit wird die in den 1970er Jahren formulierte optimistische Prognose (vgl. Döbert/Nunner-Winkler 1975) am Ende der 1980er Jahre ins Gegenteil gewendet.

4.4.3 Einordnung, Kritik und Weiterführung

Die breite Diskussion, die die Individualisierungs-These seit den 1980er Jahren gerade auch in der Jugendforschung gefunden hat, zeigt zunächst einmal, dass damit wohl ein zeitdiagnostischer ‹Nerv› getroffen wurde: Phänomene und Einzelerscheinungen, die von vielen beobachtet wurden, werden hier ‹auf den Begriff› gebracht und damit theoretisch diskutierbar.

Eine kritische Einordnung dieses Ansatzes hat zunächst danach zu fragen, wie denn der gesellschaftstheoretische Teil dieses Theorieverbundes – also Becks Konzept von der Risikogesellschaft und dem Individualisierungsschub – zu bewerten ist. Hierzu gibt es seit Mitte der 1980er Jahre eine umfassende und breit gefächerte Diskussion, die sich an dieser Stelle nur in einigen zentralen Punkten referieren lässt. Positiv hervorgehoben wird häufig, dass es Beck gelungen sei, eine äußerst anregende soziologische Analyse der Gegenwartsgesellschaft vorzulegen. Seine Analyse führt jedenfalls heraus aus den alten ‹Frontlinien› zwischen den Vertretern einer struktur-funktionalen und einer marxistischen Gesellschaftstheorie. Beck greift vielmehr auf Elemente beider Ansätze zurück. Seine Strategie, «eine andere Gesellschaftstheorie zu entwerfen, ohne die alten aufzugeben, indem er sie variiert, führt ein ganzes Stück weiter» (Mackensen 1988, S. 11). Dabei hat er ein altes Thema der Soziologie, die Individualisierung in modernen Gesellschaften, erneut aufgenommen und für eine Zeitdiagnose fruchtbar gemacht (vgl. Joas 1988*b*). Plausibel zeichnet er die wichtigsten Entwicklungsprozesse der ‹Moderne› nach und entwirft damit ein Bild der bundesdeutschen Gesellschaft, das von vielen als treffende Gegenwartsdiagnose angesehen wird. Allerdings wird ihm vorgeworfen, dass er in seinen Analysen mit kräftigen Überzeichnungen arbeite, um den Unterschied zwischen der (bisherigen) Industriegesellschaft und der (heraufkommenden) Risikogesellschaft möglichst prägnant erscheinen zu lassen. So übertreibe er die Feststellung eines

> «Kontinuitätsbruchs, um seine Analyse zu profilieren. Klassengesellschaft und Nationalstaat werden etwas rascher als bekömmlich für überholt erklärt ... Geschlossenheit und Bindungskraft des proletarischen Klassenmilieus der Arbeiterschaft ... werden dagegen im Rückblick unhaltbar übertrieben ... Wenn von der Gegenwart die Rede ist, werden meist Prozesse der Vereinzelung, der Isolierung, der Partikularität, der Massenhaftigkeit und des anomischen Orientierungsverlusts gemeint ... Wenn dagegen von der Vergangenheit ... die Rede ist, dann verweist Individualisierung auch bei Beck auf die Autonomie des sich selbst bestimmenden Subjekts» (Joas 1988*b*, S. 2 f.).

Joas sieht bei Beck nicht nur gewisse Tendenzen zur nostalgischen Verklärung; er kritisiert auch seine Neigung, aktuelle Tendenzen vorschnell zu verallgemeinern, ohne dabei auf empirische Daten allzu viel Rücksicht zu nehmen. So ist die Feststellung, dass mit «der Zunahme von Scheidungen ... Kinder nur noch in Grenzfällen in ihrer Geburtsfamilie» aufwachsen (Beck/Beck-Gernsheim 1990, S. 198), von der gesellschaftlichen Wirklichkeit (vgl. Lenz/Tillmann 1997; Bildungsbericht 2008, S. 25) ebenso weit entfernt wie seine Aussage zur Ausdehnung der elektronischen Heimarbeit (vgl. Joas 1988*b*, S. 2). Es ist also Vorsicht angeraten, die Beck'sche Beschreibung der gesellschaftlichen Realität unhinterfragt für ‹bare Münze› zu nehmen; denn nicht selten werden zur schärferen Herausarbeitung seiner «Risikogesellschaft» neuere Entwicklungstendenzen erheblich überbetont, während darauf bezogene Gegenbewegungen eher verschwiegen werden. Beck selbst versucht, dieses Vorgehen mit der These zu decken, seine Analyse beinhalte «ein Stück empirisch orientierter, projektiver Gesellschaftstheorie – ohne alle methodischen Sicherungen» (Beck 1986, S. 13).

Diese Unsicherheit, «ob die herangezogenen Fakten vollständig, ob die Folgerungen durch sie in der umfassenden Art belegt sind» (Mackensen 1988, S. 9), muss auch auf die These von der «Entstrukturierung» der Jugendphase bezogen werden. Diese These wurde zwar nicht von Beck selbst formuliert, doch auch hier ist zu fragen: Hat sich die Jugendphase hier und heute tatsächlich schon so weit von den bisher bekannten Strukturen entfernt, wie es etwa bei Olk (1985) oder bei Fuchs-Heinritz/Krüger (1991) zu lesen ist? Zwar lassen auch die vorliegenden *repräsentativen* Forschungsergebnisse die zuvor angesprochenen Tendenzen zur Verlängerung der Jugendzeit und zur «Entstrukturierung» vor allem des Übergangs in das Erwachsenenalter erkennen (vgl. Fuchs 1985). Doch zugleich bieten diese Daten genügend Hinweise dafür, dass viele Heranwachsende nach wie vor die Jugendzeit in einer eher konventionellen Schrittfolge durchlaufen: So zeigt die Shell-Studie, dass auch im neuen Jahrtausend die Mehrheit der Jugendlichen mit etwa 18 Jahren die Schule verlässt, um dann mit etwa 23 Jahren voll berufstätig zu sein (vgl. BMBF 2005, S. 31 f.). Insofern ist auch hier angeraten, ‹neue› Trends nicht gleich als eine mehrheitliche Lebensform auszugeben.

Der Ansatz von Heitmeyer, die gesellschaftlichen Zwänge der «Risikogesellschaft» vor allem unter dem Aspekt der Belastung von Jugendlichen zu sehen und von dort die Frage nach problematischen Identitätsprozessen zu stellen, eröffnet interessante Perspektiven. Er vermag zu erklären, warum die fortschreitenden Individualisierungsprozesse dazu führen, dass ein quantitativ bedeutsamer Teil der Jugendlichen eine angepasste bis reaktionär-rigide Rollenidentität ausbildet. Insofern liefert dieses Konzept eine sozialisationstheoretische Erklärungsfolie auch für autoritäre und gewaltförmige Erscheinungsformen in der Jugendszene. Wie stark die «wachsende Partikularisierung von Lebensbereichen ... das Risiko (erhöht), zu einer gelingenden Identitätsbildung zu kommen» (Heitmeyer/Hurrelmann 1993, S. 130), wird theoretisch plausibel und empirisch nachvollziehbar aufgezeigt. Damit wird in diesen Arbeiten auch deutlich, dass das Identitätskonzept sehr wohl geeignet ist, auch die Subjektprobleme zu analysieren, die im Kontext der jüngsten Modernisierungsschübe entstehen. Die Arbeiten von Heitmeyer zeigen, dass die von Habermas und Mitarbeitern erstmals entworfene Theorie-

Architektur auch in einer geänderten gesellschaftlichen Situation zu erkenntnisträchtigen Ergebnissen führt: Die Analyse von Strukturproblemen und Widersprüchen in kapitalistischen Gesellschaften (nun in der Beck'schen Variante) wird verbunden mit einer Analyse der Identitätsprobleme von Heranwachsenden. Dabei greift Heitmeyer im Prinzip auf den gleichen subjekttheoretischen Analyserahmen wie Döbert/Nunner-Winkler (1975) zurück, konkretisiert ihn dann aber auf seine Problemstellung – den Rechtsextremismus. Wie gesellschaftliche Prozesse der Individualisierung mit der Herausbildung jugendlicher Identitätsformationen zusammenhängen, lässt sich auf diese Weise plausibel aufzeigen. Allerdings: Was die Konstruktion, die Vorteile, aber auch die Probleme eines Theorieverbundes zwischen makrogesellschaftlichen Strukturkonzepten und mikrogesellschaftlichen Identitätstheorien angeht, so wird – metatheoretisch gesehen – gegenüber Döbert/Nunner-Winkler (1975) kein weiterführender Stand erreicht.

4.5 Perspektiven der weiteren Theoriebildung

Am Beispiel der Sozialisation im Jugendalter haben wir drei unterschiedliche Theorieverbindungen vorgestellt, die interdisziplinär wie auch interparadigmatisch konstruiert sind. Interdisziplinär meint dabei, dass Theorien aus Soziologie und Psychologie aufeinander bezogen werden; interparadigmatisch verweist darauf, dass diese Theoriestücke aus unterschiedlichen wissenschaftlichen Denktraditionen stammen. Dies wird besonders deutlich bei dem von Habermas u. a. entworfenen Theorieverbund, in dem marxistische, psychoanalytische, interaktionistische und kognitivistische Theoriestücke ineinandergefügt werden. Während einige Sozialisationstheoretiker mit der Konstruktion solcher Theorieverbindungen große Hoffnungen auf wissenschaftlichen Erkenntnisgewinn verbinden (vgl. Hurrelmann 1978, 1993), stehen andere solchen Bemühungen eher skeptisch (vgl. Rolff 1977) bis ablehnend gegenüber (vgl. Preuss 1978). Sie befürchten, dass auf diese Weise kein konsistenter Erklärungsrahmen geschaffen werden kann, sondern disparate oder gar inhaltlich unvereinbare Theorieelemente eklektizistisch nebeneinandergestellt werden. Welche Position – so die abschließende Frage – lässt sich anhand der hier präsentierten Theorieverbindungen zu dieser metatheoretischen Kontroverse beziehen?

Bei einer Antwort ist zwischen zwei Ansprüchen zu unterscheiden: Zum einen wird ein solcher Theorieverbund angestrebt, weil einzeltheoretische Konzepte den Sozialisationsprozess nie in seinem gesamten Umfang fassen, sondern stets nur einzelne Ebenen thematisieren. Während psychologische Konzepte vor allem mikrotheoretisch und soziologische Ansätze vor allem makrotheoretisch angelegt sind, soll eine Theorieverbindung den Sozialisationsprozess über alle vier Ebenen (vgl. Kap. 1.1.2) in den Blick nehmen. In dieser metatheoretischen Dimension geht es vor allem um die *Interdisziplinarität* des Theorieverbundes. Darüber hinaus wird ein Theorieverbund angestrebt, um verengte, möglicherweise auch einseitige Sichtweisen einzelner Theorien auf den Gegenstand zu überwinden. Damit sind weniger die unterschiedlichen Ebenen des Sozialisationsprozesses als die anthropologischen und sozialphilosophischen Implikationen der einzelnen Theorien angesprochen: In jeden Theorieentwurf fließen bestimmte Grundannahmen, bestimmte prototheoretische ‹Überzeugungen› ein: Welches Menschenbild ist der jeweiligen Theorie unterlegt, welche (implizite) Vorstellung von Gesellschaft fließt darin ein, welche Mensch-Umwelt-Beziehung wird unterstellt? Jede wissenschaftliche Denktradition vertritt hier andere Vorannahmen, sodass der Gegenstandsbereich ‹Sozialisation› von verschiedenen Theorien in unterschiedlicher, meist selektiver Weise konstruiert wird. Ein *interparadigmatisches* Vorgehen – also die Konfrontation verschiedener Theorieperspektiven und ihre grundlegende Verbindung – soll die jeweils verengten Perspektiven auf den Gegenstandsbereich aufbrechen und zu einer angemesseneren, umfassenderen Sichtweise des Sozialisationsprozesses führen.

Ein Beispiel kann dies verdeutlichen: Während in der Freud'schen Denktradition die kindlichen Entwicklungsphasen triebdynamisch konstruiert werden, wird in der Piaget'schen Tradition vor allem die Entwicklung der Kognitionen betrachtet. Eine Zusammenführung beider Konzepte könnte zu einer angemesseneren Sichtweise der kindlichen Entwicklung führen. Habermas u. a. haben diesen Gedanken aufgegriffen und in ihren Theorieverbund eingearbeitet. Während hier (zumindest auf den ersten Blick) die Idee einer interparadigmatischen Verbindung plausibel erscheint, verdeutlicht ein anderes Beispiel die grundsätzlichen Schwierigkeiten: Die struktur-funktionale Theorie sieht die Gesellschaft als ein sich selbst regulierendes Gleichgewichtssystem, die marxistische Theorie beschreibt die gleiche Gesellschaft als von Widersprüchen durchzogene und durch Klassenherrschaft gekennzeichnete historische Realität. Welchen Sinn macht hier die Forderung nach einem interparadigmatischen Vorgehen, wenn man nur die grundsätzliche Unvereinbarkeit der Theorieaussagen feststellen kann?

Die bisherigen Erläuterungen haben deutlich gemacht, dass der Anspruch auf ein interparadigmatisches Vorgehen der komplexere ist, der den interdisziplinären Anspruch meist einschließt. Nicht nur die wissenschaftstheoretische Diskussion zu diesem Problem, sondern auch die beiden hier vorgestellten Theorieverbindungen zeigen, dass ein interparadigmatisches Vorgehen sehr bald in eine Art Zwickmühle führt: Die erhoffte Erweiterung der Perspektive durch eine Verbindung verschiedener Theorien ist nur zu erreichen, wenn diese Theorien einen unterschiedlichen Zugang zu ihrem Gegenstandsbereich wählen. Je unterschiedlicher dieser Zugang aber ist, desto größer ist die Wahrscheinlichkeit, dass die anthropologischen und sozialphilosophischen Implikationen der Theorien als gegensätzlich und damit als miteinander unverträglich angesehen werden müssen. Wenn trotz einer solchen Ausgangssituation eine Theorieverbindung konstruiert wird, ist der Preis die ‹Verdrängung› metatheoretischer Grundprobleme; spätestens dann ist der Vorwurf des Eklektizismus berechtigt.

Wie sind vor diesem Hintergrund die hier präsentierten Theorieverbindungen einzuschätzen? Die Verkoppelung der Konzepte von Eisenstadt und Erikson kann als Beispiel für eine metatheoretisch akzeptable, aber wenig erkenntniserweiternde Verbindung des struktur-funktionalen und des psychoanalytischen Paradigmas angesehen werden. Beide Theorien lassen sich gut aneinander fügen, weil sie zwar unterschiedliche Ebenen behandeln, aber von ähnlichen prototheoretischen Überzeugungen getragen werden. Dies gilt für das (implizite) Gesellschaftsbild wie für das integrationsorientierte Erkenntnisinteresse. Es kommt hinzu, dass das triebdynamische Subjektkonzept der Psychoanalyse vom struktur-funktionalen Ansatz aufgegriffen und rollentheoretisch umformuliert wird. Einem solchen Theorieverbund kann man nicht vorwerfen, dass unverträgliche Positionen zusammengefügt werden. Die weitgehende Übereinstimmung in den Implikationen führt allerdings dazu, dass Einseitigkeiten und ‹blinde Flecken› der einzelnen Theorien nicht ausgeglichen, sondern eher addiert werden. So wird die Problematik der sozialen Abweichung in diesem Theorieverbund ebenso unzulänglich behandelt wie in den beiden Einzeltheorien.

Anders ist das interparadigmatische Vorgehen bei Habermas und – in Folge – bei Döbert/Nunner-Winkler einzuschätzen. Hier haben wir es mit einem Entwurf zu tun, der Theorien unterschiedlicher Denktraditionen und Herangehensweisen einbezieht und damit auf eine umfassende Erweiterung der theoretischen Perspektive angelegt ist. Es ist aber äußerst fraglich, ob die metatheoretischen Probleme bei diesem interparadigmatischen Vorgehen hinreichend ausgelotet wurden – ob wir es also mit einer Theorieintegration oder mit einer «eklektizistischen Flickschusterei» (Hurrelmann 1978, S. 535) zu tun haben.

Habermas nimmt hier für sich in Anspruch, dass sich all diese Theorieelemente unter der Ausrichtung auf das gemeinsame emanzipatorische Erkenntnisinteresse aufeinander beziehen lassen (vgl. 1976, S. 64). Damit ist aber noch nicht beantwortet, ob die (impliziten oder expliziten) Vorstellungen vom Subjekt und von der Gesellschaft, die in diesen Einzeltheorien enthalten sind, miteinander verträglich sind. Als Fragen formuliert: Wie passt die Freud'sche Vorstellung eines von Trieben bestimmten und von der Kultur unterdrückten Menschen mit dem Piaget'schen Verständnis menschlichen Handelns, das vor allem durch kognitive Prozesse angeleitet wird, zusammen? Wie geht die Analyse über ‹kommunikatives Handeln›, über den Menschen als ‹Sprecher› und ‹Hörer›, zusammen mit dem Bezug zur marxistischen Theorie, in der die menschliche Arbeit von zentraler Bedeutung ist? Soweit wir sehen, werden diese metatheoretischen Probleme von den Autoren allenfalls ‹angetippt› (vgl. z. B. Döbert/Habermas/Nunner-Winkler 1980, S. 11 f.), aber nicht systematisch behandelt. Die Konstruktion dieses Theorieverbundes erlaubt es jedoch, eine interpretierende Einordnung vorzunehmen.

Habermas u. a. verbinden die verschiedenen Theorieelemente nicht gleichgewichtig miteinander, sondern orientieren sich an einem leitenden Paradigma, an den interaktionistischen Vorstellungen über die Entwicklung der Identität in der Kommunikation zwischen Ego und Alter. Diese Theorie bildet den Mittelpunkt der Konstruktion; alle anderen Theorien werden unter dieser leitenden Perspektive selektiv ‹ausgewertet›: So füllt vor allem die kognitive Psychologie das ontogenetische Defizit, die marxistische Theorie beschreibt den gesellschaftlichen Hintergrund – doch bezogen werden diese Theorien stets auf die identitätsbedeutsame Kommunikation. So bleibt trotz aller interparadigmatischen Komplexität die Habermas'sche Theorie eine *Kommunikationstheorie*; weiter gehende Perspektiven der anderen Theorien werden negiert oder auch ‹amputiert›. So spielt die Sozialisationswirkung der gegenständlichen Umwelt bei Habermas u. a. keine Rolle, obwohl sie für die Entwicklung des Denkens in der kognitiven Psychologie von zentraler Bedeutung ist. Menschliche Arbeit und gesellschaftliche Produktion erscheinen allenfalls am Rande, obwohl damit die elementare Grundlage des marxistischen Denkens angesprochen ist. Salopp formuliert: Der interparadigmatische Theorieverbund wird möglich, weil alle anderen Paradigmen kommunikationstheoretisch ‹zugeschnitten› werden. Der Theorieverbund, der von Heitmeyer im Anschluss an Becks Gesellschaftsanalyse entwickelt wurde, weist in der ‹Architektur› große Ähnlichkeiten mit dem Habermas-Konzept auf. Auch hier stehen die Identitätsprobleme der Jugendlichen im Mittelpunkt, auch hier geraten gesellschaftliche Sachverhalte unter dem Aspekt dieser Identitäts-Bedeutsamkeit in den Blick.

Angesichts dieser Einschätzung sind die Hoffnungen, die in die interparadigmatische Weiterentwicklung der Sozialisationstheorie gesetzt werden können, deutlich zu relativieren. Diese theorieverbindende Strategie erscheint beim gegenwärtigen Stand der Diskussion vor allem geeignet, um einen bestimmten Gegenstandsbereich so umfassend wie möglich aufzuschließen und zu analysieren. Die Arbeiten von Heitmeyer zu rechtsextremistischen Jugendlichen sind hierfür ein sehr gutes Beispiel. Allerdings weisen die wissenschaftstheoretischen Probleme darauf hin, dass die langfristige Theorieentwicklung nicht allein – vielleicht nicht einmal vorwiegend – auf diese interparadigmatische Strategie setzen sollte. Insofern lohnt es sich, auch weiterhin voller Interesse auf die konzeptionellen Bemühungen zu schauen, die sich mit einer einheitsstiftenden Begrifflichkeit um den Entwurf einer komplexen Sozialisationstheorie bemühen: Vor allem Hurrelmanns «realitätsverarbeitendes Subjekt» (vgl. Hurrelmann 2006), Bourdieus «Habitus» (vgl. Bohnn/Hahn 2007) und das Konzept der «sozialen Konstruktion» (vgl. Grundmann 1999) erscheinen hier besonders entwicklungsfähig.

5 Sozialisation – ein theoretisches Konzept in der Kritik

In den vorangegangenen vier Kapiteln wurde eine Einführung in den gegenwärtigen Stand der sozialisationstheoretischen Diskussion gegeben. Eine komplexe und historisch gewachsene Theorielandschaft wurde so präsentiert, dass auch für Anfänger eine Einarbeitung möglich werden sollte. Dabei wurde gleich zu Beginn des Buchs (Kap. 1.1) ein Verständnis von ‹Sozialisation› herausgearbeitet, das für die weiteren Kapitel grundlegend ist: Sozialisation als «Entwicklung der Persönlichkeit in wechselseitiger Abhängigkeit von der gesellschaftlich vermittelten sozialen und materiellen Umwelt» (Geulen/Hurrelmann 1980, S. 51). Um eine daran orientierte Forschung und Theoriebildung betreiben zu können, wurde in den 1980er Jahren ein inzwischen umstrittenes Modell von Ebenen und Phasen konstruiert (vgl. Kap. 1.1.2), um die Vielschichtigkeit der Sozialisationsprozesse abzubilden. Dass man menschliche Entwicklung im gesellschaftlichen Kontext als ‹Sozialisation› und entsprechende Forschungsbeiträge als ‹Sozialisationsforschung› bezeichnet, wird seit Beginn der 1980er Jahre als wissenschaftliches Vorgehen weitgehend akzeptiert und in diesem Buch entsprechend dargestellt. Sozialisationstheorien fungieren somit als eine Art Grundbausteine im Feld der erziehungs- und sozialwissenschaftlichen Erkenntnisse. Dieses Buch wird von einem solchen theoretischen Grundverständnis getragen. Im letzten Kapitel ist es nun aber sinnvoll und notwendig, dieses bisher unterstellte Grundverständnis kritisch zu hinterfragen: Gibt es nicht auch prinzipielle Einwände gegen die hier transportierte Vorstellung von ‹Sozialisation›? Kann es sein, dass die hier präsentierten ‹Sozialisationstheorien› in naher Zukunft durch andere theoretische Konzepte abgelöst werden?

Nicht vergessen werden darf, dass auch wissenschaftliche Konzepte und ihre theoretischen Begriffe Produkte menschlicher Erkenntnisse sind. Und das bedeutet, dass auch Theorien zeitgebunden sind: Sie entstehen in bestimmten gesellschaftlichen Situationen und stellen für diese

Zeit die angemessene Form der wissenschaftlichen Reflexion dar. In dem Maß, in dem sich gesellschaftliche Verhältnisse ändern und in dem neue Forschungsergebnisse bisherige Sichtweisen in Frage stellen, können ‹alte› Theorien durch neue – erkenntnisträchtigere – abgelöst werden. So hat z. B. die Psychologie lange im Rahmen einer ‹Charakterologie› versucht, eine Typenlehre zu entwickeln, bevor dieses Vorhaben zugunsten einer empirisch angeleiteten Persönlichkeitspsychologie aufgegeben wurde (vgl. z. B. Zimbardo/Gerring 2004, S. 602 ff.). In der Soziologie wurde bis in die 1968er Jahre die Struktur der Gesellschaft in soziale «Schichten» unterteilt (Unterschicht, Mittelschicht und Oberschicht), deren Grenzen und Unterschiede anhand von Macht, Privilegien, Berufsstatus und Einkommen relativ eindeutig fixiert wurden (vgl. Bolte 1966). Inzwischen wird von der Existenz sehr beweglicher sozialer Milieus ausgegangen, die konservativ, aufstiegsorientiert, technokratisch, kleinbürgerlich, hedonistisch, alternativ etc. sein können und durch Wertorientierung, Zugehörigkeiten und soziale Lagen definiert werden (vgl. z. B. Bauer/Vester 2008). Anders formuliert: Auch etablierte wissenschaftliche Theorien und Konzepte müssen in argumentativen Auseinandersetzungen ihre Erklärungskraft immer wieder nachweisen; gelingt das nicht (mehr), werden sie durch andere Ansätze abgelöst. Ein solcher Fall wird dann als wissenschaftlicher «Paradigmenwechsel» (Kuhn 2001) bezeichnet. Unter dem Anspruch, in einer sich wandelnden Wissenslandschaft auf den Prüfstand gestellt zu werden, steht auch das Konzept der ‹Sozialisation›. Der sozialwissenschaftliche Blick auf das vergesellschaftete Individuum wurde im 19. Jahrhundert entworfen und im 20. Jahrhundert differenziert entfaltet (vgl. Veith 2001, S. 13 ff.). Ob auch im 21. Jahrhundert der Prozess der Persönlichkeitsentwicklung und Vergesellschaftung weiter als ‹Sozialisation› bezeichnet und empirisch erforscht werden soll, wird in den letzten Jahren zunehmend häufiger in Frage gestellt. Eine solche kritische Infragestellung findet sich allerdings nicht nur beim Sozialisationskonzept, sondern auch bei vielen anderen sozialwissenschaftlichen Grundbegriffen: ob ‹Klasse›, ‹Identität› oder ‹Erziehung› – auch die Sinnhaftigkeit dieser Grundbegriffe (und der daran anknüpfenden Theorien) wird immer wieder angezweifelt; und stets gibt es dabei Stimmen, die das nahe Ende des jeweiligen theoretischen Konstrukts ankündigen oder die weitere begriffliche Verwendung in Frage stellen. Wissenschaftliche Diskussionen, in denen theoretische Grundkonzepte grundlegend angezweifelt werden, sind komplex und schwierig; denn sie bewegen sich stets auf einer sehr abstrakten Ebene, die wir weiter vorn als Ebene der Metatheorie (vgl. Kap. 1.2) bezeichnet haben: Nicht die gesellschaftliche Realität selbst, sondern die darauf bezogenen Begriffe, Theorien und Forschungsmethoden sind Gegenstand solcher wissenschaftlicher Auseinandersetzungen.

In diesem Buch wird abschließend auf die seit einigen Jahren geführte metatheoretische und forschungskritische Debatte um das Sozialisationskonzept eingegangen. Hier gibt es seit den 1990er Jahren Stimmen, die die Beschreibung und wissenschaftliche Analyse menschlicher Subjektwerdung als ‹Sozialisation› für widersprüchlich, für kurzschlüssig, für falsch angelegt halten. Für sie befindet sich die Sozialisationsforschung in der «Krise» (Wetterer 2003, S. 3), das Sozialisationskonzept erscheint ihnen als theoretisch überholt, sie bezeichnen es deshalb auch als «Schlüsselbegriff von gestern» (Zinnecker 1996, S. 36). Sozial- und Erziehungswissenschaftler(innen), die so argumentieren, suchen nach anderen Begriffen oder neuen theoretischen Konzepten, die sich deutlich vom ‹klassischen› Sozialisationsbegriff absetzen (vgl. z. B. Bilden 1991; Dausien 2002; Breidenstein/Kelle 1998). Allerdings bleibt eine solche Kritik nicht unwidersprochen: Eine größere Zahl von Wissenschaftlern(innen) vertreten hier eine deutliche Gegenposition, indem sie die theoretische Relevanz des Sozialisationskonzepts entschieden verteidigen. Hierzu gehören nicht nur die etablierten Vertreter der Sozialisationsforschung (vgl. z. B. Faulstich-Wieland 2002, 2008; Geulen 2002; Hurrelmann 2002; Krappmann 2002), sondern auch jüngere Wissenschaftler(innen), die sich von unterschiedlichen Subdisziplinen und Forschungskontexten ausgehend mit ‹Sozialisation› befassen (vgl. z. B. Bauer 2002; Burkart 2002; Junge 2004; Maihofer 2004; Popp 2002*a*). Sie alle sehen zwar Defizite in der bisherigen sozialisationstheoretischen Diskussion, ohne dass ihnen dies aber als hinreichender Grund erscheint, den Sozialisationsbegriff zu verabschieden. Den Kritikern wird entgegengehalten, dass sie «das analytische Potenzial des Begriffs ‹Sozialisation› falsch» einschätzen (Hurrelmann 2002, S. 165); statt «Begriffsstürmerei» (ebd.) zu betreiben – so die Kritik an den Kritikern –, sei differenzierte Forschungs- und Theoriearbeit innerhalb des bisherigen Sozialisationsparadigmas erforderlich.

Diese Auseinandersetzung um das Sozialisationskonzept und seine Zukunft wollen wir im Folgenden in einigen wichtigen Punkten darstellen. Dabei befassen wir uns mit zwei Hauptquellen der Kritik: mit den Argumentationen aus dem Kreis der soziologischen Kindheitsforschung und mit den Einwänden aus der sozialkonstruktivistischen Geschlechterforschung. In dem erstgenannten Zusammenhang fragen wir, was von dem Vorschlag zu halten ist, Sozialisation durch den Begriff der «Selbstsozialisation» zu ersetzen. In dem zweiten genannten Zusammenhang erwägen wir, ob biographietheoretische Zugänge das Sozialisationskonzept ablösen könnten oder sollten. Auch wenn wir versuchen, Positionen und Gegenpositionen sachlich und fair gegenüberzustellen, soll doch unsere eigene ‹Parteilichkeit› in diesem Disput nicht verschwiegen werden: Wir neigen entschieden der verteidigenden Position zu und halten Sozialisation keineswegs für eine anachronistische Metapher, sondern auch weiterhin für ein substanzielles und durchaus tragfähiges Konzept.

5.1 Soziologie der Kindheit statt Sozialisation?

Besonders radikal in Frage gestellt wird der Sozialisationsbegriff in der soziologischen Kindheitsforschung, die sich in den 1990er Jahren etabliert hat (vgl. z. B. Qvortrup 1993; Zeiher 1996; Zinnecker 1996). Dort gibt es auch Bemühungen, ihn durch andere Begriffsbildungen vollständig zu ersetzen. Diese kritische Auseinandersetzung mit dem Sozialisationskonzept wurde sowohl in einschlägigen Handbüchern (vgl. Markefka/Nauck 1993; Honig u. a. 1996) als auch in der Zeitschrift für Soziologie der Erziehung und Sozialisation (ZSE) geführt. Wir stellen im Folgenden zunächst die Sichtweise der Kritiker dar, um sodann – aus unserer Sicht – darauf zu antworten.

5.1.1 Kritik: Der Sozialisationsbegriff verfehlt die Kindheit

In der Soziologie hat sich im Verlauf der 1990er Jahre eine Kindheitsforschung etabliert, die den Sozialisationsbegriff kaum noch verwendet, sondern ihn stattdessen als funktionalistisch zurückweist. Diese Kindheitsforscher(innen) räumen zwar ein, dass in der Vergangenheit in einer Sozialisationsperspektive eine Vielzahl von sozialwissenschaftlichen Erkenntnissen über Erziehung und Entwicklung in der Kindheit erarbeitet wurden. Jedoch würden die meisten dieser Arbeiten – so die Kritik – Kindheit aus der Sicht der Erwachsenen definieren. Kinder kämen darin überwiegend als unreife, unfertige und abhängige Mitglieder der Familie vor. Sie würden somit vor allem als Heranwachsende angesehen, die Entwicklungsaufgaben zu bewältigen hätten, und die deshalb schulische und außerschulische Lernsituationen ‹erfolgreich› bestehen müssten (vgl. z.B. Büchner 1990). Ein solcher Blick auf Kinder und Kindheit sei extrem verengt und daher nicht angemessen. Vielmehr müssten Kinder als Akteure ihres eigenen Handelns und ihrer eigenen Entwicklung betrachtet werden; denn sie imitierten nicht nur, sondern seien Agenten in ihren eigenen Lebenswelten. Ein neues, individualisiertes Verständnis über Kinder sollte diese als aktiv Handelnde, nicht nur als Spielende wahrnehmen (vgl. Qvortrup 1993, S. 116ff.). Deshalb sei es auch nicht angemessen, sie fast ausschließlich in ihren familiären (und schulischen) Abhängigkeiten von den Erwachsenen zu betrachten. Vielmehr müsse das eigenständige Wirken und Handeln der Kinder insbesondere in ihren Peergroups sowohl in der Forschung als auch in der Theoriebildung einen weit größeren Stellenwert einnehmen (vgl. z.B. Breidenstein/Kelle 1998).

Mit dieser Kritik wird von der erziehungs- und sozialwissenschaftlichen Forschung ein Perspektivenwechsel gefordert: weg von der (für «Sozialisation» angeblich typischen) Sicht der Erwachsenen und ihrer Institutionen auf das Aufwachsen von Kindern, hin zur Betrachtung des Kinderalltags und der darin eingelagerten Aneignungsweisen. Mit einer solchen Forderung verbindet sich die Kritik an einer sozialisationstheoretischen (und entwicklungspsychologischen) Perspektive, die Kindheit lediglich als Durchgangs- und Übergangsphase im Leben einer Person betrachtet (vgl. z.B. Qvortrup 1993, S. 116ff.). Der endgültige Beweis des Erfolgs von Sozialisation – so die Kritik – sei erst der ‹fertige› Erwachsene; und dies bedeute, dass das wissenschaftliche Interesse an der Kindheit mehr vom zukünftigen Erwachsenen als vom gegenwärtigen Kinderdasein geleitet sei. Ein solches Sozialisationskonzept wird als funktionalistisch und als reproduktionsorientiert – und eben nicht kindorientiert – kritisiert (vgl. H. Zeiher 1996, S. 41). Anders formuliert lautet die Kritik: Das traditionelle Verständnis von Sozialisation ignoriert den Gegenwartsbezug der Kindheit und orientiert sich entweder an der Vergangenheit (Was ging damals schief?) oder an der Zukunft (Welche Ziele sind zu erreichen?) (vgl. Qvortrup 1993, S. 112 f.). Demgegenüber bleibe «Kindheit als eine gesellschaftliche Struktur mit eigener Dynamik und Genese … in der sozialisationsbezogenen Perspektive ausgeblendet» (Zeiher 1996, S. 31).

Einige Vertreter(innen) der Kindheitsforschung verwenden trotz der kritischen Einwände der 1990er Jahre den Begriff «Sozialisation» weiter bzw. nehmen eine vermittelnde Position ein (vgl. z.B. Nissen 1998; Krappmann/Oswald 1995; Leu 1996), andere vermeiden oder umgehen ihn (vgl. z.B. Qvortrup 1993), einige lehnen ihn sogar entschieden ab. So sieht Helga Zeiher ihre eigenen Arbeiten nicht mehr als Teil der kritisierten Sozialisationsforschung, sondern als «neuere soziologische Kinderalltagsforschung» (1996, S. 37).

Im Zuge der in den 1990er Jahren formulierten Grundsatzkritik wurde jedoch auch eine begriffliche Leerstelle sichtbar: Wie sind denn nun jene Prozesse zu bezeichnen und zu analysieren, die sich auf die lernende Entwicklung von Kindern und Jugendlichen beziehen, und die bisher unter «Sozialisation» gefasst wurden? Hier nahm die Kritik Ende der 1990er Jahre eine neue Wendung: Zum einen wurde der als funktionalistisch angesehene Teil des ‹traditionellen› Sozialisationsbegriffs weiterhin abgelehnt – also jener Teil, der nur an Aufwachsen und Entwicklung orientiert ist und den ‹fertig› sozialisierten, erwachsenen Menschen zum Ziel erklärt. Zugleich wurde aber als neue Kategorie der Begriff der Selbstsozialisation in die Diskussion gebracht. Damit verband sich die Intention, den erwachsenenzentrierten Blick zu überwinden und statt dessen mehr die handelnden Akteure und deren Alltagssituationen zu erfassen.

5.1.2 Selbstsozialisation als begriffliche Alternative?

Unter «Selbstsozialisation» wird der Eigenanteil verstanden, den eine Person zu ihrer persönlichen Entwicklung leistet; dabei wird ein ‹Selbst›, ein zentraler Kern der Persönlichkeit durch eigene Aktivitäten (weiter-) entwickelt (Zinnecker 2000, S. 279 ff.). Der Begriff wurde in Gegensatz gebracht zur «Fremdsozialisation», auf die wir weiter unten eingehen.

In einer Gruppenperspektive werden mit Selbstsozialisation vor allem die Prozesse bezeichnet, die auf das Lernen in Alltagssettings und Peergroups abzielen. Hier wird die Aufmerksamkeit darauf gerichtet, dass Kinder und Jugendliche sich in weiteren Bereichen gegenseitig selbst sozialisieren – und zwar ohne direkte Einflussnahme der älteren Generation (vgl. Zinnecker 2000, S. 282). Eine solche Darstellung verweist auf den Eigenanteil der Heranwachsenden bei ihrer Sozialisation – und auf ‹erwachsenenfreie› Räume, in denen Sozialisationsprozesse ungesteuert betrieben werden. Allerdings: Aus diesen Definitionen und Erläuterungen geht zunächst einmal nicht zwingend hervor, dass deshalb der ‹traditionelle› Sozialisationsbegriff verworfen werden muss. Vielmehr kann man eine solche Darstellung auch als Akzentuierung und Erweiterung begreifen. Kurz: Das zu Beginn des Buchs vorgestellte Modell der Sozialisation lässt die Integration der mit Selbstsozialisation beschriebenen Perspektive durchaus zu.

Allerdings vertritt Jürgen Zinnecker seit 1996 ein Konzept von Selbstsozialisation, das eine deutliche Abgrenzung vom ‹traditionellen› Sozialisationsbegriff sucht. Dabei bezieht er sich auf den Soziologen und Systemtheoretiker Niklas Luhmann und dessen Theorie der sozialen Systeme (1984). Dort wird zwischen Selbst- und Fremdsozialisation eine scharfe Trennung gezogen. Erziehung ist diesem Verständnis zufolge Fremdsozialisation, während das aktiv aneignende Lernen eines Subjekts als Selbstsozialisation gilt. In Fortführung dieser Luhmann'schen Gedanken – so Zinnecker – sei Abschied zu nehmen von Annahmen, die unter Sozialisation einen Übertragungs- und Übernahmevorgang zwischen Individuum und Gesellschaft verstehen. Sozialisation sei kein zweckorientierter Prozess, der gelingen oder scheitern könne. Sozialisation finde vielmehr bei jedem sozialen Kontakt statt und sei immer Selbstsozialisation (vgl. 1996, S. 40). Mit der Betonung des «Selbst» innerhalb des Sozialisationsbegriffs wird eine Entgegensetzung konstruiert, die der «blanke Begriff Sozialisation nicht zum Ausdruck bringt» (2000, S. 275). Während Zinnecker die Ausführungen von Luhmann als sozialisationstheoretisch bedeutsam ansieht, haben andere Sozialisationstheoretiker(innen) Zweifel daran, ob Luhmanns Theorie der selbstreferenziellen Systeme geeignete theoretische Erklärungen für Sozialisationsprozesse bieten kann (vgl. z.B. Faulstich-Wieland 2000, S. 135 f.; Schäfer 2000, S. 129). Wir werden dieses hochkomplexe metatheoretisches Problem hier nicht weiter vertiefen, sondern in unserer Replik danach fragen, wie denn der Begriff der ‹Selbstsozialisation› in der neueren sozialisationstheoretischen Literatur verwendet wird.

5.1.3 Replik 1: Selbstsozialisation bringt keine weiteren theoretischen Erkenntnisse

Zunächst finden wir einige Hinweise darauf, dass «Selbstsozialisation» in der erziehungswissenschaftlichen Diskussion nicht nur als ausschließender Kampfbegriff, sondern auch als ergänzende Perspektive betrachtet wird. So wurde 1998 an der Universität Bielefeld eine Tagung zum Thema «Selbstsozialisation, Kinderkultur und Mediennutzung» abgehalten, ein Jahr später erschien der entsprechende Tagungsband (vgl. Fromme u.a. 1999). Mit der begrifflichen Verwendung von «Selbstsozialisation» folgen die Herausgeber der (von der Kindheitssoziologie angeregten) Intention, das aktive, selbst initiierte Handeln von Personen zur Gestaltung ihrer Lebensführung zu betonen. Sie verstehen Selbstsozialisation jedoch keineswegs als Alternative zum herkömmlichen Verständnis von Sozialisation, vielmehr wird «mit dem Begriff der Selbstsozialisation ... im Grunde nichts gänzlich Neues ausgedrückt» (Fromme u.a. 1999, S. 10). Denn auch die (damals) neuen sozialisationstheoretischen Konzeptionen berücksichtigten in zunehmendem Maß, dass die Individuen als handelnde, Informationen verarbeitende Subjekte aktiv sind (vgl. ebd., S. 9 f.).

Doch nicht nur in theoretischer, sondern auch in empirischer Hinsicht stößt ein Begriff der Selbstsozialisation, wie er von Luhmann und Zinnecker vertreten wird, schnell an seine Grenzen. Denn mit dieser

Perspektive fallen alle sozialen Strukturen, Institutionen und auch die Aktivitäten von Erziehenden unter die Kategorie der Fremdsozialisation, sind also als Selbstsozialisation weder thematisierbar noch erforschbar. Wenn man aber diese Trennungslinie so scharf zieht: Wie lassen sich dann die wechselseitigen Abhängigkeiten zwischen psychischen und sozialen Systemen erklären – etwa die zwischen sozialer Herkunft und Schulerfolg, zwischen Geschlechtszugehörigkeit und Selbstvertrauen, zwischen Armut und Gesundheit? Worin besteht der Gewinn eines solchen Begriffs, der die zentralen sozialen Strukturkategorien (Geschlecht, Alter, Bildungsniveau, ethnische und soziale Herkunft) mit ihren Wirkungen und Auswirkungen auf individuelle Entwicklungen nur noch am Rande behandelt? Zugleich gilt, dass die aktive Lebensgestaltung und die subjektiven Bewältigungsstrategien (die jetzt ja als Selbstsozialisation vor allem erforscht werden sollen), genau in diesen gesellschaftlichen Strukturen und Kontexten erzeugt wurden und von ihnen abhängig sind.

Im Übrigen muss bei der Betrachtung von Sozialisationsprozessen in Gleichaltrigengruppen in Zweifel gezogen werden, ob diese von Erwachsenennormen so losgelöst sind, wie es im Konzept der Selbstsozialisation behauptet wird. Mit diesem Einwand soll nicht in Frage gestellt werden, dass Sozialisationsprozesse in der Peergroup eine eigene Dynamik besitzen (vgl. Schröder 1995). Doch zeigt z. B. die Forschung zu Gewalt an Schulen, dass es große Übereinstimmungen zwischen sozialer Herkunft und familiärem Erziehungsklima auf der einen, der Zusammensetzung der Peergroup und dem dort vorherrschenden Wertklima auf der anderen Seite gibt (vgl. Tillmann u. a. 1999, S. 183 ff.). So schließen sich Kinder und Jugendliche, die Gewalterfahrungen in ihrer Herkunftsfamilie machen, weit häufiger Freundesgruppen an, in denen ein intolerantes Klima herrscht und Gewalt verübt wird. Es finden demnach in den Peergroups keine von anderen sozialen Umwelten unabhängigen Sozialisationsprozesse statt.

Einen solchen Zusammenhang sieht wohl auch Zinnecker, wenn er auf pädagogisch-politische Konsequenzen der Selbstsozialisation eingeht: Die «Befähigung zur Selbstsozialisation der nachwachsenden Generation ... (sollte als) gesellschaftlich anerkanntes Ziel von zentraler

Bedeutung» sein (2000, S. 286). Das heißt aber: Prozesse der Selbstsozialisation werden durch Fremdsozialisation (also auch durch Erziehung) initiiert. In einer solchen Argumentationsfigur sind die Pole Selbst- und Fremdsozialisation nicht nur systemisch miteinander verbunden, sondern sogar aufeinander angewiesen und voneinander abhängig. Die Einheit des Sozialisationsbegriffs wäre damit wieder hergestellt.

5.1.4 Replik 2: Kindheitsforschung ist Sozialisationsforschung

Selbst wenn man die weiter vorn referierte Kritik an der «Blindheit» (Zeiher 1996, S. 31) der Sozialisationsforschung gegenüber dem Alltag der Kinder (und gegenüber ihren aktiven Aneignungsformen) als angemessen ansieht, stellt sich die Frage: Wieso lässt sich daraus eine fundamentale Kritik am Sozialisationsbegriff ableiten? Wieso führen Forschungsdefizite in einem spezifischen Feld dazu, die sozial- und erziehungswissenschaftliche Basiskategorie «Sozialisation» für obsolet zu erklären? Der Sozialisationsbegriff unterstellt ja nicht zwingend, dass Handlungsfähigkeit nur als Resultat der Erwachsenensozialisation zu beschreiben ist und nicht auch den aktuellen Gegenwartsbezug jüngerer Akteure zu fassen vermag. Im Sozialisationsmodell ist auch nicht festgeschrieben, dass das Subjekt ein ‹fertig› sozialisierter Mensch und somit ‹Ergebnis› von Sozialisationsprozessen ist. Vielmehr hat sich das auch diesem Buch zugrunde liegende begriffliche Verständnis immer an Sozialisation als lebenslangem Prozess orientiert, der nicht in einem bestimmten Alter als abgeschlossen gilt. Der von der Kindheitsforschung geforderte ‹neue› bzw. erweiterte Blick auf den Kinderalltag steht damit nicht im Widerspruch. Und einige, eindeutig als sozialisationstheoretisch zu klassifizierende Studien haben Kinder und Jugendliche unter genau einem solchen Blickwinkel betrachtet (vgl. z. B. Willis 1979; Krappmann/Oswald 1995).

Diese Überlegungen führen uns zu der Einschätzung, dass aus der Sicht der Kindheitsforschung zwar eine berechtigte Kritik an verkürzten Sichtweisen und defizitärer Forschung geübt wird, dass damit aber die Implikationen des Sozialisationsbegriffs nicht getroffen werden. Dies wollen wir verdeutlichen, indem wir uns auf ein Beispiel aus der Kindheitsforschung selbst beziehen: In ihrem Buch «Orte und Zeiten der Kinder» (1994) konstruieren Hartmut und Helga Zeiher einen theoretischen Zugang, der unter einer sozialökologischen Perspektive Räume und Zeiten von Kindern handlungstheoretisch fasst und damit eine Verbindung von soziologischen und psychologischen Konzepten versucht. Sie fragen danach, in welcher Weise sich Modernisierungsprozesse in räumlichen und zeitlichen Verhältnissen des Alltags von Kindern niederschlagen, mit welchen Anforderungen Kinder konfrontiert sind – und sie fragen nach dem Ausmaß an Fremd- und Selbstbestimmung. Nun sind aber solche Forschungsfragen ohne die Berücksichtigung der Wechselwirkung von Subjekt und Umwelt gar nicht analysierbar. Das Beispiel der Fallstudien zu den Nachmittagsabläufen der Drittklässler Daniel und Thomas zeigt, dass die besonderen Umwelten, die Kinder vorfinden und in denen sie ihre Lebensführung gestalten, sich immens auf Koordinationsfähigkeiten, Augenblicksorientierungen und Zeitplanung auswirken. Das heißt, dass die «Abhängigkeit von der gesellschaftlich vermittelten sozialen und materiellen Umwelt», wie es im eingangs zitierten Sozialisationsbegriff von 1980 formuliert wird, in diesen Kinderfallstudien exemplarisch verdeutlicht ist.

Damit wird offensichtlich, dass auch die jüngere Kindheitsforschung als eine Variante, als eine ‹Spielart› der Sozialisationsforschung angesehen werden kann. Sie hat auf bisher vernachlässigte Aspekte der Forschung und Theoriebildung aufmerksam gemacht, und sie hat für die Analyse des Kinderalltags neue, zum Teil weiterführende Konzepte entwickelt. Eine daran anknüpfende prinzipielle Kritik des Sozialisationskonzepts bleibt aber unplausibel; denn es ist nicht einsichtig, warum der Sozialisationsbegriff grundsätzlich zurückgewiesen werden soll, wenn es lediglich um erweiterte Forschungsperspektiven innerhalb eines gesellschaftlichen Teilbereichs geht: um den Blick auf Kindheit, Kinderalltag und kindspezifische Aneignungsweisen. Vielmehr erscheint es uns prinzipiell möglich und theoriestrategisch auch sinnvoll, die kritischen Implikationen des ‹neuen Kindheitsparadigmas› in das begriffliche Verständnis von Sozialisation zu integrieren. Sowohl die Betonung der Eigentätigkeit des Kindes als auch die stärkere Hinwendung auf die Peer-Aktivitäten führen zu einem umfassenderen Verständnis von Kinderleben und Kindheiten. Dies alles sind wichtige und weiterführende Beiträge zu einem weit gefassten Verständnis von Sozialisation im Kindesalter.

Jüngere Veröffentlichungen aus der soziologischen Kindheitsforschung zeigen, dass von der fundamentalen Sozialisationskritik der 1990er Jahre zunehmend Abstand genommen wird. So weist Honig (2009*a*) darauf hin, dass man in der «heroischen» Gründungsphase der Kindheitssoziologie die eigene «Einzigartigkeit zunächst überbetont» habe (S. 11), um den eigenen Forschungs- und Theorieansatz zu profilieren (vgl. Kelle 2009, S. 88). Inzwischen gebe es aber jenseits der struktur-funktionalen Ansätze differenzierte Konzepte, die es ermöglichen; «Sozialisationsprozesse kindheitssoziologisch zu betrachten, statt sie in einen Gegensatz zur Kindheitssoziologie zu bringen» (Honig 2009*b*, S. 37). Eine solche Modifizierung der eigenen Position ist verbunden mit der Bearbeitung von Fragestellungen, die über Kinderalltag und Kinderkulturen hinausgehen. So haben in der Kindheitssoziologie ungleichheitstheoretische Fragestellungen, generationale Aspekte sowie kritische Betrachtungen des normativen Musters einer «guten Kindheit» eine stärkere Bedeutung gewonnen (vgl. Bühler-Niederberger/Mierendorff 2009, S. 450 ff.). Damit wird erkennbar, wie kindheitssoziologische und sozialisationstheoretische Forschung sich wechselseitig respektieren und ergänzen können.

5.2 Konstruktion von Geschlecht statt geschlechtsspezifischer Sozialisation?

Aus der Auseinandersetzung zur geschlechtsspezifischen Sozialisation entspann sich ein weiterer kritischer Diskurs, der ebenfalls zur grundlegenden Infragestellung des Konzepts «Sozialisation» führte. Dieser ist eingebunden in die feministische Debatte zu einem angemessenen Verständnis von «Geschlecht» und in die daran anknüpfende Frage nach dem sozialwissenschaftlichen Vorgehen bei der Analyse von Geschlechterverhältnissen. Diese Diskussion geht somit von einer «feministischen Kritik der Geschlechterkategorie» (Dausien 1999, S. 224) aus und stellt von dort aus die bisherigen Forschungen und Theoriebildungen zur geschlechtsspezifischen Sozialisation in Frage. Diese Kritik wird dann von einigen Autorinnen auf das Sozialisationskonzept generell ausgeweitet: Dieses besitze problematische Implikationen insbesondere bei den Kategorien Geschlecht, Identität und Interaktion und gehöre entweder präzisiert, reformuliert oder zurückgewiesen. Als Alternative zur Analyse geschlechtsspezifischer Sozialisationsprozesse wurde die Frage nach Konstruktion und Dekonstruktion der Geschlechtskategorie formuliert (vgl. Bilden/Dausien 2006, S. 8). Darüber hinaus wurde nach anderen forschungsmethodischen Zugängen gesucht, wobei biographietheoretische und -analytische Überlegungen einen besonderen Stellenwert erhielten. Wir stellen im Folgenden zunächst diese kritische Sicht dar, um uns anschließend damit auseinanderzusetzen.

5.2.1 Kritik: Geschlechtsspezifische Sozialisationsforschung stabilisiert die Geschlechterhierarchie

Die Kontroverse, die wir im Folgenden darstellen, setzt bei der feministischen Theorie zur Konstruktion von Geschlecht an, wie sie in Kapitel 2.1.2 dargestellt wurde: In dieser Sichtweise sind Männlichkeit und Weiblichkeit die bipolaren Ausprägungen in einem sozial hergestellten «System der Zweigeschlechtlichkeit». Und alle Personen sind durch ihr Verhalten («doing gender») daran beteiligt, dieses System immer wieder zu reproduzieren. Geschlecht wird in einer solchen Perspektive nicht in ihren *auch* biologischen Anteilen gesehen (so z. B. im Sex-Gender-Modell; vgl. Kap. 2.1.2) und auch nicht als ein «Bündel typischer Eigenschaften» verstanden, sondern «als positionelles Phänomen, das etwas aussagt über die spezifische Verortung von Frauen und Männern im Kontext eines hierarchischen Systems» (Knapp 1988, S. 11). Mit einer solchen Betrachtung von Geschlecht als sozialer Strukturkategorie verschiebt sich zugleich das Interesse in der Geschlechterforschung: Nicht mehr die *Entwicklung* der (männlichen oder weiblichen) Subjekte und Begründungen für etwaige Differenzen stehen im Mittelpunkt, sondern das *geschlechtsbezogene Handeln*, durch das die hierarchischen Geschlechterverhältnisse immer wieder reproduziert werden.

An einem Beispiel: Bei Situationen weiblicher Nachrangigkeit im

Beruf wird nicht mehr gefragt, aus welchem Grund Männer und Frauen möglicherweise unterschiedliche Orientierungen, Verhaltensmuster und Kompetenzen ausgebildet haben – und wie sich dies in Dominanz- oder Nachordnungsverhalten niederschlagen könnte. Eine solche sozialisationstheoretische Perspektive – so die Kritik – verlagere die Ursachen der weiblichen Benachteiligung und der männlichen Privilegierung in die Geschlechtssubjekte selbst, in ihre (qua Biologie oder Sozialisation) fehlenden oder vorhandenen Kompetenzen und Rollen. Eine solche Herangehensweise verschleiere aber, dass «es sich bei der beruflichen Diskriminierung von Frauen letztlich um nichts anderes handele als die Reproduktion patriarchalischer Macht- und Geschlechtsverhältnisse» (Maihofer 2002*a*, S. 14). Deshalb sei eine andere Forschungsperspektive angemessener, die zuallererst in der strukturtheoretischen Analyse von Alltagsinteraktionen gesehen wird. Dabei geht es darum herauszufinden, ob und wie «Geschlecht» in Interaktionen bedeutsam wird, ob und wie das System der Zweigeschlechtlichkeit durch die Akteure selbst immer wieder erneuert wird. Inzwischen liegen einige empirische Studien vor, die diese Fragestellung verfolgen (vgl. z. B. Breidenstein/Kelle 1998; Weber 2003; Faulstich-Wieland u. a. 2004; Budde u. a. 2008).

Bedeutsam ist nun, dass dieser neue Ansatz mit einer massiven Kritik an dem Konzept der «geschlechtsspezifischen Sozialisation» verknüpft wurde. Den Kern dieser Kritik formulierte Helga Bilden bereits 1991: Die Frage nach der geschlechtsspezifischen Sozialisation bedeute, «nach geschlechtsspezifisch ‹typischen› Sozialisationsbedingungen und nach Geschlechterunterschieden im Verhalten, Denken und Fühlen zu fragen. Solche Fragen laufen fast zwangsläufig auf die Konstruktion eines männlichen und eines weiblichen Geschlechtscharakters hinaus. Damit aber vollziehen wir polarisierende gesellschaftliche Konstruktionen der zwei Geschlechter einfach nach und *reproduzieren den schematischen Dualismus von männlich-weiblich*» (Bilden 1991, S. 279). Sozialisationstheorien haben somit den Nachteil, Geschlechtsunterschiede als individuelle Persönlichkeitsmerkmale aufzufassen und damit die Vorstellungen von einem homogenen weiblichen oder männlichen Charakter zu begünstigen. Diese Kritik wird an anderer Stelle noch weiter verschärft: Indem «geschlechtsspezifische Sozialisation» die Existenz von zwei (und nur zwei) Geschlechtern immer schon voraussetzt, dort nach Unterschieden sucht und diese dann auch findet, trage sie zur «Reifizierung» (d. h. Stabilisierung und Verteidigung) dieses Systems der Zweigeschlechtlichkeit bei (vgl. Gildemeister/Wetterer 1995, S. 220). Kurz und zugespitzt: Indem die Differenzen durch Forschung gesucht und gefunden werden, werden sie erneuert, bekräftigt, bestätigt und gesellschaftlich stabilisiert.

Statt mit individualpsychologischen Kategorien geschlechtstypische Kompetenzentwicklungen zu betrachten, gelte es im Rahmen gesellschafts- und strukturtheoretischer Ansätze zu analysieren, mit welchen aktuellen Praktiken die weibliche Benachteiligung situativ hergestellt wird (vgl. Wetterer 2003, S. 6f.). Damit gilt eine sozialisationstheoretische Perspektive bestenfalls als marginal, vor allem aber als herrschaftsverschleiernd; gefordert wird stattdessen eine machttheoretische Strukturanalyse der Geschlechterverhältnisse. Einige Autorinnen wollen mit einer solchen konstruktivistischen Analyse Geschlechterforschung und Gesellschaftstheorie kombinieren (vgl. Maihofer 2004, S. 26), andere wollen Geschlecht als gesellschaftlich-historische Konstruktion betrachtet wissen und damit eine sozialisationstheoretische Perspektive ergänzen (vgl. z. B. Becker-Schmidt 2006; Hagemann-White 2004). Andere Autorinnen verabschieden hingegen «Sozialisation» als theoretische Kategorie endgültig (so Bilden 2002; Fischer 2002; Wetterer 2002; Dausien 2006).

Die Kritik an dem Konzept der geschlechtsspezifischen Sozialisation wird demnach von einigen Autorinnen zu einer generellen Infragestellung des Sozialisationsbegriffs erweitert. So behauptete Helga Bilden bereits 1991 (S. 279), dass dem Sozialisationsbegriff bestimmte grundlegende (und von ihr als falsch erkannte) Annahmen «nicht auszutreiben» seien. Sie nennt vor allem «die Trennung von Individuum und Gesellschaft» und den Objektcharakter des Sozialisanden». Man kann Dausiens Aufsatz (1999) als eine Konkretisierung und Unterfütterung dieser Kritik lesen. So wird dort das Vier-Ebenen-Modell der Sozialisation (vgl. Kap. 1.1.2) als Beleg für die Trennung zwischen Individuum und Gesellschaft genommen; und aus der Analyse eines älteren populärwissenschaftlichen Textes zur Geschlechtersozialisation (Scheu 1977) wird abgeleitet, dass in Sozialisationstheorien dem Sozialisanden generell ein Objektstatus zugewiesen werde. Hieran anknüpfend verweist Dausien

(1999, S. 226 ff.). darauf, dass sich diese grundlegende Kritik auf weitere, die Sozialisationstheorie tragende Begriffe wie «Persönlichkeit» oder «Identität» ausweiten ließe. Wetterer nimmt diese Kritik auf und diagnostiziert daraufhin eine «Krise der Sozialisationsforschung» (2003, S. 3). Weitgehend einig sind sich diese Kritikerinnen darin, dass das sozialisationstheoretische Forschungs- und Theorieparadigma überholt sei – und dass man deshalb nach reanimierten verjüngten Konzepten (vgl. Schmerl 2002) oder nach einer «anderen Forschungsperspektive» (Dausien 1999, S. 235) suchen müsse.

5.2.2 Biographictheoretischer Zugang als Alternative?

Eine solche ‹andere› Forschungsperspektive wurde mit der Fokussierung auf Geschlecht und Biographie von Bettina Dausien entwickelt. Sie spricht sich dafür aus, dass die struktur- und situationsbezogene Analyse des «doing gender» auch weiterhin ergänzt wird durch eine Forschung, die sich auf die Lebensgeschichte der Subjekte bezieht: «Es geht also nicht darum, sich von dem Forschungsproblem zu verabschieden, das bisher unter dem Begriff der geschlechtsspezifischen Sozialisation verhandelt wurde, sondern um eine neue Perspektive» auf dieses Problem (1999, S. 236). Aus Gründen, die wir weiter unten ausführen, hält Dausien das Sozialisationskonzept dafür jedoch für völlig ungeeignet. Sie entwirft deshalb für die lebensgeschichtliche «Dimension des Geschlechts-Werdens» (1999, S. 237) ein alternatives Konzept – das «der biographischen Konstruktion von Geschlecht» (ebd.).

Um dieses Konzept nachvollziehen zu können, muss man sich zuvor mit Dausiens Kritik am Sozialisationskonzept befassen. Zunächst stimmt sie mit der soeben referierten Position überein, «geschlechtsspezifische Sozialisation» wirke als ein Konzept zur Stabilisierung der Geschlechterhierarchien, sodass als Alternative dazu Analysen zum «doing gender» dringend notwendig seien. Doch sie bleibt bei dieser Kritik einer geschlechtsspezifischen Sozialisation nicht stehen, sondern nimmt das Sozialisationskonzept generell ins Visier: Dabei steht im Mittelpunkt das Vier-Ebenen-Modell der Sozialisation (vgl. Kap. 1.1). Nach Dausien kennzeichne es sich durch eine «additive Struktur» und damit durch eine «Architektur des Nebeneinanders» (2002, S. 52). Denn indem Individuum und Gesellschaft unterschiedlichen Ebenen zugewiesen werden, werde auseinandergerissen, «was im Zusammenhang gesehen werden soll» (2006, S. 19). Die damit verbundene «Abbildbeziehung zur sozialen Wirklichkeit» (1999, S. 234) führe zu Verzerrungen; denn es «sieht so aus, als sei die Welt – und nicht das theoretische Nachdenken über die Welt – in jene Ebenen eingeteilt, die das Modell formuliert» (ebd.). Verbunden wird diese Kritik mit forschungsmethodischen Argumenten: Weil Sozialisationsforschung im Rahmen des quantitativen Paradigmas stets Variablen und Variablenbündel definiert und diese meist nur *einer* Ebene zuordnet, gerate der Zusammenhang zwischen den Ebenen auch methodisch gar nicht in den Blick (vgl. 1999, S. 234). Es kommt hinzu, dass Dausien mit diesem Vier-Ebenen-Modell einen «theoretischen Großanspruch» verbunden sieht. Die Vertreter des Sozialisationskonzepts – so Dausien – orientieren sich an der «Vorstellung, die Prozesse der Vergesellschaftung und Individuation in einem ‹komplexen Modell› abbilden zu können und dabei alle relevanten Ebenen des Sozialisationsprozesses zu integrieren» (2002, S. 161). Dies alles seien Probleme in der Theoriekonstruktion, die es notwendig machen, sich von dem «Sozialisationsmodell zu verabschieden» (1999, S. 235). Um angesichts dieser Fundamentalkritik die Frage nach der Soziogenese der Subjekte, nach der Individualentwicklung, dennoch wieder aufnehmen zu können, werde ein alternativer theoretischer Ansatz gesucht. Und der ist bei Dausien «das Konzept der *Biographie*» (2006, S. 29).

Die Autorin stellt dar, dass der von ihr entworfene biographietheoretische Zugang nicht mit den beschriebenen Problemen des sozialisationstheoretischen Ansatzes belastet sei, «sie aber kritisch aufgreift und mit Erkenntnisperspektiven des sozialkonstruktivistischen Ansatzes verbindet» (ebd., S. 24). Das begriffliche Verständnis von Biographie beinhalte «das prozesshafte Ineinandergreifen von Individuation und Vergesellschaftung» (ebd., S. 159). Das Verhältnis zwischen Selbst und Welt werde jedoch reflexiv aus der biographischen Binnenperspektive – aus dem Sinnzusammenhang einer konkreten Lebensgeschichte – erschlossen und unterscheide sich daher von einer Sozialisationsforschung, die dieses Verhältnis aus einer externen Beobachterposition heraus «als

Gegenüberstellung von Individuum und Gesellschaft» (ebd., S. 159) begreife.

Ein biographietheoretischer Ansatz stellt die folgenden Aspekte in den Vordergrund: eine lebensgeschichtliche Zeitperspektive, Aneignungs- und Konstruktionsprozesse seitens der Subjekte, Reflexivität und situationsüberdauernde Strukturbildung (vgl. ebd., S. 187). Für die Analyse der Biographien (als soziale Konstruktionen) entwirft Dausien (2002, S. 196) vier unterschiedliche «Perspektiven», die sie als Gesellschaft, Institution, Interaktion und Individuum bezeichnet. Dies verwundert zunächst einmal, weil die Begriffe weitgehend identisch sind mit denen des scharf kritisierten Ebenenmodells (vgl. Kap. 1.1). Doch hier betont die Autorin, dass diese vier Perspektiven der Biographieforschung nicht abgrenzend gemeint seien, sondern in einer «konjunktiven», anschlussfähigen und durchlässigen Beziehung zueinander stünden. Die hier unterschiedenen Perspektiven sind im Alltagsleben weder konkret auffindbar noch säuberlich getrennt zuordnungsfähig (vgl. ebd., S. 197). Deshalb müsse bei jeder Biographieanalyse dieser Zusammenhang jeweils zum Thema gemacht werden. Ähnlich verhält es sich auch mit den Analyseperspektiven zur sozialen Konstruktion von Geschlecht (vgl. ebd., S. 203). Eine Verschränkung und Verknüpfung der Analyseperspektiven sei tatsächlich gegeben, da das Modell erlaube, nach vergeschlechtlichten Konstruktionsmustern von Biographie zum einen und nach biographischen Modi der Geschlechterkonstruktion zum anderen zu fragen (vgl. ebd., S. 207 ff.). Eine solche Konzentration auf biographische Mikroanalysen verbindet sich bei Dausien mit einer Ablehnung von übergreifenden sozialisationstheoretischen Modellbildungen, bei denen es um eine «statistische Durchschnittslogik» gehe. Ihre Forschung und Theoriebildung ziele vielmehr darauf, anhand konkreter Biographien zu beschreiben, «wie Individuen sich in einer geschlechterstrukturierten Welt auf eigensinnige Weise einordnen, ihre unverwechselbare Identität ... entwickeln und zugleich allgemeine soziale Strukturen ... (re)produzieren, aber auch modifizieren» (1999, S. 239).

Bettina Dausiens Intention ist somit darauf gerichtet, eine Strukturanalyse des «doing gender» mit einer Lebenslaufperspektive zu verknüpfen. Sie will diese aber aufgrund der von ihr genannten theoretischen und empirischen Mängel nicht als «Sozialisation» bezeichnet wissen. Vielmehr könne mit dem Konzept der Biographie «die sozialisationstheoretische Frage neu aufgenommen und bearbeitet werden ... ohne die diskutierten Dilemmata des Sozialisationsbegriffs wiederholen zu müssen» (ebd. S. 124). Auseinanderzusetzen haben wir uns damit mit einem Vorschlag, der das Modell der Sozialisation durch ein Konzept von Biographie ersetzen will.

5.2.3 Replik 1: Biographische Forschungsstrategien lassen sich sozialisationstheoretisch gut integrieren

In ihrem theoretischen Ansatz (vgl. 2002, S. 303 ff.) stellt Bettina Dausien die Prozesse der aktiven Aneignung und der Konstruktion von Biographie in den Mittelpunkt: Weil Geschlecht biographisch konstruiert wird, lasse sich dieser Prozess angemessener mit dem Begriff der «biographischen Konstruktion» beschreiben. Dieser Begriff solle «Sozialisation» ersetzen.

Hier ist nun aber zu fragen, ob eine solche Fundamentalkritik am Sozialisationskonzept schlüssig ist. Und: Ist sie notwendig, um eine biographische Geschlechterforschung zu begründen? Akzeptabel erscheint an Dausiens Kritik zunächst die Feststellung, dass eine solche biographische Forschung – zumal mit konstruktivistischer Orientierung – bisher viel zu selten betrieben wurde. Allerdings wird unter den Sozialisationsforscherinnen und -forschern wohl kaum jemand in Zweifel ziehen, dass konstruktivistische Zugänge noch zu wenig ausgeschöpft sind und dass eine entsprechende biographisch-subjektorientierte Sozialisationsforschung ausbaufähig sein dürfte. Aus unserer Sicht wurden von Dausien vor allem Leerstellen benannt und weiterführende begrifflich-theoretische Klärungen zu Geschlecht, Biographie und Sozialisation entwickelt. Es handelt sich somit um eine biographietheoretische Erweiterung des Sozialisationskonzepts – aber keineswegs um die von der Autorin 1999 (S. 235 ff.) angekündigte Widerlegung des Sozialisationsansatzes.

Damit bleiben aber noch die Einwände gegenüber dem Ebenenmodell der Sozialisation, das nach Dausien (2002, S. 114) vor allem auf die theoretischen Probleme des Sozialisationsparadigmas verweise. Ihr

Vorschlag lautet, «sich von derartigen theoretischen Gesamtentwürfen überhaupt zu verabschieden» (1999, S. 233); denn die Welt sei nicht in jene Ebenen eingeteilt, wie von dem Modell nahegelegt wird (vgl. ebd., S. 234). Eine solche Kritik übersieht, dass dieses Ebenenmodell lediglich die Funktion hat, die vielfältigen Aspekte des Sozialisationsprozesses in eine erste vorläufige Ordnung zu bringen. Hinzu kommt, dass die Kritik, der Zusammenhang zwischen den Ebenen könne so nicht erforscht werden, überhaupt nicht schlüssig ist: Vielmehr gibt es eine große Zahl von Forschungsprojekten (z.B. zum Verhältnis von Sozialstruktur und Bildungserfolg), die genau solche ebenenübergreifenden Fragestellungen verfolgen. Und dabei arbeiten die Forscher(innen) häufig mit statistischen Methoden (z.B. Mehrebenenanalysen), die gezielt für solche Fragestellungen eingesetzt werden.

Dausien will mit dem Konzept der Biographie die sozialisationstheoretische Frage neu aufnehmen und bearbeiten, «ohne die diskutierten Dilemmata des Sozialisationsparadigmas wiederholen zu müssen» (2002, S. 114). Mit diesem Anspruch verbindet sie offenbar die Hoffnung, ein Modell des Zusammenhangs von Geschlecht, Biographie und Subjektentwicklung zu entwerfen, das ohne die angesprochenen theoretischen Probleme des Sozialisationsmodells auskommt. Nun bedient sich aber auch Dausien in ihrem Konzept von Biographie einer Modellkonstruktion, dabei geht es um «Perspektiven» anstelle von Ebenen. Diese vier Perspektiven des «Biographiemodells» seien nicht auf Abgrenzung angelegt, sondern auf Anschlüsse, Verbindungen und Durchlässigkeiten ausgerichtet (vgl. Dausien 2002, S. 196 f.). Ob sich dies in der Forschungspraxis wirklich als entscheidender Vorteil zwischen Sozialisations- und Biographiemodell herausstellen wird, erscheint uns allerdings zweifelhaft. Denn zum einen haben wir ja gerade angeführt, dass auch die «klassische» Sozialisationsforschung sehr wohl ebenenübergreifende Analysen durchführen kann. Und dass eine qualitative Biographieforschung stets mehrere oder gar alle Perspektiven verknüpfend verfolgen kann, müsste in konkreten Forschungsprojekten erst noch aufgezeigt werden.

Uns erscheint an dieser Stelle die Fundamentalkritik am Sozialisationskonzept wenig überzeugend, deshalb halten wir dagegen: Die ‹Konstrukteure› des Sozialisationsmodells verfolgten den Anspruch, mit dem weit gefassten Ebenenbegriff eine Art ‹Landkarte› zu schaffen, auf der sich alle an Sozialisationsforschung beteiligten Disziplinen mit ihren Fragestellungen verorten können. Sie nennen es ein «pragmatisches Modell», eine «erste orientierende Auflistung der angesprochenen Komponenten» (Geulen/Hurrelmann 1980, S. 66 f.). Die Bemühungen sind demnach nicht von Absichten bestimmt, damit die Realität abzubilden, Vergesellschaftungsprozesse in Ebenen aufzuspalten oder ein umfassendes Forschungsprogramm verbindlich zu machen. Bei dem Sozialisationskonzept handelt es sich somit – wie bei den Analyseperspektiven zur Konstruktion von Geschlecht und Biographie – um ein Modell mit orientierendem Charakter – und um nichts mehr (vgl. Popp 2002*a*). Diese Relativierung sowie die von den ‹alten› Protagonisten des Sozialisationskonzepts geübte Selbstkritik, die sich explizit gegen universalisierende Annahmen einer ‹Supertheorie› der Sozialisation richteten (vgl. Hurrelmann 1978), finden in den Ausführungen von Dausien keine Erwähnung. Unseres Erachtens ist es zur Begründung eines biographietheoretischen Zugangs zur sozialen Konstruktion von Geschlecht weder notwendig noch plausibel, dies mit einer Fundamentalkritik des Sozialisationskonzepts zu verbinden.

5.2.4 Replik 2: Eine Entwicklungsperspektive auf die Geschlechterdifferenzen bleibt unverzichtbar

Es wurde schon festgestellt, dass die Frage nach der Konstruktion von Geschlecht und Geschlechterverhältnissen eine unverzichtbare Perspektive der Sozialisationsforschung sein sollte. Ebenso wichtig ist jedoch der Blick auf mögliche Geschlechterdifferenzen, seien sie innerhalb einer Geschlechtsgruppe oder zwischen männlichen und weiblichen Personen. In der Kritik am Theorien- und Forschungsfeld der *geschlechtsspezifischen* Sozialisation wurden die auf Geschlechterdifferenzen ausgerichteten Analysen als unzureichend bzw. falsch ansetzend kritisiert: Die daran anknüpfende Theoretisierung unterliege der Gefahr, Stereotype zu produzieren und damit die männliche Hegemonie zu befördern. Selbst wenn man diese Einschätzungen teilt, bleibt damit aber doch unklar, warum es für die Sozialisationstheorie unmöglich sein soll, diese Kritik produktiv aufzugreifen.

Wenn wir auf diese Frage eingehen, können wir die komplexe Theoriedebatte um Geschlecht als soziale Konstruktion nicht noch einmal umfassend aufrollen, sondern nur ausgewählte Punkte ansprechen. Von speziellem Interesse ist hier, dass mit der Arbeit von Andrea Maihofer «Geschlecht als Existenzweise» (1995) ein Gegendiskurs in Gang gebracht wurde. Darin wehrt sich Maihofer vehement gegen die dekonstruktivistische Auffassung von Geschlecht und der damit verbundenen Perspektive eines Verschwindens der Geschlechterdifferenzen. In Konfrontation dazu fordert sie, Geschlechterdifferenzen ebenso anzuerkennen wie die Verschiedenheiten innerhalb der Gruppe von Frauen und Männern (vgl. ebd., S. 170 f.). Etwas, das anerkannt gehört, muss jedoch auch sichtbar gemacht und benannt werden können. Der Vorwurf, durch das Benennen von Unterschieden diese zu stabilisieren, sei völlig unangemessen und baue eine Art Denk- und Analyseverbot auf (vgl. auch Eckes 2002; Opp 2002*b*). Damit geraten Maihofers Ausführungen (1995, 2002*a*) mitten in die Kontroverse um Konstruktion und Dekonstruktion von Geschlecht – und in Widerspruch zu der Forderung, nicht mehr die Differenz (die Geschlechtsunterschiede) und ihre subjektiven Entwicklungen, sondern nur noch die Herstellungsweisen der Differenzen (In welchen Alltagssituationen wird die Geschlechtszugehörigkeit bedeutsam?) zu erforschen.

Dieser neue Diskurs um Geschlecht als soziale Konstruktion habe dazu geführt – so Maihofer (2002*a*) –, dass Fragestellungen, die sich mit der Geschlechtersozialisation, mit ihren Ursachen und sozialen Auswirkungen befassen, von der feministischen Forschung kaum noch bearbeitet wurden. Zugleich sei ein Bemühen zu erkennen, den Begriff Sozialisation zu vermeiden oder aber die entsprechenden Sachverhalte anders zu benennen. Maihofer spricht davon, dass man es hier innerhalb der Frauenforschung mit der «Errichtung eines Tabus» (2002*a*, S. 13) zu tun habe: Jede(r) Forscher(in), die sich mit Geschlechterdifferenzen befasse, werde vorgeworfen, zur «Reproduktion patriarchalischer Geschlechterverhältnisse» (S. 14) beizutragen. Maihofer wehrt sich gegen diese Tabuisierung und betont, dass die Frage nach der subjektiven

Entstehung von Männlichkeit und Weiblichkeit (und den damit verbundenen Geschlechterdifferenzen) weiterhin ein Thema auch in der feministischen Forschung und Theoriebildung sein müsse. Die zunehmende Attraktivität der (de)konstruktivistischen Geschlechtertheorien habe jedoch zu einer Abwendung von sozialisationstheoretischen Fragestellungen geführt, aus der sich eine Art Forschungssperre ergeben habe (vgl. 2002*a*, S. 15 f.).

Gegenüber einer solchen Position insistiert Maihofer darauf, dass Fragen nach der subjektiven Genese von Männlichkeit und Weiblichkeit weiterhin gestellt und bearbeitet werden müssten, wolle man die gesellschaftlichen Geschlechterverhältnisse umfassend analysieren. Insofern plädiert sie innerhalb des feministischen Diskurses für eine «kritische Reformulierung ‹geschlechtsspezifischer Sozialisationstheorien›» (2002*a*, S. 21). Dabei bezieht sie die von den Kritikerinnen geforderte Strukturanalyse des «doing gender» ausdrücklich ein:

> «Warum können wir nicht jeweils *beide* Aspekte, also sozialisationstheoretische und institutionell-strukturelle Momente, die doch offensichtlich zusammengehören, wenn es um Lebensentwürfe, Entscheidungen, um das Handeln, Denken und Fühlen von Individuen geht – zusammen als mögliche ‹Ursachen› analysieren?» (Maihofer 2002*b*, S. 74).

Zwar sieht auch Maihofer das Dilemma, dass eine auf Differenz orientierte Geschlechterforschung die Polaritäten mit festschreiben könnte. Doch solange «Individuen unter der gesellschaftlichen Dominanz eines Systems heterosexueller Zweigeschlechtlichkeit zu ‹Frauen› oder ‹Männern› (gemacht) werden», sei es «absolut notwendig, diese Prozesse individueller Entwicklung zu analysieren. Das aufgezeigte Dilemma lässt sich dabei nicht wirklich lösen. ... Darum müssen wir immer wieder Wege suchen, es bestmöglich zu unterlaufen» (ebd., S. 74). Hierzu entwirft Maihofer differenzierte Vorschläge, die auf eine Beibehaltung und kritische Reformulierung einer Forschung zur Geschlechtersozialisation hinauslaufen (vgl. 2002*a*, S. 21 f.).

Im Kern läuft Maihofers Erwiderung darauf hinaus, die lebenslaufbezogene Subjektperspektive als eine notwendige und eigenständige zu verteidigen; diese lasse sich durch eine (ebenfalls notwendige) soziale

Strukturanalyse nicht ersetzen. Und diese Lebenslaufperspektive sei theoretisch am überzeugendsten als «Sozialisation» konzipiert. Solange Geschlechterdifferenzen und Geschlechterherrschaft real existieren, müsse Sozialisation (als kritische Analyse der Wirklichkeit) *auch* die Genese von Männlichkeit und Weiblichkeit erforschen. Dabei bestehe zwar die Gefahr einer Überzeichnung von geschlechtstypischen Eigenschaften. Dies sei jedoch kein hinreichender Grund, das gesamte Theorie- und Forschungskonzept abzulehnen; eine kritische Reflexion dieser Gefahr sei allerdings notwendig. Carol Hagemann-White (2004, S. 155) fasst diese Diskussion so zusammen: «Insgesamt kann keine Rede davon sein, dass der Sozialisationsansatz in der Geschlechterforschung überholt oder unproduktiv sei.»

5.3 Sozialisation – ein Theorie- und Forschungskonzept auch für die Zukunft

Betrachtet man die beiden kritischen Debatten zum Sozialisationskonzept, die aus der Kindheitsforschung und die aus der Geschlechterforschung, so findet man neben bereichsspezifischen Besonderheiten vor allem zwei parallele Argumentationsfiguren, die beide bei zentralen Prämissen des Sozialisationskonzepts ansetzen.

1. Sozialisation betrachtet menschliche Entwicklung in der zeitlichen Dimension des Lebenslaufs, damit stellt sich immer auch die Frage nach der *Soziogenese von Handlungsfähigkeit*: Welche Erfahrungen, welche Lernprozesse haben bei X. dazu geführt, dass er/sie heute diese Kompetenzen, Interessen, Selbstbilder erkennen lässt? Welche Erfahrungen haben dies erschwert? Diese ontogenetische Perspektive wird in der Frauen- wie in der Kindheitsforschung kritisiert, weil ihre Bearbeitung zu falschen, zu stereotypen Ergebnissen führen könnte. Die Kindheitsforscher(innen) unterstellen hier die normative Ausrichtung an einem unkritischen Bild eines ‹fertigen› Erwachsenen. Um einen solchen «Adultismus» zu vermeiden, ziehen sie sich in ihrer Forschung stark auf die Mikrogesellschaft der ‹Peers› zurück und analysieren dort Alltagsinteraktionen. In der radikalen Variante wird die Frage nach der Subjektentwicklung

dabei völlig ausgeblendet (vgl. Wetterer 2003, S. 10). Auch die Frauen- und Geschlechterforschung betrachtet die sozialisatorische Dimension sehr kritisch, weil aus ihrer Sicht daraus nur zu leicht eine stereotype Beschreibung von ‹Geschlechtscharakter› entsteht. Ebenso wie die Kindheitsforschung betont sie deshalb die Bedeutung einer Strukturanalyse des Alltagshandelns – hier als «doing gender». Sie bleibt bei diesem «mikrosoziologischen Minimalprogramm» (ebd., S. 10) jedoch nicht stehen, sondern ergänzt dies durch eine biographische Betrachtung von Geschlecht, mit der sich einige Autorinnen (wie plausibel auch immer) vom Sozialisationsbegriff abzusetzen versuchen.

Gemeinsam ist beiden kritischen Richtungen somit, dass sie die mikrosoziologische Analyse von Alltagsinteraktionen betonen und darin ein Gegengewicht zu einer subjekttheoretischen Entwicklungsperspektive (Sozialisation) sehen. Inwieweit auf diese Sozialisationsperspektive völlig verzichtet werden sollte – oder ob sie (z. T. unter anderem Namen) ergänzend zu bearbeiten ist, wird unterschiedlich beantwortet. An dieser Stelle lautet unsere Position: Wenn man die grundlegende Frage nach der Soziogenese von Handlungsfähigkeit (und damit die nach der Subjekt*entwicklung*) verdrängt, erreicht man damit keinen theoretischen Fortschritt. Und wenn man diese Frage zwar bearbeiten will, dies aber nicht innerhalb des Sozialisationskonzepts tun will, muss man andere überzeugendere Theoriekonzepte vorzeigen können.

2. Zum Zweiten befassen sich beide Kritikrichtungen mit dem Subjektverständnis: Sozialisation geht davon aus, dass ein Subjekt seine Einstellungen, Kompetenzen und Persönlichkeitsstrukturen in Interaktion mit der ihn umgebenden sozialen und materiellen Umwelt erwirbt. Dabei hat sich die Sozialisationstheorie schon lange von älteren Vorstellungen (etwa struktur-funktionaler Herkunft) verabschiedet, bei der – gleichsam als Einbahnstraße – ein passiv hinnehmendes Subjekt von der Umwelt geprägt wird. Stattdessen wird spätestens seit Beginn der 1980er Jahre das Konzept eines aktiv handelnden Subjekts vertreten, das in produktiver Auseinandersetzung sowohl mit der ‹äußeren› wie mit der ‹inneren› Realität seine Persönlichkeit entwickelt (vgl. Hurrelmann 1983).

Beide Kritiklinien haken an dieser Stelle ein, indem sie der ‹etablierten› Sozialisationstheorie vorwerfen, nach wie vor das alte Bild eines passiven, abhängigen Subjekts zu transportieren. So behauptet Helga Bilden (1991, S. 280), «das sich bildende Individuum» würde grundsätzlich als «Objekt von Sozialisationsprozessen» betrachtet – und die Kindheitsforscher(innen) beklagen, das Kind würde in sozialisationstheoretischer Perspektive als abhängig und passiv gesehen, die kindlichen Eigenaktivitäten würden weitgehend ignoriert. Beide Kritiklinien treffen sich sodann darin, die konstruktive Eigenleistung der Individuen zu betonen und dies als theoretisches Argument gegen sozialisationstheoretische Konzepte ins Feld zu führen: Sozialisationstheorien würden solche konstruktiven Eigenleistungen nicht fassen können, weil sie stets das sich passiv anpassende Subjekt unterstellen. Aus unserer Sicht ist hier einzuwenden, dass im sozialisationstheoretischen Diskurs eine solche Position spätestens mit Hurrelmanns Beitrag aus 1983 als überwunden gelten kann – dass sich die Kritik also mit den sozialisationstheoretischen Defiziten der Vergangenheit beschäftigt.

Die Betonung der Konstruktionsleistung der Individuen verweist in der Geschlechterforschung auf den (ja durchaus affirmativen) Prozess des «doing gender», in dem die Subjekte als kontinuierliche Konstrukteure ihrer eigenen Geschlechtszugehörigkeit auftreten. In der Kindheitsforschung geht es um den (eher kreativ gesehenen) Prozess, in dem kindliche Akteure in der Peergroup ihre Eigentätigkeiten betreiben. Für Wetterer (2003, S. 10) wird daran deutlich, «dass konstruktivistische Zugangsweisen in der Sozialisationsforschung nie zuvor einen solchen zentralen Stellenwert hatten». Dies wird in der historischen Linie interpretierbar, wenn man die sich immer stärker durchsetzenden Individualisierungsprozesse in der Gesellschaft sieht, die allerdings mit dem Zwang verbunden sind, «sich als individueller Akteur und Konstrukteur der eigenen Biographie zu betätigen» (Beck/Beck-Gernsheim 1993, S. 181).

Eine solche Betonung der Konstruktionsleistung der Einzelnen bedeutet aber keineswegs, den Rahmenbedingungen des Aufwachsens ihre Bedeutung abzusprechen; vielmehr geht es darum, das Verhältnis Individuum – Umwelt theoretisch neu auszutarieren. Aus unserer Sicht ist dazu anzumerken: Eine prinzipielle Kritik des Sozialisationskonzepts lässt sich aus einer solchen Argumentation nur dann ableiten, wenn man «Sozialisation» mit alten, längst überwundenen Prägekonzepten in eins setzt. Wenn man hingegen von dem soeben angesprochenen Verständnis eines «produktiv realitätsverarbeitenden Subjekts» und seinen theoretischen Weiterführungen (vgl. Hurrelmann u. a. 2008, S. 15 ff.) ausgeht, so lässt sich damit die Vorstellung von Individuen als aktive Konstrukteure sehr gut in Übereinstimmung bringen. In einer Diskussion, die den aktuellen Stand der Sozialisationstheorie zur Kenntnis nimmt, können diese kritischen Argumente deshalb auch nicht zu einer Abwendung vom Sozialisationskonzept führen; stattdessen wird damit auf eine Weiterentwicklung hin zu einer «konstruktivistischen Sozialisationsforschung» (Grundmann 1999) verwiesen.

3. Damit kommen wir nach unserer Auseinandersetzung mit diversen Spielarten der Sozialisationskritik zu einem abschließenden Ergebnis: Diese Kritiken verweisen jeweils auf Aspekte der Sozialisationstheorie und -forschung, in denen ein deutlicher Entwicklungsbedarf besteht. Dabei erscheint es uns aber in allen Fällen sinnvoll und möglich, die angestrebten Erweiterungen (z.B. Peergroup-Forschung, biographische Geschlechterforschung) *innerhalb* des Konzepts der Sozialisation zu betreiben. Wenn aus diesen Defizit-Feststellungen eine grundlegende Kritik an sozialisationstheoretischen Kategorien abgeleitet wird, so basiert diese überwiegend auf einer verkürzten oder missverstandenen Rezeption dieses Ansatzes. So wurde das Konzept der vier Ebenen nicht entworfen, um Probleme in «Schubladen» zu packen und die Analyse von Wechselwirkungen zu verhindern. Vielmehr geht es dabei – ganz im Gegenteil – darum, für eine weit gefasste interdisziplinäre Sozialisationsforschung eine «Landkarte» zu entwerfen, auf der man unterschiedliche Fragestellungen verorten kann. Und der besonders häufig vorgetragene Vorwurf, das herrschende Sozialisationsverständnis sei «funktionalistisch», weil es die Eigenaktivitäten der Sozialisanden viel zu wenig berücksichtige, richtet sich gegen einen längst überholten Stand der Sozialisationstheorie.

Vor allem aber hat die referierte Diskussion gezeigt, dass die Befassung mit der ontogenetischen Dimension, mit der Subjekt*entwicklung* im gesellschaftlichen Kontext, sozialwissenschaftlich unverzichtbar ist. Denn die Frage, wie Menschen sich in der Auseinandersetzung mit der gesellschaftlichen Umwelt lernend verändern und dabei ihre Persönlichkeit entwickeln, bleibt zentral – wie immer man dies begrifflich fassen will. Und was diese begrifflich-theoretische Fassung angeht, wurde bisher kein Ansatz vorgestellt, der sich gegenüber dem Sozialisationskonzept als umfassender, als differenzierter, als interdisziplinär leistungsfähiger erwiesen hat. Insofern bleibt ein theoretisch weit zu fassendes Konzept von Sozialisation auch in einer absehbaren Zukunft das erkenntnis- und forschungsleitende Paradigma.

Anmerkungen

1 Diese Gesamtgesellschaft – etwa die der Bundesrepublik Deutschland – steht natürlich nicht allein auf der Welt, sondern ist in internationale politische und ökonomische Prozesse eingebunden. Insofern ist es richtig, die hier angesprochene «Gesamtgesellschaft» in eine «Weltgesellschaft» eingebettet zu sehen (vgl. Nestvogel 1991, S. 89 f.), von der Sozialisationsprozesse ebenfalls beeinflusst werden.

2 Dieses Beispiel vereinfacht ein wenig, weil auch das ‹einheitswissenschaftliche› Verständnis der analytisch vorgehenden Naturwissenschaften seit längerem in Bewegung gekommen ist (vgl. z. B. Bernal 1970, Bd. 3).

3 Bis in die 1970er Jahre herrschte ein sozialdeterministisches (Miss-)Verständnis von ‹Sozialisation› vor, das stark durch struktur-funktionale Rollenkonzepte geprägt wurde (vgl. hierzu die Kontroverse zwischen Bittner 1974 und Geulen 1974).

4 Ganz seltene Ausnahmen bilden in diesem Zusammenhang Menschen, die mit bei Geburt unzuordenbaren Geschlechtsmerkmalen auf die Welt kommen (sog. Pseudohermaphroditen), sowie Transsexuelle, deren Geschlecht durch Hormonpräparate und chirurgische Eingriffe zu ändern versucht wird (vgl. z. B. Winkelmann 1993). Besondere Aufmerksamkeit richtete sich in den letzten Jahren auf Fälle, in denen eine im Säuglingsalter vorgenommene Geschlechtsneuzuweisung später auf Wunsch der Betroffenen rückgängig gemacht wurde (vgl. z. B. Colapinto 2002).

5 Auf evolutionspsychologische und soziobiologische Theorieansätze kann hier aus Platzgründen nicht eingegangen werden. In diesen Ansätzen werden auf der Grundlage der Theorie der sexuellen Selektion und der Vorstellung, dass der Mensch den überwiegenden Teil seiner Stammesgeschichte in kleinen Jäger- und Sammlergruppen verbrachte, psychische Geschlechterunterschiede anhand ihres Anpassungswertes an die evolutionäre Umwelt der Steinzeit erklärt (vgl. dazu z. B. Buss 1989, 1997, 1999; Wright 1996; kritisch: Buller 2006, 2009).

6 Diese biologische Forschung, die auf eine Bestimmung des genetischen Anteils bei Verhaltensweisen hinausläuft, ist zwischen Biologen und Sozialwissenschaftlern besonders strittig. Sozialwissenschaftler und sogar manche Genetiker kritisieren, dass trotz hoher genetischer Varianzanteile eines Persönlichkeitsmerkmals Unterschiede zwischen Populationen völlig umweltbedingt sein können (vgl. Lewontin/ Rose/Kamin 1988, S. 95) und dass ohne eine Analyse der Gene selbst (Genomanalyse) keine Aussagen über die Entstehung eines Merkmals bei einem Individuum möglich sind. Andere Biologen und Psychologen halten dem entgegen, dass für viele Persönlichkeits- und Verhaltensbereiche bereits Ergebnisse zu genetischen Einflussfaktoren vorliegen und dass diese die verhaltensgenetischen Befunde bestätigen (vgl. z. B. Hamer/Copeland 1998; Riemann/Spinath 2005).

7 Die grundlegenden Prämissen einer konstruktivistischen Sichtweise (als wissenschaftstheoretischer Position) können hier nicht im Einzelnen erläutert werden.

Im sozialisationstheoretischen Diskurs wird damit einerseits der Versuch unternommen, eine neue Theorierichtung zu etablieren (vgl. Grundmann 1999). Auf der anderen Seite wird mit konstruktivistischen Argumenten das Konzept «Sozialisation» generell in Frage gestellt (vgl. Kap. 5).

8 Freud bezeichnet diese Entwicklungsphase bei beiden Geschlechtern als «phallisch», weil in dieser Zeit der infantilen Genitalorganisation für beide Geschlechter der Phallus von zentraler Bedeutung sei (vgl. Freud 1972, S. 16). Zur Kritik vgl. Kap. 2.2.3.

9 Neben diesen therapeutischen Fallstudien und ihrer Verallgemeinerung werden in der psychoanalytischen Forschung seit längerem auch andere Methoden angewendet, «so z. B. Interviews, Testverfahren, Labor- und Feldexperimente, teilnehmende Beobachtung» (Mertens 1991, S. 78).

10 In der kognitiven Entwicklungstheorie wird bewusst von einer Entwicklungsstufe (nicht: -phase) gesprochen. Damit wird angezeigt, dass Entwicklung nicht als kontinuierliches Fortschreiten, sondern als ein Wechsel zwischen der Etablierung und der Umstrukturierung eines (ganzheitlichen) Denkniveaus angesehen wird. Parallel zum Begriff der «Stufe» wird auch von «Stadien» oder «Niveaus» gesprochen.

11 Mit der These, Geschlechterrollen und -stereotype seien universell, setzten wir uns in Kap. 2.4.3 auseinander. Die damit aufgestellte Behauptung über die Universalität von Sachverhalten der äußeren Realität ist nicht zu verwechseln mit dem Universalitätsanspruch, der in Anlehnung an Piaget für die innerpsychisch-kognitiven Strukturen erhoben wird. Wir kommen darauf zu sprechen, wenn wir in Kap. 4.3 Kohlbergs Moralstufen-Theorie behandeln.

12 Die Verwendung des Institutionen-Begriffs im engeren Sinn bedeutet, dass lediglich strukturierte Organisationen mit materiellem Apparat darunter fallen. Dies trifft für alle öffentlichen Erziehungseinrichtungen (Kindergarten, Schule etc.) zu, gilt jedoch nicht für Gestalten mit unübersehbarem Kleingruppenhintergrund wie Familien, Peergroups etc. Sozialisation in den letztgenannten Feldern ist zwar ebenfalls gesellschaftlich geregelt und in Funktionszusammenhänge eingebunden, aber eben nicht ‹institutionalisiert›.

13 Auf das komplexe Problem der Schulstrukturen und ihrer Veränderungen kann hier nur mit einem Halbsatz eingegangen werden. Differenzierte Darstellungen dazu finden sich bei Tillmann 1995 und 2006.

14 Um Missverständnisse zu vermeiden: «Gesamtgesellschaft» und «soziales System» sind keine synonymen Begriffe. «Soziales System» benutzt Parsons auf verschiedenen Ebenen der gesellschaftlichen Hierarchie, so analysiert er etwa die «Schulklasse als soziales System». Bezeichnet wird damit jeweils die in den Blick genommene systematische Analyseeinheit. Das größtmögliche soziale System ist die Gesellschaft als Gesamtsystem. Sie wird hier zum Gegenstand der Analyse genommen, um daran die Parsons'schen systemtheoretischen Begrifflichkeiten zu erläutern.

15 Diese Prämisse trifft für die bundesdeutsche Einwanderungsgesellschaft zunehmend nicht mehr zu; denn viele Mitglieder dieser Gesellschaft haben eine andere Erstsprache als Deutsch erlernt. Ob unter solchen Bedingungen die Ausbildung einer «multikulturellen Identität» möglich oder gar notwendig ist, wird von Döbert (1999) diskutiert.

16 Der Gebrauch der Begriffe «Interaktion» und «Kommunikation» ist in der Literatur uneinheitlich. Bei G. H. Mead wird zumindest in der deutschen Übersetzung (1968) vor allem der Kommunikationsbegriff benutzt, der Begriff «Interaktion» wird nicht einmal im Schlagwortverzeichnis aufgeführt (vgl. S. 451). Mead fasst den Kommunikationsbegriff zunächst in einem umfassenden Sinn, der auch Informationsaustausch zwischen Tieren einschließt (vgl. S. 281). Seine Theorie bezieht sich jedoch auf eine spezifische Klasse von Kommunikation – den Austausch zwischen Menschen vermittels signifikanter Symbole (Sprache etc.). Diese Form der unmittelbaren Kommunikation zwischen Menschen wird in der Rezeption überwiegend als Interaktion bezeichnet (vgl. Krappmann 1971; Oswald 1983). Während Krappmann «Interaktion» synonym mit «kommunikative Gegenseitigkeit» gebraucht (vgl. 1971, S. 34 f.), werden bei Habermas Begriffe wie «sprachliche Kommunikation» oder «kommunikatives Handeln» synonym (vgl. 1968/1973, S. 120 f.) verwendet. Auwärter u. a. (1976) gehen mit diesen Problemen so um, dass sie beide Begriffe überwiegend parallel gebrauchen, also von «Kommunikation und Interaktion» reden, ohne dazwischen definitorisch zu unterscheiden. Wir können in dieser Einführung nicht präziser sein als die zugrunde liegende Literatur. Wir gebrauchen daher Interaktion und Kommunikation synonym und meinen damit stets den unmittelbaren, überwiegend sprachlichen Austausch zwischen Menschen.

17 Habermas hat mit seinen «Stichworten zur Theorie der Sozialisation» (1968) wesentlich zur Rezeption des Symbolischen Interaktionismus in der Bundesrepublik beigetragen. Er hat dieses Konzept später in seine Theorie der «kommunikativen Kompetenz» eingebracht. Wir kommen darauf im Kapitel 4.3 zu sprechen, verhandeln Habermas an dieser Stelle somit ausschließlich mit seinen Theorieentwürfen der späten 1960er Jahre (vgl. auch Bilden 1977, S. 90).

18 Die Zuordnung zwischen den «Strukturproblemen der Interaktion» und den «Grundqualifikationen des Rollenhandelns» wird von Krappmann (1976) in leicht modifizierter Form vorgenommen. Wir halten uns hier eng an Habermas 1968/1973.

19 «Ich-Identität» wird nicht nur hier, sondern auch in anderen Theorien (z. B. bei Erikson) als die subjektive Seite eines gelungenen Lebens angesehen. Dagegen stehen «Identitätsdiffusion», «Identitätsstörung», «Identitätsverlust» als pathologische Erscheinungsformen. Eine solche Sichtweise ist längst nicht mehr unkritisiert. Vielmehr wird aus einer ‹postmodernen› Perspektive Identität als «Titel für

die Selbstmobilisierung und Selbstdisziplinierung der Menschen» angesehen, die den «vorläufigen Höhepunkt einer im trügerischen Zeichen der Vernunft stehenden Machtbewegung der Moderne bildet» (Straub 1991, S. 49). Diese postmoderne Identitätskritik wird hier nicht weiter behandelt, auf entsprechende Literatur sei jedoch verwiesen (vgl. Keupp 1988; Helsper 1991; Bilden 1997; Keupp u. a. 2002).

20 Bei der Beantwortung orientieren wir uns an Ottomeyer (1980) und Schmied-Kowarczik (1983).

21 In der amtlichen Statistik (Mikrozensus) wurde die schichtenspezifische Besetzung der verschiedenen Schulformen nur bis 1990 erhoben (vgl. Imhäuser/Rolff 1992, S. 67). Für die Zeit danach liegen Daten des «sozioökonomischen Panels» vor, die von Katja Tillmann (1998) analysiert wurden. Jüngere Analysen arbeiten nicht mehr mit einem Klassen- oder Schichtenbegriff, sondern mit der Kategorie des «sozialen Milieus» (vgl. Bauer/Vester 2008). Doch die empirischen Befunde verweisen nach wie vor auf eine massive Bildungsbenachteiligung von Kindern aus einfachen sozialen Verhältnissen (vgl. z. B. Baumert/Schümer 2001).

22 Der Begriff Adoleszenz wurde in der zweiten Hälfte des 18. Jahrhunderts von Rousseau eingeführt, um die dritte und letzte Phase des Jugendalters zu kennzeichnen. Insbesondere psychoanalytisch orientierte Autoren gebrauchen den Begriff schon seit langem anders – als Beschreibung der psychischen Seite der Entwicklung während der gesamten Jugendzeit (vgl. Erikson 1966; Blos 1995).

23 Obwohl Erikson gelegentlich auf G. H. Mead verweist (vgl. z. B. 1966, S. 188), nimmt er dessen kommunikationstheoretische Begründung nicht auf: Ich-Identität wird bei Erikson nicht aus der Kommunikation zwischen Ego und Alter abgeleitet, sondern als notwendiger Schritt im Wachstum der ‹gesunden› Persönlichkeit beschrieben. Während sich die interaktionistische Theorie vor allem mit der systematischen Einbindung der (erwachsenen) Identität in den gesellschaftlichen Kommunikationsprozess beschäftigt (vgl. Krappmann 1971), zeichnet Erikson den Prozess der Entstehung und des Wandels von Identitätsformationen im Laufe des Lebens nach (vgl. z. B. Erikson 1988). Beide Herangehensweisen widersprechen sich nicht, sondern beleuchten den gleichen Sachverhalt aus unterschiedlichen Perspektiven. Es geht in beiden Fällen um das Subjekt, das sich als einheitlich und eigenständig definiert und auf dieser Basis handlungs- und kommunikationsfähig ist.

24 Zur weitergehenden Erläuterung der Angaben in Zeile V und Spalte 5 vgl. Erikson 1966, S. 148 ff.; 1988, S. 70 ff.

25 Der Begriffsgebrauch von Habermas ist an dieser Stelle verwirrend. Mal spricht er von den «Grundqualifikationen des Rollenhandelns», die erforderlich seien, um «Ich-Identität» zu wahren (vgl. 1968/1973). In späteren Texten spricht er von «Rollenkompetenz» (vgl. 1973*a*, S. 195 ff.), von «Interaktionskompetenz» (vgl. 1984, S. 187 ff.) oder von «kommunikativer Kompetenz» (vgl. 1971, S. 101 ff.). Systemati-

sche Unterschiede sind mit diesen verschiedenen Begriffen offensichtlich nicht angesprochen. So zeigt Bilden (1977, S. 169) auf, dass «Rollenkompetenz» und «kommunikative Kompetenz» dasselbe meinen. Und Döbert/Nunner-Winkler (1975, S. 29) führen aus, dass mit «kommunikativer Kompetenz» und «Ich-Identität» der gleiche soziopsychische Sachverhalt gemeint ist.

26 Habermas stellt in seinen universalpragmatischen Analysen dar, dass in der alltäglichen Kommunikation zwischen Ego und Alter die Einlösung von vier Geltungsansprüchen an die Rede unthematisiert erwartet wird: Die Rede soll (1) verständlich, (2) wahr, (3) wahrhaftig und (4) richtig sein. Ist die Rede für den Hörer (1) unverständlich, so kann zur Klärung ein «hermeneutischer Diskurs» (Wie meinst du das?) eröffnet werden. Wird vom Hörer die (2) Wahrheit einer Aussage angezweifelt (Stimmt das? Womit belegst du das?), so kann darüber ein «theoretischer Diskurs» Klarheit schaffen. Hat der Hörer den Eindruck, dass die Äußerungen nicht den unterstellten Verhaltenserwartungen entsprechen, also normativ (4) unrichtig sind, kann dies zum «praktischen Diskurs» führen, den wir beispielhaft erläutert haben. Die (3) Wahrhaftigkeit (Meinst du das? Willst du das wirklich?) lässt sich hingegen nicht durch einen Diskurs klären, sondern nur am konsistenten Verhalten des Sprechers erkennen (vgl. Habermas 1984, S. 243 ff.).

27 Inzwischen liegt auch hierzu empirische Forschung vor (vgl. z. B. Ziegenhain u. a. 2007).

28 Der von Habermas u. a. verwendete Begriff von «Ich-Identität» weicht in einem entscheidenden Punkt von Erikson ab: Während Eriksons Ich-Identität die «integrierte Persönlichkeit» meint, die auch die herrschenden gesellschaftlichen Werte übernommen hat und daher zu einer weitgehend reibungslosen Integration in Beruf, Familie und Gesellschaft bereit ist, verweist Habermas hier auf ein selbstkritisches und systemkritisches Potenzial. Die von ihm beschriebene, an universalethischen Prinzipien orientierte Ich-Identität stellt eine bruchlose Integration in Beruf und Gesellschaft und damit «Systemloyalität» zunächst einmal umfassend in Frage. So gesehen beschreibt Eriksons «Ich-Identität» die gleiche Subjektformation, die bei Habermas als «berufsbezogene Rollenidentität» bezeichnet wird.

29 Nach Alheit (1993, S. 8) ist Ulrich Becks «Risikogesellschaft» die meistzitierte sozialwissenschaftliche Veröffentlichung der Zeitgeschichte.

30 Diese Beschreibung erfolgt hier – ohne gesonderten Literaturbeleg – aus der Erinnerung des Autors an die «klassenkulturelle Lebensform» der eigenen Kindheit und Jugend. Ihre idealtypische Skizzierung dient der Verdeutlichung. Eine Bestätigung findet diese Beschreibung in geschichtswissenschaftlichen und literarischen Arbeiten zur Lebenssituation im Ruhrgebiet der 1950er Jahre (vgl. Baroth 1982; Niethammer/Plato 1989) und in übergreifenden soziologischen Analysen zur «Auflösung der proletarischen Milieus» (Mooser 1983).

31 Um ein häufig auftretendes Missverständnis zu vermeiden: «Individualisierung»

ist keineswegs ein gesellschaftlicher Prozess, der erstmals und völlig neu seit den 1950er Jahren zu beobachten ist. Ganz im Gegenteil. Individualisierung bezeichnet einen Grundsachverhalt moderner Gesellschaften. So ist etwa die im 18. und 19. Jahrhundert vollzogene Freisetzung der Lohnarbeiter aus feudalen Bindungen als ein bedeutsamer Individualisierungsschub anzusehen. Ulrich Beck bezeichnet daher auch Karl Marx als einen wichtigen «Individualisierungstheoretiker» (1986, S. 131; vgl. auch Heitmeyer/Olk 1990, S. 11 f.). Wenn hier (und bei Beck) von Individualisierung gesprochen wird, so ist damit der historisch jüngste Individualisierungsschub gemeint.

32 Eine Bearbeitung der «subjektiven Seite» dieses Prozesses – und somit auch eine «Verlängerung» der Analyse in das sozialisationstheoretische Feld – findet sich stärker in verschiedenen Veröffentlichungen von Elisabeth Beck-Gernsheim (vgl. z.B. 1983, 1990). Diese Arbeiten beziehen sich auf die Geschlechterfrage und den weiblichen Lebenszusammenhang; Probleme des Jugendalters werden nur am Rand berührt.

33 Die «postmoderne» Kritik am Konzept der «Identität» und an der Vorstellung von der Einheitlichkeit des Subjekts ist z.B. formuliert bei Keupp 1988; Bilden/Geiger 1988; Keupp u.a. 2002. Kritisch dazu: Nunner-Winkler 1991; Liebau 1992*a*, S. 100 ff.

34 So geht etwa Nunner-Winkler (1987) davon aus, dass sich aus der jugendlichen Identitätskrise zunehmend eine lebenslange «Dauerkrise» entwickelt habe.

Literatur

Abels, H.: Identität. Wiesbaden 2006.

Adorno, Th. W.: Zum Verhältnis von Soziologie und Psychologie. In: Ders.: Aufsätze zur Gesellschaftstheorie und Methodologie. Frankfurt/M. 1970.

– u. a.: Der Positivismusstreit in der deutschen Soziologie. Neuwied/Berlin 1972.

Albrecht, G.: Jugend, Recht und Kriminalität. In: Krüger, H. H./Grunert, C. (Hg.): Handbuch Kindheits- und Jugendforschung. Opladen 2002, S. 743–794.

Alheit, P.: «Verlernen» als theoretische Kategorie der Erziehungswissenschaften? Unveröffentlichtes Manuskript. Bremen 1993.

Allerbeck, K./Hoag, W.: Jugend ohne Zukunft? Einstellungen, Umwelt, Lebensperspektive. München/Zürich 1985.

Alpert, J. (Hg.): Psychoanalyse der Frau jenseits von Freud. Berlin u. a. 1992.

Althusser, L.: Ideologie und ideologische Staatsapparate. Hamburg/Berlin 1977.

Altvater, E./Huisken, F. (Hg.): Materialien zur politischen Ökonomie des Ausbildungssektors. Erlangen 1971.

Apelt, M.: Sozialisation in «totalen» Institutionen. In: Hurrelmann, K./Grundmann, M./Walper, S. (Hg.): Handbuch Sozialisationsforschung. Weinheim 2008 (7. Aufl.), S. 372–383.

Apple, M. W.: Ideology and Curriculum. London 1979.

–: Social Structure, Ideology and Curriculum. In: Zeitschrift für Sozialisationsforschung und Erziehungssoziologie, Heft 1/1981, S. 75–89.

Arbeitsgruppe Schulforschung: Leistung und Versagen – Alltagstheorien von Schülern und Lehrern. München 1980.

Asendorpf, J. B.: Entwicklungsgenetik der Persönlichkeit. In: Schneewind, K. A. (Hg.): Psychologie der Erziehung und Sozialisation (Enzyklopädie der Psychologie, D.I.1). Göttingen u. a. 1994, S. 107–134.

–: Psychologie der Persönlichkeit. Heidelberg 2007 (4. Aufl.).

–: Entwicklungsgenetik. In: Keller, H. (Hg.): Lehrbuch Entwicklungspsychologie. Bern u. a. 1998, S. 97–118.

–: Genetische Grundlagen der Sozialisation. In: Hurrelmann, K./Grundmann, M./Walper, S. (Hg.): Handbuch Sozialisationsforschung. Weinheim 2008, S. 70–81.

Auernheimer, G.: Bis auf Marx zurück – historisch-materialistische Schultheorien. In: Tillmann, K.-J. (Hg.): Schultheorien. Hamburg 1987, S. 61–70.

Auwärter, M. u. a. (Hg.): Seminar: Kommunikation, Interaktion, Identität. Frankfurt/M. 1976.

Baacke, D.: Jugend und Jugendkulturen. Darstellung und Deutung. Weinheim 1999 (3. Aufl.).

–/Heitmeyer, W. (Hg.): Neuere Widersprüche – Jugendliche in den achtziger Jahren. Weinheim 1985.

Baethge, M.: Materielle Produktion, gesellschaftliche Arbeitsteilung und die Institutionalisierung von Bildung. In: Baethge, M./Nevermann, K. (Hg.): Organisation, Recht und Ökonomie des Bildungswesens (Bd. 5 der Enzyklopädie Erziehungswissenschaft). Stuttgart 1984, S. 21–51.

–: Individualisierung als Hoffnung und als Verhängnis. In: Soziale Welt, Heft 3/1985 (36. Jg.), S. 299–312.

Baldwin, A. L.: Theorien primärer Sozialisationsprozesse, Bd. 1 und 2. Weinheim 1974.

Bandura, A. (Hg.): Lernen am Modell. Stuttgart 1976.

–: Sozial-kognitive Lerntheorien. Stuttgart 1979.

–/Ross, D./Ross, S. H.: Stellvertretende Bekräftigung und Imitationslernen. In: Hofer, M./Weinert, F. E. (Hg.): Pädagogische Psychologie, Grundlagentext 2, Lernen und Instruktion. Frankfurt/M. 1973, S. 61–74.

–/Walters, R. H.: Social Learning and Personality Development. New York 1963.

Baroth, H. D.: Aber es waren schöne Zeiten. München 1982.

Bauer, U.: Selbst- und/oder Fremdsozialisation: Zur Theoriedebatte in der Sozialisationsforschung. Eine Entgegnung auf Jürgen Zinnecker. In: Zeitschrift für Soziologie der Erziehung und Sozialisation, Heft 2/2002 (22. Jg.), S. 118–142.

–/Vester, M.: Soziale Ungleichheit und soziale Milieus als Sozialisationskontexte. In: Hurrelmann, K./Grundmann, M./Walper, S. (Hg.): Handbuch Sozialisationsforschung, Weinheim 2008 (7. Aufl.), S. 184–202.

Baumert, J./Schümer, G.: Familiäre Lebensverhältnisse, Bildungsbeteiligung und Kompetenzerwerb. In: Baumert, J. u. a. (Hg.): PISA 2000. Basiskompetenzen von Schülerinnen und Schülern im internationalen Vergleich. Opladen 2001, S. 323–407.

Beck, J.: Lernen in der Klassenschule. Reinbek 1974.

Beck, U.: Jenseits von Stand und Klasse? Soziale Ungleichheiten, gesellschaftliche Individualisierungsprozesse und die Entstehung neuer sozialer Formationen und Identitäten. In: Kreckel, R. (Hg.): Soziale Ungleichheiten, Sonderband. 2 der «Sozialen Welt». Göttingen 1983, S. 35–74.

–: Risikogesellschaft. Auf dem Weg in eine andere Moderne. Frankfurt/M. 1986 (Nachdruck 1998).

–: Gegengifte. Die organisierte Unverantwortlichkeit. Frankfurt/M. 1988.

–: The Debate on the ‹Individualization Theory› in Today's Sociology in Germany. In: Soziologie, Special Edition 3/1994, pp. 191–200.

–/Beck-Gernsheim, E.: Das ganz normale Chaos der Liebe. Frankfurt/M. 1990.

–/Beck-Gernsheim, E.: Nicht Autonomie, sondern Bastelbiographie. Anmerkungen zur Individualisierungsdiskussion am Beispiel des Aufsatzes von Günter Burkart. In: Zeitschrift für Soziologie, Heft 3/1993 (22. Jg.), S. 178–187.

Beck-Gernsheim, E.: Vom «Dasein für andere» zum Anspruch auf ein Stück «eigenes Leben» – Individualisierungsprozesse im weiblichen Lebenszusammenhang. In: Soziale Welt, Heft 3/1983 (34. Jg.), S. 307–341.

–: Ist Liebe weiblich? Zur Neudefinition der Geschlechterbeziehungen in der Moderne. In: Krüger, H. H. (Hg.): Abschied von der Aufklärung? Opladen 1990, S. 61–78.

Beer, R./Bittlingmayer, U.: Die normative Verwobenheit der Sozialisationsforschung. In: Hurrelmann, K./Grundmann, M./Walper, S. (Hg.): Handbuch Sozialisationsforschung. Weinheim 2008 (7. Aufl.), S. 56-69.

Behnken, I./Zinnecker, J.: Lebenslaufereignisse, Statuspassagen und biographische Muster in Kindheit und Jugend. In: Jugendwerk der Deutschen Shell (Hg.): Jugend '92, Bd. 2. Opladen 1992, S. 127–143.

Beisenherz, H. G./Feil, Chr.: Die Probleme der Lehrer: Rückzug der Person des Lehrers als Kritik an der Schule. In: Beisenherz, H. G. u. a.: Schule in der Kritik der Betroffenen. München 1982, S. 63–127.

Benjamin, J.: Die Fesseln der Liebe. Psychoanalyse, Feminismus und das Problem der Macht. Frankfurt/M. 1991 (2. Aufl.).

Bernal, J. D.: Wissenschaft. 4 Bde. Reinbek 1970.

Bernfeld, S.: Sisyphos oder die Grenzen der Erziehung. Erstausgabe Leipzig 1925/Nachdruck Frankfurt/M. 1967.

–: Die Schulgemeinde und ihre Funktion im Klassenkampf. In: Ders.: Antiautoritäre Erziehung und Psychoanalyse, Bd. 2. Frankfurt/M. 1969, S. 388–467 (Erstveröffentlichung Berlin 1928).

Bernhard, A.: Emanzipative Erziehungswissenschaft – ein Zukunftsprojekt. In: Pädagogik, Heft 12/1999 (51. Jg.), S. 48–52.

Bertram, H.: Moralische Sozialisation. In: Hurrelmann, K./Ulich, D. (Hg.): Handbuch der Sozialisationsforschung. Weinheim 1980, S. 717–744.

– (Hg.): Gesellschaftlicher Zwang und moralische Autonomie. Frankfurt/M. 1986.

Bilden, H.: Das unhistorische Subjekt. Zur Kritik sozialisationstheoretischer Grundkonzepte. Weinheim 1977.

–: Geschlechtsspezifische Sozialisation. In: Hurrelmann, K./Ulich, D. (Hg.): Handbuch der Sozialisationsforschung. Weinheim/Basel 1980, S. 777–812.

–: Sozialisation und Geschlecht – Ansätze einer theoretischen Klärung. In: Valtin, R./Warm, U. (Hg.): Frauen machen Schule, Arbeitskreis Grundschule. Frankfurt/M. 1985, S. 13–41.

–: Geschlechtsspezifische Sozialisation. In: Hurrelmann, K./Ulich, D. (Hg.): Neues Handbuch der Sozialisationsforschung. Weinheim/Basel 1991, S. 279–301.

–: Das Individuum – ein dynamisches System vielfältiger Teil-Selbste. In: Keupp, H./Höfer, R. (Hg.): Identitätsarbeit heute. Frankfurt/M. 1997, S. 227–249.

–: Sozialisationsforschung – mit Fokus auf der dichotomen Geschlechtskategorie? In: Erwägen, Wissen, Ethik, Heft 1/2002 (13. Jg.), S. 27–29.

–: Sozialisation in der Dynamik von Geschlechter- und anderen Machtverhältnissen. In: Bilden, H./Dausien, B. (Hg.): Sozialisation und Geschlecht. Opladen 2006, S. 121–138.

–/Dausien, B. (Hg.): Sozialisation und Geschlecht. Opladen 2006.
–/Diezinger, A.: Individualisierte Jugendbiographie? Zur Diskrepanz von Anforderungen, Ansprüchen und Möglichkeiten. In: Zeitschrift für Pädagogik, Heft 2/1984 (30. Jg.), S. 191–208.
–/Diezinger, A.: Historische Konstitution und besondere Gestaltung weiblicher Jugend. In: Krüger, H. H. (Hg.): Handbuch der Jugendforschung. Opladen 1993, S. 201–223.
–/Geiger, G.: Individualität, Identität und Geschlecht. In: Verhaltenstherapie und psychosoziale Praxis, Heft 4/1988, S. 439–453.
Bildungsbericht: Bildung in Deutschland 2008. Ein indikatorengestützter Bericht mit einer Analyse zu Übergängen im Anschluss an den Sekundarbereich I. Erstellt von der Autorengruppe Bildungsberichterstattung. Bielefeld 2008.
Birke, L. I. A.: Geschlecht und Sexualität. Feministische Kritik biologischer Theorien. In: Zeitschrift für Sexualforschung, Heft 2/1991 (4. Jg.), S. 109–118.
Bischof, N.: Biologie als Schicksal? Zur Naturgeschichte der Geschlechterrollendifferenzierung. In: Bischof, N./Preuschoft, H. (Hg.): Geschlechtsunterschiede, Entstehung und Entwicklung. Mann und Frau in biologischer Sicht. München 1980, S. 25–42.
Bischof-Köhler, D.: Von Natur aus anders. Die Psychologie der Geschlechtsunterschiede. Stuttgart 2002.
Bittner, G.: Thesen zu Sozialisation und Familie. Über die sogenannte Sozialisation in der Familie. In: Neue Sammlung 14/1974, S. 324–326, 379–388.
Blos, P.: Adoleszenz. Eine psychoanalytische Interpretation. Stuttgart 1995 (6. Aufl.).
Blossfeld, H. P.: Kohortendifferenzierung und Karriereprozeß. Eine Längsschnittstudie über die Veränderungen der Bildungs- und Berufschancen im Lebenslauf. Frankfurt/ New York 1989.
BMBF: Bundesministerium für Bildung und Forschung (Hg.): Grund- und Strukturdaten. Bonn 1998/99, 2004, 2005.
Boehnke, K./Hadjar, A.: Die empirische Analyse von Sozialisationsprozessen. In: Hurrelmann, K./Grundmann, M./Walper, S. (Hg.): Handbuch Sozialisationsforschung. Weinheim 2008 (7. Aufl.), S. 92–102.
Böhme, H./Messerschmidt, M./Fischbach, J. u. a.: Militärische Sozialisation, eine Ringvorlesung. Technische Hochschule Darmstadt 1986.
Böhme, J.: Qualitative Schulforschung auf Konsolidierungskurs. In: Helsper, W./Böhme, J. (Hg.): Handbuch der Schulforschung. Wiesbaden 2008 (2. Aufl.), S. 125–156.
Böhnisch, L.: Männliche Sozialisation. Eine Einführung. Weinheim 2004.
–: Sozialpädagogik der Lebensalter. Weinheim 2001.
–/Lenz, K./Schröer, W.: Sozialisation und Bewältigung. Eine Einführung in die Sozialisationstheorie der zweiten Moderne. Weinheim 2009.
Bohnn, C./Hahn, A.: Pierre Bourdieu. In: Kaesler, D. (Hg.): Klassiker der Soziologie, Bd. II: Von Talcott Parsons bis Anthony Giddens. München 2007, S. 289–310.

Bolte, K. M.: Deutsche Gesellschaft im Wandel. Opladen 1966.
Böttcher, W./Holtappels, H. G./Rösner, E.: Wer kann sich Studieren noch leisten? Weinheim 1988.
Bourdieu, P.: Die feinen Unterschiede. Frankfurt/M. 1982.
–: Die männliche Herrschaft. Frankfurt/M. 2005.
Bowles, S./Gintis, H.: Pädagogik und die Widersprüche der Ökonomie. Das Beispiel USA. Frankfurt/M. 1978.
Brandenburg, A. G.: Systemzwang und Autonomie. Gesellschaft und Persönlichkeit in der soziologischen Theorie von Talcott Parsons. Düsseldorf 1971.
Brecht, B.: Flüchtlingsgespräche. Frankfurt/M. 1961.
Breidenstein, G.: Teilnahme am Unterricht. Ethnographische Studien zum Schülerjob. Wiesbaden 2006.
–/Kelle, H.: Geschlechteralltag in der Schulklasse. Ethnographische Studien zur Gleichaltrigenkultur. Weinheim 1998.
Brehmer, I.: Schule im Patriarchat – Schulung fürs Patriarchat? Weinheim/Basel 1991.
Brendel, S.: Arbeitertöchter beißen sich durch. Bildungsbiographien und Sozialisationsbedingungen junger Frauen aus der Arbeiterschicht. Weinheim/München 1998.
Brenner, C.: Grundzüge der Psychoanalyse. Frankfurt/M. 1976.
Brezinka, W.: Von der Pädagogik zur Erziehungswissenschaft. Weinheim 1972 (2. Aufl.).
–: Die Pädagogik der neuen Linken. Analyse und Kritik. München 1981 (6. Aufl.).
Brim, O. G.: Sozialisation im Lebenslauf. In: Brim, O. G./Wheeler, S.: Erwachsenen-Sozialisation. Stuttgart 1974.
Bronfenbrenner, U.: Ökologische Sozialisationsforschung. Stuttgart 1976.
Brumlik, M.: Symbolischer Interaktionismus. In: Lenzen, D./Mollenhauer, K. (Hg.): Theorien und Grundbegriffe der Erziehung und Bildung (Bd. 1 der Enzyklopädie Erziehungswissenschaft). Stuttgart 1983, S. 232–245.
–/Holtappels, H. G.: Mead und die Handlungsperspektive schulischer Akteure – interaktionistische Beiträge zur Schultheorie. In: Tillmann, K.-J. (Hg.): Schultheorien. Hamburg 1987, S. 88–103.
Brusten, M./Hurrelmann, K.: Abweichendes Verhalten in der Schule – Eine Untersuchung zu Prozessen der Stigmatisierung. München 1973.
Bublitz, H.: Geschlecht. In: Korte, H./Schäfers, B. (Hg.): Einführung in die Hauptbegriffe der Soziologie. Wiesbaden 2006 (6. Aufl.), S. 85–104.
Büchner, P.: Aufwachsen in den 80er Jahren. Zum Wandel kindlicher Normalbiografien in der Bundesrepublik Deutschland, in: Büchner, P./Krüger, H.-H./Lynne, C. (Hg.): Kindheit und Jugend im interkulturellen Vergleich. Opladen 1990, S. 79–93.
–: Vom Befehlen und Gehorchen zum Verhandeln. Entwicklungstendenzen von Verhaltensstandards seit 1945. In: Preuss-Lausitz, U. u. a.: Kriegskinder, Konsumkinder, Krisenkinder. Weinheim 1995 (4. Aufl.).

Budde, J./Scholand, B./Faulstich-Wieland, H.: Geschlechtergerechtigkeit in der Schule. Weinheim/München 2009.
Bühler-Niederberger, D./Mierendorff, J.: Ungleiche Kindheiten – eine kindheitssoziologische Annäherung. In: Diskurs Kindheits- und Jugendforschung, 4. Jg., Heft 4/2009, S. 449-456).
Buller, D. J.: Adapting minds. Evolutionary psychology and the persistent quest for human nature. Cambridge 2006.
–: Vier Trugschlüsse der Populären Evolutionspsychologie. In: Spektrum der Wissenschaft Spezial 1/2009, S. 58–65.
Burkart, G.: Geschlechterdifferenz und Geschlechtsnormen: keine Auflösung in Sicht? In: Erwägen, Wissen, Ethik, Heft 1/2002 (13. Jg.), S. 32–34.
Buss, D. M.: Sex differences in human mate preferences. Evolutionary hypotheses tested in 37 cultures. In: Behavioral and Brain Sciences, Vol. 12/1989, pp. 1–49.
–: Die Evolution des Begehrens. Geheimnisse der Partnerwahl. München 1997.
–: Evolutionary Psychology: The New Science of the Mind. Boston et al. 1999.
Butler, J.: Das Unbehagen der Geschlechter. Frankfurt/M. 1991.
Chasiotis, A.: Kindheit und Lebenslauf. Untersuchungen zur evolutionären Psychologie der Lebensspanne. Bern u. a. 1999.
–/Voland, E.: Geschlechtliche Selektion und Individualentwicklung. In: Keller, H. (Hg.): Lehrbuch Entwicklungspsychologie. Bern u. a. 1998, S. 563–595.
Chodorow, N. J.: Feminism and Psychoanalytic Theory. New Haven/London 1989.
–: Das Erbe der Mütter. Psychoanalyse und Soziologie der Geschlechter. München 1990 (3. Aufl.).
–: Die Macht der Gefühle. Subjekt und Bedeutung in Psychoanalyse, Geschlecht und Kultur. Stuttgart 2001.
Claessens, D.: Familie und Wertsystem. Berlin 1962.
Clarke, J. u. a.: Jugendkultur als Widerstand. Frankfurt/M. 1979.
Colapinto, J.: Der Junge, der als Mädchen aufwuchs. München 2002.
Colby, A./Kohlberg, L.: Das moralische Urteil: Der kognitionszentrierte entwicklungspsychologische Ansatz. In: Steiner, G. (Hg.): Piaget und die Folgen (Psychologie des 20. Jh.s, Bd. 7). Zürich 1978, S. 348–365.
Combe, A./Helsper, W.: Was geschieht im Klassenzimmer? Weinheim 1994.
Cortina, K. S./Baumert, J./Leschinsky, A./Mayer, K. U./Trommer, L. (Hg.): Das Bildungswesen in der Bundesrepublik Deutschland. Reinbek 2008, S. 12–15.
Dahrendorf, R.: Struktur und Funktion. Talcott Parsons und die Entwicklung der soziologischen Theorie. In: Kölner Zeitschrift für Soziologie und Sozialpsychologie 7/1955, S. 491–519.
–: Homo Sociologicus. Ein Versuch zur Geschichte, Bedeutung und Kritik der Kategorie der sozialen Rolle. Opladen 1958 (15. Aufl. 1974).
Daly, M./Wilson, M.: Homicide. New York 1988.

D'Andrade, R. G.: Sex Differences and Cultural Institutions. In: Maccoby, E. E. (Ed.): The Development of Sex Differences. London 1966, pp. 174–204.

Dauber, H.: Radikale Schulkritik als Schultheorie? In: Tillmann, K.-J. (Hg.): Schultheorien. Hamburg 1987, S. 105–115.

Dausien, B.: «Geschlechtsspezifische Sozialisation» – Konstruktiv(istisch)e Ideen zu Karriere und Kritik eines Konzepts. In: Dausien, B. u. a. (Hg.): Erkenntnisprojekt Geschlecht. Opladen 1999, S. 216–246.

–: Sozialisation, Geschlecht, Biographie. Theoretische und methodologische Untersuchungen eines Zusammenhangs. Habilitationsschrift. Bielefeld 2002.

–: Geschlechterverhältnisse und ihre Subjekte. Zum Diskurs um Sozialisation und Geschlecht. In: Bilden, H./Dausien, B. (Hg.): Sozialisation und Geschlecht. Opladen 2006, S. 17–44

Deutsches Jugendinstitut (Hg.): Die neue Jugenddebatte. München 1982.

Dilthey, W.: Gesammelte Schriften, Bd. V. Stuttgart 1957 (3. Aufl.).

Dippelhofer-Stiem, B.: Die Gestalt von Sozialisationsumwelten. In: Hurrelmann, K./ Grundmann, M./Walper, S. (Hg.): Handbuch Sozialisationsforschung. Weinheim 2008 (7. Aufl.), S. 117–128.

Döbert, R.: Wider die Vernachlässigung des ‹Inhalts› in den Moraltheorien von Kohlberg und Habermas. Implikationen für die Relativismus/Universalismus-Kontroverse. In: Edelstein, W./Nunner-Winkler, G. (Hg.): Zur Bestimmung der Moral. Frankfurt/M. 1986, S. 86–125.

–/Habermas, J./Nunner-Winkler, G.: Zur Einführung. In: Dies. (Hg.): Entwicklung des Ichs. Königstein 1980.

–/Nunner-Winkler, G.: Konflikt- und Rückzugspotenziale in spätkapitalistischen Gesellschaften. In: Zeitschr. für Soziologie 4/1973, S. 301–325.

–/Nunner-Winkler, G.: Adoleszenzkrise und Identitätsbildung. Frankfurt/M. 1975 (3. Aufl. 1982).

Dreeben, R.: Was wir in der Schule lernen. Frankfurt/M. 1980.

du Bois-Reymond, M./Oechsle, M. (Hg.): Neue Jugendbiographie? Zum Strukturwandel der Jugendphase. Opladen 1990.

Dudek, P.: Geschichte der Jugend. In: Krüger, H. H./Grunert, C. (Hg.): Handbuch Kindheits- und Jugendforschung. Opladen 2002, S. 309–332.

Durkheim, É.: Les formes élémentaires de la vie religieuse. Paris 1912.

–: Éducation et Sociologie. Paris 1923.

Eagle, M. N.: Kritik an der Psychoanalyse – Mangel an empirischer Forschung. In: Mertens, W. (Hg.): Schlüsselbegriffe der Psychoanalyse. Stuttgart 1995 (2. Aufl.), S. 45–57.

Ecarius, J./Fuchs, T./Wahl, K.: Der historische Wandel von Sozialisationskontexten. In: Hurrelmann, K./Grundmann, M./Walper, S. (Hg.): Handbuch Sozialisationsforschung. Weinheim 2008 (7. Aufl.), S. 104–116.

Eckes, Th.: Wider Tabuisierung und Myopie. Geschlecht und Sozialisation in sozialpsychologischer Sicht. In: Erwägen, Wissen, Ethik 1/2002 (13. Jg.), S. 43 36

Edelmann, W.: Lernpsychologie. Weinheim 2000 (6. Aufl.).

Eibl-Eibesfeldt, I.: Die Biologie des menschlichen Verhaltens. Grundriß der Humanethologie. München 1995 (3. Aufl.).

Eichhorn, W. u. a. (Hg.): Wörterbuch der marxistisch-leninistischen Soziologie. Opladen 1971.

Eisenstadt, S. N.: Von Generation zu Generation. Altersgruppen und Sozialstruktur. München 1966.

Elder, G. H.: Das Lebensverlaufs-Paradigma: Sozialer Wandel und individuelle Entwicklung. In: Grundmann, M./Lüscher, K. (Hg.): Sozialökologische Sozialisationsforschung. Konstanz 2000, S. 121–136.

Erdheim, M.: Psychoanalytische Erklärungsansätze. In: Krüger, H. H./Grunert, C. (Hg.): Handbuch Kindheits- und Jugendforschung, Opladen 2002, S. 65–82.

Erikson, E. H.: Identität und Lebenszyklus. Frankfurt/M. 1966 (15. Aufl. 1995).

–: Kindheit und Gesellschaft. Stuttgart 1968 (13. Aufl. 1999).

–: Jugend und Krise. Stuttgart 1970 (4. Aufl. 1998).

–: Der vollständige Lebenszyklus. Frankfurt/M. 1988 (3. Aufl. 1995).

Ewert, J.-P.: Neurobiologie des Verhaltens. Bern u. a. 1998.

Faltermaier, T.: Sozialisation und Lebenslauf. In: Hurrelmann, K./Grundmann, M./Walper, S. (Hg.): Handbuch Sozialisationsforschung. Weinheim 2008 (7. Aufl.), S. 157–172.

–/Mayring, P./Saup, W./Strehmel, P.: Entwicklungspsychologie des Erwachsenenalters. Stuttgart 2002.

Faulstich-Wieland, H.: Individuum und Gesellschaft. Sozialisationstheorien und Sozialisationsforschung. München/Wien 2000.

–: Alltägliche Lebensführung als Sozialisationskonzept auch für Geschlecht. In: Erwägen, Wissen, Ethik, Heft 1/2002 (13. Jg.), S. 36–38.

–: Sozialisation und Geschlecht. In: Hurrelmann, K./Grundmann, M./Walper, S. (Hg.): Handbuch Sozialisationsforschung. Weinheim 2008 (7. Aufl.), S. 240–254.

–/Horstkemper, M.: «Trennt uns bitte, bitte nicht!» Koedukation aus Mädchen- und Jungensicht. Opladen 1995.

–/Weber, M./Willems, K.: Doing Gender im heutigen Schulalltag. Empirische Studien zur sozialen Konstruktion von Geschlecht in schulischen Interaktionen. Weinheim 2004

Fend, H.: Sozialisierung und Erziehung. Weinheim 1969.

– u. a.: Sozialisationseffekte unterschiedlicher Schulformen. In: Zeitschrift für Pädagogik, Heft 6/1973 (19. Jg.), S. 887–903.

– u. a.: Gesamtschule und dreigliedriges Schulsystem – eine Vergleichsstudie über Chancengleichheit und Durchlässigkeit. Stuttgart 1976*a*.

– u. a.: Sozialisationseffekte der Schule. Weinheim 1976*b*.

–: Gesellschaftliche Bedingungen schulischer Sozialisation. Weinheim 1979 (5. Aufl.).

–: Einleitung. In: Dreeben, R.: Was wir in der Schule lernen. Frankfurt/M. 1980, S. VII–XII.

–: Theorie der Schule. München u. a. 1981.

–: Gesamtschule im Vergleich. Bilanz der Ergebnisse des Gesamtschulversuchs. Weinheim 1982.

–: Die Pädagogik des Neokonservatismus. Frankfurt/M. 1984.

–: Identitätsentwicklung in der Adoleszenz. Bern 1991.

–: Neue Theorie der Schule. Einführung in das Verstehen von Bildungssystemen. Wiesbaden 2006.

–/Berger, F.: Längsschnittuntersuchungen zum Übergang vom Jugendalter ins Erwachsenenalter. In: Zeitschrift für Soziologie der Erziehung und Sozialisation, Heft 1/2001 (21. Jg.), S. 3–22.

Ferchhoff, W.: Jugend an der Wende vom 20. zum 21. Jahrhundert. Lebensformen und Lebensstile. Opladen 1999 (2. Aufl.).

Fischer, U. L.: Die richtige Sache am falschen Ort. Ein Plädoyer für eine kontextualisierte Perspektive auf die Relevanz von Geschlechtszugehörigkeit. In: Erwägen, Wissen, Ethik, Heft 1/2002 (13. Jg.), S. 38–40.

Flaake, K.: Geschlecht und Sozialisation. Psychoanalytische-sozialpsychologische Perspektiven auf Körpererfahrungen und Körpererleben junger Frauen in der Adoleszenz. In: Hoffmann, D./Merkens, H. (Hg.): Jugendsoziologische Sozialisationstheorie. Weinheim 2004, S. 17–34.

–: Körper, Sexualität und Geschlecht. Studien zur Adoleszenz junger Frauen. Gießen 2001.

–/King, V. (Hg.): Weibliche Adoleszenz – Zur Sozialisation junger Frauen. Frankfurt/M. 1992.

Flavell, J. H.: Rollenübernahme und Kommunikation bei Kindern. Weinheim 1975.

Fliegel, Z. O.: Die Entwicklung der Frau in der psychoanalytischen Theorie: Sechs Jahrzehnte Kontroversen. In: Alpert, J. (Hg.): Psychoanalyse der Frau jenseits von Freud. Berlin u. a. 1992, S. 11–40.

Freeman, D.: Liebe ohne Aggression. Margaret Meads Legende von der Friedfertigkeit der Naturvölker. München 1983.

Freud, S.: Gesammelte Werke (FGW), Bd. I–XVIII. Frankfurt/M. 1972.

–: Abriß der Psychoanalyse/Das Unbehagen in der Kultur. Frankfurt/M. 1972.

–: Das Ich und das Es und andere metapsychologische Schriften. Frankfurt/M. 1960.

–: Drei Abhandlungen zur Sexualtheorie. Frankfurt/M. 1981.

–: Sexualleben/Studienausgabe, Bd. V. Frankfurt/M. 1982.

Frey, H. P.: Theorie der Sozialisation, Integration von system- und rollentheoretischen Aussagen in einem mikrosoziologischen Ansatz. Stuttgart 1974.

Friebertshäuser, B./Prengel, A. (Hg.): Handbuch Qualitative Forschungsmethoden in der Erziehungswissenschaft. Weinheim/München 1997.

Friedrichs, J.: Methoden empirischer Sozialforschung. Opladen 1983 (11. Aufl.).

–/Kamp, K.: Methodologische Probleme des Konzeptes «Lebenszyklus». In: Kohli, M. (Hg.): Soziologie des Lebenslaufs. Darmstadt/Neuwied 1978, S. 173–190.

Fromme, J./Kommer, S./Mansel, J./Treumann, K.-P. (Hg.): Selbstsozialisation, Kinderkultur und Mediennutzung. Opladen 1999.

Fuchs, W.: «Jugendliche Statuspassage oder individualisierte Jugendbiographie?» In: Soziale Welt 3/1983 (Jg. 34), S. 341–371.

–: Jugend als Lebenslaufphase. In: Jugendwerk der Deutschen Shell (Hg.): Jugendliche und Erwachsene 85, Bd. 1. Leverkusen/Hamburg 1985, S. 195–263.

Fuchs-Heinritz, W./Krüger, H. H. (Hg.): Feste Fahrpläne durch die Jugendphase? Opladen 1991.

Fürstenau, P.: Soziologie der Kindheit. Heidelberg 1969.

Garfinkel, H.: Passing and the managed achievement of sex status in an ‹intersexed› person. In: Garfinkel, H. (Ed.): Studies in Ethnomethodology. Englewood Cliffs/N. J. 1967, pp. 116–185.

Garz, D.: Sozialpsychologische Entwicklungstheorien. Opladen 1994 (2. Aufl.).

Geißler, R.: Die Sozialisationstheorie von Talcott Parsons. Anmerkungen zur Parsons-Rezeption in der deutschen Soziologie. In: Kölner Zeitschrift für Soziologie und Sozialpsychologie 1979 (31. Jg.), S. 267–281.

Geulen, D.: Bemerkungen zum Verhältnis von Sozialisationsforschung und Erziehungswissenschaft. In: Neue Sammlung 1974 (14. Jg.), S. 417–426.

–: Die historische Entwicklung sozialisationstheoretischer Paradigmen. In: Hurrelmann, K./Ulich, D. (Hg.): Handbuch der Sozialisationsforschung. Weinheim 1980, S. 15–49.

–: (Hg.): Perspektivenübernahme und soziales Handeln – Texte zur sozial-kognitiven Entwicklung. Frankfurt/M. 1982.

–: Zur Integration von entwicklungspsychologischer Theorie und empirischer Sozialisationsforschung. In: Zeitschrift für Sozialisationsforschung und Erziehungssoziologie, Heft 1/1987 (7. Jg.), S. 2–25.

–: Das vergesellschaftete Subjekt. Zur Grundlegung der Sozialisationstheorie. Frankfurt/M. 1989 (Erstauflage 1977).

–: Die historische Entwicklung sozialisationstheoretischer Ansätze. In: Hurrelmann, K./ Ulich, D. (Hg.): Neues Handbuch der Sozialisationsforschung. Weinheim/Basel 1991, S. 21–54.

–: Subjekt, Sozialisation, «Selbstsozialisation». Einige kritische und einige versöhnliche Bemerkungen. In: Zeitschrift für Soziologie der Erziehung und Sozialisation, Heft 2/2002 (22. Jg.), S. 186–196.

–: Subjektorientierte Sozialisationstheorie. Weinheim 2005.

–/Hurrelmann, K.: Zur Programmatik einer umfassenden Sozialisationstheorie. In: Hurrelmann. K./Ulich, D. (Hg.): Handbuch der Sozialisationsforschung. Weinheim 1980, S. 51–67.
–/Veith, H. (Hg.): Sozialisationstheorie interdisziplinär. Stuttgart 2004.
Gildemeister, R./Wetterer, A.: Wie Geschlechter gemacht werden. Die soziale Konstruktion der Zweigeschlechtlichkeit und ihre Reifizierung in der Frauenforschung. In: Knapp, G.-A./Wetterer, A. (Hg.): Traditionen – Brüche. Entwicklungen feministischer Theorie (Forum Frauenforschung Bd. 6). Freiburg 1992 (2. Aufl. 1995), S. 201–254.
Gilligan, C.: Die andere Stimme. Lebenskonflikte und Moral der Frau. München/Zürich 1999 (5. Aufl.).
Gillis, J. R.: Geschichte der Jugend. Weinheim 1980.
Ginsburg, H. P./Opper, S.: Piagets Theorie der geistigen Entwicklung. Stuttgart 1998 (8. Aufl.).
Goffman, E.: Stigma. Über Techniken der Bewältigung beschädigter Identitäten. Frankfurt/M. 1967.
–: Wir alle spielen Theater. Die Selbstdarstellung im Alltag. München 1969.
–: Asyle. Über die Situation psychiatrischer Patienten und anderer Insassen. Frankfurt/M. 1972.
–: Interaktion und Geschlecht, Frankfurt/M./New York 1994.
Gould, St. J.: Der falsch vermessene Mensch. Frankfurt/M. 1994 (2. Aufl.).
Grabrucker, M.: «Typisch Mädchen ...» Prägung in den ersten drei Lebensjahren – ein Tagebuch. Frankfurt/M. 1996 (11. Aufl.).
Gramsci, A.: Philosophie der Praxis. Frankfurt/M. 1967.
Greve, W.: Die Entwicklung von Moral – Ursachen und Gründe. Eine Zwischenbilanz. In: In: Hopf, C./Nunner-Winkler, G. (Hg.): Frühe Bindung und moralische Entwicklung. Weinheim 2007, S. 245–272.
Griese, H. M.: Sozialwissenschaftliche Jugendtheorien – eine Einführung. Weinheim/Basel 1987 (3. Aufl.).
Grundmann, M.: Konstruktivistische Sozialisationsforschung. Frankfurt/M. 1999.
–: Aspekte einer sozialisationstheoretischen Fundierung der Jugendforschung. In: Hoffmann, D./Merkens, H. (Hg.): Jugendsoziologische Sozialisationstheorie. Weinheim 2004, S. 17–34.
–: Sozialisation. Skizze einer allgemeinen Theorie. Konstanz 2006.
Gukenbiehl, H. L.: Institution und Organisation. In: Korte, H./Schäfers, B.: Einführung in die Hauptbegriffe der Soziologie. Wiesbaden 2006 (6. Aufl.), S. 143–160.
Guthrie, E. R.: The Psychology of Learning. New York 1935.
Habermas, J.: Technik und Wissenschaft als «Ideologie». Frankfurt/M. 1968 (11. Aufl. 1981).
–: Vorbereitende Bemerkungen zu einer Theorie der kommunikativen Kompetenz.

In: Habermas, J./Luhmann, N.: Theorie der Gesellschaft oder Sozialtechnologie – Was leistet die Systemforschung? Frankfurt/M. 1971 (1976), S. 101–141.
–: Stichworte zu einer Theorie der Sozialisation. Ms. 1968, nachgedruckt in: Ders.: Kultur und Kritik. Frankfurt/M. 1973 (1968/1973), S. 118–194.
–: Notizen zum Begriff der Rollenkompetenz. In: Ders.: Kultur und Kritik. Frankfurt/M. 1973*a*.
–: Legitimationsprobleme im Spätkapitalismus. Frankfurt/M. 1973*b* (Neuausgabe 1989).
–: Zur Rekonstruktion des historischen Materialismus. Frankfurt/M. 1976 (6. Aufl. 1995).
–: Theorie des kommunikativen Handelns. 2 Bde. Frankfurt/M. 1981 (Neuausgabe 1995).
–: Moralbewußtsein und kommunikatives Handeln. Frankfurt/M. 1983 (4. Aufl. 1991).
–: Vorstudien und Ergänzungen zur Theorie des kommunikativen Handelns. Frankfurt/M. 1984 (3. Aufl. 1989).
–: Gerechtigkeit und Solidarität. Eine Stellungnahme zur Diskussion über «Stufe 6». In: Edelstein, W./Nunner-Winkler, G. (Hg.): Zur Bestimmung der Moral. Frankfurt/M. 1986, S. 291–320.
Hagemann-White, C.: Sozialisation: Weiblich – männlich? Opladen 1984.
–: Wir werden nicht zweigeschlechtlich geboren ... In: Hagemann-White, C./Rerrich, M. S. (Hg.): FrauenMännerBilder: Männer und Männlichkeit in der feministischen Diskussion. Bielefeld 1988, S. 224–235.
–: Subjektbezogene Theorien zur Geschlechtersozialisation: Psychoanalytische Ansätze. In: Horstkemper, M./Zimmermann, P. (Hg.): Zwischen Dramatisierung und Individualisierung, Geschlechtstypische Sozialisation im Kindesalter, Opladen 1998, S. 17–46.
–: Geschlechtertheoretische Ansätze. In: Krüger, H. H./Grunert, C. (Hg.): Handbuch Kindheits- und Jugendforschung. Opladen 2002, S. 143–164.
–: Sozialisation – ein veraltetes Konzept in der Geschlechterforschung? In: Glaser, E./Klika, D./Prengel, A. (Hg.): Handbuch Gender und Erziehungswissenschaft. Bad Heilbrunn 2004, S. 146–156.
–: Geschlecht als kulturelle und soziale Praxis – aktuelle Fragen zwischen Sozialisation und Biologie. In: Vogel, U. (Hg.): Was ist weiblich – was ist männlich? Opladen 2005, S. 32–47.
Hamer, D./Copeland, P.: Das unausweichliche Erbe. Wie unser Verhalten von unseren Genen bestimmt ist. Bern u. a. 1998.
Hargreaves, D. H.: Reaktionen auf soziale Etikettierung. In: Asmus, H. J./Peuckert, R. (Hg.): Abweichendes Schülerverhalten. Heidelberg 1979, S. 141–154.
– u. a.: Abweichendes Verhalten im Unterricht. Weinheim 1981.
Hartfiel, G.: Wörterbuch der Soziologie. Stuttgart 1972.

Hartmann, H.: Stand und Entwicklung der amerikanischen Soziologie. In: Ders. (Hg.): Moderne amerikanische Soziologie. Stuttgart 1967, S. 2–134.

Hauck, G.: Geschichte der soziologischen Theorie. Eine ideologiekritische Einführung. Reinbek 1988 (2. Aufl.).

Hauser, S.: Gewissensentwicklung in neueren psychoanalytischen Beiträgen. In: Hopf, C./Nunner-Winkler, G. (Hg.): Frühe Bindung und moralische Entwicklung. Weinheim 2007, S. 43–68.

Heckhausen, H.: Entwicklung, psychologisch betrachtet. In: Weinert, F. E. u. a. (Hg.): Pädagogische Psychologie 1 (Funk-Kolleg). Frankfurt/M. 1974, S. 67–99.

Heinze, T.: Unterrricht als soziale Situation, München 1976.

Heitmeyer, W.: Identitätsprobleme und rechtsextremistische Orientierungsmuster. In: Baacke, D./Heitmeyer, W. (Hg.): Neue Widersprüche. Jugendliche in den achtziger Jahren. Weinheim/München 1985, S. 175–198.

–: Jugendforschung und (interdisziplinäre) Wissenschaftspraxis. In: Ders. (Hg.): Interdisziplinäre Jugendforschung. Weinheim/München 1986, S. 17–38.

–: Jugend und Rechtsextremismus. Von ökonomisch-sozialen Alltagserfahrungen zur rechtsextremistisch motivierten Gewalt-Eskalation. In: Paul, G. (Hg.): Hitlers Schatten verblaßt. Bonn 1989, S. 101–133.

– u. a.: Die Bielefelder Rechtsextremismus-Studie. Erste Langzeituntersuchung zur politischen Sozialisation männlicher Jugendlicher. Weinheim 1993 (2. Aufl.).

–: Das Desintegrations-Theorem. Ein Erklärungsansatz zu fremdenfeindlich motivierter, rechtsextremistischer Gewalt und zur Lähmung gesellschaftlicher Institutionen. In: Heitmeyer, W. (Hg.): Das Gewalt-Dilemma. Frankfurt/M. 1994, S. 29–69.

–: Rechtsextremistische Orientierungen bei Jugendlichen. Weinheim 1995 (5. Aufl.).

– u. a.: Gewalt. Schattenseiten der Individualisierung bei Jugendlichen aus unterschiedlichen Milieus. Weinheim/München 1995.

–/Hurrelmann, K.: Sozialisations- und handlungstheoretische Ansätze in der Jugendforschung. In: Krüger, H. H. (Hg.): Handbuch der Jugendforschung. Opladen 1993 (2. Aufl.), S. 109–133.

–/Olk, Th. (Hg.): Individualisierung von Jugend. Weinheim/München 1990.

–/Peter, J.: Jugendliche Fußballfans. Weinheim 1992 (2. Aufl.).

Helsper, W. (Hg.): Jugend zwischen Moderne und Postmoderne. Opladen 1991.

–/Böhme, J.: Jugend und Schule. In: Krüger, H. H./Grunert, C. (Hg.): Handbuch Kindheits- und Jugendforschung. Opladen 2002, S. 567–596.

Herrlitz, H. G./Hopf, W./Titze, H.: Deutsche Schulgeschichte von 1800 bis zur Gegenwart. Weinheim 2009 (5. Aufl.).

Herrmann, U.: Was heißt «Jugend»? In: Ders. u. a.: Jugend, Jugendprobleme, Jugendprotest. Stuttgart u. a. 1982, S. 11–27.

Hertzer, K.: Mann oder Frau. Wenn die Grenzen fließend werden. Kreuzlingen/München 1999.

Hilgard, E. R./Bower, H. G.: Theorie des Lernens. 2 Bde. Stuttgart 1970/1973.
Hirschauer, St.: Die soziale Konstruktion der Transsexualität. Frankfurt/M. 1993.
Höblich, D.: Biografie, Schule und Geschlecht. Bildungschancen von SchülerInnen. Wiesbaden 2010.
Hoffmann, D./Merkens, H. (Hg.): Jugendsoziologische Sozialisationstheorie. Impulse für die Jugendforschung. Weinheim 2004.
Holodynski, M./Rückriem, G./Seeger, D.: Menschliche Subjektivität und Individualität als Problem der materialistischen Wissenschaft. In: Zeitschrift für Sozialisationsforschung und Erziehungssoziologie, Heft 1/1986 (6. Jg.), S. 47–69.
Holtappels, H. G.: Abweichendes Verhalten oder Schulalltagsbewältigung? Subjektive Deutungsmuster von Schülern zu Problemen im Schulalltag. In: Die Deutsche Schule Heft 1/1984, S. 18–30.
–: Schülerprobleme und abweichendes Verhalten aus der Schülerperspektive. Bochum 1987.
Holzkamp, K.: Grundlegung der Psychologie. Frankfurt/M. 1983.
Holzkamp-Osterkamp, U.: Motivationsforschung 2. Frankfurt/M. 1982 (3. Aufl.).
Honig, M.-S.: Wohin geht die Kindheitsforschung. In: Ders. (Hg.): Ordnung der Kindheit. Problemstellungen und Perspektiven der Kindheitsforschung. Weinheim 2009, S. 7–15.
–: Das Kind in der Kindheitsforschung. In: Ders. (Hg.): Ordnung der Kindheit. Problemstellungen und Perspektiven der Kindheitsforschung. Weinheim 2009, S. 25–52.
Honig, M.-S./Leu, H. R./Nissen, U. (Hg.): Kinder und Kindheit. Soziokulturelle Muster – sozialisationstheoretische Perspektiven. Weinheim 1996.
Hopf, C.: Frühe Bindung und Sozialisation. Weinheim 2005.
–/Nunner-Winkler, G. (Hg.): Frühe Bindung und moralische Entwicklung. Aktuelle Befunde zu psychischen und sozialen Bedingungen moralischer Eigenständigkeit. Weinheim 2007.
Horkheimer, M.: Traditionelle und kritische Theorie. Frankfurt/M. 1968.
Horney, K.: Zur Genese des weiblichen Kastrationskomplexes (1923), Flucht aus der Weiblichkeit (1926). In: Die Psychologie der Frau. Frankfurt/M. 1977.
Horster, D. (Hg.): Weibliche Moral – ein Mythos? Frankfurt/M. 1998.
Horstkemper, M.: Schule, Geschlecht und Selbstvertrauen. Eine Längsschnittstudie über Mädchensozialisation in der Schule. Weinheim/München 1987.
–/Wagner-Winterhager, L. (Hg.): Mädchen und Jungen, Männer und Frauen in der Schule («Die Deutsche Schule», 1. Beiheft). Weinheim 1990.
Hurrelmann, K.: Programmatische Überlegungen zur Entwicklung der Bildungsforschung. In: Bolte, K. M. (Hg.): Materialien aus der soziologischen Forschung (Verhandlungen des 18. Deutschen Soziologentages). München 1978, S. 531–564.
–: Das Modell des produktiv realitätsverarbeitenden Subjekts in der Sozialisationsforschung. In: Zeitschrift für Sozialisationsforschung und Erziehungssoziologie,

Heft 3/1983, S. 291–310. Nachdruck in: Hurrelmann, K. (Hg.): Lebenslage, Lebensalter, Lebenszeit. Weinheim 1986, S. 11–13.

–: Einführung in die Sozialisationstheorie. Weinheim 2006 (9. Aufl.).

–: Lebensphase Jugend. Eine Einführung in die sozialwissenschaftliche Jugendforschung. Weinheim 2004 (7. Auflage).

–: Selbstsozialisation oder Selbstorganisation? Ein sympathisierender, aber kritischer Kommentar. In: Zeitschrift für Soziologie der Erziehung und Sozialisation (ZSE), Heft 2/2002 (22. Jg.), S. 155–166.

–/Grundmann, M./Walper, S. (Hg.): Handbuch Sozialisationsforschung. Weinheim 2008 (7. Aufl.).

–/Ulich, D. (Hg.): Handbuch der Sozialisationsforschung. Weinheim/Basel 1980.

–/Ulich, D. (Hg.): Neues Handbuch der Sozialisationsforschung. Weinheim/Basel 1991.

Imhäuser, K./Rolff, H. G.: Facharbeiterlücke und Akademikerschwemme? Entwicklungen in der Sekundarstufe II. In: Rolff, H. G. u. a. (Hg.): Jahrbuch der Schulentwicklung, Bd. 7. Weinheim/München 1992, S. 59–92.

Jaeggi, U.: Kapital und Arbeit in der Bundesrepublik. Frankfurt/M. 1973.

–: Stichwort «Institution – Organisation». In: Wulf, Chr. (Hg.): Wörterbuch der Erziehung. München 1974, S. 308–313.

Jensen, A.: Wie sehr können wir Intelligenzquotient und schulische Leistung steigern? In: Skowronek, H. (Hg.): Umwelt und Begabung. Stuttgart 1973, S. 63–155.

Jensen, S.: Einleitung. In: Parsons, T.: Zur Theorie sozialer Systeme. Opladen 1976, S. 9–67.

Joas, H.: Rollen- und Interaktionstheorien in der Sozialisationsforschung. In: Hurrelmann, K./Ulich, D. (Hg.): Handbuch der Sozialisationsforschung. Weinheim 1980, S. 147–216.

–: Symbolischer Interaktionismus. Von der Philosophie des Pragmatismus zu einer soziologischen Forschungstradition. In: Kölner Zeitschrift für Soziologie und Sozialpsychologie 1988*a* (40. Jg.), S. 417–446.

–: Das Risiko der Gegenwartsdiagnose. In: Soziologische Revue, Heft 1/1988*b* (11. Jg.), S. 1–6.

–: Rollen- und Interaktionstheorien in der Sozialisationsforschung. In: Hurrelmann, K./Ulich, D. (Hg.): Neues Handbuch der Sozialisationsforschung. Weinheim/Basel 1991, S. 137–152.

Jugendwerk der Deutschen Shell (Hg.): Jugend 81: Lebensentwürfe, Alltagskulturen, Zukunftsbilder. 4 Bde. Hamburg 1981.

– (Hg.): Jugendliche und Erwachsene '85. Generationen im Vergleich. 5 Bde. Leverkusen/Hamburg 1985.

– (Hg.): Jugend '92. Lebenslagen, Orientierungen und Entwicklungsperspektiven im vereinten Deutschland. 4 Bde. Opladen 1992.

– (Hg.): Jugend '97: Zukunftsperspektiven, Gesellschaftliches Engagement, Politische Orientierungen. Opladen 1997.
Junge, M.: Sozialisationstheorien vor dem Hintergrund von Modernisierung, Individualisierung und Postmodernisierung. In: Hoffmann, D./Merkens, H. (Hg.): Jugendsoziologische Sozialisationstheorie. Weinheim 2004, S. 35–50.
Kaesler, D. (Hg.): Klassiker der Soziologie, Bd. II: Von Talcott Parsons bis Anthony Giddens. München 2007.
Kampfhammer, H. P.: Psychoanalytische Entwicklungspsychologie. In: Mertens, W. (Hg.): Schlüsselbegriffe der Psychoanalyse. Stuttgart 1995 (2. Aufl.), S. 240–247.
Kasten, H.: Pubertät und Adoleszenz. Wie Kinder heute erwachsen werden. München/Basel 1999.
Kautsky, K.: Die soziale Revolution, Bd. 1. Berlin 1906.
Kerkeisen, W.: Kritische Erziehungswissenschaft. In: Lenzen, D./Mollenhauer, K. (Hg.): Theorien und Grundbegriffe der Erziehung und Bildung (Bd. 1 der Enzyklopädie Erziehungswissenschaft). Stuttgart 1983, S. 117–138.
Kegel, B.: Epigenetik. Wie Erfahrungen vererbt werden. Köln 2009.
Kelle, H.: Sozialisation und Geschlecht in kindheitssoziologischer Perspektive. In: Bilden, H./Dausien, B. (Hg.): Sozialisation und Geschlecht. Opladen 2006, S. 45–70.
–: Kindliche Entwicklung und die Prävention von Entwicklungsstörungen. Die frühe Kindheit im Fokus der childhood studies. In: Dies. (Hg.): Ordnung der Kindheit. Weinheim 2009, S. 79–102.
Keller, M.: Kognitive Entwicklung und soziale Kompetenz. Zur Entstehung der Rollenübernahme in der Familie und ihrer Bedeutung für den Schulerfolg. Stuttgart 1976.
–/Krettenauer, T.: Moralentwicklung im Kulturvergleich. In: Trommsdorff, G./Kornadt, H. J. (Hg.): Enzyklopädie der Psychologie, Bd. C VII 2 (Erleben und Handeln im kulturellen Kontext). Göttingen 2007, S. 521–555.
–/Malti, T.: Sozialisation sozio-moralischer Kompetenz. In: Hurrelmann, K./Grundmann, M./Walper, S. (Hg.): Handbuch Sozialisationsforschung. Weinheim 2008 (7. Aufl.), S. 410–423.
Kerst, C./Rauschenbach, T./Wolter, A./Züchner, I.: Studierende. In: Tillmann, K. J./Rauschenbach, T./Tippelt, R./Weishaupt, H. (Hg.): Datenreport Erziehungswissenschaft. Opladen 2008, S. 41–58.
Keupp, H.: Auf der Suche nach der verlorenen Identität. In: Ders.: Riskante Chancen. Das Subjekt zwischen Psychokultur und Selbstorganisation. Heidelberg 1988, S. 131–151.
– u. a.: Identitätskonstruktionen. Das Patchwork der Identität in der Spätmoderne. Reinbek 2002 (2. Aufl.).
Kimura, D.: Weibliches und männliches Gehirn (Erstveröffentl. 1992). In: Sommer, V. (Hg.): Biologie des Menschen. Heidelberg u. a. 1996, S. 104–113.

Klafki, W. u. a.: Erziehungswissenschaft. Bd. 1 (Funk-Kolleg). Frankfurt/M. 1970.
–: Neue Studien zur Bildungstheorie und Didaktik. Weinheim 1985.
Klaus, G./Buhr, M. (Hg.): Philosophisches Wörterbuch. 2 Bde. Berlin (DDR) 1971 (8. Aufl.).
Knapp, G. A.: Arbeitsteilung und Sozialisation: Konstellationen von Arbeitsvermögen und Arbeitskraft im Lebenszusammenhang von Frauen. In: Beer, U. (Hg.): Klasse Geschlecht. Bielefeld 1987, S. 267–308.
–: Das Konzept «weibliches Arbeitsvermögen» – theoriegeleitete Zugänge, Irrwege, Perspektiven. In: IFG Frauenforschung (Institut Frau und Gesellschaft), Heft 4/1988, S. 8–18.
Knußmann, R.: Vergleichende Biologie des Menschen. Lehrbuch der Anthropologie und Humangenetik. Stuttgart u. a. 1996 (2. Aufl.).
Köckeis-Stangl, E.: Methoden der Sozialisationsforschung. In: Hurrelmann, K./Ulich, D. (Hg.): Handbuch der Sozialisationsforschung. Weinheim 1980, S. 321–370.
Kohlberg, L.: Zur kognitiven Entwicklung des Kindes. Frankfurt/M. 1974.
–/Boyd, D. R./Levine, C.: Die Wichtigkeit der sechsten Stufe: Gerechtigkeit, Wohlwollen und der Standpunkt der Moral. In: Edelstein, W./Nunner-Winkler, G. (Hg.): Zur Bestimmung der Moral. Frankfurt/M. 1986, S. 205–240.
–/Turiel, E.: Moralische Entwicklung und Moralerziehung. In: Portele, G. (Hg.): Sozialisation und Moral. Weinheim 1978, S. 13–80.
Kohli, M.: Gesellschaftszeit und Lebenszeit. Der Lebenslauf im Strukturwandel der Moderne. In: Berger, J. (Hg.): Die Moderne – Kontinuität und Zäsur (Sonderheft 4 der «Sozialen Welt»). Göttingen 1986, S. 183–208.
–: Lebenslauftheoretische Ansätze in der Sozialisationsforschung. In: Hurrelmann, K./Ulich, D. (Hg.): Neues Handbuch der Sozialisationsforschung. Weinheim/Basel 1991, S. 303–317.
Krappmann, L.: Soziologische Dimensionen der Identität. Stuttgart 1971 (8. Aufl. 1993).
–: Neuere Rollenkonzepte als Erklärungsmöglichkeit für Sozialisationsprozesse. In: Auwärter, M. u. a. (Hg.): Seminar: Kommunikation, Interaktion, Identität. Frankfurt/M. 1976, S. 307–331.
–: Über die wechselseitige Anregung von Sozialisationsforschung und Entwicklungspsychologie. In: Grundmann, M./Lüscher, K. (Hg.): Sozialökologische Sozialisationsforschung. Konstanz 2000, S. 121–136.
–: Warnung vor dem Begriff der Selbstsozialisation. In: Zeitschrift für Soziologie der Erziehung und Sozialisation, Heft 2/2002 (22. Jg.), S. 178–185.
–/Oswald, H.: Alltag der Schulkinder. Beobachtungen und Analysen von Interaktionen und Sozialbeziehungen. Weinheim 1995.
Kraul, M.: Das deutsche Gymnasium 1780–1980. Frankfurt/M. 1984.
Krüger, H. H./Grunert, C. (Hg.): Handbuch Kindheits- und Jugendforschung. Opladen 2002.

Kuhn, H. P.: Geschlechtsspezifische Aspekte politischer Identitätsbildung im Jugendalter. Theorien, Konzepte, Befunde. In: Zeitschrift für Soziologie der Erziehung und Sozialisation, Heft 4/2005 (25 Jg.), S. 399–415.

Kuhn, T. S.: Die Struktur wissenschaftlicher Revolutionen. Frankfurt/M. 2001 (2. Aufl.).

Lambert, W. E./Yackley, A./Hein, R. N.: Child Training Values of English Canadian and French Canadian Parents. In: Canadian J. Behavioral Science 3/1971, pp. 217–236.

Lempert, W.: Leistungsprinzip und Emanzipation. Frankfurt/M. 1971.

–: Moralische Urteilsfähigkeit. In: Zeitschrift für Sozialisationsforschung und Erziehungssoziologie (ZSE) 1/1982, S. 113–126.

Lenz, M.: Geschlechtersozialisation aus biologischer Sicht. Anlage und Erziehung. Stuttgart 1999.

–: Die Diskussion über Anlage und Umwelt in der bundesdeutschen Erziehungswissenschaft aus diskursanalytischer Perspektive. In: Zeitschrift für Soziologie der Erziehung und Sozialisation 2005 (25. Jg.), S. 340–361.

–/Tillmann, K.-J.: Zerfall oder neue Vielfalt? Familienformen im Spiegel empirischer Daten. In: Pädagogik, Heft 7–8/1997, S. 11–15.

Lenzen, D.: Moderne Jugendforschung und postmoderne Jugend: Was leistet noch das Identitätskonzept? In: Helsper, W. (Hg.): Jugend zwischen Moderne und Postmoderne. Opladen 1991, S. 41–56.

Leschinsky, A./Roeder, P. M.: Schule im historischen Prozeß. Zum Wechselverhältnis von institutioneller Erziehung und gesellschaftlicher Entwicklung. Frankfurt/M. 1983.

Leu, H. R. (1996): Selbständige Kinder – Ein schwieriges Thema für die Sozialisationsforschung. In: Honig, M.-S./Leu, H. R./Nissen, U. (Hg.): Kinder und Kindheit. Soziokulturelle Muster – sozialisationstheoretische Perspektiven. Weinheim 1996, S. 174–198.

Lewis, M.: State as an Infant-environment-interaction: An analysis of mother-infant-behavior as a function of sex. In: Merill-Palmer Quarterly 18/1972, pp. 95–121.

Lewontin, R. C./Rose, St./Kamin, L. J.: Die Gene sind es nicht …: Biologie, Ideologie und menschliche Natur. München/Weinheim 1988.

Liebau, E.: Der Ernst des Spiels. Überlegungen zur gegenwärtigen Lage der Jugend. In: Biehl, P. u. a. (Hg.): Jahrbuch der Religionspädagogik I. Neukirchen 1985, S. 106–119.

–: Gesellschaftliches Subjekt und Erziehung. Zur pädagogischen Bedeutung der Sozialisationstheorien von Pierre Bourdieu und Ulrich Oevermann. Weinheim 1987.

–: Die Kultivierung des Alltags. Weinheim 1992*a*.

–: Habitus, Lebenslage und Geschlecht – Über Sozioanalyse und Geschlechtersozialisation. In: Tillmann, K.-J. (Hg.): Jugend weiblich – Jugend männlich. Opladen 1992*b*, S. 134–148.

Lind, G./Raschert, J. (Hg.): Moralische Urteilsfähigkeit. Eine Auseinandersetzung mit Lawrence Kohlberg. Weinheim 1987.

Lorenzer, A.: Zur Begründung einer materialistischen Sozialisationstheorie. Frankfurt/M. 1972.

Luhmann, N.: Soziale Systeme. Grundriß einer allgemeinen Theorie. Frankfurt/M. 1984.

–/Schorr, E.: Reflexionsprobleme im Erziehungssystem. Stuttgart 1979 (2. Aufl. Frankfurt/M. 1988).

–/– (Hg.): Zwischen Technologie und Selbstreferenz. Frankfurt/M. 1982.

Maccoby, E. E. (Ed.): The Development of Sex Differences. Stanford 1966.

–/Jacklin, C. N.: The Psychology of Sex Differences. Stanford 1974.

Mackensen, R.: Die Postmoderne als negative Utopie. In: Soziologische Revue, Heft 1/1988 (11. Jg.), S. 6–12.

Maihofer, A.: Geschlecht als Existenzweise. Macht. Moral, Recht und Geschlechterdifferenz. Frankfurt/M. 1995.

–: Geschlecht und Sozialisation. In: Erwägen, Wissen, Ethik, Heft 1/2002*a* (13. Jg.), S. 13–26.

–: Replik. In: Erwägen, Wissen, Ethik, Heft 1/2002*b* (13. Jg.), S. 71–74.

–: Von der Frauen- zur Geschlechterforschung – modischer Trend oder bedeutsamer Perspektivenwechsel? In: Döge, P./Kassner, K./Schambach, G. (Hg.): Schaustelle Gender. Aktuelle Beiträge sozialwissenschaftlicher Geschlechterforschung, Bielefeld 2004.

Markefka, M./Nauck, B. (Hg.): Handbuch der Kindheitsforschung. Neuwied 1993.

Marx, K.: Grundrisse der Kritik der Politischen Ökonomie. Berlin (DDR) 1953.

–/Engels, F.: Werke (MEW), Bd. 3, 4, 13, 23, Erg.-Bd. 1. Berlin (DDR) 1969 ff.

Masuch, M.: Politische Ökonomie der Ausbildung. Reinbek 1972.

Mayntz, R.: Stichwort «strukturell-funktionale Theorie». In: Bernsdorf, W. (Hg.): Wörterbuch der Soziologie, Bd. 3. Frankfurt/M. 1972*a*, S. 836–839.

–: Stichwort «Pattern variables». In: Bernsdorf, W. (Hg.): Wörterbuch der Soziologie, Bd. 2. Frankfurt/M. 1972*b*, S. 608–611.

Mead, G. H.: Geist, Identität und Gesellschaft. Frankfurt/M. 1968 (Erstveröff. Chicago 1934).

Mead, M.: Jugend und Sexualität in primitiven Gesellschaften. 3 Bde. München 1970.

Mertens, W.: Psychoanalytische Theorien und Forschungsbefunde. In: Hurrelmann, K./Ulich, D. (Hg.): Neues Handbuch der Sozialisationsforschung. Weinheim/Basel 1991, S. 77–97.

Merz, F.: Geschlechtsunterschiede und ihre Entwicklung. Ergebnisse und Theorien der Psychologie. Göttingen/Toronto/Zürich 1979.

Mischel, W.: A Social-Learning View of Sex Differences in Behavior. In: Maccoby, E. (Ed.): The Development of Sex Differences. Stanford 1966, pp. 56–81.

–: Sex Typing and Socialization. In: Mussen, P. W. (Ed.): Carmichael's Manual of Child Psychology, Vol. II. New York 1970 (3. ed.), pp. 3–72.

Mitchell, J.: Psychoanalyse und Feminismus. Frankfurt/M. 1985.

Mitscherlich, M./Rohde-Dachser, Chr. (Hg.): Psychoanalytische Diskurse über die Weiblichkeit von Freud bis heute. Stuttgart 1996.

Mitterauer, M.: Sozialgeschichte der Jugend. Frankfurt/M. 1986.

Mollenhauer, K.: Theorien zum Erziehungsprozeß. München 1972.

Möller, K.: Rechte Kids. Eine Langzeitstudie über Auf- und Abbau rechtsextremistischer Orientierungen bei 13- bis 15-Jährigen. Weinheim 2000.

–: Rechte Glatzen. Rechtsextreme Orientierungs- und Szenenzusammenhänge. Wiesbaden 2007.

Montada, L.: Die Sozialisation von Moral. In: Schneewind, K. A. (Hg.): Psychologie der Erziehung und Sozialisation (= Enzyklopädie der Psychologie, Bd. 3). Göttingen u. a. 1994, S. 315–344.

–: Die geistige Entwicklung aus der Sicht Jean Piagets. In: Oerter, R./Montada, L.: Entwicklungspsychologie. Weinheim 1998, S. 518–560 (4. Aufl.).

Mooser, J.: Auflösung der proletarischen Milieus. In: Soziale Welt, Heft 3/1983 (34. Jg.), S. 270–306.

Moss, H. A.: Sex, Age and State as Determinants of Mother-infant-interaction. In: Merill-Palmer Quarterly 13/1967, pp. 19–36.

Müller, K. V.: Begabung und soziale Schichtung in der hochindustrialisierten Gesellschaft. Köln/Opladen 1956.

Musgrove, F.: Youth and the Social Order. London 1968 (2. ed.).

Neidhard, F.: Bezugspunkte einer soziologischen Theorie der Jugend. In: Ders. u. a.: Jugend im Spektrum der Wissenschaften. München 1970, S. 11–48.

Nemitz, R.: Bildung statt Ideologie? In: Das Argument, Sonderband 58. Berlin 1981, S. 45–66.

Nestvogel, R.: Sozialisation und Sozialisationsforschung in interkultureller Perspektive. In: Dies. (Hg.): Interkulturelles Lernen oder verdeckte Dominanz? Frankfurt/M. 1991, S. 85–112.

Neyer, F. J./Lehnart, J.: Persönlichkeit und Sozialisation. In: Hurrelmann, K./Grundmann, M./Walper, S. (Hg.): Handbuch Sozialisationsforschung. Weinheim 2008 (7. Aufl.), S. 82–91.

Niethammer, L./Plato, A. v. (Hg.): Lebensgeschichte und Sozialkultur im Ruhrgebiet 1930–1960: «Hinterher merkt man, daß es richtig war, daß es schiefgegangen ist.» (Bd. 2). Bonn 1989.

Nissen, U.: Kindheit, Geschlecht und Raum. Sozialisationstheoretische Zusammenhänge geschlechtsspezifischer Raumaneignung. Weinheim 1998.

Nohl, H.: Die pädagogische Bewegung in Deutschland und ihre Theorie. Frankfurt/M. 1961 (5. Aufl.).

Nolte, H.: Psychoanalyse und Soziologie. Bern u. a. 1970.

Nunner-Winkler, G.: Adoleszenzkrisenverlauf und Wertorientierungen. In: Baacke, D./Heitmeyer, W. (Hg.): Neue Widersprüche – Jugendliche in den achtziger Jahren. Weinheim/München 1985, S. 86–107.

–: Ein Plädoyer für einen eingeschränkten Universalismus. In: Edelstein, W./Nunner-Winkler, G. (Hg.): Zur Bestimmung der Moral. Frankfurt/M. 1986.

–: Identitätskrise ohne Lösung: Wiederholungskrisen, Dauerkrise. In: Frey, H. P./Haußer, K. (Hg.): Identität. Entwicklungen psychologischer und soziologischer Forschung. Stuttgart 1987, S. 165–178.

–: Ende des Individuums oder autonomes Subjekt? In: Helsper, W. (Hg.): Jugend zwischen Moderne und Postmoderne. Opladen 1991, S. 113–129.

Oerter, R./Dreher, E.: Jugendalter. In: Oerter, R./Montada, L. (Hg.): Entwicklungspsychologie. Weinheim 2008 (6. Aufl.), S. 271–332.

Oerter, R./Montada, L. (Hg.): Entwicklungspsychologie. Weinheim 2008 (6. Aufl.).

Oevermann, U.: Ansätze zu einer soziologischen Sozialisationstheorie und ihre Konsequenzen für die allgemeine soziologische Analyse. In: Kölner Zeitschrift für Soziologie und Sozialpsychologie, Sonderheft 21. Opladen 1979, S. 143–168.

Offe, C.: Leistungsprinzip und industrielle Arbeit. Frankfurt/M. 1977 (5. Aufl.).

Olk, Th.: Jugend und gesellschaftliche Differenzierung – Zur Entstrukturierung der Jugendphase. In: Zeitschrift für Pädagogik, 19. Beiheft. Weinheim 1985.

Opp, K.-D.: Stichwort «Soziologische Theorie». In: Bernsdoff, W. (Hg.): Wörterbuch der Soziologie, Bd. 3. Frankfurt/M. 1972, S. 797–804.

Oser, F.: Genese und Logik der Entwicklung religiösen Bewußtseins: eine Entgegnung auf Kritik. In: Nipkow, K. E. u. a. (Hg.): Glaubensentwicklung und Erziehung. Gütersloh 1988, S. 48–88.

Oswald, H.: Stichwort «Interaktion». In: Lenzen, D./Mollenhauer, K. (Hg.): Theorien und Grundbegriffe der Erziehung und Bildung (Bd. 1 der Enzyklopädie Erziehungswissenschaft). Stuttgart 1983, S. 446–451.

–: Was heißt qualitativ forschen? Eine Einführung in Zugänge und Verfahren. In: Friebertshäuser, B./Prengel, A. (Hg.): Handbuch Qualitative Forschungsmethoden in der Erziehungswissenschaft. Weinheim/München 1997, S. 71–87.

Ottomeyer, K.: Gesellschaftstheorien in der Sozialisationsforschung. In: Hurrelmann, K./Ulich, D. (Hg.): Handbuch der Sozialisationsforschung. Weinheim 1980, S. 161–193.

–: Gesellschaftstheorien in der Sozialisationsforschung. In: Hurrelmann, K./Ulich, D. (Hg.): Neues Handbuch der Sozialisationsforschung. Weinheim/Basel 1991, S. 153–186.

Parke, R. D./O'Leary, S. E./West, S.: Mother-Father-Infant-Newborn Interaction: effects of maternal medication, labor, and sex of infant. In: Proceedings of the 18th Annual Convention of the American Psychological Association, 1972.

Parsons, T.: The Structure of Social Action. Glencoe/Ill. 1937.
–: The Social System. Glencoe/Ill. 1951.
–: Einige Grundzüge der allgemeinen Theorie des Handelns. In: Hartmann, H. (Hg.): Moderne amerikanische Soziologie. Stuttgart 1967, S. 216–244 (Erstveröff. 1958).
–: Systematische Theorie in der Soziologie. Gegenwärtiger Stand und Ausblick. In: Rüschemeyer, D. (Hg.): Talcott Parsons' Beiträge zur soziologischen Theorie. Neuwied 1968*a* (2. Aufl.), S. 31–64 (Erstveröff. 1945).
–: Sozialstruktur und Persönlichkeit. Frankfurt/M. 1968*b* (Erstveröff. 1964).
–: Die Schulklasse als soziales System: Einige ihrer Funktionen in der amerikanischen Gesellschaft. In: Parsons, T.: Sozialstruktur und Persönlichkeit. Frankfurt/M. 1968*c* (Erstveröff. des Aufsatzes 1959).
–: Zur Theorie sozialer Systeme (Hg. von S. Jensen). Opladen 1976.
–/Bales, R. T.: Family. Socialization and Interaction Process. Glencoe/Ill. 1955.
–/Shiles, E. A. (Hg.): Toward a General Theory of Action. Cambridge/Mass. 1951.
Pekrun, R.: Schule als Sozialisationsinstanz. In: Schneewind. K. A. (Hg.): Psychologie der Erziehung und Sozialisation (Enzyklopädie der Psychologie D.I.1.). Göttingen 1994, S. 465–494.
Piaget, J.: Das moralische Urteil beim Kinde. Zürich 1954.
–: Die Bildung des Zeitbegriffs beim Kinde. Zürich 1955.
–/Szeminska, A.: Die Entwicklung des Zahlbegriffs beim Kinde. Stuttgart 1965.
–: Das Erwachen der Intelligenz beim Kinde. Stuttgart 1969.
–/Inhelder, B.: Die Entwicklung des physikalischen Mengenbegriffs beim Kinde. Stuttgart 1969.
–/Inhelder, B.: Die Entwicklung des räumlichen Denkens beim Kinde. Stuttgart 1971.
Pinel, J. P. J.: Biopsychologie. Eine Einführung. Heidelberg 1997.
Plomin, R. u. a.: Gene, Umwelt und Verhalten. Einführung in die Verhaltensgenetik. Bern u. a. 1999.
Popp, U.: «Sozialisation» – substanzieller Begriff oder anachronistische Metapher? In: Zeitschrift für Pädagogik, Heft 6/2002*a* (48. Jg.), S. 898–917.
–: Forschung über Sozialisationsprozesse der Geschlechter. Eine Verlängerung der Problemskizze. In: Erwägen, Wissen, Ethik, Heft 1/2002*b* (13. Jg.), S. 52–54.
–: Geschlechtersozialisation als Realitätsverarbeitung und Realitätserzeugung. In: Hoffmann, D./Merkens, H. (Hg.): Jugendsoziologische Sozialisationstheorie. Weinheim 2004, S. 129–142.
Portele, G./Huber, L.: Hochschule und Persönlichkeitsentwicklung. In: Huber, L.: Ausbildung und Sozialisation in der Hochschule (Bd. 10 der Enzyklopädie Erziehungswissenschaft). Stuttgart 1983, S. 92–113.
Preuss, O.: Zum Problem der Verknüpfung grundlagentheoretischer Paradigmen. In: Bolte, K. M. (Hg.): Verhandlungen des 18. Deutschen Soziologentags. München 1978, S. 564–582.

Projektgruppe Jugendbüro: Subkultur und Familie als Orientierungsmuster. Zur Lebenswelt von Hauptschülern. München 1977.
Projektgruppe Jugendbüro und Hauptschülerarbeit: Die Lebenswelt von Hauptschülern. München 1975.
Promp, D. W.: Sozialisation und Ontogenese. Berlin/Hamburg 1990.
Pulaski, M. A.: Piaget. Eine Einführung in seine Theorien und sein Werk. Frankfurt/M. 1978.
Qvortrup, J.: Die soziale Definition von Kindheit. In: Markefka, M./Nauck, B. (Hg.): Handbuch der Kindheitsforschung. Neuwied 1993, S. 109–124.
Rang, A./Rang, B.: Schule und Ideologie. In: Das Argument, Sonderband 58. Berlin 1981, S. 8–44.
Rapaport, D.: Die Struktur der psychoanalytischen Theorie. Stuttgart 1973.
Reh, S.: Arbeitslose Mädchen in der Weimarer Republik – Zur Geschichte weiblicher Jugend. In: Tillmann, K. J. (Hg.): Jugend weiblich – Jugend männlich. Opladen 1992, S. 94–108.
Remplein, H.: Die seelische Entwicklung des Menschen im Kindes- und Jugendalter. München/Basel 1966 (14. Aufl.).
Rendtorff, B.: Erziehung und Entwicklung – Sexuierte Selbstbilder von Mädchen und Jungen. In: Rendtorff, B./Moser, V. (Hg.): Geschlecht und Geschlechterverhältnisse in der Erziehungswissenschaft. Eine Einführung. Opladen 1999, S. 71–84.
Riemann, R./ Spinath, F. M.: Genetik und Persönlichkeit. In: Hennig, J./Netter, P. (Hg.): Biopsychologische Grundlagen der Persönlichkeit. München 2005, S. 539–628.
Riesman, D.: Die einsame Masse. Hamburg 1958.
Rohde-Dachser, C.: Psychoanalyse der Geschlechterdifferenz. In: Mertens, W. (Hg.): Schlüsselbegriffe der Psychoanalyse. Stuttgart 1995 (2. Aufl.), S. 131–136.
Rolff, H. G.: Sozialisationsorientierte Curriculumentwicklung und curriculumorientierte Sozialisationsforschung. In: Walter, H. (Hg.): Sozialisationsforschung, Bd. 2. Stuttgart 1973, S. 89–107.
–: Mehr-Ebenen-Analyse ja, aber nicht irgendeine. In: betrifft: erziehung, Heft 4/1977, S. 66–67.
–: Unterricht und Massenkultur – Probleme der Modernisierung von Lehren und Lernen. In: Rolff, H. G. u. a. (Hg.): Jahrbuch der Schulentwicklung, Bd. 2. Weinheim 1982, S. 159–180.
–: Sozialisation und Auslese durch die Schule. Heidelberg 1967 (9. Aufl. 1980).
–: Die Schule als besondere soziale Organisation. In: Zeitschrift für Sozialisationsforschung und Erziehungssoziologie, Heft 4/1992 (12. Jg.), S. 306–324.
– u. a.: Strategisches Lernen in der Gesamtschule. Reinbek 1974.
– u. a. (Hg.): Jahrbuch der Schulentwicklung, Bd. 7. Weinheim/München 1992.
Rowe, D. C.: Genetik und Sozialisation. Die Grenzen der Erziehung. Weinheim 1997.

Rüschemeyer, D.: Einleitung. In: Ders. (Hg.): Talcott Parsons' Beiträge zur soziologischen Theorie. Neuwied 1968 (2. Aufl.), S. 9–29.

Sapir, J.: Freudismus, Soziologie, Psychologie. In: Bernfeld, S. u. a.: Psychoanalyse und Marxismus, Dokumentation einer Kontroverse. Frankfurt/M. 1970, S. 189–246.

Schäfer, A.: Vemittlung und Alterität. Zur Problematik von Sozialisationstheorien. Opladen 2000.

Schenk, H.: Geschlechtsrollenwandel und Sexismus. Zur Sozialpsychologie geschlechtsspezifischen Verhaltens. Weinheim 1979.

Scheu, U.: Wir werden nicht als Mädchen geboren, wir werden dazu gemacht. Zur frühkindlichen Erziehung in unserer Gesellschaft. Frankfurt/M. 1977.

Scheunpflug, A.: Frauen und Männer. Gleich, aber dennoch anders. In: Pädagogik, 52. Jg./2000, S. 42–46.

–: Natur oder Kultur? Anmerkungen zu einer alten pädagogischen Debatte. In: Liebau, E. (Hg.): Natur. Pädagogisch-anthropologische Perspektiven. Weinheim u. a. 2003, S. 149–160.

Schmauch, U.: Anatomie und Schicksal. Zur Psychoanalyse der frühen Geschlechtersozialisation. Frankfurt/M. 1987.

Schmerl, Chr.: Consuetudo est altera natura – oder warum Essenzen flüchtig sind. In: Erwägen, Wissen, Ethik, Heft 1/2002 (13. Jg.), S. 62–64.

Schmied-Kowarczik, W.: Materialistische Erziehungstheorie. In: Lenzen, D./Mollenhauer, K. (Hg.): Theorien und Grundbegriffe der Erziehung und Bildung (Bd. 1 der Enzyklopädie Erziehungswissenschaft). Stuttgart 1983, S. 101–116.

Schneider, W.: Methodische Ansätze der empirischen Erziehungs- und Sozialisationsforschung. In: Schneewind, K. A. (Hg.): Psychologie der Erziehung und Sozialisation (Enzyklopädie der Psychologie D.I.1.). Göttingen 1994, S. 73–106.

Schröder, H.: Jugend und Modernisierung. Strukturwandel der Jugendphase und Statuspassagen auf dem Weg zum Erwachsensein. Weinheim 1995.

Schulze, H.-J./Künzler, J.: Funktionalistische und systemtheoretische Ansätze in der Sozialisationsforschung. In: Hurrelmann, K./Ulich, D. (Hg.): Neues Handbuch der Sozialisationsforschung. Weinheim/Basel 1991.

Schulze, Th.: Schule im Widerspruch. Erfahrungen, Theorien, Perspektiven. München 1980.

Schwartz, A. E.: Einige Bemerkungen zur Entwicklung der weiblichen Geschlechtsrollenidentität. In: Alpert, J. (Hg.): Psychoanalyse der Frau jenseits von Freud. Berlin u. a. 1992, S. 66–89.

Sears, R. R./Rau, L./Alpert, R.: Identification and Child Rearing. Stanford 1965.

Selman, R. L.: Die Entwicklung des sozialen Verstehens. Entwicklungspsychologische und klinische Untersuchungen. Frankfurt/M. 1984.

Serbin, L. A. et al.: A Comparison of Teacher Response to the Pre-academic and Problem of Behavior of Boys and Girls. In: Child Development 44/1973, pp. 796–804.

Seve, L.: Marxismus und Theorie der Persönlichkeit. Frankfurt/M. 1972.
Shell-Jugendstudie: Jugend 2002 – zwischen pragmatischem Idealismus und robustem Materialismus (14. Jugendstudie). Frankfurt/M. 2002.
Sieder, R.: Sozialgeschichte der Familie. Frankfurt/M. 1987 (1995).
Skinner, B. F.: The Behavior of Organism. New York 1938.
–: Was ist Behaviorismus? Reinbek 1978.
Sodian, B.: Entwicklung des Denkens. In: Oerter, R./Montada, L. (Hg.): Entwicklungspsychologie. Weinheim 2008 (6. Aufl.), S. 436–479.
Springer, S. P./ Deutsch, G.: Linkes – rechtes Gehirn. Heidelberg/Berlin 1998 (4. Aufl.).
Stein, G. (Hg.): Schulbuchschelte, Politikum und Herausforderung. Stuttgart 1979.
Steinkamp, G.: Sozialstruktur und Sozialisation. In: Hurrelmann, K./Ulich, D. (Hg.): Neues Handbuch der Sozialisationsforschung. Weinheim/Basel 1991, S. 251–277.
Stoller, R.: Perversion. Die erotische Form von Haß. Reinbek 1979.
Straub, J.: Identitätstheorie im Übergang? In: Sozialwissenschaftliche Literatur-Rundschau, Heft 23/1991, S. 49–71.
Strauss, A.: Spiegel und Masken. Frankfurt/M. 1968.
Sturzbecher, D./Großmann, H.: Soziale Partizipation im Vor- und Grundschulalter. München 2003.
Teichler, U.: Hochschulbildung. In: Tippelt, R. (Hg.): Handbuch Bildungsforschung. Opladen 2002, S. 349–370.
Tillmann, Katja: Strukturen der Bildungsungleichheit in Ost- und Westdeutschland (Diplomarbeit). Fakultät für Sozialwissenschaften der Universität Bochum 1998.
Tillmann, K.-J.: Unterricht als soziales Erfahrungsfeld. Frankfurt/M. 1976.
–: Schulzeit und Jugendalter – zum Wandel von Sozialisationsprozessen seit 1960. In: Rolff, H. G. u. a. (Hg.): Jahrbuch der Schulentwicklung, Bd. 4. Weinheim 1986, S. 125–151.
– (Hg.): Jugend weiblich – Jugend männlich. Opladen 1992.
–: Schulentwicklung und Lehrerarbeit. Nicht auf bessere Zeiten warten. Hamburg 1995.
–: Sechsjährige Primarschule in Hamburg: Empirische Befunde und pädagogische Bewertung. In: Hamburg macht Schule, Sonderheft. Hamburg 2009, S. 10–29.
–: Neue Argumente auf einem alten Kampfplatz? Die Schulstruktur-Diskussion vor und nach PISA. In: Pädagogik, Heft 7–8/2006 (58. Jg.), S. 38–42.
–/Holler-Nowitzki, B./Holtappels, H. G./Meier, U./Popp, U.: Schülergewalt als Schulproblem. Weinheim/München 1999.
Topinard, P.: Le poids de l'encéphale d'après les registres de Paul Broca. Mémoires Société d'Anthropologie Paris, 2nd series, vol. 3/1888, pp. 1–41.
Trautner, H. M.: Geschlechtsspezifische Erziehung und Sozialisation. In: Schneewind, K. A. (Hg.): Psychologie der Erziehung und Sozialisation (= Enzyklopädie der Psychologie, Bd. D3). Göttingen u. a. 1994, S. 167–196.

–: Entwicklung der Geschlechtsidentität. In: Oerter, R./Montada, L. (Hg.): Entwicklungspsychologie. Weinheim 2008 (6. Aufl.), S. 436–479.
Treibel, A.: Einführung in soziologische Theorien der Gegenwart. Opladen 1995 (3. Aufl.).
Turner, R. H.: Rollenübernahme: Prozeß versus Konformität. In: Auwärter, M. u. a. (Hg.): Seminar: Kommunikation, Interaktion, Identität. Frankfurt/M. 1976, S. 115–139.
Tyrell, H.: Geschlechtliche Differenzierung und Geschlechterklassifikation. In: Kölner Zeitschrift für Soziologie und Sozialpsychologie 1986 (38. Jg.), S. 450–489.
Ulich, D.: Zur Relevanz verhaltenstheoretischer Lern-Konzepte für die Sozialisationsforschung. In: Hurrelmann, K./Ulich, D. (Hg.): Neues Handbuch der Sozialisationsforschung. Weinheim/Basel 1991, S. 57–75.
Valtin, R./Warm, U. (Hg.): Frauen machen Schule, Arbeitskreis Grundschule. Frankfurt/M. 1985.
Veith, H.: Theorien der Sozialisation. Zur Rekonstruktion des modernen sozialisationstheoretischen Denkens. Frankfurt/M. 1996.
–: Das Selbstverständnis des modernen Menschen. Theorien des vergesellschafteten Individuums im 20. Jahrhundert. Frankfurt/M. 2001.
–: Die historische Entwicklung der Sozialisationstheorie. In: Hurrelmann, K./ Grundmann, M./Walper, S. (Hg.): Handbuch Sozialisationsforschung. Weinheim 2008 (7. Aufl.), S. 32–55.
Vester, M./v. Oertzen, P./Geiling, H./Hermann, Th./Müller, D.: Soziale Milieus im gesellschaftlichen Strukturwandel. Frankfurt/M. 2001.
Walper, S.: Sozialisation und Armut. In: Hurrelmann, K./Grundmann, M./Walper, S. (Hg.): Handbuch Sozialisationsforschung. Weinheim 2008 (7. Aufl.), S. 203–216.
Watson, J. B.: Behaviorism. New York 1925 (dt. Frankfurt/M. 1976).
Watzlawick, P. u. a.: Menschliche Kommunikation – Formen, Störungen, Paradoxien. Bern 1971.
Weber, M.: Gesammelte Aufsätze zur Wissenschaftslehre. Tübingen 1951.
Weber, M.: Heterogenität im Schulalltag. Konstruktion ethnischer und geschlechtlicher Unterschiede. Opladen 2003.
West, C./Zimmerman, D. H.: Doing gender. In: Lorber, J./Farell, S. A. (Ed.): The social construction of gender. Newbury Park/London/New Delhi 1991, pp. 13–37.
Wetterer, A.: Neue Perspektiven – alte Fragen oder: Von der Erfindung eines Tabus. In: Erwägen. Wissen, Ethik, Heft 1/2002 (13. Jg.), S. 68–70.
–: Die Krise der Sozialisationsforschung als Spiegel gesellschaftlicher Modernisierungsprozesse. In: Zeitschrift für Frauenforschung und Geschlechterforschung, Heft 1/2003 (21.Jg.), S. 3–22.
Wexler, P.: Struktur, Text und Subjekt: Eine kritische Soziologie des Schulwissens. In: Zeitschrift für Sozialisationsforschung und Erziehungssoziologie (ZSE) 1981, S. 55–74.

Wickler, W./Seibt, U.: Männlich – weiblich. Ein Naturgesetz und seine Folgen. Heidelberg 1998 (4. Aufl.).

Willis, P.: Spaß am Widerstand – Gegenkultur in der Arbeiterschule. Frankfurt/M. 1979.

Winkelmann, U.: Transsexualität und Geschlechtsidentität. Münster/Hamburg 1993.

Wischer, B.: Soziales Lernen an einer Reformschule. Evaluationsstudie über Unterschiede von Sozialisationsprozessen in Reform- und Regelschulen. Weinheim 2003.

Wottawa, H.: Psychologische Methodenlehre. München 1977.

Wright, R.: Diesseits von Gut und Böse. Die biologischen Grundlagen unserer Ethik. München 1996.

Zeiher, H.: Kinder in der Gesellschaft und Kindheit in der Soziologie. In: Zeitschrift für Sozialisationsforschung und Erziehungssoziologie 16/1996, S. 26–46.

Zeiher, H. J./Zeiher, H.: Orte und Zeiten der Kinder. Soziales Leben im Alltag von Großstadtkindern. Weinheim/München 1994.

Ziegenhain, U./Schnoor, K./Schüßler, T./Fegert, J.: «Moralferne Kinder und Jugendliche» – Fallanalyse eines jugendlichen Straftäters. In: Hopf, C./Nunner-Winkler, G. (Hg.): Frühe Bindung und moralische Entwicklung. Weinheim 2007, S. 105–124.

Zimbardo, P. G./Gerring, R. J.: Psychologie. München 2004 (16. Aufl.).

Zimmermann, P.: Grundwissen Sozialisation. Einführung zur Sozialisation im Kindes- und Jugendalter. Opladen 2000.

Zinnecker, J.: Der heimliche Lehrplan. Untersuchungen zum Schulunterricht. Weinheim 1975.

–: Jugend der Gegenwart – Beginn oder Ende einer historischen Epoche? In: Baacke, D./Heitmeyer, W. (Hg.): Neue Widersprüche – Jugendliche in den achtziger Jahren. Weinheim 1985, S. 24–45.

–: Soziologie der Kindheit oder Sozialisation des Kindes?. In: Honig, M.-S./Leu, H. R./Nissen, U. (Hg.): Kinder und Kindheit. Soziokulturelle Muster – sozialisationstheoretische Perspektiven. Weinheim/München 1996, S. 31–53.

–: Selbstsozialisation – Essay über ein aktuelles Konzept. In: Zeitschrift für Soziologie der Erziehung und Sozialisation, Heft 3/2000 (20. Jg.), S. 272–290.

–: Wohin mit dem «strukturlosen Subjektzentrismus»? Eine Gegenrede zur Entgegnung von Ullrich Bauer. In: Zeitschrift für Soziologie der Erziehung und Sozialisation 22/2002, Heft 2, S. 143–155.

Namenregister

Sachregister

rowohlts enzyklopädie

Eine Auswahl

Andreas Diekmann
Empirische Sozialforschung
Grundlagen, Methoden, Anwendungen (55678)
Spieltheorie
Einführung, Beispiele, Experimente (55701)

Andreas Diekmann / Peter Preisendörfer
Umweltsoziologie
Eine Einführung (55595)

Uwe Flick
Qualitative Sozialforschung
Eine Einführung (55694)

Uwe Flick (Hg.)
Qualitative Evaluationsforschung
Konzepte – Methoden – Umsetzung (55674)

Uwe Flick / Ernst von Kardorff / Ines Steinke (Hg.)
Qualitative Forschung
Ein Handbuch (55628)

Uwe Flick
Sozialforschung
Methoden und Anwendungen
Ein Überblick für die BA-Studiengänge (55702)

Johannes Huinink
BA-Studium Soziologie
Ein Lehrbuch (55668)

Thomas Klein
Sozialstrukturanalyse
Eine Einführung (55671)

Dagmar Krebs / Steffen M. Kühnel / Marita Jacob
Aufgabensammlung zur «Statistik für die Sozialwissenschaften» (55655)

Steffen-M. Kühnel / Dagmar Krebs
Statistik für die Sozialwissenschaften
Grundlagen, Methoden, Anwendungen (55639)

Michael Opielka
Sozialpolitik
Grundlagen und vergleichende Perspektiven (55662)

10/2010

MIX
Papier aus verantwortungsvollen Quellen
FSC® C083411

Das für dieses Buch verwendete FSC®-zertifizierte Papier *Classic* liefert Stora Enso, Finnland.